Das Recht des Europäischen Rates

Europäische Hochschulschriften

Publications Universitaires Européennes

European University Studies

Reihe II

Rechtswissenschaft

Série II Series II

Droit

Law

Bd./Vol. 4766

PETER LANG

Frankfurt am Main · Berlin · Bern · Bruxelles · New York · Oxford · Wien

Hauke Pahre

Das Recht des Europäischen Rates

Eine Untersuchung im Lichte aktueller Entwicklungen der Europäischen Union

PETER LANG
Internationaler Verlag der Wissenschaften

Bibliografische Information der Deutschen Nationalbibliothek
Die Deutsche Nationalbibliothek verzeichnet diese Publikation in der Deutschen Nationalbibliografie; detaillierte bibliografische Daten sind im Internet über <http://www.d-nb.de> abrufbar.

ISSN 0531-7312
ISBN 978-3-631-58302-9

www.peterlang.de

Meinen Eltern

Vorwort

Die vorliegende Arbeit wurde im Frühjahrssemester 2008 von der Universität St. Gallen (HSG) als Dissertation angenommen. Rechtsprechung und Literatur sind auf dem Stand vom 19. Dezember 2007. Die Arbeit legt die zu diesem Zeitpunkt geltende Rechtslage des Vertrags von Nizza zugrunde.

Der Vertrag von Lissabon, der zwar unterzeichnet, jedoch nicht ratifiziert war, findet ebenfalls Berücksichtigung. Die konsolidierten Fassungen des Vertrags über die Europäische Union und des Vertrags über die Arbeitsweise der Europäischen Union, die am 9. Mai 2008 im Amtsblatt der EU veröffentlicht wurden, sind eingearbeitet. Nachdem der Vertrag von Lissabon in Irland durch das Referendum vom 12. Juni 2008 abgelehnt wurde, bleibt bis auf weiteres offen, ob er in dieser oder einer geänderten Fassung in Kraft tritt.

Ich möchte mich zunächst bei meinen Freunden Dr. iur. Martin Wittemeier und Jan Scheffler bedanken. Sie haben regelmäßig mit mir über die Arbeit diskutiert und sich schließlich die Mühe gemacht, sie Korrektur zu lesen.

Frau Prof. Dr. iur. Kerstin Odendahl hat mir die Möglichkeit gegeben, in den Jahren 2005 bis 2007 an ihrem Lehrstuhl für Völker- und Europarecht, ausländisches öffentliches Recht und Rechtsvergleichung an der Universität St. Gallen als wissenschaftlicher Mitarbeiter tätig zu sein und zu promovieren. Sie und Herr Prof. Dr. iur. Rainer J. Schweizer, Inhaber des Lehrstuhls für öffentliches Recht einschließlich Europa- und Völkerrecht an der Universität St. Gallen, haben diese Arbeit vorbildlich betreut und standen mir stets mit hilfreichem Rat zur Seite. Ihnen sowie den Mitarbeiterinnen und Mitarbeitern beider Lehrstühle gilt mein besonderer Dank.

Meine Eltern haben es mir ermöglicht, meine Ausbildung frei zu gestalten, und mir jederzeit den notwendigen Rückhalt gegeben. Dafür, wie für so vieles, gebührt ihnen mein herzlicher Dank. Ihnen ist die Arbeit gewidmet.

Düsseldorf, im Juli 2008

Hauke Pahre

Inhaltsübersicht

Inhaltsverzeichnis

Abkürzungsverzeichnis

a.A.	anderer Ansicht
aaO.	am angegebenen Ort
abgedr.	abgedruckt
AblEG	Amtsblatt der Europäischen Gemeinschaften
AblEU	Amtsblatt der Europäischen Union
Abs.	Absatz
Abschn.	Abschnitt
AEUV	Vertrag über die Arbeitsweise der Europäischen Union
a.F.	alte(r) Fassung
allg.	allgemein(e/r)
AöR	Archiv des öffentlichen Rechts
APuZg	Aus Politik und Zeitgeschichte
Art.	Artikel
AStV	Ausschuss der Ständigen Vertreter
AU	Afrikanische Union
Aufl.	Auflage
ausdr.	ausdrücklich
ausf.	ausführlich
Bd.	Band
Begr.	Begründung
Bsp.	Beispiel
bspw.	beispielsweise

BVerfGE	Amtliche Sammlung der Entscheidungen des Bundesverfassungsgerichts
bzw.	beziehungsweise
CE	Communauté européenne
CJEL	The Columbia Journal of European Law
CMLR	Common Market Law Review
CONV	Konventsdokument
Cor	Corrigendum-Dokument
COREU	Vereinfachtes schriftliches Verfahren im Rahmen der GASP (Art. 12 Abs. 4 GO Rat)
ders.	derselbe
d.h.	das heißt
dies.	dieselbe(n)
Diss.	Dissertation
DVBl.	Deutsches Verwaltungsblatt
EA	Europa Archiv
EAG	Europäische Atomgemeinschaft
EAGV	Vertrag zur Gründung der Europäischen Atomgemeinschaft
EcoFin	Rat „Wirtschaft und Finanzen"
EEA	Einheitliche Europäische Akte
EFAR	European Foreign Affairs Review
EG	Europäische Gemeinschaft

EGB	Europäischer Gewerkschaftsbund
EGKS	Europäische Gemeinschaft für Kohle und Stahl
EGKSV	Vertrag über die Gründung der Europäischen Gemeinschaft für Kohle und Stahl
EL	Ergänzungslieferung
ENA	Ecole nationale d'administration
EP	Europäisches Parlament
EPZ	Europäische Politische Zusammenarbeit
ER	Europäischer Rat
ESVP	Europäische Sicherheits- und Verteidigungspolitik
ESZB	Europäisches System der Zentralbanken
EU	Europäische Union
EuG	Europäisches Gericht erster Instanz
EuGH	Gerichtshof der Europäischen Gemeinschaften
EuGRZ	Europäische Grundrechte-Zeitschrift
EuR	Europarecht (Zeitschrift)
Euratom	Europäische Atomgemeinschaft
EUV	Vertrag über die Europäische Union
EUV-L	Vertrag über die Europäische Union in der Fassung des Vertrags von Lissabon
EUV-N	Vertrag über die Europäische Union in der Fassung des Vertrags von Nizza
evtl.	eventuell(e/r)
EWG	Europäische Wirtschaftsgemeinschaft
EWI	Europäisches Währungsinstitut
EWR	Europäischer Wirtschaftsraum

EZB	Europäische Zentralbank
EuZW	Europäische Zeitschrift für Wirtschaftsrecht
f.	folgende
F.A.Z.	Frankfurter Allgemeine Zeitung
ff.	fortfolgende
Fn.	Fußnote
frz.	Französisch
FS	Festschrift
GASP	Gemeinsame Außen- und Sicherheitspolitik
gem.	gemäß
GG	Grundgesetz für die Bundesrepublik Deutschland
ggf.	gegebenenfalls
GMBl.	Gemeinsames Ministerialblatt
GO	Geschäftsordnung
GO Rat	Geschäftsordnung des Rates
GOBReg	Geschäftsordnung der Bundesregierung
grds.	grundsätzlich
h.L.	herrschende Lehre
h.M.	herrschende Meinung
Hrsg.	Herausgeber
HS	Halbsatz

ICJ	International Court of Justice
i.d.F.	in der Fassung
i.d.R.	in der Regel
i. Folg.	im Folgenden
IGH	Internationaler Gerichtshof
inkl.	inklusive
insb.	insbesondere
i.V.m.	in Verbindung mit
Jura	Juristische Ausbildung
JuS	Jurisitische Schulung
JZ	Juristenzeitung
KE	Konventsentwurf
lat.	lateinisch
Lfg.	Lieferung
lit.	litera
LS	Leitsatz
m.w.N.	mit weiteren Nachweisen
NATO	North Atlantic Treaty Organization
NJW	Neue Juristische Wochenschrift
Nr.	Nummer

OAU	Organization of African Unity
Ordn.	Ordner
Pkt.	Punkt
PZJS	Polizeiliche und justizielle Zusammenarbeit in Strafsachen
RDUE	Revue du Droit de l'Union Européenne
Rev	Revisionsdokument
RMC	Revue du Marché commun
Rn.	Randnummer
Rs.	Rechtssache
RTDE	Revue trimestrielle de droit européen
RV	Reformvertrag
S.	Seite(n)/Satz
s.	siehe
Sept.	September
Slg.	Sammlung
SN	Dokument, das der Vorbereitung offizieller Dokumente oder zur Übersetzung provisorischer Texte dient
sog.	so genannte(r/s)
Spiegelstr.	Spiegelstrich
SWP	Stiftung Wissenschaft und Politik
u.	und

u.a.	unter anderem
UAbs.	Unterabsatz
UE	Union européenne
UN	United Nations
UNICE	Union of Industrial and Employers' Confederation of Europe / Businesseurope
UNO	United Nations Organization
US	United States
v.	vom, von
VerfEU	Vertrag über eine Verfassung für Europa
vgl.	vergleiche
VVDStRL	Veröffentlichungen der Vereinigung der Deutschen Staatsrechtslehrer
VVE	Vertrag über eine Verfassung für Europa
WTO	World Trade Organization
WVRK	Wiener Vertragsrechtskonvention
WWU	Wirtschafts- und Währungsunion
ZaöRV	Zeitschrift für ausländisches öffentliches Recht und Völkerrecht
z.B.	zum Beispiel
ZfRV	Zeitschrift für Rechtsvergleichung, Internationales Privatrecht und Europarecht

Ziff.	Ziffer
ZRP	Zeitschrift für Rechtspolitik

Einleitung

Der Europäische Rat ist eine Einrichtung der Europäischen Union, die in der Öffentlichkeit besonders wahrgenommen wird. Die im Rhythmus von etwa drei Monaten abgehaltenen europäischen Gipfeltreffen finden regelmäßig unter großem Medieninteresse statt. Dies liegt zum einen daran, dass der Europäische Rat die höchsten politischen Vertreter der Mitgliedstaaten der EU und der Europäischen Kommission versammelt. Zum anderen werden auf den Tagungen besonders kontroverse Themen behandelt, die den Prozess der europäischen Integration, aber auch unterschiedliche Politikbereiche betreffen können. Der Europäische Rat übt dabei einen starken Einfluss auf die Politikgestaltung der EU und der Mitgliedstaaten aus. Trotz dieser Wahrnehmung durch die Öffentlichkeit und der mächtigen Stellung des Europäischen Rates ist seine rechtliche Ausgestaltung weniger bekannt.

Ziel dieser Arbeit ist es zunächst, das Recht des Europäischen Rates gemäß der Vertragslage von Nizza einschließlich des am 1. Januar 2007 in Kraft getretenen Beitrittsvertrags (Bulgarien und Rumänien)[1] vollständig aufzuarbeiten und darzustellen (*Kapitel A*). Soweit es für das Verständnis hilfreich ist, wird auch auf die Rechtspraxis eingegangen.

Auf dieser Grundlage wird ein Blick auf den europäischen Verfassungsgebungsprozess geworfen, im Zuge dessen der Europäische Rat Gegenstand zahlreicher Reformüberlegungen war (*Kapitel B*). Der Europäische Konvent, der in den Jahren 2002/2003 einen Entwurf für eine Verfassung für Europa erarbeitete, hatte insbesondere den Auftrag, die EU „demokratischer, transparenter und effizienter" zu gestalten. Die zahlreichen auf dem Konvent diskutierten Vorschläge sowie der am 29. Oktober 2004 in Rom unterzeichnete und im Ratifizierungsverfahren gescheiterte Verfassungsvertrag sehen mögliche Neuregelungen des Europäischen Rates vor. Diese Regelungsvorschläge werden im Kapitel B zunächst aus den offiziellen Konventsdokumenten und dem Verfassungsvertrag herausgearbeitet und systematisch dargestellt. Anschließend werden sie daraufhin analysiert, ob sie geeignet sind, die genannten Ziele des Konvents zu erreichen.

---

[1] Vertrag zwischen den Mitgliedstaaten der Europäischen Union und der Republik Bulgarien und Rumänien über den Beitritt der Republik Bulgarien und Rumäniens zur Europäischen Union vom 25. April 2005 (AblEU Nr. L 157/11, v. 21.6.2005), in Kraft getreten am 1.1.2007 gem. Art. 4 Abs. 2 UAbs. 1 des genannten Vertrags.

Diejenigen Vorschläge, die sich im Laufe dieser Analyse als geeignet für die Erreichung der Ziele herausgestellt haben, werden in *Kapitel C* zusammengestellt. Es wird somit eine Komplettregelung für den Europäischen Rat vorgeschlagen, die in ein neues Vertragswerk oder in eine neue Verfassung für Europa aufgenommen werden könnte.

Anschließend geht die Arbeit auf den Vertrag von Lissabon ein, der im Jahre 2008 ratifiziert werden und 2009 in Kraft treten sollte (*Kapitel D*). Dieser Vertrag sieht grundlegende Änderungen des EUV und des EGV, der Vertrag über die Arbeitsweise der EU (AEUV) genannt wird, vor. Diejenigen Änderungen, die den Europäischen Rat betreffen, werden dargestellt und untersucht. Die Analyse erfolgt sowohl vor dem Hintergrund der Regelung des Europäischen Rates im Vertrag von Nizza als auch vor dem Hintergrund der eigenen im Kapitel C vorgeschlagenen Neuregelung.

Schließlich werden diejenigen Regelungsaspekte betreffend den Europäischen Rat aufgelistet, die – falls der Vertrag von Lissabon revidiert wird – ergänzend in das europäische Primärrecht aufgenommen werden sollten (*Kapitel E*).

Als rechtswissenschaftliche Untersuchung klammert diese Arbeit politikwissenschaftliche und zeitgeschichtliche Fragestellungen, die für das Verständnis des Europäischen Rates ebenfalls eine Rolle spielen können, weitgehend aus.

A. Der Europäische Rat gemäß dem Vertrag von Nizza

I. Die Gründung des Europäischen Rates[2]

1. Anfänge: die Gipfeltreffen

Die Schaffung des Europäischen Rates stand in engem Zusammenhang mit den Bestrebungen, eine Europäische Union zu schaffen, welche die Europäischen Gemeinschaften ergänzen sollte. Die supranationalen Strukturen der Gemeinschaften sollten so in einen intergouvernementalen Rahmen eingebunden werden, der vor allem zwei Zwecken dienen sollte[3]: Zum einen sollte er dazu beitragen, dass sich in Politikbereichen, die noch nicht von den Gemeinschaftsverträgen abgedeckt waren, die Positionen der Mitgliedstaaten einander annähern. Insbesondere im Bereich der Außen- und Verteidigungspolitik sollte eine institutionalisierte Zusammenarbeit[4] die europäische Integration ergänzen. Zum anderen hoffte man, durch eine die Gemeinschaften umfassende zwischenstaatliche Struktur die Entwicklung der Gemeinschaften selbst besser vorantreiben zu können.

Ein spezielles Gremium oder Organ für diese intergouvernementale Zusammenarbeit war in den drei Gründungsverträgen der Gemeinschaften nicht vorgesehen. Es entstand erst aus den Gipfeltreffen der Vertreter der EG-Mitgliedstaaten in den 1960er und 1970er Jahren, auf denen Grundsatzfragen der EWG beraten wurden, die über die Kompetenzen der Gemeinschaftsorgane hinausgingen[5]. Nach den Gipfeltreffen von Paris und Bonn im Jahr 1961 kamen die

---

2 Zur Entwicklung des Europäischen Rates vgl. *Everling*, DVBl. 1993, 936 (939 ff.); *ders.*, EuR 1995, Beiheft 2, 41 (41 ff.); *Glaesner*, EuR 1994, 22 ff.; *de Schoutheete/Wallace*, The European Council, in: Research and European Issues, Nr. 19, 2002, S. 3 ff.; *Hilf/Pache*, in: Grabitz/Hilf (Hrsg.), Das Recht der Europäischen Union, Bd. 1, 27. EL, Juni 2005, Art. 4 EUV Rn. 3 ff. m.w.N.; *Ludlow*, integration 2005, 3 ff.; *Jacqué*, in: v. d. Groeben/Schwarze (Hrsg.), Kommentar zum EU- und EG-Vertrag, Bd. 1, 6. Aufl., 2003, Art. 4 EUV Rn. 2 ff.; *Westlake/Galloway*, The Council of the European Union, 3. Aufl., 2004, S. 171 ff.; *Oppermann*, Europäischer Rat und Europäische Politische Zusammenarbeit nach der Einheitlichen Europäischen Akte, in: Capotorti/Ehlermann/Frowein/Jacobs/Joliet/Koopmans/Kovar (Hrsg.), FS Pescatore, 1987, S. 537 (538 ff.); *Wessels*, Der Europäische Rat, 1980, S. 23 ff.; *Werts*, The European Council, 1992, S. 1 ff.; *Taulègne*, Le Conseil européen, 1993, S. 31 ff.; *Johnston*, The European Council. Gatekeeper of the European Community, 1994, S. 2 ff.

3 Vgl. zu beiden Zwecken im Zusammenhang mit dem Europäischen Rat *Glaesner*, EuR 1994, 22 ff.

4 Vgl. *Streinz*, Europarecht, 7. Aufl., 2005, Rn. 28.

5 Vgl. *Hilf/Pache*, in: Grabitz/Hilf (Hrsg.), Das Recht der Europäischen Union, Bd. 1, 27. EL, Juni 2005, Art. 4 EUV Rn. 3.

Staats- und Regierungschefs[6] zunächst nach Bedarf in unregelmäßigen Abständen zusammen. Um die Gipfel zu institutionalisieren[7], wurde auf dem Pariser Gipfel vom 9. und 10. Dezember 1974 ein Kommuniqué[8] verabschiedet, das als Gründungspapier des Europäischen Rates gilt. Es war zwar rechtlich nicht verbindlich[9], bildete jedoch den Ausgangspunkt für regelmäßig abgehaltene Gipfeltreffen der damals neun Mitgliedstaaten. Es führte zu einer gewissen Institutionalisierung und Strukturierung[10] der Gipfeltreffen und sah vor, dass die Staats- und Regierungschefs „dreimal jährlich und so oft wie nötig" unter Beteiligung der Außenminister zusammentreten sollten[11]. Es sollte jeweils dem Generalsekretariat des Ministerrats obliegen, die Treffen vorzubereiten. Die Bezeichnung „Europäischer Rat" wurde im Kommuniqué von Paris noch nicht verwandt, sie bürgerte sich jedoch im Laufe der Jahre für die Gipfeltreffen ein, seitdem der damalige französische Staatspräsident *Valéry Giscard d'Estaing* diesen Begriff anlässlich des Gipfels von Paris vom 9. und 10. Dezember 1974 gegenüber der Presse nannte[12].

Die Formulierungen des Kommuniqués von Paris deuten die Ambivalenz des geschaffenen Gremiums an. Sie nahmen Bezug auf die beiden genannten Zwecke des intergouvernementalen Rahmens: die enge Zusammenarbeit in nicht

---

6 Die männliche Form umfasst auch die weibliche.

7 Trotzdem sollten die Gipfeltreffen so informell wie möglich abgehalten werden. Der damalige deutsche Bundeskanzler *Willy Brandt* stellte sich Kamingespräche vor, sein Nachfolger *Helmut Schmidt* vertrat das Motto „Keine Papiere, keine Beamten", vgl. *de Schoutheete/Wallace*, The European Council, in: Research and European Issues, Nr. 19, 2002, S. 3.

8 Kommuniqué über die Konferenz der Staats- bzw. Regierungschefs der Mitgliedstaaten der Europäischen Gemeinschaften in Paris am 9. und 10. Dezember 1974, abgedr. in: EA 1975, D 41, i. Folg. „Kommuniqué von Paris". Vgl. näher dazu *Everling*, DVBl. 1993, 936 (939); *ders.*, EuR 1995, Beiheft 2, 41 (41 f.).

9 Vgl. *Hilf/Pache*, in: v. d. Groeben/Thiesing/Ehlermann (Hrsg.), Kommentar zum EWG-Vertrag, Bd. 4, 4. Aufl., 1991, Art. 2 EEA Rn. 4; *Glaesner*, EuR 1994, 22 (24); *Hilf/Pache*, in: Grabitz/Hilf (Hrsg.), Das Recht der Europäischen Union, Bd. 1, 27. EL, Juni 2005, Art. 4 EUV Rn. 4.

10 Vgl. *Glaesner*, EuR 1994, 22 (27).

11 Ziff. 3 des Kommuniqués von Paris, EA 1975, D 41; vgl. hierzu *Everling*, DVBl. 1993, 936 (939) m.w.N.

12 Vgl. *Hilf/Pache*, in: Grabitz/Hilf (Hrsg.), Das Recht der Europäischen Union, Bd. 1, 27. EL, Juni 2005, Art. 4 EUV Rn. 3. „Le sommet est mort, vive le Conseil européen!", so *Giscard d'Estaing* anlässlich des Gipfeltreffens v. 9./10.12.1974 in Paris (das Zitat und ein Foto der betreffenden Pressekonferenz sind auf der Internetseite http://www.ena.lu/europe/union-europeenne/presse-valery-giscard-estaing-paris-1974.htm zu finden; zuletzt aufgerufen am 17.6.2008).

vergemeinschafteten Politikbereichen sowie die Weiterentwicklung der Gemeinschaften. Es war das Ziel, durch regelmäßige Gipfeltreffen in beiden Bereichen Fortschritte zu erzielen und zwischen ihnen einen „Gesamtzusammenhang“[13] zu gewährleisten. Dies sollte einerseits im Rahmen der intergouvernementalen EPZ geschehen, andererseits sollten die Zusammenkünfte als „Rat der Gemeinschaft“[14] abgehalten werden, womit das Gemeinschaftsorgan gemeint war. Insbesondere Frankreich war von Anfang an bestrebt, die EG der Direktionsgewalt der Staats- und Regierungschefs zu unterstellen[15]. Hier stellen sich Fragen nach der genauen Einordnung der institutionalisierten Gipfeltreffen, das heißt nach der Rechtsnatur des neu geschaffenen Gremiums, nach dessen Rechtsbeziehungen zu den Gemeinschaftsorganen, sowie nach dessen Verhältnis zum Gemeinschaftsrecht. Auf diese Fragen ist im Laufe der Arbeit einzugehen.

2. Aufnahme in das Primärrecht

Die Gipfeltreffen bekamen mit Art. 2 EEA eine völkerrechtliche Grundlage. Aus der systematischen Stellung dieser Vorschrift im Titel I EEA folgt, dass keine Einfügung in die gemeinschaftsrechtlichen Bestimmungen und auch keine Umwandlung in ein (Gemeinschafts-)Organ vorgenommen wurde[16]. Art. 2 EEA griff die Bezeichnung „Europäischer Rat“ auf und bestimmte dessen Zusammensetzung (Art. 2 S. 1 und 2 EEA). Danach kamen die Staats- und Regierungschefs der Mitgliedstaaten sowie der Kommissionspräsident im Europäischen Rat zusammen. Wie schon im Kommuniqué von Paris vorgesehen, wurden sie von den Außenministern und von einem weiteren

---

[13] Ziff. 2 des Kommuniqués von Paris, EA 1975, D 41.

[14] Gem. Ziff. 3 des Kommuniqués von Paris haben „[d]ie Regierungschefs [...] beschlossen, [...] mit den Außenministern als Rat der Gemeinschaft und im Rahmen der Politischen Zusammenarbeit zusammenzutreten“. Vgl. auch die Feierliche Deklaration zur Europäischen Union, von den Staats- und Regierungschefs der Mitgliedstaaten der Europäischen Gemeinschaft auf der Tagung des Europäischen Rates in Stuttgart am 19. Juni 1983 unterzeichnet (i. Folg. „Erklärung von Stuttgart“, abgedr. in: EA 1983, D 420 (D 421)), Ziff. 2.1.3.: „Wird der Europäische Rat in Angelegenheiten aus dem Zuständigkeitsbereich der Europäischen Gemeinschaften tätig, so tut er dies als Rat im Sinne der Verträge“.

[15] Vgl. *Everling*, EuR 1995, Beiheft 2, 41 (48). Die Niederlande hingegen fürchteten eine Lockerung der supranationalen Gemeinschaft, vgl. *Everling*, DVBl. 1993, 936 (939).

[16] Vgl. *Jacqué*, in: v. d. Groeben/Schwarze (Hrsg.), Kommentar zum EU- und EG-Vertrag, Bd. 1, 6. Aufl., 2003, Art. 4 EUV Rn. 6.

Kommissionsmitglied unterstützt. Die Tagungen fanden gemäß Art. 2 S. 3 EEA mindestens zweimal jährlich statt[17].

Der Unionsvertrag – und gerade nicht der EGV – übernimmt diese Regelung in Art. 4 (Art. D EUV in der Fassung des Vertrags von Maastricht)[18]. Er ergänzt sie um eine Bestimmung über den Vorsitz und eine Berichtspflicht gegenüber dem Europäischen Parlament. Im Unterschied zur EEA umschreibt der EUV-N allgemein die Aufgaben des Europäischen Rates (Art. 4 Abs. 1 EUV-N). Hinzu kommen seit dem Vertrag von Maastricht einige Regelungen zum Europäischen Rat im EUV-N und EGV[19] insbesondere im Bereich der GASP, der Wirtschafts- und Währungspolitik sowie der Beschäftigungspolitik.

II. Zusammensetzung und Abgrenzung

1. Zusammensetzung

Primärrechtlich besteht der Europäische Rat nach der Rechtslage von Nizza aus den in Art. 4 Abs. 2 EUV-N genannten Amtsträgern (a), darunter dem Vorsitz des Europäischen Rates (b). In der Rechtspraxis sind weitere Personen bei den Beratungen des Europäischen Rates anwesend (c).

---

[17] Näher zur Regelung des Europäischen Rates in der EEA *Oppermann*, Europäischer Rat und Europäische Politische Zusammenarbeit nach der Einheitlichen Europäischen Akte, in: Capotorti/Ehlermann/Frowein/Jacobs/Joliet/Koopmans/Kovar (Hrsg.), FS Pescatore, 1987, S. 537 (538 ff.); *Hilf/Pache*, in: v. d. Groeben/Thiesing/Ehlermann (Hrsg.), Kommentar zum EWG-Vertrag, Bd. 4, 4. Aufl., 1991, Art. 2 EEA Rn. 1 ff.; *Hilf/Pache*, in: Grabitz/Hilf (Hrsg.), Das Recht der Europäischen Union, Bd. 1, 27. EL, Juni 2005, Art. 4 EUV Rn. 5, alle m.w.N.; *Everling*, Europäische Gemeinschaften, in: Herzog/Kunst/Schlaich/Schneemelcher, Evangelisches Staatslexikon, Bd. I, 3. Aufl., 1987, S. 763 (781); *Soldatos*, Le système institutionnel et politique des Communautés européennes dans un monde en mutation, 1989, S. 168 ff. Im Gegensatz zur EEA sah Art. 31 des Vertragsentwurfs des Europäischen Parlaments für eine Europäische Union vom 14. Februar 1984 (sog. „Spinelli-Entwurf", abgedr. in: EA 1984, D 209) keine Beteiligung der Außenminister und des weiteren Kommissionsmitglieds vor.

[18] Die Regelung des Art. D EUV (Maastricht) ist bis einschließlich zum Vertrag von Nizza inhaltlich nicht geändert worden und wird seit der Neunummerierung durch den Vertrag von Amsterdam als Art. 4 EUV geführt; zu der Entscheidung im Vertrag von Maastricht, die Gemeinschaft nicht zur Union mit dem Europäischen Rat als oberstem Organ fortzuentwickeln, vgl. *Everling*, EuR 1995, Beiheft 2, 41 (42) m.w.N.

[19] Der Vertrag über die Gründung der Europäischen Gemeinschaft für Kohle und Stahl (EGKSV), der am 23. Juli 2002 außer Kraft getreten ist, hat den Europäischen Rat nicht erwähnt; der Vertrag zur Gründung der Europäischen Atomgemeinschaft (EAGV) erwähnt den Europäischen Rat nicht.

a) Mitglieder und unterstützende Teilnehmer

Gemäß Art. 4 Abs. 2 S. 1 EUV-N kommen die Staats- und Regierungschefs der Mitgliedstaaten der Union und der Kommissionspräsident im Europäischen Rat zusammen. Sie sind die eigentlichen *Mitglieder* des Europäischen Rates. Bei 27 Mitgliedstaaten sind dies 28 Amtsträger.

Die Außenminister der Mitgliedstaaten und das weitere Kommissionsmitglied[20] (Art. 4 Abs. 2 S. 2 EUV-N) sind keine Mitglieder[21]. Als Begründung ist der Wortlaut anzuführen, der eine Abstufung zwischen den zusammenkommenden (Abs. 2 S. 1) und den lediglich unterstützenden Teilnehmern (Abs. 2 S. 2) erkennen lässt. Diese 28 Personen sind unterstützende Teilnehmer. Sie gehören zur Zusammensetzung des Europäischen Rates[22], so dass der EUV-N für den Europäischen Rat bei 27 Mitgliedstaaten insgesamt 56 Personen vorsieht.

(1) Staatschef und Regierungschef?

Ob ein Mitgliedstaat seinen Staats- oder seinen Regierungschef entsendet, richtet sich nach seinem nationalen Verfassungsrecht. Entscheidend ist, wer danach die Kompetenz hat, die Richtlinien der Regierungspolitik des Mitgliedstaates zu bestimmen[23]. In der Praxis hat sich die Frage gestellt, ob der Staats- und der Regierungschef eines Mitgliedstaates gleichzeitig am Europäischen Rat teilnehmen können[24].

---

[20] I.d.R. ist dies in der Praxis ein Vizepräsident der Kommission, vgl. *Stumpf*, in: Schwarze (Hrsg.), EU-Kommentar, 2000, Art. 4 EUV Rn. 13.

[21] Vgl. *Wichard*, in: Calliess/Ruffert (Hrsg.), EUV/EGV, 3. Aufl., 2007, Art. 4 EUV Rn. 7; *Pechstein*, in: Streinz (Hrsg.), EUV/EGV, 2003, Art. 4 EUV Rn. 7; *Stumpf*, in: Schwarze (Hrsg.), EU-Kommentar, 2000, Art. 4 EUV Rn. 13; *Bitterlich*, in: Lenz/Borchardt (Hrsg.), EU- und EG-Vertrag, 4. Aufl., 2006, Art. 4 EUV Rn. 7.

[22] A.A. wohl *Fastenrath/Müller-Gerbes*, Europarecht, 2. Aufl., 2004, Rn. 212, die offensichtlich die Zusammensetzung des Europäischen Rates auf die Staats- und Regierungschefs und den Kommissionspräsidenten beschränken, denn ihnen zufolge unterstützen die Außenminister und das Kommissionsmitglied *den Europäischen Rat*. Gegen diese Auffassung spricht allerdings der Wortlaut des Art. 4 Abs. 2 S. 2 EUV, der eine Unterstützung der Staats- und Regierungschefs vorsieht, nicht jedoch eine Unterstützung des Europäischen Rates.

[23] Vgl. *Fastenrath/Müller-Gerbes*, Europarecht, 2. Aufl., 2004, Rn. 208.

[24] Als Beispiel wird in diesem Zusammenhang meist der Europäische Rat von Den Haag 1986 genannt, bei dem Frankreich darauf bestand, den Staats- und den Regierungschef zu entsenden, vgl. *Hilf/Pache*, in: Grabitz/Hilf (Hrsg.), Das Recht der Europäischen Union, Bd. 1, 27. EL, Juni 2005, Art. 4 EUV Rn. 17; *Glaesner*, EuR 1994, 22 (25); *Taulègne*, Le Conseil européen, 1993, S. 83.

Für die meisten Mitgliedstaaten kommt eine Entsendung beider Amtsträger praktisch nicht in Frage. Nach deren Verfassungen ist die Regierungsverantwortung einem Amt und die Funktion des Staatsoberhauptes einem anderen Amt zugewiesen, und beide Ämter werden von verschiedenen Personen ausgeübt[25]. Die Erfahrungen der Gipfeltreffen zeigen, dass von den meisten Staaten lediglich die Person gemäß Art. 4 Abs. 2 S. 1 EUV-N entsandt wird, die das Amt des Regierungschefs ausübt. Sie wird vom Außenminister gemäß Abs. 2 S. 2 begleitet.

Allerdings gibt es Staaten, die aus verschiedenen Gründen ein Interesse an der Teilnahme sowohl des Staats- als auch des Regierungschefs haben können. Dies gilt zum Beispiel für Frankreich, dessen Präsident nicht nur die Funktionen eines Staatsoberhauptes ausübt, sondern – neben dem Premierminister – auch selbst Regierungsverantwortung trägt und insbesondere den Vorsitz in der Regierung führt[26]. Als der Staatspräsident und der Premierminister verschiedenen politischen Lagern angehörten (Kohabitation), wurden entweder beide Amtsträger in den Europäischen Rat entsandt – ohne den französischen Außenminister – oder einer von beiden Amtsträgern, der dann vom Außenminister begleitet wurde[27]. Weitere Beispiele für Verfassungen, aus denen sich eine starke Rolle des Staatspräsidenten in der Exekutive – insbesondere in der Außenpolitik – ergibt, sind die Verfassungen der Republiken Polen[28] und Finnland[29], weshalb auch diese Staaten ein Interesse an der Entsendung sowohl des Staats- als auch des Regierungschefs haben können.

---

[25] Ausnahme: die Republik Zypern hat lediglich einen Präsidenten.

[26] Art. 5 u. Art. 9 Verfassung der französischen Republik. Vgl. näher zur Rolle des französischen Staatspräsidenten im Europäischen Rat *Bert*, ENA mensuel, Nr. 282, Mai 1998, 13-15.

[27] Auf diese flexible Lösung hatten sich Frankreich und die anderen Mitgliedstaaten geeinigt, vgl. *Glaesner*, EuR 1994, 22 (25); *Hilf/Pache*, in: Grabitz/Hilf (Hrsg.), Das Recht der Europäischen Union, Bd. 1, 27. EL, Juni 2005, Art. 4 EUV Rn. 19; *Bitterlich*, in: Lenz/Borchardt (Hrsg.), EU- und EG-Vertrag, 4. Aufl., 2006, Art. 4 EUV Rn. 7.

[28] Art. 10 Abs. 2 Verfassung der Republik Polen: „[...] die vollziehende Gewalt [üben] der Präsident der Republik Polen und der Ministerrat [...] aus"; Art. 133 Abs. 3: „Der Präsident der Republik Polen arbeitet im Bereich der Außenpolitik mit dem Vorsitzenden des Ministerrates und dem zuständigen Minister zusammen", zitiert nach *Kimmel, A./Kimmel, C.*, Verfassungen der EU-Mitgliedstaaten, 6. Aufl., 2005, S. 546 u. 568.

[29] § 3 Abs. 2 Finnlands Grundgesetz: „Die vollziehende Gewalt wird vom Präsidenten der Republik und der Staatsregierung ausgeübt [...]"; § 93 Abs. 1 S. 1: „Für die Außenpolitik Finnlands ist der Präsident der Republik in Zusammenarbeit mit der Staatsregierung verantwortlich", zitiert nach *Kimmel, A./Kimmel, C.*, Verfassungen der EU-Mitgliedstaaten, 6. Aufl., 2005, S. 139 u. 159.

Dass die Entsendung sowohl des Staatschefs als auch des Regierungschefs eines Staates nach dem EUV in der Fassung des Vertrags von Nizza rechtlich zulässig ist, wird in der Literatur zum Teil bestritten[30]. Gegen die Zulässigkeit spricht der Wortlaut etwa der französischen, englischen, italienischen, spanischen und schwedischen Version des Art. 4 Abs. 2 S. 1 EUV-N, nach dem der Staats- *oder* der Regierungschef am Europäischen Rat teilnimmt. Allerdings ist gemäß Art. 53 Abs. 1 EUV-N jeder Wortlaut verbindlich. Nach der deutschen und der niederländischen Version des Art. 4 Abs. 2 S. 1 EUV-N erscheint eine Entsendung des Staats- *und* des Regierungschefs durchaus als zulässig[31]. Die Wortlautauslegung lässt somit keinen zwingenden Schluss zu.

Gegen die Zulässigkeit der Präsenz sowohl des Staats- als auch des Regierungschefs eines Staates wird angeführt, dass die Präsenz beider Spitzenamtsträger zu einer unakzeptablen politischen Überrepräsentation eines Staates führe[32]. Ergänzend lässt sich mit der systematischen Auslegung des Art. 4 Abs. 2 EUV-N argumentieren. Wenn der zweite Sitz des Mitgliedstaates im Europäischen Rat (Abs. 2 S. 2) mit einem Minister besetzt werden muss – worauf der Wortlaut hindeutet –, dann könnte man daraus schließen, dass der erste Sitz (Abs. 2 S. 1) nur mit dem Staats- *oder* mit dem Regierungschef besetzt werden kann.

Für die Zulässigkeit der Entsendung beider Amtsträger sprechen allerdings Sinn und Zweck des Art. 4 Abs. 2 EUV-N. Aus der primärrechtlichen Verpflichtung, die Staats- bzw. Regierungschefs zu entsenden, ist ersichtlich, dass die Vorschrift die Abhaltung wirklicher *Gipfel*treffen sicherstellen soll[33]. Zwar treffen bei wichtigen diplomatischen Konferenzen, wie bedeutenden UN-Konferenzen, Friedenskonferenzen

---

[30] So etwa von *Wichard*, in: Calliess/Ruffert (Hrsg.), EUV/EGV, 3. Aufl., 2007, Art. 4 EUV Rn. 7 und *Pechstein*, in: Streinz (Hrsg.), EUV/EGV, 2003, Art. 4 EUV Rn. 7.

[31] Die deutschsprachige Version versucht der Sonderrolle des frz. Staatspräsidenten gerecht zu werden, während die französischsprachige Version die Situation in den übrigen Mitgliedstaaten erfasst, vgl. *Hilf/Pache*, in: v. d. Groeben/Thiesing/Ehlermann (Hrsg.), Kommentar zum EWG-Vertrag, Bd. 4, 4. Aufl., 1991, Art. 2 EEA Rn. 6, Fn. 15 zur Rechtslage der EEA; vgl. auch *Hilf/Pache*, in: Grabitz/Hilf (Hrsg.), Das Recht der Europäischen Union, Bd. 1, 27. EL, Juni 2005, Art. 4 EUV Rn. 19.

[32] Vgl. *Pechstein*, in: Streinz (Hrsg.), EUV/EGV, 2003, Art. 4 EUV Rn. 7.

[33] Dies wird durch die Teilnahme des Kommissionspräsidenten und eines Kommissars gem. Art. 4 Abs. 2 EUV-N nicht in Frage gestellt, sondern bestätigt, weil auch bei anderen internationalen Gipfeltreffen häufig oberste Repräsentanten internationaler Behörden oder Organisationen anwesend sind.

oder Wirtschaftsgipfeln, häufig die Staats- und Regierungschefs – ggf. in Begleitung eines oder mehrerer Minister – zusammen. Allerdings steht es den Staaten wegen ihrer Souveränität grundsätzlich[34] frei zu entscheiden, wen sie als Vertreter entsenden. In den internationalen Beziehungen ist die Entscheidung, einen hohen Beamten, einen Botschafter oder ein Regierungsmitglied zu entsenden, ein wichtiges Mittel der diplomatischen Kommunikation. Sie zeigt, welche Bedeutung eine Regierung einer bestimmten Konferenz und ihren politischen Zielen beimisst. Anschaulich hierfür ist zum Beispiel der Gipfel zur Feier des Barcelona-Prozesses im November 2005. Geplant war ein wirkliches Gipfeltreffen, das die Staats- und Regierungschefs der Mitgliedstaaten der EU mit ihren Amtskollegen der mediterranen Partnerländer zusammenbringt[35]. Die meisten Staats- und Regierungschefs der Partnerländer blieben jedoch dem Treffen fern und schickten lediglich ihre Außenminister. Dies war in Einzelfällen darauf zurückzuführen, dass dadurch symbolisch Kritik an der ausgehandelten Schlusserklärung geübt werden sollte. Aus dem Fernbleiben der höchsten Amtsträger wurde insgesamt geschlossen, dass die Euromed-Partnerschaft noch weit von ihren Zielen entfernt ist[36].

Im Europäischen Rat wäre demgegenüber ein Fernbleiben aus politischen Gründen nicht möglich. Art. 4 Abs. 2 EUV-N verlangt die Präsenz der höchsten politischen Amtsträger der Mitgliedstaaten der EU. Die Vorschrift bezweckt somit, dass die Staats- und Regierungschefs selbst Verantwortung für die Entwicklung der Union übernehmen sollen. Sie will gerade vermeiden, dass die Staats- und Regierungschefs ihre Anwesenheit von einer politischen Bewertung der Agenda der Tagung oder des Projekts der europäischen Integration insgesamt abhängig machen. Vielmehr soll der Europäische Rat mit höchster politischer Autorität und weitestgehenden politischen Befugnissen[37] ausgestattet werden, um die für die Entwicklung der EU und den Integrationsprozess erforderlichen Entscheidungen zu treffen.

---

[34] Ausnahmen sind in völkerrechtlichen Verträgen geregelt. Beispielsweise verlangen Art. 14 Satzung des Europarates (Ministerkomitee) und Art. 9 Abs. 1 Satzung der Europäischen Investitionsbank (Rat der Gouverneure) einen Minister bzw. einen sonstigen Vertreter auf Regierungsebene.

[35] Vgl. *Bacia*, Besseres zu tun. Ein schlecht besuchter Gipfel zur Feier des Barcelona-Prozesses, in: F.A.Z., v. 28.11.2005, 6.

[36] Vgl. *Bacia*, Besseres zu tun. Ein schlecht besuchter Gipfel zur Feier des Barcelona-Prozesses, in: F.A.Z., v. 28.11.2005, 6.

[37] Vgl. *Hilf/Pache*, in: Grabitz/Hilf (Hrsg.), Das Recht der Europäischen Union, Bd. 1, 27. EL, Juni

Beim Europäischen Rat stehen nach Sinn und Zweck der Vorschrift die Staats- und Regierungschefs im Mittelpunkt und nicht wie beim Rat die Minister. Deshalb kann gerade nicht im Wege der oben[38] in Erwägung gezogenen systematischen Auslegung vom unterstützenden Teilnehmer (Art. 4 Abs. 2 S. 2 EUV-N) auf das Mitglied (Abs. 2 S. 1) geschlossen werden, um so neben dem Außenminister nur den Staats- oder den Regierungschef zuzulassen. Vielmehr ist vor dem Hintergrund der Bedeutung des Europäischen Rates für die GASP[39] davon auszugehen, dass Abs. 2 S. 2 die kompetente Vertretung dieses bestimmten Sachbereichs bezweckt. Dieses Kriterium kann auch der Staats[40]- oder der Regierungschef[41] erfüllen, soweit er nach der nationalen Verfassung (auch) für die Außenpolitik zuständig ist.

In Bezug auf das Argument, dass eine politische Überrepräsentation zu befürchten sei[42], ist zunächst klarzustellen, dass es nicht um die Präsenz dreier Vertreter eines Mitgliedstaates im Europäischen Rat geht. Soweit das gleiche Argument gegen die Präsenz *zweier* Staatenvertreter geltend gemacht werden soll, ist ihm mit dem Sinn und Zweck des Art. 4 Abs. 2 EUV-N entgegenzutreten. Die Entsendung der beiden höchsten politischen Amtsträger – der eine als Mitglied, der andere als unterstützender Teilnehmer – entspricht gerade dem Charakter des Europäischen Rates als Gipfeltreffen. Die genannte Vorschrift bezweckt nicht, die Staaten bei der Entsendung ihrer höchsten Vertreter einzuschränken, solange sie diesem Charakter gerecht werden.

Es ist somit primärrechtlich zulässig, dass ein Mitgliedstaat seine beiden ihm nach Art. 4 Abs. 2 S. 1 und 2 EUV-N zustehenden Sitze im Europäischen Rat mit dem Staats- und dem Regierungschef besetzt.

(2) Zwingend ein Minister des Auswärtigen?

Der unterstützende Teilnehmer ist gemäß Art. 4 Abs. 2 S. 2 EUV-N der jeweilige Außenminister. In der Praxis gab es allerdings Fälle, in denen nicht der Außenminister teilgenommen hat, sondern der Minister, der üblicherweise in den Ecofin entsandt

---

2005, Art. 4 EUV Rn. 20.

[38] Vgl. oben S. 39.

[39] Vgl. *Pechstein*, in: Streinz (Hrsg.), EUV/EGV, 2003, Art. 4 EUV Rn. 7.

[40] Insb. der französische und der polnische Staatspräsident haben außenpolitische Befugnisse.

[41] Ein Beispiel für einen Regierungschef, der zeitweise zugleich als Außenminister amtierte, war Bundeskanzler *Konrad Adenauer*.

[42] So *Pechstein*, in: Streinz (Hrsg.), EUV/EGV, 2003, Art. 4 EUV Rn. 7.

wird, Teilnehmer im Sinne des Art. 4 Abs. 2 S. 2 EUV-N war[43]. Hier stellt sich die Frage ob diese Praxis primärrechtlich gestattet ist: darf ein Staats- oder Regierungschef, der nach Art. 4 Abs. 2 S. 1 EUV-N im Europäischen Rat vertreten ist, sich – statt vom Außenminister – von einem Minister eines anderen Ressorts begleiten lassen? Der Wortlaut dieser Vorschrift, der den Minister für auswärtige Angelegenheiten verlangt, spricht dagegen. Allerdings würde diese enge Auslegung die Mitgliedstaaten unangemessen bei der Verteilung der Ressorts beeinträchtigen. Es ist Sache des jeweiligen Staatsrechts, die Außenpolitik einem Minister, dem Regierungschef oder dem Staatschef zu überantworten. Aus diesem Grund ist Art. 4 Abs. 2 S. 2 EUV-N weit auszulegen. Damit der Europäische Rat seine Aufgaben im Bereich der GASP sachgerecht erfüllen kann, genügt es zu verlangen, dass das Außenressort jedes Mitgliedstaates beim Europäischen Rat vertreten ist. Wenn diese Pflicht schon durch das Mitglied gemäß Art. 4 Abs. 2 S. 1 EUV-N erfüllt ist, dann kann der unterstützende Minister gemäß Abs. 2 S. 2 auch ein anderes Ressort leiten.

Teilweise wird in der Literatur darauf hingewiesen, dass selbst diese Pflicht, mit dem Außenressort vertreten zu sein, (nur) so lange gerechtfertigt bleibt, wie der Europäische Rat hauptsächlich mit der GASP befasst ist[44]. Deshalb ist es durchaus vertretbar, bei einer zunehmenden Tätigkeit des Europäischen Rates in anderen Politikfeldern auch dann einen anderen Minister zuzulassen, wenn der betreffende Staats- oder Regierungschef nicht das Außenressort vertritt.

b) Vorsitz

Der Vorsitz im Europäischen Rat wechselt gemäß Art. 4 Abs. 2 S. 3 EUV-N nach dem Rotationsverfahren des Ratsvorsitzes. Derjenige Staats- oder Regierungschef, dessen Mitgliedstaat zur Zeit der Tagung des Europäischen Rates den Vorsitz im Ministerrat gemäß Art. 203 Abs. 2 EGV i.V.m. dem jeweiligen Beschluss des Rates zur Festlegung der Reihenfolge des Ratsvorsitzes[45] innehat, übt den Vorsitz im

---

[43] Vgl. *de Schoutheete*, The European Council, in: Peterson/Shackleton (Hrsg.), The Institutions of the European Union, 2. Aufl., 2006, S. 37 (38).

[44] Vgl. *Stumpf*, in: Schwarze (Hrsg.), EU-Kommentar, 2000, Art. 4 EUV Rn. 13.

[45] Zuletzt durch Beschluss des Rates vom 1. Januar 2007 zur Festlegung der Reihenfolge für die Wahrnehmung des Vorsitzes im Rat (2007/5/EG, Euratom) (AblEU Nr. L 1/11, v. 4.1.2007); vgl. zur Bedeutung der Identität des Vorsitzes von Rat und Europäischem Rat *Hilf/Pache*, in: Grabitz/Hilf (Hrsg.), Das Recht der Europäischen Union, Bd. 1, 27. EL, Juni 2005, Art. 4 EUV Rn. 30; *Jacqué*, in: v. d. Groeben/Schwarze (Hrsg.), Kommentar zum EU- und EG-Vertrag, Bd. 1, 6. Aufl., 2003, Art. 4 EUV Rn. 11 (insb. Kohärenz zwischen den Arbeiten des Rates und des Europäischen Rates).

Europäischen Rat aus. Dieser Vorsitz kann gemäß dem Wortlaut des Art. 4 Abs. 2 S. 3 EUV-N nur von einem Staats- oder Regierungschef geführt werden. Aus dem Wortlaut der Vorschrift ergibt sich, dass primärrechtlich ausgeschlossen ist, dass der Kommissionspräsident diese Aufgabe übernimmt, was rechtlich etwa dann möglich wäre, wenn die Vertragsstaaten sich auf einen Vorsitz „durch ein Mitglied" des Europäischen Rates geeinigt hätten. Weil die Vorschrift auch keinen Vorsitz „durch einen Mitgliedstaat" vorsieht, kommen zudem die Außenminister hierfür nicht in Betracht.

c) Weitere Teilnehmer in der Rechtspraxis

In der Rechtspraxis nehmen weitere Personen an den Treffen des Europäischen Rates teil. Im Sitzungssaal ist der Generalsekretär des Rates und Hohe Vertreter für die GASP (Art. 207 Abs. 2 S. 1 EGV), der nicht nur die EU-Außenpolitik kompetent vertreten kann, sondern auch die Verwaltung des Generalsekretariats des Rates repräsentiert, anwesend. Er wird begleitet von einem weiteren Vertreter des Ratssekretariates. Dies ist entweder ein Vertreter des Juristischen Dienstes des Rates[46] oder der Vize-Generalsekretär des Rates[47]. Hinzu kommen Dolmetscher und Protokollführer des Ratssekretariates, die ebenfalls im Sitzungssaal anwesend sind.

Beim Treffen des Europäischen Rates im Frühjahr jedes Jahres, welches der Wirtschafts- und Währungspolitik gewidmet ist, werden die beiden nationalen Vertreter (Art. 4 Abs. 2 S. 1 und 2 EUV) vom jeweiligen EcoFin-Minister unterstützt, so dass jeder Mitgliedstaat ausnahmsweise drei Sitze im Saal erhält[48]. Diese Praxis ist im Primärrecht zwar nicht vorgesehen, sie wurde jedoch durch eine Erklärung zum Vertrag von Maastricht[49] formell festgehalten. Eine solche Erklärung zur Schlussakte ist – im Gegensatz zu einem Protokoll im Sinne des Art. 311 EGV – kein

---

[46] So *Pernice*, in: Beneyto Pérez/Pernice (Hrsg.), The Government of Europe: Which Institutional Design for the European Union?, 2004, S. 34 ff.

[47] So *v. Grinsven,* The European Council under Construction, Discussion Papers in Diplomacy, Nr. 88, September 2003, S. 9 f.

[48] Dieser Fall ist zu unterscheiden vom oben in Fn. 43 angesprochenen Fall, in dem der EcoFin-Minister *anstelle* des Außenministers teilnimmt, so dass jeder Mitgliedstaat zwei Sitze im Saal hat.

[49] Gem. Erklärung (Nr. 4) zum Dritten Teil Titel VI des Vertrags zur Gründung der Europäischen Gemeinschaft vom 7. Februar 1992 (AblEG Nr. C 191/98, v. 29.7.1992) werden die Wirtschafts- und Finanzminister eingeladen, wenn der Europäische Rat Fragen der Wirtschafts- und Währungsunion erörtert.

Vertragsbestandteil, sie kann jedoch gemäß Art. 31 Abs. 2 WVRK zur Auslegung des Vertrags herangezogen werden. Hier handelt es sich allerdings um eine Erklärung zum EGV, die folglich nicht unmittelbar zur Interpretation von Art. 4 Abs. 2 S. 1 u. 2 EUV-N genutzt werden kann. Bei den übrigen Treffen des Europäischen Rates bleibt es in der Regel bei den zwei Sitzen, die gemäß Art. 4 Abs. 2 EUV-N besetzt werden.

Weitere Personen sind grundsätzlich nicht im Saal anwesend. Die Staats- und Regierungschefs können allerdings jederzeit einen ihrer Beamten (die so genannten „Antici") für einen kurzen Moment zu sich hereinrufen, um Nachrichten zu übermitteln und um die nationale Delegation über den Gang der Verhandlungen auf dem Laufenden zu halten[50]. In Ausnahmefällen lässt der Europäische Rat auch die Staats- und Regierungschefs von Beitrittskandidatenstaaten als Beobachter zu[51].

Außerhalb des Sitzungssaales befinden sich die Mitglieder der Delegation der Kommission und der einzelnen nationalen Delegationen. Gemäß Anlage I der Schlussfolgerungen des Europäischen Rates von Sevilla (im Folgenden Sevilla-Beschlüsse)[52], Nr. 11, wird die Gesamtgröße der einzelnen Delegationen auf maximal 20 Personen, einschließlich der beiden Sitzungsteilnehmer, festgelegt. Ebenfalls außerhalb des Sitzungssaales können die Sitzungsteilnehmer am Rande der Tagungen mit Gästen des Europäischen Rates zusammenkommen, wie zum Beispiel mit Vertretern von Drittstaaten oder -stellen[53] (Nr. 7 der Sevilla-Beschlüsse).

---

[50] Vgl. *Westlake/Galloway*, The Council of the European Union, 3. Aufl., 2004, S. 185. Näher zu den „Antici" *v. Grinsven,* The European Council under Construction, Discussion Papers in Diplomacy, Nr. 88, September 2003, S. 9.

[51] Vgl. *Pechstein*, in: Streinz (Hrsg.), EUV/EGV, 2003, Art. 4 EUV Rn. 7. Es sind bspw. auf dem Europäischen Rat vom 20. und 21. März 2003 die Staats- und Regierungschefs sowie die Außen- und Finanzminister mit ihren Amtskollegen aus den damals dreizehn beitretenden Ländern und Bewerberländern zusammengekommen, vgl. Schlussfolgerungen des Vorsitzes. ER (Brüssel), 20./21.3.2003 (0410/03), Rn. 2.

[52] Schlussfolgerungen des Vorsitzes. ER (Sevilla), 21./22.6.2002 (13463/02), Anlage I; vgl. hierzu näher *Jacqué*, in: v. d. Groeben/Schwarze (Hrsg.), Kommentar zum EU- und EG-Vertrag, Bd. 1, 6. Aufl., 2003, Art. 4 EUV Rn. 12-14. Vgl. unten Anhang, S. 284 ff.

[53] Es hat bspw. auf dem Gipfel im März 2006 „in Anwesenheit des Präsidenten des Europäischen Parlaments auch ein Gedankenaustausch mit dem Präsidenten der Europäischen Zentralbank, Herrn Jean-Claude Trichet, dem Präsidenten der UNICE, Herrn Ernest-Antoine Seillière, und dem Präsidenten des EGB, Herrn Cándido Méndez Rodriguez" stattgefunden, vgl. Schlussfolgerungen des Vorsitzes. ER (Brüssel), 23./24.3.2006 (7775/1/06 Rev 1), Rn. 2. Weitere Beispiele sind das Zusammentreffen mit dem damaligen UN-Generalsekretär *Kofi Annan* auf dem Europäischen Rat im Dezember 2004 und der Vortrag des Vorsitzenden des Europäischen Konvents, *Valéry Giscard d'Estaing*, auf dem Europäischen Rat im Dezember 2002, vgl. Schlussfolgerungen des Vorsitzes. ER

2. Abgrenzung

Nicht jeder Gipfel der Staats- und Regierungschefs der EU-Mitgliedstaaten ist ein Europäischer Rat. Zum einen steht es den Mitgliedstaaten als souveränen Staaten frei, vertraglich nicht vorgesehene Gipfeltreffen, ggf. mit Vertretern der Kommission, abzuhalten, um dort völkerrechtliche Übereinkommen zu schließen, ohne dass der Europäische Rat im Sinne des Art. 4 EUV-N tagt. Zum anderen kann eine Zusammenkunft auch den Zweck haben, eine Tagung eines bestimmten vertraglich vorgesehenen anderen Gremiums oder Organs abzuhalten. So sind weder die *„Regierungen der Mitgliedstaaten auf der Ebene der Staats- und Regierungschefs"*, die Art. 112 Abs. 2 lit. b EGV erwähnt, noch das Gemeinschaftsorgan *„Rat in der Zusammensetzung der Staats- und Regierungschefs"* (unter anderem in Art. 121 Abs. 2 und 3 EGV genannt) mit dem Europäischen Rat identisch[54]. Dies macht schon der Wortlaut der Vorschriften deutlich, der den Begriff Europäischer Rat – anders als andere Vorschriften (zum Beispiel Art. 113 Abs. 3 UAbs. 1 S. 1; Art. 128 Abs. 1 EGV) – gerade nicht verwendet. Außerdem besteht ein entscheidender Unterschied in der Zusammensetzung, da der Europäische Rat auch den Kommissionspräsidenten, einen Kommissar und die Außenminister in dem Gremium vereinigt[55]. Ergänzend ist auf Art. 4 Abs. 2 S. 3 EUV-N zu verweisen, welcher den Vorsitz für den Europäischen Rat festlegt und damit zeigt, dass er sich vom Rat gemäß Art. 202 ff. EGV unterscheidet[56]. Der Europäische Rat ist somit keine besondere Erscheinungsform des

---

(Brüssel), 16./17.12.2004 (16238/1/04 Rev 1), Rn. 1; Schlussfolgerungen des Vorsitzes. ER (Kopenhagen), 12./13.12.2002 (15917/02), Rn. 2.

[54] Vgl. *Wichard*, in: Calliess/Ruffert (Hrsg.), EUV/EGV, 3. Aufl., 2007, Art. 4 EUV Rn. 1; *Pechstein/Koenig*, Die Europäische Union, 3. Aufl., 2000, Rn. 165; *Hilf/Pache*, in: Grabitz/Hilf (Hrsg.), Das Recht der Europäischen Union, Bd. 1, 27. EL, Juni 2005, Art. 4 EUV Rn. 30, 34; *Anton*, in: Léger (Hrsg.), Commentaire article par article des traités UE et CE, 2000, Art. 4 EUV Rn. 11; vgl. aus US-amerikanischer Sicht *Sieberson*, CJEL 2004, 173 (211, Fn. 322) mit dem Hinweis auf die Verwirrung, welche die Begriffe auslösten.

[55] Gerade wegen des gem. Art. 4 Abs. 2 S. 1 EUV-N primärrechtlich garantierten Anwesenheitsrechts des Kommissionspräsidenten ist die Abgrenzung des Europäischen Rates vom Rat der Staats- und Regierungschefs (Art. 121 Abs. 2 u. 3 EGV), zu dem die Kommission lediglich gem. Art. 5 Abs. 2 S. 1 u. 3 GO Rat grundsätzlich eingeladen ist, kein „spitzfindiger Formalismus" (so aber *Glaesner*, EuR 1994, 22 (26); dagegen zu Recht *Everling*, EuR 1995, Beiheft 2, 41 (47); beide zu der korrespondierenden Vorschrift des Art. 109 j EGV i.d.F. des Vertrags von Maastricht).

[56] Vgl. *Hilf/Pache*, in: Grabitz/Hilf (Hrsg.), Das Recht der Europäischen Union, Bd. 1, 27. EL, Juni 2005, Art. 4 EUV Rn. 30.

Rates, obwohl er in der Lehrbuchliteratur teilweise in dem Abschnitt „Rat“ behandelt wird[57].

Der Europäische Rat darf auch nicht mit der *Regierungskonferenz* nach Art. 48 EUV-N[58] verwechselt werden. Die intergouvernementale Konferenz im Sinne dieser Vorschrift ist einerseits weiter gefasst als der Europäische Rat, weil den Mitgliedstaaten nicht primärrechtlich vorgeschrieben wird, welche Regierungsvertreter sie zu entsenden haben. Andererseits ist sie enger gefasst, weil Art. 48 EUV-N erstens ein bestimmtes Verfahren vorschreibt, um die Konferenz einzuberufen, zweitens eine Beteiligung der Kommission unmittelbar an den Sitzungen nicht vorsieht[59] und es sich drittens nicht um ein regelmäßiges Treffen, sondern um eine besondere Konferenz handelt, die der Vornahme von Vertragsänderungen gewidmet ist[60].

3. Ergebnis

Der Europäische Rat setzt sich aus Mitgliedern und Teilnehmern zusammen. Rechtlich vorgesehene Mitglieder des Europäischen Rates sind die Staats- oder Regierungschefs der Mitgliedstaaten der EU sowie der Kommissionspräsident (Art. 4 Abs. 2 S. 1 EUV-N). Rechtlich vorgesehene Teilnehmer sind die Außenminister der Mitglied-

---

[57] So z.B. *Streinz*, Europarecht, 7. Aufl., 2005, Rn. 259 ff., 319 ff.; *Epiney/Rieder/v. Danckelmann*, Europarecht I, 2004, S. 68 f.; *Oppermann*, Europarecht, 3. Aufl., 2005, § 5 Rn. 46, 61 ff.; *Hobe*, Europarecht, 2. Aufl., 2004, Rn. 101; *Breitenmoser/Husheer*, Europarecht, Bd. I, 2. Aufl., 2002, Rn. 197 ff., 237 ff.; *Mathijsen*, A Guide to European Union Law, 9. Aufl., 2007, S. 80 ff., 93 ff.; *Hartley*, The Foundations of European Community Law, 5. Aufl., 2003, S. 19 ff., 25 f.; *Schweitzer/Hummer*, Europarecht, 5. Aufl., 1996, Rn. 143 ff., 186 ff. Anders z.B. *Haratsch/Koenig/Pechstein*, Europarecht, 5. Aufl., 2006, Rn. 93 ff., 205 ff.; *Herdegen*, Europarecht, 8. Aufl., 2006, § 5 Rn. 4 ff., § 8 Rn. 1 ff.; *Borchardt*, Die rechtlichen Grundlagen der Europäischen Union, 3. Aufl., 2006, Rn. 263 ff., 269 ff.; *Bieber/Epiney/Haag*, Die Europäische Union, 7. Aufl., 2006, § 4 Rn. 39 ff., 41 ff.; *Haag*, Europarecht, 2003, Rn. 1701 ff; 1708 ff.; *Fischer, H.*, Europarecht, 2005, Rn. 29 ff., 71 ff.; *Lequesne*, Institutions et jeux institutionnels, in: Dubois (Hrsg.), Les Notices. L'Union européenne, 2004, S. 15.

[58] „Konferenz von Vertretern der Regierungen der Mitgliedstaaten“ (Art. 48 Abs. 2 S. 1 EUV-N); näher zu dieser und anderen Regierungskonferenzen *Westlake/Galloway*, The Council of the European Union, 3. Aufl., 2004, S. 190 ff.

[59] Die Kommission hat gem. Art. 48 Abs. 1 EUV-N ein Initiativrecht und kann vor der Einberufung der Regierungskonferenz gehört werden (Art. 48 Abs. 2 S. 1 EUV-N); die Konferenz selbst beschränkt sich jedoch gemäß dem Wortlaut auf die „Regierungen“.

[60] Soweit in der Literatur darauf hingewiesen wird, dass der Europäische Rat als Regierungskonferenz zur Revision der Verträge zusammentreten könne (so *Jacqué*, in: v. d. Groeben/Schwarze (Hrsg.), Kommentar zum EU- und EG-Vertrag, Bd. 1, 6. Aufl., 2003, Art. 4 EUV Rn. 19), ist klarzustellen, dass es sich aus den genannten Gründen dann nicht mehr um den Europäischen Rat im Rechtssinne handelt.

staaten der EU sowie ein weiteres Mitglied der Kommission (Art. 4 Abs. 2 S. 2 EUV-N). Wegen dieser Zusammensetzung ist der Europäische Rat vom Gemeinschaftsorgan „Rat in Zusammensetzung der Staats- und Regierungschefs", von den „Regierungen der Mitgliedstaaten auf der Ebene der Staats- und Regierungschefs" und von der Regierungskonferenz des Art. 48 EUV-N abzugrenzen.

In der Praxis nehmen häufig weitere Amtsträger im Sitzungssaal an den Tagungen des Europäischen Rates teil.

III. Rechtsnatur

1. Begriff „Organ der EG/EU"

Weil der EUV-N und der EGV zahlreiche Regelungen für den Europäischen Rat enthalten, stellt sich die Frage, ob die Vertragsstaaten damit ein Organ der EU oder der EG geschaffen haben. Sind seine Handlungen einem dieser Gemeinwesen, etwa als Internationaler Organisation, zuzurechnen? Das hieße, dass der Europäische Rat in der Lage wäre, nach außen und innen für die EG bzw. die EU zu handeln und einen von den Mitgliedstaaten unabhängigen, eigenen Willen, eben einen Willen der EG oder der EU, zu bilden.

Internationale Organisationen brauchen eigene Organe[61], damit sie einen gemeinsamen Willen bilden können, der vom Willen der einzelnen Mitgliedstaaten verschieden ist, und damit die Mitgliedstaaten ihre Partikularinteressen in den Organisationen vertreten können. In der Regel legen die jeweiligen Gründungsverträge der Internationalen Organisationen fest, welche diese Organe sind und wie sie sich zusammensetzen. Dabei ist auffällig, dass die meisten Internationalen Organisationen die Zusammensetzung ihrer Organe nicht derart festlegen, dass die Mitgliedstaaten ihre Staats- oder Regierungschefs entsenden müssen[62]. Auch in der Rechtspraxis werden zum Beispiel in den UN-Sicherheitsrat oder in die UN-Generalversammlung meist Botschafter oder Minister entsandt. Dieser Vergleich schließt jedoch nicht von vornherein aus, dass es sich beim Europäischen Rat um ein Organ handelt, weil die Staaten frei sind, in Gründungsverträgen einer Internationalen Organisation die

---

[61] Vgl. *Seidl-Hohenveldern/Loibl*, Das Recht der Internationalen Organisationen einschließlich der Supranationalen Gemeinschaften, 7. Aufl., 2000, Rn. 0905 ff.

[62] Eine Ausnahme ist die „Assembly" der Afrikanischen Union: Sie setzt sich gem. Art. 6 Abs. 1 der Konstituierenden Akte der AU aus den Staats- und Regierungschefs oder ihren bevollmächtigten Vertretern zusammen (ebenso schon die „Assembly" der Vorgängerorganisation OAU, vgl. Art. VIII S. 1 der OAU-Charta).

Zusammensetzung eines Organs auch dergestalt festzulegen, das seine Tagungen zwangsläufig Gipfeltreffen darstellen.

Der EUV-N und der EGV regeln nicht ausdrücklich, ob es sich beim Europäischen Rat um ein Organ der EU oder der EG handelt. Auch in den Vertragsrevisionen von Amsterdam und Nizza, als der Europäische Rat in den Verträgen schon verankert war, wurde diese Frage nicht ausdrücklich geklärt. In der Literatur ist umstritten, ob der Europäische Rat als Organ der EG bzw. der EU qualifiziert werden kann.

2. Meinungsstand

Nur vereinzelt wird die Auffassung vertreten, der Europäische Rat sei ein Organ der EG[63]. Zur Begründung wird auf seine Zusammensetzung verwiesen, die derjenigen entspreche, die der EGV für das Gemeinschaftsorgan Rat vorsehe. Ebenso wie der Rat bestehe der Europäische Rat aus Mitgliedern der Regierungen der Mitgliedstaaten, weshalb es sich beim Europäischen Rat um eine Institution der Gemeinschaft handle[64].

Häufiger wird der Europäische Rat im Schrifttum als Organ der EU[65] bezeichnet. Das Meinungsspektrum zu der Frage, ob der Europäische Rat ein Organ der EU ist, lässt sich nach zwei systematischen Ansätzen unterteilen, je nach dem, ob die Völkerrechtssubjektivität[66] der EU für relevant gehalten wird oder nicht. Die Völkerrechtssubjektivität, das heißt die Rechtspersönlichkeit nach Völkerrecht, bedeutet die Fähigkeit, Träger von völkerrechtlichen Rechten und Pflichten sein zu

---

[63] So *Glaesner*, EuR 1994, 22 (25 f.).

[64] Vgl. *Glaesner*, EuR 1994, 22 (26).

[65] „Unionsorgan", so *Wichard*, in: Calliess/Ruffert (Hrsg.), EUV/EGV, 3. Aufl., 2007, Art. 4 EUV Rn. 10; „Organ der EU (freilich nicht der EG!)", so *Klein*, in: Graf Vitzthum (Hrsg.), Völkerrecht, 3. Aufl., 2004, 4. Abschn., Rn. 122; „Organ der Union", so *Bleckmann*, DVBl. 1992, 335 (337); *Haag*, Europarecht, 2003, Rn. 1702; „Organ allein der EU", so *Fastenrath/Müller-Gerbes*, Europarecht, 2. Aufl., 2004, Rn. 206; „Organ der EU", so *Borchardt*, Die rechtlichen Grundlagen der Europäischen Union, 3. Aufl., 2006, Rn. 263; *Arndt*, Europarecht, 7. Aufl., 2006, S. 31; *Nicolaysen*, Europarecht I, 2. Aufl., 2002, S. 193 u. 195.

[66] Zur Rechtspersönlichkeit der Internationalen Organisationen und zur Unterscheidung zwischen der Rechtspersönlichkeit nach Völkerrecht und der Rechtspersönlichkeit im innerstaatlichen Recht vgl. *Seidl-Hohenveldern/Loibl*, Das Recht der Internationalen Organisationen einschließlich der Supranationalen Gemeinschaften, 7. Aufl., 2000, Rn. 0301 ff. I. Folg. geht es nur um die hier interessierende Rechtspersönlichkeit nach Völkerrecht (Völkerrechtsfähigkeit/ Völkerrechtssubjektivität), die für die beiden Gemeinschaften in Art. 281 EGV bzw. Art. 184 EAGV festgelegt ist (im Gegensatz zur Rechtsfähigkeit der Gemeinschaften nach innerstaatlichem Recht gem. Art. 282 EGV, Art. 185 EAGV).

können. Sie kann einer Internationalen Organisation[67] ausdrücklich durch den Gründungsvertrag verliehen werden oder sich implizit aus dem vertraglichen Zweck der Organisation oder aus ihren vertraglichen Rechten und Pflichten ergeben[68].

Nach dem ersten systematischen Ansatz, der im Schrifttum vertreten wird, besteht ein rechtlicher Zusammenhang zwischen der Qualifizierung des Europäischen Rates als Organ der EU und deren Völkerrechtssubjektivität[69] (a). Nach dem zweiten Ansatz besteht dieser Zusammenhang nicht. Hier wird der Organstatus unabhängig von der Völkerrechtssubjektivität der EU beurteilt (b).

a) Erster systematischer Ansatz: Zusammenhang zwischen Organstatus und Völkerrechtssubjektivität

Nach dem ersten systematischen Ansatz kann die EU nur dann eigene Organe haben, wenn sie eine eigene Völkerrechtssubjektivität besitzt[70]. Folgt man dieser Argumentation, dann kann der Europäische Rat nur dann ein Organ der EU sein, wenn die EU über Völkerrechtssubjektivität verfügt.

---

[67] Ob es auch Internationale Organisationen ohne Völkerrechtssubjektivität gibt, ist umstritten: dafür *Klein*, in: Graf Vitzthum, Völkerrecht, 3. Aufl., 2004, 4. Abschn., Rn. 93; dagegen *Pechstein/Koenig*, Die Europäische Union, 3. Aufl., 2000, Rn. 62 f. Die Frage, ob die EU eine Internationale Organisation oder ggf. eine Internationale Organisation ohne Völkerrechtssubjektivität ist, muss hier nicht entschieden werden, weil der Organstatus des Europäischen Rates an die Völkerrechtssubjektivität der EU und nicht an die Qualität der EU als Internationale Organisation geknüpft wird.

[68] Vgl. IGH, Reparation for injuries suffered in the service of the United Nations, Advisory Opinion, v. 11.4.1949, ICJ Reports 1949, 174 (179); *Herdegen*, Völkerrecht, 3. Aufl., 2004, § 10 Rn. 4.

[69] Die EG hat unstreitig Völkerrechtssubjektivität, so dass es auf die Frage, ob ihr der Europäische Rat *deshalb* als Organ zugeordnet werden kann, nicht ankommt.

[70] So *Hilf/Pache*, in: Grabitz/Hilf (Hrsg.), Das Recht der Europäischen Union, Bd. 1, 27. EL, Juni 2005, Art. 4 EUV Rn. 8; *Pechstein/Koenig*, Die Europäische Union, 3. Aufl., 2000, Rn. 171; *Fischer, H.*, Europarecht, 2005, Rn. 32; *Bleckmann*, Europarecht, 6. Aufl., 1997, Rn. 166, die der Union die Rechtspersönlichkeit absprechen und deshalb den Europäischen Rat nicht als Organ der EU qualifizieren. So aber auch *Wichard*, in: Calliess/Ruffert (Hrsg.), EUV/EGV, 3. Aufl., 2007, Art. 4 EUV Rn. 9 f., welcher der EU Rechtspersönlichkeit zuspricht und deshalb den Europäischen Rat als „Unionsorgan" qualifiziert. Unklar hingegen *Arndt*, Europarecht, 7. Aufl., 2006, S. 31 f., welcher in seiner Kritik an der Bezeichnung des Rates („Rat der EU") der EU die Rechtspersönlichkeit abspricht, hervorhebt, dass es deshalb keinen Rat der EU geben könne, und dennoch den Europäischen Rat als das einzige genuine „Organ der Europäischen Union" einstuft.

Ob letzteres der Fall ist, wird kontrovers diskutiert. In diesem Meinungsstreit spricht eine Ansicht der EU nach dem Gründungsvertrag der EU von Maastricht[71] wie auch nach den Verträgen von Amsterdam[72] und Nizza[73] eine eigene Völkerrechtssubjektivität ab. Teilweise wird diese Ansicht als die herrschende Meinung bezeichnet[74]. Soweit dabei auf den Europäischen Rat Bezug genommen wird, lehnen die betreffenden Autoren konsequenterweise die Einstufung des Europäischen Rates als „Organ der EU" ab. Diese ablehnenden Stellungnahmen lassen sich wiederum danach unterteilen, ob sie den Europäischen Rat stattdessen als Organ der Mitgliedstaaten[75] einstufen oder nicht[76].

Nach der Gegenauffassung hat die EU seit dem Vertrag von Maastricht[77], spätestens allerdings seit dem Vertrag von Amsterdam[78], Völkerrechtssubjektivität. Soweit dabei

---

[71] Vgl. BVerfGE 89, 155 (195); *Klein*, in: Hailbronner/Klein/Magiera/Müller-Graff, Handkommentar zum EUV/EGV, Ordn. 2, 6. EL, Juni 1997, Art. A EUV Rn. 30; *Everling*, DVBl. 1993, 936 (941 f.); *Schweitzer/Hummer*, Europarecht, 5. Aufl., 1996, Rn. 66; *Bleckmann*, Europarecht, 6. Aufl., 1997, Rn. 164 ff.; *Oppermann*, Zur Eigenart der Europäischen Union, in: Hommelhoff/Kirchhof (Hrsg.), Der Staatenverbund der Europäischen Union, 1994, S. 87 (90); *Streinz*, ZfRV 1995, 1 (4 f.); *Pechstein*, EuR 1995, 247 (249); *ders.*, EuR 1996, 137 (141); *ders./Koenig*, EuZW 1997, 225; lediglich partielle Völkerrechtssubjektivität: *Dörr*, EuR 1995, 334 (343 f.).

[72] Vgl. *Pechstein/Koenig*, Die Europäische Union, 3. Aufl., 2000, Rn. 85; *Vignes*, L'absence de personnalité juridique de l'Union Européenne: Amsterdam persiste et signe, in: Hafner/Loibl/Rest/Sucharipa-Behrmann/Zemanek (Hrsg.), FS Seidl-Hohenveldern, 1998, S. 757 ff.; *Streinz*, EuZW 1998, 137 (140); *Hilf*, EuR 1997, 347 (359); *Busse*, Die völkerrechtliche Einordnung der Europäischen Union, 1999, S. 308.

[73] Vgl. *Hilf/Pache*, in: Grabitz/Hilf (Hrsg.), Das Recht der Europäischen Union, Bd. 1, 27. EL, Juni 2005, Art. 4 EUV Rn. 9; *Herdegen*, Europarecht, 8. Aufl., 2006, § 6 Rn. 12; *Streinz*, Europarecht, 7. Aufl., 2005, Rn. 134; *Pechstein*, in: Streinz (Hrsg.), EUV/EGV, 2003, Art. 1 EUV Rn. 18 f.; *Kokott*, in: Streinz (Hrsg.), EUV/EGV, 2003, Art. 281 EGV Rn. 2; *Ipsen*, Völkerrecht, 5. Aufl., 2004, § 6 Rn. 18; *Geiger*, EUV/EGV, 4. Aufl., 2004, Art. 1 EUV Rn. 7.

[74] *Krajewski*, JuS 2007, 464 (466) bezeichnet diese Ansicht als die „wohl noch" h.M. Anders *Wichard*, in: Callies/Ruffert (Hrsg.), EUV/EGV, 3. Aufl., 2007, Art. 1 EGV Rn. 8, der diese Ansicht – im Gegensatz zur Vorauflage – nicht mehr als h.L. bezeichnet.

[75] „Vertragsorgan der Mitgliedstaaten", so *Hilf*, Die Europäische Union und die Eigenstaatlichkeit ihrer Mitgliedstaaten, in: Hommelhoff/Kirchhof (Hrsg.), Der Staatenverbund der Europäischen Union, 1994, S. 77, m.w.N. Fn. 9; *Hilf/Pache*, in: Grabitz/Hilf (Hrsg.), Das Recht der Europäischen Union, Bd. 1, 27. EL, Juni 2005, Art. 4 EUV Rn. 9, 45.

[76] „Regierungskonferenz", so *Pechstein/Koenig*, Die Europäische Union, 3. Aufl., 2000, Rn. 165, 170; *Pechstein*, in: Streinz (Hrsg.), EUV/EGV, 2003, Art. 4 EUV Rn. 9.

[77] Vgl. *Magiera*, Jura 1994, 1 (6); *v. Bogdandy/Nettesheim*, NJW 1995, 2324 (2327 f.); *dies.*, EuR 1996, 3 (23 ff.); *Ress*, JuS 1992, 985 (986); *ders.*, EuR 1995, Beiheft 2, 27 (30).

[78] Vgl. *Wichard*, EuR 1999, 170 (173); *ders.*, in: Calliess/Ruffert (Hrsg.), EUV/EGV, 3. Aufl., 2007,

der Status des Europäischen Rates erörtert wird, wird konsequenterweise die Auffassung vertreten, der Europäische Rat könne der EU als Organ zugeordnet werden[79]. Teilweise wird umgekehrt argumentiert und die Stellung des Europäischen Rates als Unionsorgan herangezogen, um die Rechtspersönlichkeit der EU zu begründen[80].

b) Zweiter systematischer Ansatz: kein Zusammenhang zwischen Organstatus und Völkerrechtssubjektivität

Die Gegenauffassung, die den rechtlichen Zusammenhang verneint und deshalb über die Frage nach dem Organstatus des Europäischen Rates unabhängig von der Frage nach der Völkerrechtssubjektivität der EU entscheidet, stuft den Europäischen Rat – soweit auf ihn Bezug genommen wird – als Organ der EU ein.

Teilweise wird das Fehlen des Zusammenhangs zwischen der Rechtspersönlichkeit der EU und dem Organstatus ausdrücklich hervorgehoben[81]. Teilweise fehlt ein solcher Hinweis[82], weshalb man bezweifeln könnte, ob hier der Europäische Rat als ein *für die EU* handelndes *Organ* im Sinne des Völkerrechts qualifiziert werden soll, wenn er „Haupt-" oder „Leitorgan der EU" oder „originäres Organ der EU" genannt wird[83]. Weil es sich allerdings um rechtswissenschaftliche Beiträge aus dem Bereich

---

Art. 1 EGV Rn. 9 ff. m.w.N.; *Schroeder*, Verfassungsrechtliche Beziehungen zwischen Europäischer Union und Europäischen Gemeinschaften, in: v. Bogdandy (Hrsg.), Europäisches Verfassungsrecht, 2003, S. 373 (386 ff.); *Zuleeg*, EuR 1998, Beiheft 2, 151 (152); *Des Nerviens*, RTDE 1997, 801 (806).

[79] „Unionsorgan", so *Wichard*, in: Calliess/Ruffert (Hrsg.), EUV/EGV, 3. Aufl., 2007, Art. 4 EUV, Rn. 10.

[80] So *Ress*, EuR 1995, Beiheft 2, 27 (36).

[81] Der Europäische Rat sei bemerkenswerterweise „das einzige originäre Organ der EU", obwohl die EU „noch nicht über eine vollentwickelte eigene Rechtspersönlichkeit" verfüge, so *Stumpf*, in: Schwarze (Hrsg.), EU-Kommentar, 2000, Art. 4 EUV Rn. 1; ebenso *Klein*, in: Hailbronner/Klein/Magiera/Müller-Graff, Handkommentar zum EUV/EGV, Ordn. 2, 6. EL, Juni 1997, Art. D EUV Rn. 3.

[82] So bei etwa bei *Dörr*, EuR 1995, 334 (337) („eigenes Organ" der Union), der die Rechtspersönlichkeit der EU teilweise verneint (343 f.).

[83] So etwa bei *Streinz*, Europarecht, 7. Aufl., 2005, Rn. 279, der den Europäischen Rat als „Organ der Europäischen Union als Staatenverbund" bezeichnet. Er erwähnt zwar den Zusammenhang zur Frage der Rechtspersönlichkeit der EU, verneint diese Frage und nennt den Europäischen Rat konsequenterweise nicht „Organ der EU". Allerdings wird anhand der gewählten Bezeichnung nicht klar, was das Zuordnungssubjekt des Europäischen Rates sein soll: die EU oder die Staaten in dem Verbund.

des Völker- und Europarechts handelt, ist davon auszugehen, dass der Begriff „Organ" als Rechtsbegriff verwandt wurde[84]. Es ist somit anzunehmen, dass der genannte rechtliche Zusammenhang implizit verneint wird.

3. Argumentationen der unterschiedlichen Ansichten

a) Erster systematischer Ansatz

Als Begründung für den ersten systematischen Ansatz, nach dem zwischen der Völkerrechtssubjektivität der EU und der möglichen Einstufung des Europäischen Rates als Organ der EU ein Zusammenhang besteht, wird von Teilen der Literatur auf das klassische Völkerrecht verwiesen. Danach sei die Rechtsfähigkeit eine Voraussetzung für die Fähigkeit von Organisationen, Organe zu haben[85]. Organe seien nur rechtlich unselbstständige Handlungsinstrumente eines Rechtssubjekts, welches erst durch die Organe handlungsfähig werde[86].

Die innerhalb des ersten Ansatzes vertretene Auffassung, welche die Völkerrechtssubjektivität der EU anerkennt, argumentiert zum einen mit einer Reihe von *Strukturmerkmalen*, die aus dem EUV-N hergeleitet werden. So sei schon im Vertrag von Maastricht eine körperschaftliche Struktur der EU angelegt, die für eine implizite Verleihung der internationalen Rechtsubjektivität spreche[87]. Angeführt werden insbesondere die Gründung der EU (Art. 1 EUV-N), die in zahlreichen Vorschriften enthaltenen Selbstverpflichtungen der EU, der einheitliche institutionelle Rahmen aus Unionsorganen, die Zusammensetzung der EU aus Mitgliedstaaten, die Vertretung der EU in Angelegenheiten der GASP durch den Vorsitz (Art. 18 Abs. 1 und 2 EUV-N) und die Möglichkeit, der Union beizutreten[88].

---

[84] Dies gilt nicht, wenn klargestellt wird, wie der Begriff „Organ" verstanden wird; vgl. z.B. *Herdegen*, Europarecht, 8. Aufl., 2006, § 5 Rn. 5, der hervorhebt, dass die Bezeichnung „Organ" im Völkerrecht grundsätzlich nur auf Organisationen mit eigener Rechtspersönlichkeit angewandt werde, was darauf hindeutet, dass seine Einstufung des Europäischen Rates als „Leitorgan" der EU nicht in diesem völkerrechtlichen Sinne zu verstehen ist; ebenso *Wilms*, in: Hailbronner/Wilms, Recht der EU, Bd. 1, 1. Lfg., Oktober 2002, Art. 4 EUV Rn. 20.

[85] Vgl. *Wilms*, in: Hailbronner/Wilms, Recht der EU, Bd. 1, 1. Lfg., Oktober 2002, Art. 4 EUV Rn. 20.

[86] Vgl. *Pechstein/Koenig*, Die Europäische Union, 3. Aufl., 2000, Rn. 171.

[87] Vgl. *Wichard*, in: Calliess/Ruffert (Hrsg.), EUV/EGV, 3. Aufl., 2007, Art. 1 EGV Rn. 7.

[88] Sie zählt *Wichard*, in: Calliess/Ruffert (Hrsg.), EUV/EGV, 3. Aufl., 2007, Art. 1 EGV Rn. 7 auf.

Zum anderen wird mit bestimmten *Fähigkeiten* der EU argumentiert. Sie verdichten dieser Ansicht nach die Indizien für eine internationale Rechtssubjektivität seit den Verträgen von Amsterdam und Nizza. Dazu gehöre erstens die Fähigkeit zur eigenständigen Willensbildung. Wegen der Abkehr von positiven Einstimmigkeitserfordernissen[89] in der GASP und der Stärkung der Rolle derjenigen Organe, die von den Mitgliedstaaten unabhängig sind (Kommission und EuGH), sei die EU in der Lage, einen eigenen, von demjenigen der Mitgliedstaaten verschiedenen Willen zu bilden[90]. Zweitens habe die EU die Fähigkeit, die Mitgliedstaaten zu binden. Hier werden die Rechtsakte nach Art. 34 Abs. 2 lit. b und c EUV-N sowie die Befugnis, gemäß Art. 7 EUV-N Mitgliedschaftsrechte auszusetzen, genannt[91]. Drittens habe die EU die Fähigkeit zu rechtserheblichem Handeln im Außenverhältnis. So sei die Union vorrangiger Akteur im Außenverhältnis, wofür Art. 11 Abs. 1 und Art. 27 a Abs. 1, 3. Spiegelstr. EUV-N angeführt werden. Außerdem verliehen Art. 24 und 38 EUV-N der Union die Kompetenz zum Abschluss völkerrechtlicher Verträge, wobei die entsprechenden Beschlüsse teilweise sogar mit qualifizierter Mehrheit gefasst werden können[92]. Ergänzend wird auf die Praxis verwiesen, in der zumindest gemäß der Wortwahl der Abkommen, die auf Art. 24 EUV-N gestützt werden, „die EU" als Vertragspartei auftrete[93].

Die Gegenauffassung, die der EU die Völkerrechtssubjektivität abspricht, stützt sich in ihrem Ausgangspunkt darauf, dass der EUV-N ihr die Rechtspersönlichkeit *nicht ausdrücklich* verleihe. Anders als die Gemeinschaftsverträge, die der jeweiligen Gemeinschaft Rechtspersönlichkeit verliehen, fehle eine entsprechende Vorschrift im Gründungsvertrag der EU. Diese Lücke im EUV, die auch in der Nizzaer Fassung besteht, wird von Teilen dieser Auffassung als ausschlaggebend angesehen, weil die

---

89 Das heißt einerseits, dass bei Einstimmigkeitserfordernissen Enthaltungen einem Beschluss nicht mehr entgegenstehen (Art. 23 Abs. 1, Art. 41 Abs. 1 EUV i.V.m. Art. 205 Abs. 3 EGV) und andererseits, dass in einigen Fällen auch Mehrheitsbeschlüsse vorgesehen werden (Art. 23 Abs. 2, Art. 24 Abs. 3 EUV), vgl. *Wichard*, in: Calliess/Ruffert (Hrsg.), EUV/EGV, 3. Aufl., 2007, Art. 1 EGV Rn. 10.

90 So *Wichard*, in: Calliess/Ruffert (Hrsg.), EUV/EGV, 3. Aufl., 2007, Art. 1 EGV Rn. 10.

91 Vgl. *Wichard*, in: Calliess/Ruffert (Hrsg.), EUV/EGV, 3. Aufl., 2007, Art. 1 EGV Rn. 11.

92 Vgl. *Wichard*, in: Calliess/Ruffert (Hrsg.), EUV/EGV, 3. Aufl., 2007, Art. 1 EGV Rn. 12.

93 Vgl. dazu und zu den bisher auf der Grundlage des Art. 24 EUV abgeschlossenen Verträgen *Cremer*, in: Calliess/Ruffert (Hrsg.), EUV/EGV, 3. Aufl., 2007, Art. 24 EUV Rn. 12; *Thym*, ZaöRV 66 (2006), 863 ff.

Regierungskonferenz 1996 zur ersten Revision des EUV den Willen der Vertragsparteien, der EU keine Völkerrechtssubjektivität zu verleihen, habe erkennen lassen. Dort seien die Vorschläge der Ratspräsidentschaften, die zwei unterschiedliche Varianten[94] zur internationalen Rechtspersönlichkeit vorsahen, bewusst abgelehnt worden. Dies sei für die Auslegung des Amsterdamer Vertrags gemäß Art. 32 WVRK zu beachten[95] und schließe auch eine Verleihung der Rechtspersönlichkeit durch nachträgliche Praxis im Sinne des Art. 31 Abs. 3 lit. b WVRK im Anschluss an den Maastrichter Vertrag aus[96].

Teile dieser Auffassung schließen eine *implizite* Verleihung der Rechtspersönlichkeit von vornherein aus, weil diese nicht gegen den offenkundigen Willen der Vertragsparteien angenommen werden könne[97]. Andere Autoren erwägen zwar im Grundsatz eine implizite Zuerkennung und untersuchen, ob die hierfür notwendigen eigenen Handlungsbefugnisse der EU im EUV-N ausreichend vorhanden sind. Diesen Autoren zufolge reicht die stellenweise Nennung der Union im EUV-N als grammatikalisches Subjekt dafür jedoch nicht aus[98]. Entscheidend sei vielmehr, ob ihr Kompetenzen übertragen würden, die nur einem Völkerrechtssubjekt zustehen könnten[99]. Diese Kompetenzen könnten sich nur aus den Unionsbereichen GASP und PJZS ergeben, weil die Völkerrechtssubjektivität der Gemeinschaften unberührt

---

[94] Vorschlag der irischen Ratspräsidentschaft: zusätzliche Rechtspersönlichkeit der Union neben den Gemeinschaften (CONF 2500/96, S. 90 ff.); Vorschlag der niederländischen Ratspräsidentschaft: Verschmelzung von Union und Gemeinschaften (CONF 2500/96 ADD 1 CAB, S. 47 ff.); dazu ausf. *Pechstein/Koenig*, Die Europäische Union, 3. Aufl., 2000, Rn. 65 ff.

[95] So *Pechstein/Koenig*, Die Europäische Union, 3. Aufl., 2000, Rn. 65 ff. A.A. *Wichard*, in: Calliess/Ruffert (Hrsg.), EUV/EGV, 3. Aufl., 2007, Art. 1 EGV Rn. 9; *ders.*, EuR 1999, 170 (173), der diese Ablehnung nicht für ausschlaggebend hält, sondern sie als „Ausdruck mühsamer Formelkompromisse" sieht.

[96] So *Pechstein/Koenig*, Die Europäische Union, 3. Aufl., 2000, Rn. 73 ff.; vgl. auch *Everling*, EuR 1995, Beiheft 2, 41 (43), der im Zusammenhang mit der Frage nach der Rechtsnatur des Europäischen Rates schon nach dem Vertrag von Maastricht betont hatte, dass respektiert werden müsse, dass die Vertragsparteien die Union nicht für rechtsfähig erklärt hätten.

[97] So *Geiger*, EUV/EGV, 4. Aufl., 2004, Art. 1 EUV Rn. 7; *Hilf*, EuR 1997, 347 (359); *Simma/Vedder*, in: Grabitz/Hilf (Hrsg.), Das Recht der Europäischen Union, Bd. 3, 14. EL, Oktober 1999, Art. 281 EGV Rn. 1.

[98] Vgl. *Pechstein/Koenig*, Die Europäische Union, 3. Aufl., 2000, Rn. 82 mit Bezug auf die Vorschriften, in denen die Union sich zu etwas verpflichtet (z.B. Art. 6 Abs. 2-4 EUV-N) und aus denen die Gegenauffassung Merkmale für eine körperschaftliche Struktur herausliest, vgl. oben A.III.3.a), Fn. 87.

[99] Vgl. *Schweitzer*, Staatsrecht III, 8. Aufl., 2004, Rn. 694.

bleibe[100]. In Frage kämen Vertragsbestimmungen, aus denen sich die Notwendigkeit ergebe, mit anderen Völkerrechtssubjekten Verträge zu schließen, sowie Regelungen über Vorrechte und Befreiungen, über das Gesandtschaftsrecht oder über die völkerrechtliche Verantwortlichkeit[101].

Dieser Auffassung zufolge genügen die Vorschriften des EUV-N diesen Anforderungen nicht, wobei sie sich maßgeblich auf den intergouvernementalen Charakter der GASP stützt. So tritt diese Auffassung erstens der Herleitung einer eigenen Handlungsbefugnis der Union aus Art. 18 Abs. 1 und 2 EUV-N entgegen. Zu diesem Zweck verweist sie auf Art. 19 Abs. 1 UAbs. 2 und Abs. 2 UAbs. 2 EUV-N, in denen von den Mitgliedstaaten die Rede ist. Diese Vorschriften sprächen dafür, dass die Vertragsparteien hier von einem Fortbestehen ihrer eigenen Zuständigkeiten ausgingen. Dass der EUV-N keine Kompetenzen für eine eigene „Außenpolitik der Union" schaffe, sondern eine vertraglich geregelte Form der Koordination der Außenpolitiken der EU-Vertragsstaaten[102], werde auch durch die Staatenpraxis, beispielsweise durch die häufig unterschiedlichen politischen Standpunkte der europäischen ständigen Mitglieder des UN-Sicherheitsrates Frankreich und Großbritannien, bestätigt[103].

Zweitens widerspricht diese Auffassung der Erwägung, ein Staat könne nur der Union und damit einem Völkerrechtssubjekt beitreten. Hier verweist sie darauf, dass das notwendige Beitrittsabkommen vom beitretenden Staat gerade nicht mit der Union, sondern gemäß Art. 49 Abs. 2 EUV-N mit den EU-Mitgliedstaaten abgeschlossen werde[104].

Drittens widerspricht diese Auffassung der Annahme, aus Art. 24 und 38 EUV-N ließen sich Kompetenzen der Union als Völkerrechtssubjekt herleiten, weil der Rat die entsprechenden Abkommen für die Union schließe. Die Vertragsstaaten hätten in der Schlussakte zum Amsterdamer Vertrag durch die Erklärung Nr. 4 ausdrücklich betont, dass die beiden Vorschriften gerade keine Übertragung von Kompetenzen auf die

---

[100] Vgl. *Streinz*, Europarecht, 7. Aufl., 2005, Rn. 134.

[101] Vgl. *Pechstein/Koenig*, Die Europäische Union, 3. Aufl., 2000, Rn. 77.

[102] Vgl. *Pechstein/Koenig*, Die Europäische Union, 3. Aufl., 2000, Rn. 78.

[103] Vgl. *Streinz*, Europarecht, 7. Aufl., 2005, Rn. 134 mit Verweis auf den Irakkrieg 2003.

[104] Vgl. *Pechstein/Koenig*, Die Europäische Union, 3. Aufl., 2000, Rn. 77.

Union begründeten[105]. Auch die Möglichkeit jedes Mitgliedstaates, sich gemäß Art. 24 Abs. 5 EUV-N in Bezug auf ein unter diesem Artikel geschlossenes Abkommen für nicht gebunden zu erklären, bestätige, dass der Rat die Abkommen für die in der Union verbundenen Mitgliedstaaten schließe und nicht für die Union als Rechtssubjekt[106]. Andere Autoren sehen die Begründung der Vertragsschlusskompetenz in Art. 24 EUV-N als Anhaltspunkt zumindest für eine „Tendenz" zur Anerkennung einer Rechtspersönlichkeit der EU[107].

Dem Argument, die EU sei deshalb als Völkerrechtssubjekt einzustufen, weil sie in der Praxis der Organe auf der Grundlage von Art. 24 EUV-N als Vertragspartei genannt werde, widerspricht ein Teil dieser Auffassung. Dazu wird zum einen darauf verwiesen, dass insoweit der vertragsrechtliche Grundsatz „falsa demonstratio non nocet" gelte[108]. Zum anderen verkenne eine derartige Interpretation der genannten Praxis den maßgeblichen Willen der Mehrheit der Mitgliedstaaten. Zwar hätten die nationalen Regierungen inzwischen deutlich gemacht, dass sie im Verfassungsvertrag der Union Rechtspersönlichkeit zuerkennen wollten (Art. 7 VVE). Allerdings solle dies im Wege der Auflösung der Gemeinschaften und der Übernahme ihrer Kompetenzen durch die Union erfolgen. Deshalb bleibe es bis auf weiteres dabei, dass der EU als solcher keine Rechtspersönlichkeit zukomme[109].

---

105 Vgl. *Geiger*, EUV/EGV, 4. Aufl., 2004, Art. 1 EUV Rn. 7; *Herdegen*, Europarecht, 8. Aufl., 2006, § 6 Rn. 13; *Streinz*, Europarecht, 7. Aufl., 2005, Rn. 133. Die betreffende Erklärung zu den Artikeln J.14 und K.10 des Vertrags über die Europäische Union vom 2. Oktober 1997 (AblEG Nr. C 340/131, v. 10.11.1997) lautet: „Die Bestimmungen der Artikel J.14 und K.10 des Vertrags über die Europäische Union und Übereinkünfte aufgrund dieser Artikel bedeuten keine Übertragung von Zuständigkeiten von den Mitgliedstaaten auf die Europäische Union".

106 Vgl. *Streinz*, Europarecht, 7. Aufl., 2005, Rn. 133; *Kokott*, in: Streinz (Hrsg.), EUV/EGV, 2003, Art. 281 EGV Rn. 2.

107 Vgl. *Hilf/Pache*, NJW 1998, 705 (709); *Kaufmann-Bühler*, in: Grabitz/Hilf (Hrsg.), Das Recht der Europäischen Union, Bd. 1, 22. EL, August 2003, Art. 24 EUV Rn. 21.

108 *Haratsch/Koenig/Pechstein*, Europarecht, 5. Aufl., 2006, Rn. 80; *Pechstein*, in: Streinz (Hrsg.), EUV/EGV, 2003, Art. 1 EUV Rn. 10.

109 Vgl. *Haratsch/Koenig/Pechstein*, Europarecht, 5. Aufl., 2006, Rn. 82, die hervorheben, dass in Anbetracht der negativen Referenden in Frankreich und den Niederlanden das Inkrafttreten des VVE und damit auch die darin enthaltene Schaffung einer Völkerrechtssubjektivität der EU sehr fraglich sei, vgl. auch aaO., Rn. 35 u. Rn. 72, Fn. 1.

b) Zweiter systematischer Ansatz

Die in dem zweiten Ansatz zusammengefasste Gegenauffassung lässt demgegenüber keine Begründung erkennen, weshalb die Einstufung des Europäischen Rates als Organ der EU unabhängig von der Rechtspersönlichkeit der EU vorgenommen werden kann.

4. Stellungnahme

a) Organ der EG

Diejenige Literaturmeinung, die den Europäischen Rat als Organ der EG einstuft[110], ist wegen der abschließenden Aufzählung des Art. 7 EGV abzulehnen[111]. Insbesondere handelt es sich bei der fehlenden Nennung in dieser Vorschrift nicht um ein Redaktionsversehen[112], weil ein solches in den Vertragsrevisionen von Amsterdam und Nizza behoben worden wäre.

An dieser Tatsache, derzufolge der Europäische Rat kein Organ der EG ist, ändert auch die vereinzelte Nennung des Europäischen Rates im EGV nichts. Es ist nicht nachvollziehbar, weshalb die Vertragsstaaten, wenn sie ein Organ der EG schaffen wollten, seine Hauptvorschrift (Art. 4 EUV-N) und die meisten seiner Befugnisnormen im EUV-N verankern sollten.

b) Organ der EU

Den Autoren, die den zweiten systematischen Ansatz vertreten, das heißt den Zusammenhang zwischen der Völkerrechtssubjektivität der EU und der Einstufung des Europäischen Rates als Organ der EU verneinen, indem sie – trotz Ablehnung der Völkerrechtssubjektivität – für den Europäischen Rat den Begriff „Organ der EU" im Rechtssinne verwenden, ist zu widersprechen. Die Völkerrechtsubjektivität der EU ist eine zwingende Voraussetzung für ihre Fähigkeit, Organe zu haben. Andernfalls würden die Handlungen des Europäischen Rates einem untauglichen Rechtssubjekt

---

110 Vgl. *Glaesner*, EuR 1994, 22 (25 f.), vgl. oben Fn. 63.

111 So zu Recht *Hilf/Pache*, in: Grabitz/Hilf (Hrsg.), Das Recht der Europäischen Union, Bd. 1, 27. EL, Juni 2005, Art. 4 EUV Rn. 8. Auch in Art. 3 EAGV wird der Europäische Rat nicht genannt.

112 So aber *Glaesner*, EuR 1994 22 (26) zu Art. 4 EGV i.d.F. des Vertrags von Maastricht. Dagegen zu Recht *Hilf/Pache*, in: Grabitz/Hilf (Hrsg.), Das Recht der Europäischen Union, Bd. 1, 27. EL, Juni 2005, Art. 4 EUV Rn. 8.

zugeordnet, das nicht Träger derjenigen Rechte und Pflichten werden kann, die durch diese Handlungen begründet werden sollen. Deshalb ist die Ansicht, die den zweiten systematischen Ansatz vertritt, abzulehnen und dem ersten systematischen Ansatz zu folgen.

Die Möglichkeit, den Europäischen Rat als Organ der EU einzustufen, hängt somit davon ab, welcher der beiden Auffassungen innerhalb des ersten systematischen Ansatzes zu folgen ist, das heißt, ob die EU nach Nizzaer Recht ein Völkerrechtssubjekt ist oder nicht. Dass der EUV-N der EU keine Rechtspersönlichkeit verleiht, wird zu Recht als ein gewichtiges Argument gegen die Völkerrechtssubjektivität angesehen. Richtigerweise wird dabei auf die entsprechenden Regelungen in den Gründungsverträgen der Gemeinschaften verwiesen, welche zum Zeitpunkt der Gründung der Union schon seit über 30 Jahren in Kraft waren. Hätten die Vertragsparteien den Gemeinschaften ein weiteres Völkerrechtssubjekt zur Seite stellen wollen oder hätten die Gemeinschaften in einem neuen Völkerrechtssubjekt „EU" aufgehen sollen, dann wäre dies im Vertrag von Maastricht entsprechend vereinbart worden[113].

Vor diesem Hintergrund ist es nicht überzeugend, eine implizite Verleihung oder Anerkennung der Rechtspersönlichkeit der EU herzuleiten.

Dies gilt zum einen für eine Rechtspersönlichkeit der EU, welche die Gemeinschaften *und* die in der EU organisierte intergouvernementale Zusammenarbeit ersetzen soll. Zugegebenermaßen wird die EU mehr und mehr als der eigentliche politische Akteur nach innen und außen wahrgenommen, so dass der Eindruck entstehen könnte, sie habe die Gemeinschaften ersetzt[114]. Dies betrifft den diplomatischen und politischen Sprachgebrauch ebenso wie die Berichterstattung in den Medien. Auch das Gemeinschaftsorgan Rat hat sich im Jahr 1993 in „Rat der Europäischen Union" umbenannt[115]. Einer derartigen impliziten Anerkennung der Rechtspersönlichkeit der EU unter Einschluss der Gemeinschaften steht jedoch

---

[113] Vgl. BVerfGE 89, 155 (195), wo der Senat hervorhebt, „daß der Unions-Vertrag an keiner Stelle den übereinstimmenden Willen der Vertragsparteien erkennbar werden lässt, mit der Union ein selbständiges Rechtssubjekt zu gründen".

[114] Darauf weisen *Pechstein/Koenig*, Die Europäische Union, 3. Aufl., 2000, Rn. 64 hin.

[115] Kritisch dazu *Pechstein/Koenig*, Die Europäische Union, 3. Aufl., 2000, Rn. 182, die diese Umbenennung bezüglich der EG-Bereiche für rechtlich unzulässig halten; *Arndt*, Europarecht, 7. Aufl., 2006, S. 32, der die Bezeichnung als rechtlich falsch einstuft.

entgegen, dass gemäß Art. 47 EUV-N die Verträge der Gemeinschaften unberührt bleiben. Die Gemeinschaften als selbstständige Rechtspersönlichkeiten wurden rechtlich nicht durch die EU ersetzt[116].

Zum anderen sind die Kriterien für eine implizite Anerkennung der EU als eigene Rechtspersönlichkeit, welche *neben* die Gemeinschaften tritt, nach Nizzaer Recht nicht erfüllt. Der genannten Auffassung, die sich dabei auf den fehlenden Willen und die fehlenden notwendigen Kompetenzen der EU als Völkerrechtssubjekt stützt, ist in ihren angeführten Argumenten zuzustimmen. Ergänzend ist anzumerken, dass der Tatsache, dass es an einem entsprechenden Willen der Vertragsparteien mangelt, hier ein besonderes Gewicht zuzumessen ist, weil beim EUV in relativ kurzen Zeiträumen Vertragsrevisionen vorgenommen wurden. Es gab in den Verhandlungen zu den Verträgen von Amsterdam und Nizza mehrere Gelegenheiten zur ausdrücklichen Festlegung der Rechtspersönlichkeit. Deshalb muss die Tatsache, dass diese Festlegung mehrmals nicht erfolgt ist, bei der Beurteilung der Völkerrechtssubjektivität stärker berücksichtigt werden, als dies bei Verträgen, die nicht oder nur selten neu verhandelt werden, notwendig ist. Dies gilt vor allem, weil aus den Verhandlungen zum Vertrag von Amsterdam der Wille einiger Vertragsparteien, die Rechtspersönlichkeit der EU in beiden Varianten (noch) nicht zu schaffen, besonders deutlich wurde. Die Mitgliedstaaten wollten die sensible Außen- und Sicherheitspolitik – im Gegensatz zu den Gemeinschaftspolitiken – nicht einem eigenständigen Völkerrechtssubjekt überantworten, sondern in einer Union in diesen Bereichen intergouvernemental zusammenarbeiten. Dieser Wunsch ist bei der Beurteilung der Rechtspersönlichkeit der EU zu respektieren und stellt besonders hohe Anforderungen an eine implizite Anerkennung. Folglich ist innerhalb des ersten systematischen Ansatzes derjenigen Ansicht zu folgen, welche die Völkerrechtssubjektivität der EU und damit die Einstufung des Europäischen Rates als Organ der EU ablehnt.

Als Zwischenergebnis ist festzuhalten, dass der EU nach dem Recht des Vertrags von Nizza keine Völkerrechtsubjektivität zukommt. Der Europäische Rat ist deshalb kein Organ der EU im völkerrechtlichen Sinne.

---

[116] Vgl. *Cremer*, in: Calliess/Ruffert (Hrsg.), EUV/EGV, 3. Aufl., 2007, Art. 47 EUV Rn. 4 m.w.N.

5. Organ der Mitgliedstaaten?

Soweit mit der oben innerhalb des ersten systematischen Ansatzes zuerst angeführten Auffassung die Einstufung des Europäischen Rates als Organ der EU abgelehnt wird, bleibt die Frage offen, ob dieser dennoch als Organ im völkerrechtlichen Sinne bezeichnet werden kann. Die Völkerrechtssubjekte, denen er organschaftlich zugeordnet werden könnte, sind die Mitgliedstaaten. In der Literatur ist umstritten, ob er als gemeinsames Organ der Mitgliedstaaten gesehen werden kann.

a) Vertragsorgan der Mitgliedstaaten

Ein Teil der Literatur bejaht diese Frage und bezeichnet den Europäischen Rat als „Vertragsorgan" der Mitgliedstaaten[117]. Soweit diese Bezeichnung begründet wird, wird auf die fehlende Rechtsfähigkeit der EU verwiesen. Der Europäische Rat könne deshalb kein Organ der EU, sondern lediglich ein Organ der Mitgliedstaaten sein[118]. Ein anderer Teil der Literatur stützt zumindest die Einordnung als Organ, und zwar mit dem Argument, dass der Europäische Rat eine gewisse organisatorische und institutionelle Verfestigung erfahren habe[119].

b) Regierungskonferenz

Nach der Gegenauffassung fehlt dem Europäischen Rat die Organqualität im Rahmen der intergouvernementalen Säulen bzw. „gar für die ganze Europäische Union"[120]. Er sei vielmehr als eine Regierungskonferenz einzustufen, die thematisch auf die Angelegenheiten der EU bezogen sei[121]. Zwar sei auch bei einer Einstufung als

---

[117] Vgl. *Hilf*, Die Europäische Union und die Eigenstaatlichkeit ihrer Mitgliedstaaten, in: Hommelhoff/Kirchhof (Hrsg.), Der Staatenverbund der Europäischen Union, 1994, S. 77; *Hilf/Pache*, in: Grabitz/Hilf (Hrsg.), Das Recht der Europäischen Union, Bd. 1, 27. EL, Juni 2005, Art. 4 EUV Rn. 8; *dies.*, in: v. d. Groeben/Thiesing/Ehlermann (Hrsg.), Kommentar zum EWG-Vertrag, Bd. 4, 4. Aufl., 1991, Art. 2 EEA Rn. 4; *Klein*, in: Hailbronner/Klein/Magiera/Müller-Graff, Handkommentar zum EUV/EGV, Ordn. 2, 6. EL, Juni 1997, Art. D EUV Rn. 3.

[118] Vgl. *Klein*, in: Hailbronner/Klein/Magiera/Müller-Graff, Handkommentar zum EUV/EGV, Ordn. 2, 6. EL, Juni 1997, Art. D EUV Rn. 3.

[119] Vgl. *Friedrichs*, Die Frage der Völkerrechtssubjektivität der Europäischen Union, 1998, S. 57.

[120] *Pechstein/Koenig*, Die Europäische Union, 3. Aufl., 2000, Rn. 174.

[121] So *Pechstein/Koenig*, Die Europäische Union, 3. Aufl., 2000, Rn. 174; *Pechstein*, in: Streinz (Hrsg.), EUV/EGV, 2003, Art. 4 EUV Rn. 9. Ebenso *Capotorti*, Le statut juridique du Conseil européen à la lumière de l'Acte unique, in: Capotorti/Ehlermann/Frowein/Jacobs/Joliet/Koopmans/Kovar (Hrsg.), FS Pescatore, 1987, S. 79 (86 f.), noch zur EEA.

Regierungskonferenz das Handeln des Europäischen Rates den Mitgliedstaaten zuzuordnen. Es gebe jedoch einige Unterschiede zwischen der Qualifizierung des Europäischen Rates als Regierungskonferenz und seiner Qualifizierung als Vertragsorgan.

Diese Auffassung definiert ein Vertragsorgan als ein Gremium, das durch einen völkerrechtlichen Vertrag, der kein neues Rechtssubjekt schafft, eingerichtet wird. Das Vertragsorgan sei im Rahmen vertraglich festgelegter Regeln den Vertragsstaaten gegenüber in bestimmtem Maße vertretungs- und entscheidungsbefugt[122], wofür zwei Kriterien entscheidend seien: Notwendig sei zum einen, dass Verfahrens- und Abstimmungsregeln festgelegt würden. Zum anderen müssten verbindliche Entscheidungen gegenüber den Vertragsstaaten ermöglicht werden, was insbesondere dann der Fall sei, wenn das Gremium abweichend von der klassischen Einstimmigkeitsregel des Völkerrechts entscheiden könne[123]. Beide Kriterien seien im Fall des Europäischen Rates nicht erfüllt: Weder enthalte der EUV-N Verfahrens- und Abstimmungsregeln noch gebe es Anhaltspunkte dafür, dass der Europäische Rat nicht grundsätzlich einstimmig zu entscheiden habe.

c) Diskussion

Der zweiten Ansicht ist zunächst insoweit zu folgen, als die beiden erwähnten Kriterien zur Einstufung als Vertragsorgan grundsätzlich erfüllt sein müssen, um es von einer Regierungskonferenz zu unterscheiden. Die oben[124] angesprochene Begründung, dass der EU keine Rechtspersönlichkeit zukomme, reicht dafür nicht aus. Sie schließt lediglich die Einordnung als Organ der EU aus, spricht jedoch im Übrigen weder für noch gegen die Einordnung als Vertragsorgan. Im Folgenden ist daher zu prüfen, ob ausreichende Verfahrensregeln vorliegen (1) und ob der Europäische Rat abweichend von der Einstimmigkeitsregel entscheiden kann (2).

(1) Verfahrensregeln

Die erforderlichen Verfahrens- und Abstimmungsregeln könnten in dem Vertrag, welcher das Organ vorsieht, enthalten sein. Dies ist allerdings beim Europäischen Rat nicht der Fall. Wegen des ursprünglich informellen Charakters der Gipfeltreffen sind

---

[122] Vgl. *Pechstein/Koenig*, Die Europäische Union, 3. Aufl., 2000, Rn. 173.

[123] Vgl. *Pechstein/Koenig*, Die Europäische Union, 3. Aufl., 2000, Rn. 173.

[124] Vgl. oben A.III.5.a), Fn. 118.

der Ablauf der Arbeitssitzungen und das Verfahren zur Entscheidungsfindung des Europäischen Rates bis einschließlich zur Nizzaer Vertragslage nicht primärrechtlich geregelt worden. Insbesondere sind die primärrechtlichen Regelungen, die in den Verträgen in der Fassung von Nizza für den Rat vorgesehen sind, nicht auf den Europäischen Rat anwendbar, weil die Verträge rechtlich zwischen Rat und Europäischem Rat unterscheiden[125].

Soweit die oben genannte Auffassung[126] die Einstufung des Europäischen Rates als Vertragsorgan wegen dieses Mangels an entsprechenden Regelungen im EUV-N ablehnt, ist ihr entgegenzuhalten, dass ein Vertragsorgan nicht vollständig im völkerrechtlichen Vertrag selbst geregelt sein muss. Einem Vertragsorgan ist eine gewisse Selbstorganisation zu ermöglichen, ohne dass ihm die Qualität als Vertragsorgan von vornherein abzusprechen ist. Insbesondere die von dieser Auffassung als Beispiel für Vertragsorgane genannten EG-Assoziationsräte[127] wurden nicht vollständig in den völkerrechtlichen Verträgen, das heißt in den Assoziationsabkommen, geregelt.

Es ist allerdings eine Rechtsgrundlage im Gründungsvertrag zu verlangen, welche die Festlegung von entsprechenden Verfahrens- und Abstimmungsregeln vorsieht. Das klassische Beispiel ist der Hinweis in einem Vertrag, dass ein bestimmtes Organ sich eine Verfahrens- oder Geschäftsordnung gibt. So enthalten auch die Assoziationsabkommen zumeist eine Bestimmung, nach der sich der Assoziationsrat eine Geschäftsordnung gibt[128]. Die Vertragsstaaten einigen sich damit im Gründungsvertrag darauf, dass sie durch ihre Vertreter Verfahrens- und Abstimmungsregeln des Vertragsorgans festlegen. Zwar existiert im Falle des Europäischen Rates keine entsprechende ausdrückliche Rechtsgrundlage im EUV-N, jedoch zeigt die Verankerung in Art. 4 EUV-N, dass die Vertragsstaaten eine gewisse

---

125 Vgl. oben A.II.2.

126 *Pechstein/Koenig*, Die Europäische Union, 3. Aufl., 2000, Rn. 173.

127 Vgl. *Pechstein/Koenig*, Die Europäische Union, 3. Aufl., 2000, Rn. 173.

128 So z.B. der Beschluss Nr. 1/2003 des Assoziationsrates EU-Chile vom 27. März 2003 zur Annahme der Geschäftsordnungen des Assoziationsrates, des Assoziationsausschusses und der Sonderausschüsse (2003/255/EG) (AblEU Nr. L 95/46, v. 11.4.2003) zur Annahme der Geschäftsordnungen des Assoziationsrates, des Assoziationsausschusses und der Sonderausschüsse, gestützt auf das Abkommen zur Gründung einer Assoziation zwischen der Europäischen Gemeinschaft und ihren Mitgliedstaaten einerseits und der Republik Chile andererseits - Schlussakte vom 18. November 2002 (AblEG Nr. L 352/3, v. 30.12.2002).

Institutionalisierung beabsichtigten, indem sie unter anderem die Zusammensetzung, den Tagungsrhythmus und die Aufgaben festlegten.

Allerdings haben die Vertragsstaaten auch auf dieser Grundlage keine als solche bezeichnete Geschäftsordnung des Europäischen Rates zur Selbstorganisation geschaffen. Wegen der rechtlichen Unterscheidung zwischen Rat und Europäischem Rat ist weder die Rechtsgrundlage des Art. 207 Abs. 3 S. 1 EGV noch die Geschäftsordnung des Rates (GO Rat)[129] auf den Europäischen Rat anwendbar. Soweit die GO Rat vereinzelt Bestimmungen enthält, die den Europäischen Rat erwähnen, geht es um Aufgaben, die der Rat bei der Vor- und Nachbereitung der Tagungen des Europäischen Rates zu erfüllen hat. Auch die Sevilla-Beschlüsse des Europäischen Rates ersetzen eine Geschäftsordnung nicht, weil sie nicht in der Absicht verabschiedet wurden, verbindliche Regeln für ein Vertragsorgan zu schaffen. Sie enthalten lediglich Hinweise darüber, wie bestimmte Tagesordnungspunkte in den Tagungen behandelt werden, regeln jedoch weder Verfahrens- noch Abstimmungsregeln in einer Weise, die für die Einstufung als Geschäftsordnung eines für die Vertragsstaaten verbindlich entscheidenden Organs ausreichend wäre.

Somit ist das erste Kriterium, das für die Einstufung des Europäischen Rates als Vertragsorgan erforderlich ist, nicht erfüllt.

(2) Einstimmigkeit

Das zweite Kriterium, das heißt die Möglichkeit, abweichend von der klassischen Einstimmigkeitsregel zu entscheiden, muss erfüllt sein, damit das betreffende Gremium als Vertragsorgan verbindlich gegenüber den Mitgliedstaaten entscheiden kann. Dies wirft die Frage auf, ob der Europäische Rat nur einstimmig Beschlüsse fassen kann, was ebenfalls gegen die Einordnung als Vertragsorgan spräche, oder ob er auch mit Mehrheit entscheiden kann. Primärrechtlich ist die Entscheidungsfindung des Europäischen Rates nicht ausdrücklich geregelt. Insbesondere gibt es für den Europäischen Rat keine Regelung, die mit Art. 205 Abs. 1 und 2 EGV, in denen für den Rat die Möglichkeit der Mehrheitsentscheidung vorgesehen ist und eine Stimmengewichtung der Mitglieder vorgenommen wird, vergleichbar ist. Einziger

---

[129] Beschluss des Rates vom 22. März 2004 zur Festlegung seiner Geschäftsordnung (2004/338/EG, Euratom) (AblEU Nr. L 106/22, v. 15.4.2004). Dass der Europäische Rat nicht an die GO Rat gebunden ist, ist allg. Auffassung in der Literatur, vgl. statt vieler *Wichard*, in: Calliess/Ruffert (Hrsg.), EUV/EGV, 3. Aufl., 2007, Art. 4 EUV Rn. 8; *Härtel*, Handbuch Europäische Rechtsetzung, 2006, § 5 Rn. 7.

Anknüpfungspunkt nach Nizzaer Recht ist Art. 23 Abs. 2 UAbs. 2 S. 2 EUV-N, der ein Einstimmigkeitserfordernis enthält für den Fall, dass dem Europäischen Rat im Rahmen der GASP eine Frage zur Beschlussfassung vom Rat zugewiesen wird. Dem EUV-N ist nicht zu entnehmen, ob diese Regelung ein generelles Einstimmigkeitserfordernis bestätigt oder eine Ausnahme darstellt[130].

Als Begründung für ein generelles Einstimmigkeitserfordernis wird in der Literatur die intergouvernementale Prägung des Europäischen Rates[131] bzw. die intergouvernemental-völkerrechtliche Natur seiner Rechtshandlungen angeführt[132]. Es gelte deshalb die völkerrechtliche Regel, dass Staaten aufgrund ihrer Souveränität grundsätzlich nur an Entscheidungen gebunden seien, denen sie auch zugestimmt hätten[133]. Zudem wird auf die hohe politische Verantwortung des Europäischen Rates und die besondere politische Bedeutung seiner Grundsatzentscheidungen, die von allen Staaten getragen werden müssten, verwiesen[134].

Ergänzend zu den genannten Gründen ist anzuführen, dass es der Abgrenzung des Europäischen Rates von dem Gemeinschaftsorgan Rat entspricht, wenn für den Europäischen Rat ein grundsätzliches Einstimmigkeitserfordernis angenommen wird. Ausnahmen hiervon, das heißt Möglichkeiten, mit Mehrheit zu entscheiden, hätten gesondert in den Verträgen aufgeführt werden müssen. Da für den Europäischen Rat – anders als für den Rat (vgl. Art. 205 Abs. 1 und 2 EGV) – solche Sonderregeln fehlen, ist nach dem Primärrecht in der Fassung des Vertrags von Nizza davon auszugehen, dass für einen Beschluss des Europäischen Rates grundsätzlich Einstimmigkeit erforderlich ist[135].

---

130 Vgl. *Pechstein*, in: Streinz (Hrsg.), EUV/EGV, 2003, Art. 4 EUV Rn. 12.

131 Vgl. *Wilms*, in: Hailbronner/Wilms, Recht der EU, Bd. 1, 1. Lfg., Oktober 2002, Art. 4 EUV Rn. 12.

132 Vgl. *Haratsch/Koenig/Pechstein*, Europarecht, 5. Aufl., 2006, Rn. 96.

133 Vgl. *Pechstein/Koenig*, Die Europäische Union, 3. Aufl., 2000, Rn. 174.

134 Vgl. *Pechstein*, in: Streinz (Hrsg.), EUV/EGV, 2003, Art. 4 EUV Rn. 12.

135 So auch *Hilf/Pache*, in: Grabitz/Hilf (Hrsg.), Das Recht der Europäischen Union, Bd. 1, 27. EL, Juni 2005, Art. 4 EUV Rn. 18, die allerdings trotzdem von einem Vertragsorgan ausgehen. Die Einstimmigkeitsregel ist insb. auf den Beschluss des Europäischen Rates gem. Art. 17 Abs. 1 EUV-N anzuwenden. Dies lässt sich zum einen damit begründen, dass der Beschluss zur Vertragsänderung gem. Art. 17 Abs. 1 EUV-N eine besondere Tragweite hat, die über diejenige der Beschlüsse des Rates im Titel V EUV-N hinausgeht. Zum anderen erfordert Art. 17 Abs. 1 EUV-N die innerstaatliche Annahme eines solchen Beschlusses durch alle Mitgliedstaaten, wofür nur ein einstimmiger Entscheid

Somit ist auch das zweite Kriterium nicht erfüllt. Folglich wird die Einstufung als Vertragsorgan zu Recht abgelehnt. Im Ergebnis ist derjenigen Auffassung zu folgen, die den Europäischen Rat in seiner Rechtsnatur nicht als Organ der Mitgliedstaaten einstuft.

6. Ergebnis: Leitkonferenz der EU

Die Erörterung hat gezeigt, dass der Europäische Rat gemäß dem Primärrecht von Nizza als eine diplomatische Gipfelkonferenz zu qualifizieren ist. Er ist der Sache nach eine Konferenz von besonders hochrangigen Regierungsvertretern. Deshalb ließe sich der Europäische Rat durchaus mit der oben genannten Literaturauffassung als „Regierungskonferenz" bezeichnen, um seine Rechtsnatur deutlich zu machen. Allerdings ist gegen diesen Begriff einzuwenden, dass sich der Europäische Rat rechtlich von derjenigen Regierungskonferenz unterscheidet, die das Primärrecht ausdrücklich vorsieht. Der Europäische Rat ist nicht mit der in Art. 48 EUV-N vorgesehenen Konferenz zur Vertragsänderung identisch[136].

Auch der Begriff „Leitorgan" sollte vermieden werden, weil er nicht ohne den Hinweis verwandt werden kann, dass der Begriff „Organ" gerade nicht im völkerrechtlichen Sinne gemeint ist[137].

Aus Art. 4 Abs. 1 EUV-N wird deutlich, dass der Europäische Rat – selbst wenn er nicht als Organ der EU im völkerrechtlichen Sinne zu qualifizieren ist – auf die EU bezogen ist. Bezugspunkte sind damit sowohl die in den intergouvernementalen Bereichen als Staatenverbund zusammenarbeitenden Mitgliedstaaten als auch gemäß Art. 1 Abs. 3 S. 1 EUV-N die beiden Völkerrechtssubjekte Europäische Gemeinschaften[138]. Dass dieser Bezug eine leitende Funktion beinhaltet, lässt der Wortlaut des Art. 4 Abs. 1 EUV-N erkennen.

---

der Staats- und Regierungschefs eine aussichtsreiche Grundlage bildet.

136 Vgl. oben A.II.2.

137 Vgl. *Herdegen*, Europarecht, 8. Aufl., 2006, § 5 Rn. 5, § 6 Rn. 12, mit der ebenfalls denkbaren Bezeichnung als „Forum"; auch andere Autoren vermeiden den Begriff „Organ", vgl. z.B. *Blanke*, in: Calliess/Ruffert (Hrsg.), EUV/EGV, 3. Aufl., 2007, Art. 3 EUV Rn. 11: „politisches Leitungsgremium".

138 Vgl. *Pechstein/Koenig*, Die Europäische Union, 3. Aufl., 2000, Rn. 175.

Wegen seiner Rechtsnatur (Regierungskonferenz) und seiner Leitfunktion wird für die Vertragslage von Nizza für den Europäischen Rat hier die Bezeichnung *„Leitkonferenz der EU*" vorgeschlagen.

IV. Organisation

Für die Organisation des Europäischen Rates enthält das Nizzaer Unionsrecht nur zum Teil Anhaltspunkte. Insbesondere ist der Tagungsablauf in den Verträgen nicht geregelt. Lediglich die GO Rat erwähnt den Europäischen Rat vereinzelt und lässt so Rückschlüsse auf dessen Organisation zu. Vieles ergibt sich jedoch aus der langjährigen Übung der Leitkonferenz der EU.

1. Verwaltungsorganisation

Das Primärrecht in der Fassung von Nizza enthält keine ausdrücklichen Regelungen über die Verwaltungsorganisation des Europäischen Rates. Im Unterschied zum Rat, der gemäß Art. 207 Abs. 2 S. 1 EGV von einem Generalsekretariat unterstützt wird, hat der Europäische Rat keinen eigenen Verwaltungsunterbau und kein eigenes Sekretariat[139]. Diese Offenheit der Organisation erklärt sich dadurch, dass der Europäische Rat außerhalb der Verträge aus den Gipfeltreffen entstanden ist und nicht als Gemeinschafts- oder Unionsorgan vorgesehen war.

Einen wichtigen Anhaltspunkt für die Organisation enthält Art. 4 Abs. 2 S. 3 EUV-N, wonach der Europäische Rat „unter dem Vorsitz" des Staats- oder Regierungschefs, dessen Staat den Ratsvorsitz gemäß Art. 203 Abs. 2 EGV innehat, zusammentritt. Diese Regelung entspricht der jahrelangen Übung und zeigt die enge organisatorische Verknüpfung zwischen dem Europäischen Rat auf der einen und dem mitgliedstaatlichen Ratsvorsitz sowie dem Gemeinschaftsorgan Rat auf der anderen Seite. Sie äußert sich in der Rechtspraxis darin, dass die Tagungen des Europäischen Rates vom Rat und dessen Vorsitz organisiert werden[140]. Der jeweilige Ratsvorsitz wird dabei durch das Generalsekretariat des Rates, das heißt durch dessen

---

[139] Seit der Gründung des Europäischen Rates ist diskutiert worden, ob er eine eigene Verwaltung bekommen soll, die seine Tagungen vorbereitet und organisiert sowie seine Beschlüsse umsetzt, vgl. *Hilf/Pache*, in: Grabitz/Hilf (Hrsg.), Das Recht der Europäischen Union, Bd. 1, 27. EL, Juni 2005, Art. 4 EUV Rn. 22 m.w.N.

[140] Vgl. näher *Hilf/Pache*, in: Grabitz/Hilf (Hrsg.), Das Recht der Europäischen Union, Bd. 1, 27. EL, Juni 2005, Art. 4 EUV Rn. 23 f.

administrativen Unterbau[141], unterstützt[142]. Außerdem greift der Ratsvorsitz auf eigene nationale Beamte und Behörden, aber auch auf Stellen der EG zurück[143].

2. Regelmäßigkeit der Tagungen

Der Europäischen Rates tagt gemäß Art. 4 Abs. 2 S. 3 EUV-N „mindestens zweimal jährlich".

Sinn und Zweck dieser primärrechtlichen Festlegung des Tagungsrhythmus auf grundsätzlich zweimal im Jahr ist, dass sich der Europäische Rat auf grundlegende Fragestellungen beschränken und im Übrigen die Zuständigkeit des Rates nach Art. 202 ff. EGV unberührt bleiben soll[144].

Der Wortlaut der Vorschrift („mindestens") zeigt, dass rechtlich die Möglichkeit vorgesehen ist, häufiger zu tagen. Seit 1999 tritt der Europäische Rat in der Rechtspraxis zumindest viermal pro Jahr zusammen, und zwar in der Regel zweimal pro Halbjahr. Diese Regelmäßigkeit wurde 2002 in Nr. 1 der Sevilla-Beschlüsse[145] festgelegt. Zusätzlich können außerordentliche Tagungen des Europäischen Rates bei außergewöhnlichen Umständen (Nr. 1 S. 2 der Sevilla-Beschlüsse) stattfinden. Ein Beispiel hierfür ist der Europäische Rat vom 21. September 2001 in Brüssel nach den Terroranschlägen in den Vereinigten Staaten[146]. Gerade in internationalen

---

141 Vgl. *Wichard*, in: Calliess/Ruffert (Hrsg.), EUV/EGV, 3. Aufl., 2007, Art. 207 EUV Rn. 5; zur Organisation des Generalsekretariates des Rates vgl. *Oppermann*, Europarecht, 3. Aufl., 2005, § 5 Rn. 59.

142 Vgl. *Pechstein*, in: Streinz (Hrsg.), EUV/EGV, 2003, Art. 4 EUV Rn. 11; *Glaesner*, EuR 1994, 22 (24). Vgl. dazu sowie zur Unterstützung durch den vorhergehenden und den nachfolgenden Vorsitz (sog. „Troika") *Hilf/Pache*, in: Grabitz/Hilf (Hrsg.), Das Recht der Europäischen Union, Bd. 1, 27. EL, Juni 2005, Art. 4 EUV Rn. 28 f.

143 Vgl. *Hilf/Pache*, in: Grabitz/Hilf (Hrsg.), Das Recht der Europäischen Union, Bd. 1, 27. EL, Juni 2005, Art. 4 EUV Rn. 23 f. Zur Organisation vor Inkrafttreten des EUV vgl. *Bramsen*, RMC 1982, 626 ff.

144 So *Hilf/Pache*, in: Grabitz/Hilf (Hrsg.), Das Recht der Europäischen Union, Bd. 1, 27. EL, Juni 2005, Art. 4 EUV Rn. 26. Teilweise wird darauf hingewiesen, dass die Beschränkung auf jährlich zwei (statt drei gem. Ziff. 3 des Kommuniqués von Paris, vgl. oben A.I.1) Tagungen verhindern würde, dass der Europäische Rat zu einer „Superrevisionsinstanz" würde, vgl. *dies.*, in: v. d. Groeben/Thiesing/Ehlermann (Hrsg.), Kommentar zum EWG-Vertrag, Bd. 4, 4. Aufl., 1991, Art. 2 EEA Rn. 6.

145 Vgl. oben Fn. 52.

146 Informelle und außerordentliche Tagung des Europäischen Rates, vgl. Schlussfolgerungen des Vorsitzes. ER (Brüssel), 21.9.2001 (PE 310/210).

Krisensituationen finden häufig zusätzliche Tagungen des Europäischen Rates statt. Vor und während des Irakkriegs 2003 traf der Europäische Rat fast monatlich zusammen[147].

Demgegenüber fallen informelle Gipfel der Staats- und Regierungschefs, die ohne die Außenminister stattfinden, nicht unter den Begriff Europäischer Rat im Rechtssinne[148], weil sie von der primärrechtlichen Vorgabe der Zusammensetzung in Art. 4 Abs. 2 EUV-N abweichen.

3. Vorbereitung der Tagungen

Die inhaltliche und organisatorische Vorbereitung ist ein wichtiges Mittel, um Einfluss auf den Ablauf der Tagungen des Europäischen Rates zu nehmen. Die Festsetzung der Tagesordnung und die Auswahl wie Gewichtung der Themen sind nicht nur organisatorische Maßnahmen. Durch sie können vielmehr politische Vorentscheidungen für die Beschlüsse des Europäischen Rates getroffen werden. Ein Gremium, das im Vorfeld einer Tagung Eingaben machen und dem Europäischen Rat Sachfragen zur Entscheidung vorlegen darf, ist in der Lage, eigene Interessen im Integrationsprozess wirksam zu vertreten. Insbesondere weil der Europäische Rat in kurzer Zeit über immer mehr Grundsatz- und Detailfragen befinden muss, kommt der Vorbereitung der Tagungen eine zentrale Bedeutung zu. Hier stehen gemäß der GO Rat und den Sevilla-Beschlüssen der Rat und der jeweilige Ratsvorsitz[149] im Mittelpunkt. Hinzu kommen im Bereich der GASP das Politische und Sicherheitspolitische Komitee (Art. 25 EUV-N) und im Bereich der PJZS der Koordinierungsausschuss[150].

---

[147] In den sechs Monaten von Oktober 2002 bis März 2003 fanden fünf Tagungen des Europäischen Rates statt, vgl. *Kaufmann-Bühler/Meyer-Landrut*, in: Grabitz/Hilf (Hrsg.), Das Recht der Europäischen Union, Bd. 1, 30. EL, Juni 2006, Art. 13 EUV Rn. 4.

[148] A.A. *de Schoutheete/Wallace*, The European Council, in: Research and European Issues, Nr. 19, 2002, S. 4, die diese informellen Gipfel der Staats- und Regierungschefs ohne Beteiligung der Außenminister als „specialized meetings of the European Council" bezeichnen, vgl. einige Beispiele aaO.

[149] In der Praxis wird häufig von einer „Ratspräsidentschaft" gesprochen und der Vorsitzende (chairman) als „Präsident" („president") bezeichnet; näher hierzu *Pernice*, Democratic Leadership in Europe: The European Council and the President of the Union, in: Beneyto Pérez/Pernice (Hrsg.), The Government of Europe: Which Institutional Design for the European Union?, 2004, S. 33.

[150] Näher *Hilf/Pache*, in: Grabitz/Hilf (Hrsg.), Das Recht der Europäischen Union, Bd. 1, 27. EL, Juni 2005, Art. 4 EUV Rn. 24.

Die Tagungen des Europäischen Rates werden vom Rat „Allgemeine Angelegenheiten und Außenbeziehungen" (Anhang I Nr. 1 GO Rat) vorbereitet. Dieser koordiniert die Vorarbeiten und die betroffenen Politikbereiche und regelt institutionelle wie administrative Fragen (Art. 2 Abs. 2 lit. a GO Rat)[151]. Er erarbeitet mindestens vier Wochen vor einer Tagung des Europäischen Rates auf Vorschlag des Ratsvorsitzes einen Entwurf für eine erläuterte Tagesordnung (Art. 2 Abs. 3 lit. a GO Rat). In dieser werden die einzelnen Tagesordnungspunkte gemäß Nr. 3 der Sevilla-Beschlüsse nach bestimmten Kriterien, insbesondere danach, ob eine Aussprache stattfinden soll, unterschieden[152]. In den folgenden Wochen finden in den einzelnen Ratsformationen und im Ausschuss der Ständigen Vertreter, der in Zusammensetzung der Botschafter tagt[153], Debatten über die Tagesordnung statt, in denen die nationalen Regierungen Eingaben machen können. Bis zwei Wochen vor der Tagung des Europäischen Rates legen die anderen Ratsformationen dem Rat „Allgemeine Angelegenheiten und Außenbeziehungen" ihre Beiträge zur Tagesordnung vor (Art. 2 Abs. 3 UAbs. 2 GO Rat und Nr. 2 der Sevilla-Beschlüsse). Wenige Tage vor der Sitzung informiert der Vorsitzende des Europäischen Rates seine Kollegen schriftlich über den groben Ablauf und die vorläufigen Themen – meist nach einer Rundreise durch die Hauptstädte[154]. Am Tag vor der Tagung des Europäischen Rates billigt der Rat „Allgemeine Angelegenheiten und Außenbeziehungen" die endgültige Tagesordnung (Art. 2 Abs. 3 lit. b GO Rat und Nr. 5 der Sevilla-Beschlüsse). Sie ist weniger detailliert als die Tagesordnung des Ministerrates, um eine gewisse Flexibilität zu gewährleisten[155].

---

[151] Anders *Bitterlich*, in: Lenz/Borchardt (Hrsg.), EU- und EG-Vertrag, 4. Aufl., 2006, Art. 4 EUV Rn. 8: Die Vorbereitung erfolge durch den jeweiligen Vorsitz mit Unterstützung der Kommission.

[152] Hierzu ausf. *Jacqué*, in: v. d. Groeben/Schwarze (Hrsg.), Kommentar zum EU- und EG-Vertrag, Bd. 1, 6. Aufl., 2003, Art. 4 EUV Rn. 12-14.

[153] Vgl. *Hilf/Pache*, in: Grabitz/Hilf (Hrsg.), Das Recht der Europäischen Union, Bd. 1, 27. EL, Juni 2005, Art. 4 EUV Rn. 24. Näher zum AStV (Art. 207 Abs. 1 EGV) und seinen unterschiedlichen Zusammensetzungen *Wichard*, in: Calliess/Ruffert (Hrsg.), EUV/EGV, 3. Aufl., 2007, Art. 207 EGV Rn. 2 ff.

[154] Vgl. *Bitterlich*, in: Lenz/Borchardt (Hrsg.), EU- und EG-Vertrag, 4. Aufl., 2006, Art. 4 EUV Rn. 9; *de Schoutheete/Wallace*, The European Council, in: Research and European Issues, Nr. 19, 2002, S. 9, 16 mit Hinweisen auf Probleme in einer EU mit 27 Mitgliedstaaten.

[155] Vgl. *Jacqué*, in: v. d. Groeben/Schwarze (Hrsg.), Kommentar zum EU- und EG-Vertrag, Bd. 1, 6. Aufl., 2003, Art. 4 EUV Rn. 13.

4. Ort der Tagungen

Ohne dass dazu eine primärrechtliche Regelung vorgesehen war[156], hat der Europäische Rat seit seiner Gründung seine Tagungen in der Regel in dem Mitgliedstaat abgehalten, der zur Zeit der Tagung den Vorsitz im Rat innehatte. Für den jeweiligen Staat, insbesondere für kleinere Staaten, war dies eine wichtige Gelegenheit, sich auf der europäischen Bühne und darüber hinaus auch international zu präsentieren. Die gastgebende Stadt konnte ebenfalls auf sich aufmerksam machen, und zwar nicht nur durch die Berichterstattung in den Medien vor, während und unmittelbar nach der Tagung, sondern auch durch die Nennung ihres Namens, wenn später auf die jeweils getroffenen Beschlüsse Bezug genommen wurde (zum Beispiel „Europäischer Rat von Thessaloniki"). Im Jahre 2002 wurde durch die Erklärung von Nizza[157] festgelegt, dass eine Tagung unter jedem Vorsitz in Brüssel stattfinden solle; ab einer Größe der Union von 18 Mitgliedstaaten sollten sämtliche Tagungen des Europäischen Rates in Brüssel stattfinden, was seit Mai 2004 der Fall ist[158].

5. Ablauf der Tagungen, Nachbereitung

Die Tagungen des Europäischen Rates sind grundsätzlich für einen Tag angesetzt (Nr. 6 der Sevilla-Beschlüsse). Die Teilnehmer der Tagung reisen am Vorabend nach Brüssel an und treffen sich zu einem ersten Gedankenaustausch mit dem Präsidenten des Europäischen Parlaments. Der Parlamentspräsident hat dabei die Gelegenheit, sich zu den einzelnen Tagesordnungspunkten zu äußern[159]. Da weder das Primärrecht von Nizza noch die GO Rat eine Möglichkeit für das Parlament vorsehen, auf die

---

[156] Das Protokoll über die Festlegung der Sitze der Organe und bestimmter Einrichtungen und Dienststellen der Europäischen Gemeinschaften sowie des Sitzes von Europol vom 2. Oktober 1997 (AblEG Nr. C 340/112, v. 10.11.1997) erwähnt den Europäischen Rat nicht, sondern legt in lit. b lediglich für den Rat Brüssel und Luxemburg als Sitz und Tagungsort fest.

[157] Vgl. Erklärung (Nr. 22) zum Tagungsort des Europäischen Rates vom 26. Februar 2001 (AblEG Nr. C 80/85, v. 10.3.2001).

[158] Vgl. *Hilf/Pache*, in: Grabitz/Hilf (Hrsg.), Das Recht der Europäischen Union, Bd. 1, 27. EL, Juni 2005, Art. 4 EUV Rn. 27; zu den möglichen Folgen der Festlegung auf Brüssel vgl. *Westlake/Galloway*, The Council of the European Union, 3. Aufl., 2004, S. 183.

[159] Vgl. *Glaesner*, EuR 1994, 22 (33); *Wichard*, in: Calliess/Ruffert (Hrsg.), EUV/EGV, 3. Aufl., 2007, Art. 4 EUV Rn. 16; *Hilf/Pache*, in: Grabitz/Hilf (Hrsg.), Das Recht der Europäischen Union, Bd. 1, 27. EL, Juni 2005, Art. 4 EUV Rn. 33; *Bitterlich*, in: Lenz/Borchardt (Hrsg.), EU- und EG-Vertrag, 4. Aufl., 2006, Art. 4 EUV Rn. 10. Näher zum Ablauf der Tagungen und zur Struktur der Themen *Jacqué*, in: v. d. Groeben/Schwarze (Hrsg.), Kommentar zum EU- und EG-Vertrag, Bd. 1, 6. Aufl., 2003, Art. 4 EUV Rn. 12-14; *Westlake/Galloway*, The Council of the European Union, 3. Aufl., 2004, S. 185 f.

Beratungen des Europäischen Rates Einfluss zu nehmen, stellt dieser Gedankenaustausch in der Praxis insoweit einen wichtigen Ausgleich dar. Anschließend finden getrennte Abendessen für die Staats- und Regierungschefs mit dem Kommissionspräsidenten und dem Generalsekretär des Rates einerseits sowie für die Außenminister mit dem teilnehmenden Kommissar andererseits statt. Am folgenden Tag wird die eigentliche Tagung des Europäischen Rates abgehalten. Grundsätzlich finden zwei Arbeitssitzungen statt: eine vormittags und eine nachmittags.

Die Nachbereitung der Tagungen des Europäischen Rates obliegt dem Rat „Allgemeine Angelegenheiten und Außenbeziehungen", einschließlich aller Themen, mit denen er vom Europäischen Rat befasst wurde (Art. 2 Abs. 2 lit. a GO Rat).

6. Rolle der Kommission

Im gemeinschaftsrechtlichen Verfahren des „institutionellen Dreiecks"[160] kommt der Kommission durch ihr Initiativrecht eine entscheidende Rolle bei der politischen Vorbereitung der vom Rat und vom Europäischen Parlament zu treffenden Entscheidungen sowie bei der Wahl der jeweiligen Kompetenznorm zu. Demgegenüber sieht das Primärrecht keine vergleichbare Rolle der Kommission für das Entscheidungsverfahren des Europäischen Rates vor. Insbesondere kann der Europäische Rat tätig werden, ohne dass eine Initiative der Kommission erforderlich ist, weil er den gemeinschaftsrechtlichen Verfahrensregeln nicht unterliegt[161]. Lediglich die Zugehörigkeit des Kommissionspräsidenten zum Europäischen Rat gemäß Art. 4 Abs. 2 S. 1 EUV-N ermöglicht der Kommission, über ihren Präsidenten auf die Beratungen und Entscheidungen der Leitkonferenz der EU Einfluss zu nehmen[162].

Auch die Sevilla-Beschlüsse berücksichtigen die Kommission bei der Vorbereitung der Tagungen des Europäischen Rates nicht ausdrücklich. Sie lassen vielmehr

---

[160] Zum institutionellen Dreieck vgl. statt vieler *Schieder*, APuZg, B 17/2004, 13 (17).

[161] Vgl. *Wichard*, in: Calliess/Ruffert (Hrsg.), EUV/EGV, 3. Aufl., 2007, Art. 4 EUV Rn. 15; *Hilf/Pache*, in: Grabitz/Hilf (Hrsg.), Das Recht der Europäischen Union, Bd. 1, 27. EL, Juni 2005, Art. 4 EUV Rn. 39; *Härtel*, Handbuch Europäische Rechtsetzung, 2006, § 5 Rn. 5. Der Europäische Rat hat es bisher vermieden, Entscheidungen oder Beschlüsse auf Vorschlag der Kommission zu fassen, vgl. *Hilf/Pache*, aaO., Rn. 21; *Oppermann*, Europarecht, 3. Aufl., 2005, § 5 Rn. 63.

[162] Vgl. *Hilf/Pache*, in: Grabitz/Hilf (Hrsg.), Das Recht der Europäischen Union, Bd. 1, 27. EL, Juni 2005, Art. 4 EUV Rn. 21.

erkennen, dass gerade verhindert werden soll, dass andere Organe als der Rat Dokumente in die Vorbereitung des Europäischen Rates einbringen[163].

Aus der GO Rat ergibt sich allerdings eine gewisse Beteiligung der Kommission. Gemäß Art. 5 Abs. 2 S. 1 GO Rat ist sie zu den Tagungen des Rates – und damit auch desjenigen, der den Europäischen Rat vorbereitet – eingeladen. Auch in die mehrjährige Planung wird die Kommission gemäß Art. 2 Abs. 4 GO Rat in beschränktem Maße einbezogen. Diese Vorschrift zeigt allerdings, dass der Einfluss der Kommission auf die letztlich angenommene Planung möglichst gering sein soll. Denn mit der Kommission wird nur der *Vorschlag* abgesprochen, den die betroffenen Ratsvorsitze entwerfen. Dieser Vorschlag wiederum bildet lediglich die Grundlage für die *Empfehlung* eines mehrjährigen Strategieprogramms, die der Rat „Allgemeine Angelegenheiten und Außenbeziehungen" dem Europäischen Rat zur Annahme vorlegt.

Dennoch versucht die Kommission in der Rechtspraxis, die Erstellung der Tagesordnung und die Entscheidungen des Europäischen Rates durch Berichte und Mitteilungen an den Europäischen Rat zu beeinflussen[164] und so ihr politisches Gewicht in die Verhandlungen einzubringen. Wie gut ihr das gelingt, wird in der Literatur unterschiedlich beurteilt[165]. Teilweise wird davon ausgegangen, dass die Teilnahme der Kommission an den Tagungen des Europäischen Rates ihre politische Position gestärkt habe. Über ihren Präsidenten habe sie sich in die Treffen der Staats- und Regierungschefs besser einzufügen gewusst als in den offiziellen Rahmen des Gemeinschaftsorgans Rat[166]. Außerdem gingen zahlreiche Initiativen des

---

[163] Vgl. *Jacqué*, in: v. d. Groeben/Schwarze (Hrsg.), Kommentar zum EU- und EG-Vertrag, Bd. 1, 6. Aufl., 2003, Art. 4 EUV Rn. 13.

[164] Vgl. *Glaesner*, EuR 1994, 22 (32); *Hilf/Pache*, in: Grabitz/Hilf (Hrsg.), Das Recht der Europäischen Union, Bd. 1, 27. EL, Juni 2005, Art. 4 EUV Rn. 39; *Ludlow*, integration 2005, 3 (7).

[165] Vgl. *v. Buttlar*, Das Initiativrecht der Kommission, 2003, S. 130, der diese Frage im Ergebnis offen lässt. Offen gelassen ebenfalls von *Hilf/Pache*, in: Grabitz/Hilf (Hrsg.), Das Recht der Europäischen Union, Bd. 1, 27. EL, Juni 2005, Art. 4 EUV Rn. 39 sowie von *de Schoutheete/Wallace*, The European Council, in: Research and European Issues, Nr. 19, 2002, S. 9 (mit Beispielen aus der Praxis).

[166] Vgl. *Noël*, Conseil – Commission, Droit et Economie 1985, C 37 (C 39). Darüber hinaus werde der Europäische Rat aus Sicht der Kommission auch deshalb positiv beurteilt, weil er Entscheidungen getroffen habe, die die Struktur der Gemeinschaften so verändert hätten, dass die Kommission im Gemeinschaftssystem eine stärkere Position erhalten habe, so *v. Buttlar*, Das Initiativrecht der Kommission, 2003, S. 129.

Europäischen Rates auf Weißbücher und andere Initiativen der Kommission zurück[167]. Demgegenüber schätzt ein anderer Teil der Literatur den Platz und den Einfluss der Kommission beim Europäischen Rat als marginal ein[168].

Mangels klarer Verfahrensregeln, welche die Kommission oder ihren Präsidenten in den Vorbereitungs- und Entscheidungsprozess einbeziehen, und angesichts des informellen Charakters des Europäischen Rates lässt sich im Ergebnis sagen, dass der Einfluss der Kommission in der Praxis insbesondere von der politischen Wirkung des jeweiligen Kommissionspräsidenten gegenüber den Staats- und Regierungschefs abhängt[169].

V. Kompetenzen und Funktionen

Die Kommission, der Rat und das Europäische Parlament üben gemäß ihren vertraglich festgelegten Kompetenzen jeweils bestimmte Funktionen im Bereich der Rechtsetzung und der Exekutive aus. Auch dem Europäischen Rat übertragen die Verträge an mehreren Stellen Kompetenzen. Um einzuschätzen, welche Funktionen der Europäische Rat im Entscheidungsgefüge der Europäischen Union erfüllt, werden in einem ersten Schritt diese normierten Kompetenzen herausgearbeitet. Ziel ist es, deutlich zu machen, welcher Kompetenzrahmen und welche Funktionen sich aus der Auslegung der Vertragsbestimmungen ergeben. In einem weiteren Schritt (Unterkapitel VII)[170] wird auf die Funktionen in der Rechtspraxis eingegangen.

In den ersten Jahren nach seiner Gründung[171] hat der Europäische Rat zunächst selbst bestimmt, welche Funktionen er wahrnimmt, ohne dass dies in den Gemeinschaftsverträgen normiert war[172]. Verschiedene Berichte[173] zum Europäischen

---

[167] Vgl. *Westlake/Galloway*, The Council of the European Union, 3. Aufl., 2004, S. 180; *Ludlow*, integration, 2005, 3 (4 f.).

[168] Vgl. *Pernice*, Democratic Leadership in Europe: The European Council and the President of the Union, in: Beneyto Pérez/Pernice (Hrsg.), The Government of Europe: Which Institutional Design for the European Union?, 2004, S. 34.

[169] Vgl. *Ludlow*, integration 2005, 3 (7), der darauf hinweist, dass diese politische Wirkung beispielsweise bei *Jacques Delors* deutlich größer gewesen sei als bei *Romano Prodi*.

[170] Vgl. unten A.VII.

[171] Vgl. oben A.I.

[172] Vgl. *Hilf/Pache*, in: Grabitz/Hilf (Hrsg.), Das Recht der Europäischen Union, Bd. 1, 27. EL, Juni 2005, Art. 4 EUV Rn. 10 m.w.N.

[173] Als Berichte zum Europäischen Rat sind insb. zu nennen: der sog. „Tindemans Report" von 1975

Rat sowie die Erklärung von Stuttgart[174] enthielten Aussagen zu seinen Funktionen. So sollte er im Bereich der Gemeinschaften nicht die Funktion eines regulären Entscheidungsgremiums ausüben, sondern seine Handlungen auf allgemeine politische Leitlinien und Impulse beschränken. Damit wurde die oben[175] deutlich gemachte Abgrenzung zum Gemeinschaftsorgan Rat und zu dessen Kompetenzen unterstrichen. Außerhalb des Gemeinschaftsbereichs sollte der Europäische Rat insbesondere die gemeinsame Position der Mitgliedstaaten im Bereich der Außenpolitik vertreten[176].

Rechtsverbindlich festgelegt wurden die Kompetenzen des Europäischen Rates erstmals im Vertrag von Maastricht. Sie erfuhren in den anschließenden Vertragsrevisionen Ergänzungen und gliedern sich in eine allgemeine Rechtsgrundlage (1) und mehrere besondere Rechtsgrundlagen (2).

1. Allgemeine Rechtsgrundlage (Art. 4 Abs. 1 EUV-N)

Gemäß Art. 4 Abs. 1 EUV-N gibt der Europäische Rat der Union die „Impulse", die für ihre Entwicklung erforderlich sind. Außerdem legt er die „allgemeinen politischen Zielvorstellungen für diese Entwicklung fest".

a) Entscheidungsdichte

Aus dem Wortlaut der Vorschrift („Zielvorstellungen") lässt sich folgern, dass hier Entscheidungen gemeint sind, die das Ergebnis festlegen, das letztlich durch eine politische und rechtliche Gestaltung erreicht werden soll. Dabei handelt es sich um politische Grundsatzentscheidungen[177], was sich daran erkennen lässt, dass diese

---

(Brief des damaligen belgische Premierminister *Leo Tindemans* an seine Kollegen des Europäischen Rates v. 29.12.1975 mit dem Titel „L'Union européenne. Rapport de M. Leo Tindemans au Conseil européen", in denen er u.a. Vorschläge zu dessen Funktionen machte, vgl. insb. S. 31 ff. des Briefes, abgedr. im Bulletin der EG, 1/76) und der sog. „Dooge Report" („Report from the ad hoc Committee on Institutional Affairs to the European Council", am 29./30.3.1985 vorgelegter Bericht des aus persönlichen Vertretern der Staats- und Regierungschefs zusammengesetzten und von dem irischen Senator *James Dooge* geleiteten Ausschusses zur Erörterung u.a. institutioneller Fragen der EG, der die Grundlage für die Regierungskonferenz zur Ausarbeitung der EEA bildete, abgedr. im Bulletin der EG, 3/85, S. 102 ff.).

[174] Vgl. oben Fn. 14.

[175] Vgl. oben A.II.2.

[176] Ziff. 2.1.2., letzter Spiegelstr. der Erklärung von Stuttgart lautet: „Der Europäische Rat [...] bringt die gemeinsame Position in Fragen der Außenbeziehungen feierlich zum Ausdruck".

[177] Vgl. *Pechstein*, in: Streinz (Hrsg.), EUV/EGV, 2003, Art. 4 EUV Rn. 2.

Zielvorstellungen „allgemein" sein müssen[178]. Allgemein sind sie nur dann, wenn die Entscheidungsdichte nicht zu hoch ist. Das bedeutet, dass der Europäische Rat in seinen Beschlüssen keine Details der zu erreichenden Ziele in den einzelnen Politikbereichen festlegen, sondern nur ihren groben Rahmen abstecken soll. Funktionell lässt sich diese Befugnis beschreiben als eine „Steuerungsfunktion"[179]. Der Europäische Rat hat somit eine „politische Richtlinienkompetenz"[180] inne und soll die großen Linien der Unionspolitik bestimmen[181].

Um die formulierten Ziele zu erreichen, soll er (lediglich) Impulse geben. Das heißt, dass er den Antrieb für den gewünschten politischen Ablauf gibt. Diese Befugnis lässt sich als „Innovationsfunktion"[182] bezeichnen. Im Rahmen des gemeinschaftsrechtlichen Rechtssetzungsverfahrens kommt diese Funktion, Impulse zu geben, der Kommission zu, weil sie dort das Initiativmonopol innehat[183]. Die Einrichtung des Europäischen Rates und seine Kompetenz gemäß Art. 4 Abs. 1 EUV-N führen zwar nicht dazu, dass das Monopol aufgelöst wird, da die Impulse des Europäischen Rates keine Rechtsetzungsinitiativen im Sinne der Gemeinschaftsverträge sind. Allerdings hat die Innovationsfunktion des Europäischen Rates zur Folge, dass zumindest die politischen Schwerpunkte und Rahmenbedingungen sowie die weitere Gestaltung im gemeinschaftsrechtlichen Rechtsetzungsverfahren stark durch die Impulse und die genannten Zielvorstellungen des Europäischen Rates vorgeprägt sind. Art. 4 Abs. 1 EUV-N schreibt insofern eine herausragende „Leitungs- und Lenkungsrolle"[184] des Europäischen Rates verbindlich fest, was einen gewissen Funktionstransfer von der Kommission auf den Europäischen Rat zur Folge hat[185]. Die rechtlich vorgesehene Beteiligung des Kommissions-

---

[178] Vgl. *Stumpf*, in: Schwarze (Hrsg.), EU-Kommentar, 2000, Art. 4 EUV Rn. 7, die allerdings darauf hinweist, dass in der Praxis kaum auszumachen sei, was allgemein ist.

[179] *Stumpf*, in: Schwarze (Hrsg.), EU-Kommentar, 2000, Art. 4 EUV Rn. 4, m.w.N.

[180] *Stumpf*, in: Schwarze (Hrsg.), EU-Kommentar, 2000, Art. 4 EUV Rn. 4.

[181] Vgl. *Hilf/Pache*, in: Grabitz/Hilf (Hrsg.), Das Recht der Europäischen Union, Bd. 1, 27. EL, Juni 2005, Art. 4 EUV Rn. 12. m.w.N.

[182] *Stumpf*, in: Schwarze (Hrsg.), EU-Kommentar, 2000, Art. 4 EUV Rn. 4.

[183] Vgl. oben A.IV.6.

[184] *Hilf/Pache*, in: Grabitz/Hilf (Hrsg.), Das Recht der Europäischen Union, Bd. 1, 27. EL, Juni 2005, Art. 4 EUV Rn. 13.

[185] Vgl. *Stumpf*, in: Schwarze (Hrsg.), EU-Kommentar, 2000, Art. 4 EUV Rn. 4.

präsidenten gemäß Art. 4 Abs. 2 S. 1 EUV-N schafft insofern einen gewissen Ausgleich für die Kommission[186].

Zwischen dem Impuls und dem schließlich erreichten Ziel liegen die einzelnen rechtlichen und politischen Maßnahmen und Detailfragen zur Durchführung des Vorhabens. Sie zu regeln, ist im Rahmen des Art. 4 Abs. 1 EUV-N nicht Aufgabe der Leitkonferenz der EU.

b) Entscheidungsgegenstand

Art. 4 Abs. 1 EUV-N nennt keine bestimmten Politikbereiche und schränkt das Handlungsspektrum des Europäischen Rates sachlich nicht ein. Deshalb sind nicht nur die intergouvernementalen Säulen, sondern auch die Europäischen Gemeinschaften der Leitung und Lenkung des Europäischen Rates unterstellt[187].

Eine gewisse Einschränkung ergibt sich allerdings daraus, dass die allgemeinen politischen Zielvorstellungen und die Impulse gemäß dem Wortlaut der Vorschrift die „Entwicklung" der Union betreffen müssen. Regelungsgegenstand ist somit der Prozess der europäischen Integration. Ihn soll der Europäische Rat antreiben und dadurch steuern, dass er die zu erreichenden Integrationsziele vorgibt und so die Rolle eines „Integrationsmotors der Union"[188] wahrnimmt. Der Europäische Rat soll insbesondere auf Änderungen des Primärrechts hinarbeiten, indem er politische Kompromisse für die Entwicklung trifft, die auf einer Regierungskonferenz zur Änderung der Verträge umgesetzt werden. Dies deutet darauf hin, dass das politische Tagesgeschäft in den einzelnen Bereichen der Gemeinschaften und der Union grundsätzlich nicht Gegenstand der Zielvorstellungen und Impulse gemäß Art. 4 Abs. 1 EUV-N ist. Andernfalls wäre eine Bezugnahme auf die „Entwicklung" im Wortlaut der Vorschrift nicht erforderlich gewesen.

---

[186] Vgl. *Härtel*, Handbuch Europäische Rechtsetzung, 2006, § 5 Rn. 5; *Stumpf*, in: Schwarze (Hrsg.), EU-Kommentar, 2000, Art. 4 EUV Rn. 12.

[187] Vgl. *Hilf/Pache*, in: Grabitz/Hilf (Hrsg.), Das Recht der Europäischen Union, Bd. 1, 27. EL, Juni 2005, Art. 4 EUV Rn. 13; *Everling*, EuR 1995, Beiheft 2, 41 (44 f.); *ders.*, DVBl. 1993, 936 (940).

[188] *Stumpf*, in: Schwarze (Hrsg.), EU-Kommentar, 2000, Art. 4 EUV Rn. 4.

2. Besondere Rechtsgrundlagen

a) Die einzelnen Politikbereiche

Der EUV-N und der EGV sehen besondere Rechtsgrundlagen vor, in denen dem Europäischen Rat bestimmte Befugnisse und Aufgaben zugewiesen werden.

(1) EUV-N

(a) Zweite Säule

Im Rahmen der zweiten Säule bestimmt der Europäische Rat gemäß Art. 13 Abs. 1 und 2 EUV-N die Grundsätze, allgemeinen Leitlinien und gemeinsamen Strategien der GASP. Seit dem Vertrag von Amsterdam beinhaltet dies auch Fragen mit „verteidigungspolitischen Bezügen" (Art. 13 Abs. 1 letzter HS EUV-N). Art. 17 Abs. 1 S. 1 EUV-N bestimmt, dass der Politikbereich GASP sämtliche Fragen, welche die Sicherheit der Union betreffen, umfasst – inklusive der schrittweisen Festlegung einer gemeinsamen Verteidigungspolitik.

In dem derart umschriebenen Politikbereich des EUV-N soll der Europäische Rat die in Art. 11 EUV-N aufgeführten Ziele verfolgen, indem er auf die Handlungsformen des Art. 13 Abs. 1 und 2 EUV-N i.V.m. Art. 12, 1. und 2. Spiegelstr. EUV-N zurückgreift. Diese Regelungen, die durch den Vertrag von Maastricht eingeführt wurden, entsprechen der zentralen Rolle, die der Europäische Rat seit seiner Gründung für die Außenpolitik des europäischen Integrationsverbundes gespielt hat. Streng genommen sollten die „Grundsätze" von den „allgemeinen Leitlinien" unterschieden werden[189], weil der EUV-N nicht immer beide Begriffe zusammen nennt[190], sondern teilweise nur von Grundsätzen (Art. 11 Abs. 2 UAbs. 3 EUV-N), teilweise nur von den allgemeinen Leitlinien (Art. 13 Abs. 3 UAbs. 3 EUV-N) spricht. Außerdem bilden die allgemeinen Leitlinien – anders als die Grundsätze – gemäß Art. 13 Abs. 3 UAbs. 1 EUV-N die Grundlage für die Entscheidungen des Rates bei der Festlegung und Durchführung der GASP. Sie können daher Vorgaben für die Entscheidungen des Rates enthalten[191]. Hätten die Vertragsparteien des EUV-N keine Unterscheidung

---

[189] Vgl. *Kaufmann-Bühler/Meyer-Landrut*, in: Grabitz/Hilf (Hrsg.), Das Recht der Europäischen Union, Bd. 1, 30. EL, Juni 2006, Art. 13 EUV Rn. 6.

[190] Wie in Art. 12, 1. Spiegelstr. und Art. 13 Abs. 1 EUV.

[191] Vgl. *Burghardt/Tebbe/Marquardt*, in: v. d. Groeben/Schwarze (Hrsg.), Kommentar zum EU- und EG-Vertrag, Bd. 1, 6. Aufl., 2003, Art. 13 EUV Rn. 2.

zwischen den beiden Begriffen gewollt, dann hätten sie sie nicht derart differenziert verwandt.

In der Literatur werden Definitionen für diese Handlungsformen, die vom EUV-N nicht genauer bestimmt werden, angeboten[192]. Danach sollten *Grundsätze* im Sinne des Art. 13 Abs. 1 EUV-N nach innen wirken. Sie seien an die Minister, den Hohen Vertreter für die GASP, die Kommission und als Selbstbindung auch an den Europäischen Rat gerichtet und enthielten Vorgaben für die Gestaltung der GASP. Einige der Grundsätze der GASP sind schon primärrechtlich als Ziele der Union in Art. 11 EUV-N festgelegt. *Allgemeine Leitlinien* hingegen seien auf eine Außenwirkung gerichtet. Sie gäben thematisch oder länderspezifisch die konkrete strategische Ausgestaltung der Außenpolitik vor, die von der EU gegenüber Drittstaaten, in Internationalen Organisationen oder auf internationalen Konferenzen vertreten werden solle.

Die *gemeinsamen Strategien*, die der Europäische Rat auf der Grundlage von Art. 13 Abs. 2 EUV-N beschließen kann, definieren die EU-Politik in bestimmten Bereichen der GASP. Erfasst werden gemäß Art. 13 Abs. 2 UAbs. 1 EUV-N nur die Bereiche, in denen wichtige und gemeinsame Interessen der Mitgliedstaaten bestehen. Damit zieht der EUV-N den Anwendungsbereich für die gemeinsamen Strategien der GASP erheblich enger als generell für die GASP, welche sich „auf alle Bereiche der Außenpolitik erstreckt“ (Art. 11 EUV-N)[193]. Hinzu kommt die primärrechtliche Vorgabe, dass in den gemeinsamen Strategien jeweils die Zielsetzung, Dauer und die von der EU bereitzustellenden Mittel anzugeben sind (Art. 13 Abs. 2 UAbs. 2 EUV-N)[194]. Obwohl gemäß Art. 13 Abs. 3 UAbs. 2 EUV-N der Rat gemeinsame Strategien empfiehlt, ist eine Initiative des Rates keine zwingende Voraussetzung für den Beschluss einer gemeinsamen Strategie durch den Europäischen Rat[195]. Für die Durchführung der gemeinsamen Strategie ist allerdings der Rat zuständig. Die

---

[192] Vgl. zum Folgenden *Kaufmann-Bühler/Meyer-Landrut*, in: Grabitz/Hilf (Hrsg.), Das Recht der Europäischen Union, Bd. 1, 30. EL, Juni 2006, Art. 13 EUV Rn. 6 f.

[193] Vgl. *Kaufmann-Bühler/Meyer-Landrut*, in: Grabitz/Hilf (Hrsg.), Das Recht der Europäischen Union, Bd. 1, 30. EL, Juni 2006, Art. 13 EUV Rn. 7.

[194] Näher zu diesen Vorgaben *Cremer*, in: Calliess/Ruffert (Hrsg.), EUV/EGV, 3. Aufl., 2007, Art. 13 EUV Rn. 5.

[195] Vgl. *Kaufmann-Bühler/Meyer-Landrut*, in: Grabitz/Hilf (Hrsg.), Das Recht der Europäischen Union, Bd. 1, 30. EL, Juni 2006, Art. 13 EUV Rn. 7 mit Begr.

gemeinsamen Strategien gewinnen ihre besondere Bedeutung im Zusammenhang mit Art. 23 Abs. 2 UAbs. 1, 1. Spiegelstr. EUV-N. Danach können außenpolitische Entscheidungen, für die Art. 23 Abs. 1 UAbs. 1 S. 1 EUV-N grundsätzlich Einstimmigkeit im Rat vorschreibt, vom Rat mit qualifizierter Mehrheit getroffen werden, wenn vorher in diesem Bereich eine gemeinsame Strategie vom Europäischen Rat beschlossen wurde. Allerdings kann sich ein Ratsmitglied einer solchen Abstimmung im Rat gemäß Art. 23 Abs. 2 UAbs. 2 S. 1 EUV-N widersetzen, woraufhin der Rat gemäß S. 2 mit qualifizierter Mehrheit den Europäischen Rat anrufen kann.

Insgesamt macht Art. 13 EUV-N den Europäischen Rat zum zentralen Gremium für wichtige Fragen der GASP, dessen Beschlüsse vom Rat ausgeführt werden[196]. Damit wird den Staats- und Regierungschefs in diesem Bereich eine Leitlinienkompetenz auf europäischer Ebene zugewiesen, unabhängig davon, ob eine entsprechende Kompetenz innerhalb der jeweiligen Staatsführung nach nationalem Verfassungsrecht uneingeschränkt besteht oder ob sie durch das Ressortprinzip[197] eingeschränkt ist[198]. Hintergrund für diese seit dem Vertrag von Amsterdam in Art. 13 EUV vorgesehene starke Stellung des Europäischen Rates war insbesondere der Wunsch Frankreichs, der besonderen Position des französischen Staatspräsidenten in der nationalen Außen- und Sicherheitspolitik auch auf europäischer Ebene gerecht zu werden[199].

(b) Dritte Säule

Im Rahmen der Zusammenarbeit der *dritten Säule* spielt der Europäische Rat – verglichen mit der GASP – gemäß dem Primärrecht eine geringe Rolle. Spezielle

---

[196] Der Europäische Rat sei „zur letzten auch förmlichen Entscheidungsinstanz der GASP" geworden, so *Kaufmann-Bühler/Meyer-Landrut*, in: Grabitz/Hilf (Hrsg.), Das Recht der Europäischen Union, Bd. 1, 30. EL, Juni 2006, Art. 13 EUV Rn. 4; bzw. „zur obersten Entscheidungsinstanz, d.h. zu einem echten Beschlussorgan der GASP", so *Bitterlich*, in: Lenz/Borchardt (Hrsg.), EU- und EG-Vertrag, 4. Aufl., 2006, Art. 13 EUV Rn. 2.

[197] Das GG enthält eine Richtlinienkompetenz (Art. 65 S. 1 GG), die Weisungen des Bundeskanzlers ermöglicht, welche wiederum durch das Ressortprinzip (Art. 65 S. 2 GG) begrenzt werden.

[198] Vgl. *Kaufmann-Bühler/Meyer-Landrut*, in: Grabitz/Hilf (Hrsg.), Das Recht der Europäischen Union, Bd. 1, 30. EL, Juni 2006, Art. 13 EUV Rn. 5; s. dort auch die Feststellung, dass die Leitlinienkompetenz des Art. 13 EUV-N mit dem Verhältnis zwischen Richtlinienkompetenz und Ressortprinzip gem. Art. 65 GG vereinbar ist.

[199] Vgl. *Kaufmann-Bühler/Meyer-Landrut*, in: Grabitz/Hilf (Hrsg.), Das Recht der Europäischen Union, Bd. 1, 30. EL, Juni 2006, Art. 13 EUV Rn. 1.

Zuständigkeiten oder eine ausdrückliche Leitlinienkompetenz werden ihm im Titel VI des EUV-N nicht zugewiesen. Insbesondere wird er in Art. 34 EUV-N, der die Handlungsformen im Rahmen der dritten Säule aufführt, nicht genannt[200]. Lediglich für die verstärkte Zusammenarbeit kann der Europäische Rat eine herausragende Rolle spielen. So kann er gemäß Art. 40 a Abs. 2 UAbs. 2 EUV-N (i.V.m. Art. 40 Abs. 2 EUV-N) befasst werden, wenn der Rat mit qualifizierter Mehrheit über die Ermächtigung zur Einrichtung einer verstärkten Zusammenarbeit befinden soll und ein Mitglied des Rates den Europäischen Rat anrufen will. Nach der Befassung des Europäischen Rates kann der Rat dann gemäß Art. 40 a Abs. 2 UAbs. 2 S. 2 EUV-N i.V.m. UAbs. 1 mit qualifizierter Mehrheit entscheiden.

(2) EGV

Im Rahmen der *ersten Säule* obliegt es seit dem Vertrag von Maastricht dem Europäischen Rat, eine Schlussfolgerung zu den Grundzügen der Wirtschaftspolitik zu erörtern (Art. 99 Abs. 2 UAbs. 2 EGV). Dies spiegelt die zentrale Rolle wider, welche die Staats- und Regierungschefs von Anfang an für die schrittweise Verwirklichung der Wirtschafts- und Währungsunion gespielt haben. Der Begriff „Grundzüge" deutet darauf hin, dass die spezifische Ausgestaltung der Wirtschaftspolitiken, das heißt Modalitäten und Wege zur Erreichung der zuvor bestimmten Ziele, nicht vom Europäischen Rat, sondern von den Mitgliedstaaten und den zuständigen Organen der Gemeinschaft bestimmt werden sollen. Der Europäische Rat hat an dieser Stelle die Funktion, den Grundzügen als Instrument der Wirtschafts- und Währungsunion die höchste politische Autorität in der Gemeinschaft zu verleihen, um die Durchsetzung gegenüber den nationalen Regierungen und Parlamenten zu erleichtern[201]. Der Wortlaut des Art. 99 Abs. 2 UAbs. 2 EGV („erörtert ... eine Schlussfolgerung") zeigt aber auch, dass der Europäische Rat diese Grundzüge nicht in Form von Gemeinschaftsrechtsakten erlässt. Sie werden gemäß Art. 99 Abs. 2 UAbs. 3 S. 1 EGV vielmehr vom Rat als Empfehlungen im Sinne von Art. 249 EGV verabschiedet[202].

---

[200] Im Gegensatz zu den korrespondierenden Artikeln 12 und 13 EUV im Rahmen der GASP, in denen der Europäische Rat als Akteur mit bestimmten Handlungsformen aufgeführt wird; vgl. oben A.V.2.a)(1).

[201] Vgl. *Bandilla*, in: Grabitz/Hilf (Hrsg.), Das Recht der Europäischen Union, Bd. 2, 15. EL, Januar 2000, Art. 99 EGV Rn. 10.

[202] Vgl. *Bandilla*, in: Grabitz/Hilf (Hrsg.), Das Recht der Europäischen Union, Bd. 2, 15. EL, Januar 2000, Art. 99 EGV Rn. 11.

Zudem ist der Europäische Rat Adressat des Jahresberichts der EZB über die Tätigkeit des ESZB und die Geld- und Währungspolitik (Art. 113 Abs. 3 UAbs. 1 S. 1 EGV).

Im Koordinationsprozess zur Umsetzung der europäischen Beschäftigungsstrategie ist der Europäische Rat seit dem Vertrag von Amsterdam an zentraler Stelle eingebunden (Art. 128 Abs. 1, 2 und 5 EGV). Er prüft anhand des Jahresberichts (Abs. 1 und 5)[203] von Kommission und Rat die Beschäftigungslage in der Gemeinschaft und nimmt hierzu Schlussfolgerungen an (Abs. 1)[204]. Diese Schlussfolgerungen bilden die Grundlage für die Leitlinien, die der Rat gemäß Abs. 2 mit qualifizierter Mehrheit festlegt.

Schließlich kann seit dem Vertrag von Nizza der Europäische Rat[205] gemäß Art. 11 Abs. 2 UAbs. 2 EGV im Rahmen des Verfahrens zur Einrichtung einer verstärken Zusammenarbeit angerufen werden, wenn ein Mitglied des Rates dies verlangt.

b) Erleichtertes Verfahren zur Änderung des EUV-N

Für die Weiterentwicklung der GASP um eine gemeinsame Verteidigung bedarf es nach Art. 17 Abs. 1 UAbs. 1 EUV-N eines Beschlusses des Europäischen Rates und dessen Annahme durch die Mitgliedstaaten gemäß ihren verfassungsrechtlichen Vorschriften.

Art. 13 Abs. 1, letzter HS EUV-N und auch Art. 17 Abs. 1 UAbs. 1 S. 1 EUV-N selbst betreffen die gemeinsame Verteidigungspolitik[206]. Diese Vorschriften bestimmen, dass die in Art. 13 Abs. 1 EUV-N vom Europäischen Rat maßgeblich mitbestimmte GASP diese Fragen umfasst, inklusive der „schrittweise[n] Festlegung einer gemeinsamen Verteidigungspolitik" (vgl. auch Art. 17 Abs. 1 UAbs. 3 EUV).

Demgegenüber bezieht sich der in Art. 17 Abs. 1 UAbs. 1 S. 1, vorletzter und letzter HS EUV-N vorgesehene besondere Beschluss des Europäischen Rates auf eine

---

[203] Art. 128 Abs. 1 u. 5 EGV betreffen denselben Jahresbericht, vgl. *Krebber*, in: Calliess/Ruffert (Hrsg.), EUV/EGV, 3. Aufl., 2007, Art. 128 EGV Rn. 2.

[204] Vgl. zu Beispielen aus der Praxis *Kreßel*, in: Schwarze (Hrsg.), EU-Kommentar, 2000, Art. 128 EGV Rn. 11, 15, 23.

[205] Art. 11 Abs. 2 EGV i.d.F. des Vertrags von Amsterdam sah hingegen die Zuständigkeit des Gemeinschaftsorgans Rat in Zusammensetzung der Staats- und Regierungschefs vor.

[206] Vgl. oben A.V.2.a)(1).

„gemeinsame Verteidigung". Zwar spielt der Europäische Rat für die Entscheidungen sowohl zur schrittweisen Festlegung einer gemeinsamen Verteidigungspolitik als auch zur Einführung einer gemeinsamen Verteidigung die zentrale Rolle, jedoch sind beide Entscheidungsgegenstände rechtlich voneinander abzugrenzen[207]. Grund dafür ist, dass nach dem Wortlaut des Art. 17 Abs. 1 UAbs. 1 EUV-N erst der Schritt zu einer *gemeinsamen Verteidigung* die Beachtung der Verfahrensvorschriften des S. 1, vorletzter HS („könnte") und letzter HS („falls der Europäische Rat dies beschließt") sowie des S. 2 („in diesem Fall") erfordert. Der Begriff „gemeinsame Verteidigung" und das hierfür vorgesehene förmliche Verfahren lassen erkennen, dass hiermit materiell etwas anderes gemeint ist als eine gemeinsame Verteidigungspolitik[208]. Diese Regelung enthält die Option für eine defensiv-militärische Komponente, die einen qualitativen Schritt gegenüber der gemeinsamen Verteidigungspolitik darstellt[209].

Art. 17 Abs. 1 UAbs. 1 EUV-N überträgt es dem Europäischen Rat, über diesen Schritt, der einer Ratifizierung durch die Mitgliedstaaten bedarf, zu befinden. Dieses Verfahren wird in der Literatur überwiegend als ein „erleichtertes Verfahren zur Änderung des EUV"[210] eingestuft. Statt einer förmlichen Vertragsänderung gemäß Art. 48 EUV-N, die insbesondere die Einsetzung einer Regierungskonferenz und die Anhörung des Europäischen Parlaments erfordert, kann damit der Europäische Rat – unter Beteiligung der Mitgliedstaaten – eine Vertragsänderung herbeiführen. Dieses

---

[207] A.A. *Regelsberger/Kugelmann*, in: Streinz (Hrsg.), EUV/EGV, 2003, Art. 17 EUV Rn. 10, die für die Schritte sowohl in Richtung einer gemeinsamen Verteidigungspolitik als auch in Richtung einer gemeinsamen Verteidigung den in Art. 17 Abs. 1 UAbs. 1 S. 1, vorletzter und letzter HS EUV-N vorgesehenen besonderen Beschluss und das in S. 2 vorgesehene Ratifikationsverfahren verlangen.

[208] Vgl. *Cremer*, in: Calliess/Ruffert (Hrsg.), EUV/EGV, 3. Aufl., 2007, Art. 17 EUV Rn. 4; *Thun-Hohenstein*, Der Vertrag von Amsterdam, 1997, S. 66 f.

[209] Vgl. zur Abgrenzung näher *Cremer*, in: Calliess/Ruffert (Hrsg.), EUV/EGV, 3. Aufl., 2007, Art. 17 EUV Rn. 3 ff. (Etablierung rechtlicher Verpflichtungen zur Beteiligung an Militäreinsätzen, eigenständiges militärisches Instrumentarium, Abkehr vom Freiwilligkeitsprinzip, Aufbau integrierter Streitkräfte und Kommandostrukturen der Union); vgl. auch *Kaufmann-Bühler*, in: Grabitz/Hilf (Hrsg.), Das Recht der Europäischen Union, Bd. 1, 30. EL, Juni 2006, Art. 17 EUV Rn. 9 (Aufbau einer europäischen Armee).

[210] So *Cremer*, in: Calliess/Ruffert (Hrsg.), EUV/EGV, 3. Aufl., 2007, Art. 17 EUV Rn. 3; „vereinfachtes Vertragsänderungsverfahren", so *Kaufmann-Bühler*, in: Grabitz/Hilf (Hrsg.), Das Recht der Europäischen Union, Bd. 1, 30. EL, Juni 2006, Art. 17 EUV Rn. 9; ein gegenüber Art. 48 EUV „vereinfachtes Verfahren", so *Regelsberger/Kugelmann*, in: Streinz (Hrsg.), EUV/EGV, 2003, Art. 17 EUV Rn. 6. A.A. *Thym*, DVBl. 2000, 676 (679): Art. 17 Abs. 1 UAbs. 1 EUV-N sei eine Evolutivklausel, deren Ausfüllung eine autonome Nutzung primärrechtlicher Kompetenzen und keine besondere Form der Vertragsänderung darstelle.

erleichterte Vertragsänderungsverfahren ist eine Ausnahme in den Verträgen und nach Nizzaer Recht auf die in Art. 17 EUV genannte Frage der gemeinsamen Verteidigung beschränkt.

c) Fehlende Personalkompetenzen

Eine ausdrückliche Befugnis zu Personalentscheidungen besteht nach Nizzaer Recht für den Europäischen Rat nicht. Während der Vertrag von Amsterdam in Art. 214 Abs. 2 EGV noch vorgesehen hatte, dass die „Regierungen der Mitgliedstaaten" den designierten Kommissionspräsidenten im gegenseitigen Einvernehmen benennen, handelt seit dem Vertrag von Nizza an dieser Stelle gemäß Art. 214 Abs. 2 UAbs. 1 EGV der „*Rat, der in Zusammensetzung der Staats- und Regierungschefs tagt*", mit qualifizierter Mehrheit. Auch die Liste der gewünschten übrigen Kommissare nimmt der Rat[211] mit qualifizierter Mehrheit an. Die Ernennung der Kommission erfolgt schließlich ebenfalls mit qualifizierter Mehrheit des Rates.

Dass hier der Rat und nicht der Europäische Rat entscheidungsbefugt ist[212], ist in mehrfacher Hinsicht bedeutsam. Erstens richtet sich damit die Ernennung der Kommission nach den Regeln, die für das Gemeinschaftsorgan Rat gelten. Deshalb sind auch Beschlüsse mit qualifizierter Mehrheit möglich[213]. Ein „gegenseitiges Einvernehmen", das noch der Vertrag von Amsterdam gefordert hatte, zu erreichen, schien in einer EU mit 25 oder mehr Mitgliedstaaten schwer möglich[214]. Zweitens sind es seit dem Vertrag von Nizza nicht mehr die Vertreter der mitgliedstaatlichen Regierungen, die aus dem intergouvernementalen Bereich heraus über die Besetzung des Gemeinschaftsorgans Kommission bestimmen, sondern es entscheidet mit dem Rat ein Gemeinschaftsorgan innerhalb des institutionellen Dreiecks. Diesbezüglich wird

---

[211] Aus der systematischen Auslegung der Unterabsätze des Art. 214 Abs. 2 EGV lässt sich schließen, dass es sich auch hier um den Rat in Zusammensetzung der Staats- und Regierungschefs handelt. A.A. *Schmitt v. Sydow*, in: v. d. Groeben/Schwarze (Hrsg.), Kommentar zum EU- und EG-Vertrag, Bd. 4, 6. Aufl., 2004, Art. 214 EGV Rn. 21: Die Benennung erfolge durch den Rat auf Ministerebene.

[212] A.A. *Hobe*, Europarecht, 2. Aufl., 2004, Rn. 103, der entgegen dem Wortlaut des Art. 214 Abs. 2 EGV davon ausgeht, dass seit dem Vertrag von Nizza hier der Europäische Rat handelt.

[213] Vgl. *Ruffert*, in: Calliess/Ruffert (Hrsg.), EUV/EGV, 3. Aufl., 2007, Art. 214 EGV Rn. 1.

[214] Nach der schwierigen Einigung auf *Jacques Santer* als Kommissionspräsidenten im Sommer 1994 sollten nachfolgend Blockaden verhindert werden können, vgl. *Ruffert*, in: Calliess/Ruffert (Hrsg.), EUV/EGV, 3. Aufl., 2007, Art. 214 EGV Rn. 2; *Schmitt v. Sydow*, in: v. d. Groeben/Schwarze (Hrsg.), Kommentar zum EU- und EG-Vertrag, Bd. 4, 6. Aufl., 2004, Art. 214 EGV Rn. 12.

von einer „Supranationalisierung" der Kommission gesprochen, die durch die Neuregelung des Art. 214 EGV eingetreten sei[215]. Drittens unterliegt dieses Ernennungsverfahren nun der Rechtskontrolle des EuGH, so dass etwa eine Anfechtung mit der Nichtigkeitsklage möglich ist[216]. Und viertens ist der amtierende Kommissionspräsident primärrechtlich nicht an den Personalentscheidungen über die nachfolgende Kommission beteiligt, weil er nur Mitglied des Europäischen Rates, nicht aber Mitglied des Rates ist.

Gemäß Art. 112 Abs. 2 lit. b EGV sind es die „Regierungen der Mitgliedstaaten auf der Ebene der Staats- und Regierungschefs", die das Direktorium[217] der EZB auswählen und ernennen[218]. Die Ernennung erfolgt „einvernehmlich"[219], ohne Mitwirkung des Kommissionspräsidenten und ist nicht justiziabel[220]. Diese genannten Personalentscheidungen trifft nicht der Europäische Rat.

3. Kompetenzgrenzen

Die Entscheidungen des Europäischen Rates dürfen nicht dazu führen, dass der erreichte Integrationsstand gefährdet wird. Konkret verpflichtet wird der Europäische Rat insoweit für den Bereich der ersten Säule, indem Art. 2, 5. Spiegelstr. EUV-N die auch für ihn verbindlichen Zielsetzungen festlegt. Aus ihnen ergibt sich einerseits, dass der Europäische Rat nicht gegen bestehendes Gemeinschaftsrecht verstoßen darf, und andererseits, dass er den bereits erreichten Stand der Gemeinschaftsentwicklung nicht in Frage stellen darf[221]. Zusätzlich lässt sich Art. 1 Abs. 2 EUV-N heranziehen, der das Ziel einer „immer engeren Union" vorgibt und folglich Rückschritte bei der

---

[215] So *Hatje*, EuR 2001, 143 (149).

[216] Vgl. *Hatje*, EuR 2001, 143 (149).

[217] Gem. Art. 112 Abs. 2 lit. a EGV besteht das Direktorium aus dem EZB-Präsidenten, dem Vizepräsidenten sowie vier weiteren Mitgliedern, vgl. näher *Häde*, in: Calliess/Ruffert (Hrsg.), EUV/EGV, 3. Aufl., 2007, Art. 112 EGV Rn. 7.

[218] Hinzu kam die Ernennung des EWI-Präsidenten gemäß Art. 117 Abs. 1 UAbs. 2 S. 1 EGV. Das EWI wurde unmittelbar nach Errichtung der EZB zum 1.6.1998 gem. Art. 123 Abs. 2 S. 2 EGV liquidiert, vgl. näher *Häde*, in: Calliess/Ruffert (Hrsg.), EUV/EGV, 3. Aufl., 2007, Art. 117 EGV Rn. 8.

[219] Vgl. Art. 11 EZB-Satzung und (für die erstmalige Ernennung) Art. 50 EZB-Satzung.

[220] Vgl. *Häde*, in: Calliess/Ruffert (Hrsg.), EUV/EGV, 3. Aufl., 2007, Art. 112 EGV Rn. 7 f.

[221] Vgl. *Hilf/Pache*, in: Grabitz/Hilf (Hrsg.), Das Recht der Europäischen Union, Bd. 1, 27. EL, Juni 2005, Art. 4 EUV Rn. 17; *Wichard*, in: Calliess/Ruffert (Hrsg.), EUV/EGV, 3. Aufl., 2007, Art. 4 EUV Rn. 3; *Everling*, DVBl., 1993, 936 (940); *ders.*, EuR 1995, Beiheft 2, 41 (45).

Integration auch für die Politikbereiche der zweiten und dritten Säule ausschließen soll. Somit müssen die Entscheidungen des Europäischen Rates eine Entwicklung begünstigen, die auf eine Vertiefung der Integration der Union gerichtet ist.

4. Ergebnis

Im Ergebnis ist festzuhalten, dass die Rechtsgrundlagen der Verträge die Kompetenzen des Europäischen Rates weitgehend auf allgemeine und grundsätzliche Stellungnahmen und Initiativen beschränken. Kompetenzen zur detaillierten Ausgestaltung bestimmter Politikbereiche werden ihm in den Verträgen nicht zugewiesen. Außerdem sehen die Verträge keine ausdrücklichen Kompetenzen zur personellen Besetzung von Ämtern durch den Europäischen Rat vor.

Daraus ergibt sich, dass der Europäische Rat gemäß der allgemeinen Rechtsgrundlage und gemäß den einzelnen besonderen Rechtsgrundlagen insbesondere die Funktion hat, die Entwicklung der Union durch Impulse voranzutreiben und politische Grundsatzentscheidungen in allen politischen Sachbereichen der Union zu treffen.

VI. Sitzungsablauf und Entscheidungsfindung

Das Primärrecht enthält wenige Anhaltspunkte dafür, wie die Arbeitssitzungen des Europäischen Rates ablaufen und wie Entscheidungen getroffen werden sollen. Teilweise gibt es Hinweise in Äußerungen des Europäischen Rates (insbesondere den Sevilla-Beschlüssen) und in der Literatur, welche die Art und Weise des Sitzungsablaufs und der Beschlussfassung erkennen lassen.

1. Sitzordnung/Sitzungsleitung

In der Praxis hat der Staats- oder Regierungschef, der den Vorsitz ausübt, am runden oder ovalen Sitzungstisch eine herausgehobene Position, weil neben ihm nicht nur der gemäß Art. 4 Abs. 2 S. 2 EUV-N vorgesehene Teilnehmer (in der Regel der Außenminister) Platz nimmt, sondern zwei weitere Amtsträger. Dies ist zum einen der Generalsekretär des Rates, zum anderen ein weiterer Vertreter des Ratssekretariats[222]. Alle übrigen Staats- und Regierungschefs sind in der Sitzordnung gleichberechtigt um den Sitzungstisch angeordnet. Sie wechseln die Plätze im Uhrzeigersinn im Rhythmus

---

[222] Vgl. oben A.II.1.c): ein Vertreter des juristischen Dienstes des Rates oder der Vize-Generalsekretär.

der Vorsitzrotation, das heißt alle sechs Monate[223]. Auch der Kommissionspräsident mit seinem Kommissar reiht sich in der Mitte der nationalen Delegationen ein, und zwar dem Vorsitz gegenüber[224].

Die zwei den nationalen Delegationen im Saal zustehenden Sitze, die mit dem Mitglied und dem unterstützenden Teilnehmer[225] besetzt werden, befanden sich bis 2004 direkt am Sitzungstisch. Der irische Vorsitz (erstes Halbjahr 2004) hat durchgesetzt, dass die Außenminister nicht mehr am Tisch, sondern hinter ihren Staats- und Regierungschefs Platz nehmen[226]. Damit hat sich die Anzahl der unmittelbar am Tisch sitzenden Personen fast halbiert und beträgt heute 31.

Aufgabe des den Vorsitz führenden Staats- oder Regierungschefs ist insbesondere die Sitzungsleitung. Er sorgt gemäß Nr. 8 der Sevilla-Beschlüsse für einen ordnungsgemäßen Ablauf der Beratungen und kann dazu geeignete Maßnahmen treffen. Um die verfügbare Zeit optimal zu nutzen, kann er zum Beispiel die Reihenfolge bestimmen, in der die Tagesordnungspunkte behandelt werden. Außerdem kann er den zeitlichen Umfang und die Reihenfolge der Redebeiträge festlegen.

2. Aussprache

Aus der Einteilung der Tagesordnungspunkte durch den Rat gemäß Nr. 3 der Sevilla-Beschlüsse lassen sich Rückschlüsse darauf ziehen, wie die Sitzung abläuft und wer sich an der Aussprache beteiligen kann. Unterscheidungskriterium ist dabei die Frage, ob vorgesehen ist, dass eine Aussprache stattfindet oder nicht.

Bestimmte Tagesordnungspunkte können ohne Aussprache angenommen oder gebilligt werden (Nr. 3, 1. Spiegelstr. der Sevilla-Beschlüsse), was sich dadurch erklären lässt, dass sie im Vorfeld der Tagung ausreichend beraten worden sind und wegen der Einigkeit im Rat „Allgemeine Angelegenheiten und Außenbeziehungen" grundsätzlich keiner weiteren Debatte im Europäischen Rat bedürfen.

---

223 Vgl. *Westlake/Galloway*, The Council of the European Union, 3. Aufl., 2004, S. 185.

224 Vgl. *v. Grinsven*, The European Council under Construction, Discussion Papers in Diplomacy, Nr. 88, September 2003, S. 8.

225 Grds. ist dies der nationale Außenminister, in Ausnahmefällen der Regierungschef, wenn er den den Vorsitz führenden Staatschef als unterstützender Teilnehmer begleitet, was nach der hier vertretenen Auffassung rechtlich zulässig ist, vgl. oben A.II.1.a)(1).

226 Vgl. *Ludlow*, integration 2005, 3 (11 f.).

Die übrigen Tagesordnungspunkte (Nr. 3, 2., 3. und 4. Spiegelstr. der Sevilla-Beschlüsse) sehen eine Aussprache vor. Welche Sitzungsteilnehmer sich an dieser Aussprache beteiligen dürfen, ist weder in den Sevilla-Beschlüssen noch im Primärrecht ausdrücklich geregelt. Dem Charakter des Europäischen Rates als Gipfeltreffen von Staaten entspricht es, dass alle Staats- und Regierungschefs, die Mitglieder gemäß Art. 4 Abs. 2 S. 1 EUV-N sind, gleichberechtigt sind und ein Rederecht haben. Die Entscheidung im Unionsvertrag, dem Kommissionspräsidenten gemäß Art. 4 Abs. 2 S. 1 EUV-N ein primärrechtlich garantiertes Anwesenheitsrecht[227] zuzusprechen und ihn als formelles Mitglied des Europäischen Rates – und nicht als unterstützenden Teilnehmer – einzustufen, spricht dafür, dass er sich an der Aussprache beteiligen darf.

Für die Außenminister und den Kommissar (Art. 4 Abs. 2 S. 2 EUV-N) ist zumindest von einem primärrechtlich garantierten Anwesenheitsrecht im Sitzungssaal auszugehen[228], weil sie – wenn auch nicht als Mitglieder – Teilnehmer des Europäischen Rates sind, wenn dieser tagt[229]. Käme ihnen lediglich die Rolle zu, außerhalb des Sitzungssaals Unterstützung zu leisten, wie dies für Beamte und andere Mitglieder der Delegationen der Fall ist, dann wäre eine Nennung in der primärrechtlichen Vorschrift nicht erforderlich gewesen.

Hinsichtlich der Frage, ob den Außenministern und dem Kommissar möglicherweise ein Recht zur Beteiligung an der Aussprache zusteht, ist zu berücksichtigen, dass die bezweckte kompetente Vertretung der Außenpolitik am besten durch eine Beteiligung der Außenminister an der Debatte sichergestellt wird. Allerdings deutet die Abstufung zwischen Mitgliedern und Teilnehmern sowie insbesondere das Wort „unterstützen" in Art. 4 Abs. 2 S. 2 EUV-N darauf hin, dass die Mitglieder dann auf die Hilfe der Teilnehmer zurückgreifen können, wenn Bedarf besteht. Ein Anspruch jedes Außenministers und des Kommissars, ebenso wie die Mitglieder des Europäischen Rates in der Debatte gehört zu werden, ist dafür nicht

---

227 Vgl. *Pechstein/Koenig*, Die Europäische Union, 3. Aufl., 2000, Rn. 168.

228 So auch *Hartley*, The Foundations of European Community Law, 5. Aufl., 2003, S. 25 f.: „the right of the President of the Commission and the other Commissioner to attend".

229 Ein primärrechtlich garantiertes Anwesenheitsrecht der Außenminister und des Kommissars in den Sitzungen des Europäischen Rates müsste man hingegen konsequenterweise ablehnen, wenn man der Ansicht ist, der Europäische Rat bestehe lediglich aus den Staats- und Regierungschefs und dem Kommissionspräsidenten (dieser Ansicht sind wohl *Fastenrath/Müller-Gerbes*, Europarecht, 2. Aufl., 2004, Rn. 212); vgl. oben A.II.1.a), Fn. 22.

erforderlich. Zudem wäre ein solcher Anspruch geeignet, die Arbeit des Gremiums angesichts seiner Größe, die es mittlerweile erreicht hat, zu behindern. Entsprechendes gilt für die Personen, die in Art. 4 EUV-N nicht genannt werden, in der Rechtspraxis aber anwesend sind[230], wie insbesondere der Generalsekretär des Rates. Sie können bei Bedarf gehört werden, haben jedoch kein Rederecht.

Die Sevilla-Beschlüsse lassen dem Vorsitzenden einen gewissen Spielraum, wie er die Aussprache gestaltet. Es ist davon auszugehen, dass der Vorsitzende diesen Spielraum nutzt, um Redezeiten und sonstige Modalitäten der Aussprache pragmatisch zu handhaben. Insbesondere ist angesichts der großen Anzahl an Amtsträgern davon auszugehen, dass die Aussprache nicht reihum stattfindet, sondern dass den Mitgliedern oder Teilnehmern, die aufzeigen, das Wort erteilt wird.

3. Beschlussfassung: Rechtslage

a) Einstimmigkeit unter den Staats- und Regierungschefs

Oben[231] wurde hergeleitet, dass der Europäische Rat seine Beschlüsse im Einstimmigkeitsverfahren treffen muss. Einstimmigkeit bedeutet grundsätzlich, dass bei formeller Abstimmung die positive Zustimmung aller stimmberechtigten Mitglieder des Europäischen Rates vorzuliegen hat. Eine oder mehrere Enthaltungen verhindern prinzipiell einen Beschluss. Eine Ausnahme von diesem Grundsatz, gemäß derer ein Beschluss auch bei Stimmenthaltungen zustande kommt, hätte geregelt werden müssen. Eine solche Regelung findet sich in den Verträgen allerdings nur für den Rat (Art. 23 Abs. 1 UAbs. 1 S. 1 EUV-N; Art. 205 Abs. 3 EGV) und nicht für den Europäischen Rat. Daher müssen Entscheidungen des Europäischen Rates mit den Stimmen aller Staats- und Regierungschefs, die Mitglieder des Europäischen Rates sind[232], beschlossen werden. Durch diese Rechtslage wird im Europäischen Rat der völkerrechtliche Grundsatz der Staatengleichheit verwirklicht, weil die Zustimmung jedes Mitgliedstaates – gleich welcher Größe – für einen Beschluss erforderlich ist.

---

230 Vgl. oben A.II.1.c).

231 Vgl. oben A.III.5.c)(2).

232 Die Zustimmung derjenigen Staats- und Regierungschefs, die nicht als Mitglied, sondern als Teilnehmer entsandt werden (bspw. der französische Premierminister, der den französischen Präsidenten begleitet, vgl. oben A.II.1.a)(1)), ist nicht erforderlich, weil diese nicht stimmberechtigt sind.

b) Stimmrecht des Kommissionspräsidenten?

Es stellt sich jedoch die Frage, ob für einen einstimmigen Beschluss des Europäischen Rates die Zustimmung des Kommissionspräsidenten erforderlich ist. Dies wäre dann der Fall, wenn er als Mitglied des Europäischen Rates ein Stimmrecht hätte, das demjenigen der Staats- und Regierungschefs gleichwertig ist. Diese Frage ist in der Literatur umstritten[233].

(1) Meinungsstand

(a) Kein Stimmrecht

Die Frage nach dem Stimmrecht des Kommissionspräsidenten wird zum Teil mit dem Hinweis darauf verneint, dass es sich beim Kommissionspräsidenten bloß um einen Behördenchef handele, während die sonstigen Mitglieder des Europäischen Rates als höchste Repräsentanten der Mitgliedstaaten aufträten[234]. Der Kommissionspräsident repräsentiere im Europäischen Rat nicht etwa die beiden Rechtssubjekte Europäische Gemeinschaften, weil diese Funktion auch von den Staats- und Regierungschefs in der Formation des Rates wahrgenommen werden könne[235]. Vielmehr erfülle er als Chef der EG-Kommission die Funktion, als hochrangiger Experte die Staats- und Regierungschefs zu unterstützen und zur Kohärenz zwischen den intergouvernementalen Säulen und den supranationalen Gemeinschaften beizutragen[236].

Für den intergouvernementalen Bereich wird der Ausschluss des Stimmrechts außerdem damit begründet, dass andernfalls der Kommissionspräsident in diesem Bereich ein Vetorecht hätte und Entscheidungen der Staats- und Regierungschefs in Politikbereichen verhindern könnte, in denen er keinen vertraglich-kompetenziellen

---

[233] Teilweise wird dieses Rechtsproblem im Zusammenhang mit der Frage nach der Rechtsnatur des Europäischen Rates angesprochen. So sei der Europäische Rat deshalb als Organ der EU einzustufen, weil der Kommissionspräsident gleichberechtigtes Mitglied sei und deshalb der im Europäischen Rat gebildete Wille nicht demjenigen der Gesamtheit der Mitgliedstaaten entspreche, so *Wichard*, in: Calliess/Ruffert (Hrsg.), EUV/EGV, 3. Aufl., 2007, Art. 4 EUV Rn. 7, 10. Ebenso *Pechstein/Koenig*, Die Europäische Union, 3. Aufl., 2000, Rn. 167 ff., 174, die das Stimmrecht des Kommissionspräsidenten verneinen und deshalb den Organstatus des Europäischen Rates ablehnen.

[234] So *Pechstein*, in: Streinz (Hrsg.), EUV/EGV, 2003, Art. 4 EUV Rn. 8; ausf. *ders./Koenig*, Die Europäische Union, 3. Aufl., 2000, Rn. 167.

[235] So *Pechstein/Koenig*, Die Europäische Union, 3. Aufl., 2000, Rn. 167.

[236] So *Haratsch/Koenig/Pechstein*, Europarecht, 5. Aufl., 2006, Rn. 94.

Einbindungen und Verantwortlichkeiten unterläge[237]. Eine solche Fremdbestimmung durch ein Gemeinschaftsorgan, das heißt in diesem Fall durch die Kommission, solle durch die Herauslösung der GASP und der PJZS gerade verhindert werden[238].

Für den supranationalen Bereich wird der Ausschluss des Stimmrechts mit einem Vergleich zum Gemeinschaftsorgan Rat begründet, welcher gemäß Art. 4 GO Rat a.F. (jetzt Art. 5 Abs. 2 S. 3 GO Rat[239]) beschließen kann, ohne Anwesenheit des Kommissionspräsidenten zu beraten. Demgegenüber garantiere das primärrechtliche Anwesenheitsrecht im Europäischen Rat, dass er seine Fachkompetenz einbringen und so Einfluss ausüben könne. Wegen dieser Unterschiede zwischen Rat und Europäischem Rat führe der Ausschluss eines Stimmrechts im Europäischen Rat nicht zu einer Austauschbarkeit der beiden Gremien[240].

(b) Beschränktes Stimmrecht

Eine andere Auffassung schließt die Stellung des Kommissionspräsidenten als gleichberechtigtes Mitglied nur für den Bereich der GASP aus. Im Übrigen sei er vollberechtigt[241], was sich so verstehen lässt, dass der Kommissionspräsident im Bereich der Gemeinschaftsangelegenheiten abstimmen könnte. Dies hätte zur Folge, dass sein Veto eine Entscheidung des Europäischen Rates in diesem Bereich blockieren könnte, selbst wenn sich die Staats- und Regierungschefs einig wären.

Zur Begründung für den Ausschluss des Stimmrechts im Bereich der GASP wird auf Art. 27 EUV-N verwiesen, der als lex specialis Vorrang vor Art. 4 EUV-N habe und im Rahmen der GASP die Rechte des Kommissionspräsidenten beschränke[242]. Ein

---

[237] Vgl. *Pechstein/Koenig*, Die Europäische Union, 3. Aufl., 2000, Rn. 168; *Friedrichs*, Die Frage der Völkerrechtssubjektivität der Europäischen Union, 1998, S. 58.

[238] Vgl. *Pechstein/Koenig*, Die Europäische Union, 3. Aufl., 2000, Rn. 168.

[239] Vgl. oben Fn. 55.

[240] Vgl. *Pechstein/Koenig*, Die Europäische Union, 3. Aufl., 2000, Rn. 169.

[241] So *Klein*, in: Hailbronner/Klein/Magiera/Müller-Graff, Handkommentar zum EUV/EGV, Ordn. 2, 6. EL, Juni 1997, Art. D EUV Rn. 15; *Wilms*, in: Hailbronner/Wilms, Recht der EU, Bd. 1, 1. Lfg., Oktober 2002, Art. 4 EUV Rn. 10.

[242] Vgl. *Klein*, in: Hailbronner/Klein/Magiera/Müller-Graff, Handkommentar zum EUV/EGV, Ordn. 2, 6. EL, Juni 1997, Art. D EUV Rn. 15 mit Verweis auf den korrespondierenden Art. J.9 EUV i.d.F. des Vertrags von Maastricht; *Wilms*, in: Hailbronner/Wilms, Recht der EU, Bd. 1, 1. Lfg., Oktober 2002, Art. 4 EUV Rn. 10.

weiteres Argument für den Ausschluss des Stimmrechts im Bereich der intergouvernementalen Säulen sei, dass die vom Kommissionspräsidenten vertretenen Gemeinschaften in diesem Bereich gerade keine Kompetenzen hätten[243].

(c) Volles Stimmrecht

Schließlich wird die Auffassung vertreten, der Kommissionspräsident habe in allen Bereichen ein gleichwertiges Stimmrecht[244]. Dies wird damit begründet, dass aus dem EUV-N eine Beschränkung der Mitwirkungsrechte des Kommissionspräsidenten im Europäischen Rat gerade nicht erkennbar sei[245]. Spräche man dem Kommissionspräsidenten im Europäischen Rat das Stimmrecht ab, dann würde sich dieses Gremium nicht von dem Gemeinschaftsorgan Rat in Zusammensetzung der Staats- und Regierungschefs unterscheiden. Weil der EGV diese Gremien jedoch terminologisch unterscheide (vgl. Art. 7 Abs. 2, Art. 121 Abs. 2 bis 4, Art. 122 Abs. 2 EGV), sei der Kommissionspräsident im Europäischen Rat gegenüber den Staats- und Regierungschefs gleichberechtigt[246].

(2) Stellungnahme

Zuzugestehen ist der zuletzt genannten Auffassung, dass aus dem Wortlaut des Art. 4 Abs. 2 EUV-N allein keine Beschränkung der Rechtsstellung des Kommissionspräsidenten ersichtlich ist. Daraus jedoch den Schluss zu ziehen, dass dem Kommissionspräsidenten ein Stimmrecht zukommen müsse, lässt die historische Entwicklung und die Rechtsnatur des Europäischen Rates außer Betracht. Da der Europäische Rat aus klassischen diplomatischen Gipfeltreffen entstanden ist, das heißt aus einer Konferenz von Staatenvertretern, und weil er gemäß dem Recht des Vertrags von Nizza kein Organ, sondern eine Leitkonferenz der EU ist, muss umgekehrt begründet werden, ob aus dem EUV-N Mitwirkungsrechte des Kommissionspräsidenten – der als einziges Mitglied keinen Staat vertritt – ersichtlich sind.

---

[243] Vgl. *Pechstein*, in: Streinz (Hrsg.), EUV/EGV, 2003, Art. 4 EUV Rn. 8.

[244] „Gleichberechtigtes Mitglied", so *Wichard*, in: Calliess/Ruffert (Hrsg.), EUV/EGV, 3. Aufl., 2007, Art. 4 EUV Rn. 7 und *Härtel*, Handbuch Europäische Rechtsetzung, 2006, § 5 Rn. 5; ebenso *Stumpf*, in: Schwarze (Hrsg.), EU-Kommentar, 2000, Art. 4 EUV Rn. 12.

[245] Vgl. *Wichard*, in: Calliess/Ruffert (Hrsg.), EUV/EGV, 3. Aufl., 2007, Art. 4 EUV Rn. 7 m.w.N.; *Stumpf*, in: Schwarze (Hrsg.), EU-Kommentar, 2000, Art. 4 EUV Rn. 12; *Härtel*, Handbuch Europäische Rechtsetzung, 2006, § 5 Rn. 5.

[246] Vgl. *Wichard*, in: Calliess/Ruffert (Hrsg.), EUV/EGV, 3. Aufl., 2007, Art. 4 EUV Rn. 7, 14. A.A. *Pechstein/Koenig*, Die Europäische Union, 3. Aufl., 2000, Rn. 167. Vgl. oben Fn. 240.

Der angeführte Vergleich mit dem Gemeinschaftsorgan Rat in Zusammensetzung der Staats- und Regierungschefs reicht für die Herleitung von Mitwirkungsrechten nicht aus. Dort ist zwar die personale Zusammensetzung eine andere als im Europäischen Rat. Daraus folgt aber lediglich ein primärrechtliches Anwesenheitsrecht des Kommissionspräsidenten und der unterstützenden Teilnehmer. Dieses Anwesenheitsrecht genügt zur Abgrenzung des Europäischen Rates vom Gemeinschaftsorgan Rat. Es ist nicht erforderlich, dem Kommissionspräsidenten ein Stimmrecht zuzusprechen, um eine Abgrenzung vom Rat vornehmen zu können.

Die zuerst genannte Auffassung argumentiert überzeugend mit der im Vertrag von Nizza bestehenden Säulenstruktur, welche durchbrochen würde, wenn dem Kommissionspräsidenten in der GASP und in der PJZS ein Stimmrecht und damit wegen des Einstimmigkeitserfordernisses ein Vetorecht zukäme. Im Übrigen verweist sie zu Recht auf die Funktion des Kommissionspräsidenten, sich im Europäischen Rat als Behördenchef und Experte in die Aussprache einzubringen. Diese Funktion kann er ohne ein Stimmrecht erfüllen. Das ihm zustehende Rederecht[247] ist dafür ausreichend.

Ergänzend ist zur Begründung dafür, dass ein Stimmrecht abzulehnen ist, anzuführen, dass eine gewichtige Diskrepanz zwischen dem Kommissionspräsidenten und den höchsten Staatenvertretern besteht, was die demokratische Legitimation betrifft. Weil die Staats- und Regierungschefs sich auf nationale demokratische Wahlen stützen können, muss in der Tat bezweifelt werden, dass der EUV-N den Kommissionspräsidenten als gleichberechtigtes Mitglied im Europäischen Rat vorgesehen hat, ohne dies ausdrücklich zu erwähnen. Das Gegenteil ließe sich nur begründen, wenn der Kommissionspräsident aus europaweiten Wahlen hervorgehen würde. Das ist jedoch gemäß dem Primärrecht von Nizza nicht der Fall. Im Gegenteil: Es sind gerade die Staats- und Regierungschefs, die gemäß Art. 214 Abs. 2 UAbs. 1 EGV maßgeblich über die Auswahl des Kommissionspräsidenten entscheiden. Daran hat auch die inzwischen eingeführte Bestätigung durch das Europäische Parlament und die Anpassung der Legislaturperioden – zumindest für die Rolle des Kommissionspräsidenten im Europäischen Rat – nichts Entscheidendes geändert.

Schließlich ist auch der Gewährung eines auf Gemeinschaftsangelegenheiten beschränkten Stimmrechts, wie es die oben als zweite genannte Ansicht vorschlägt, entgegenzutreten. Dies folgt nicht nur daraus, dass der Europäische Rat und der Rat

---

247 Vgl. oben A.VI.2.

der Staats- und Regierungschefs sich schon wegen des primärrechtlichen Anwesenheitsrechts gemäß Art. 4 Abs. 2 S. 1 EUV-N unterscheiden lassen. Dies folgt vielmehr auch aus der Erwägung, dass sich ein auf bestimmte Sachbereiche beschränktes Stimmrecht des Kommissionspräsidenten nur begründen ließe, wenn der Europäische Rat in den einzelnen Politikbereichen gemäß besonderen, auf Gemeinschaftsangelegenheiten beschränkte Rechtsgrundlagen handeln würde. Weil er jedoch durch die allgemeine Rechtsgrundlage des Art. 4 Abs. 1 EUV-N säulenübergreifend tätig wird, wäre der supranationale Bereich für ein Stimmrecht des Kommissionspräsidenten nicht ausreichend abgrenzbar.

Im Ergebnis hat der Kommissionspräsident nach der hier vertretenen Ansicht kein Stimmrecht im Europäischen Rat. Damit bedeutet Einstimmigkeit im Europäischen Rat die positive Zustimmung aller Staats- und Regierungschefs, die Mitglieder des Europäischen Rates gemäß Art. 4 Abs. 2 S. 1 EUV-N sind.

4. Beschlussfassung: Rechtspraxis

a) Anwendung des Konsensverfahrens

Trotz des oben hergeleiteten rechtlichen Erfordernisses, Entscheidungen nur einstimmig zu treffen, entscheidet der Europäische Rat in der Praxis grundsätzlich im Konsensverfahren[248]. Bei einem Konsensverfahren wird nicht formell abgestimmt. Die Aussprache endet, wenn kritische Stimmen deutlich machen, dass sie den Entscheid zwar nicht befürworten, aber auch nicht blockieren wollen und deswegen keinen Widerspruch erheben[249]. Die Position dieser dissentierenden Mitglieder lässt sich als „Praktische Enthaltung" bezeichnen, weil es sich mangels formeller Abstimmung nicht um eine Stimmenthaltung im eigentlichen Sinne handelt.

Eine Einstimmigkeit im oben genannten Sinne, welche die positive Zustimmung aller stimmberechtigten Mitglieder erfordert, ist somit in der Praxis des Europäischen

---

[248] Der Europäische Rat entscheide grundsätzlich im Konsens, so *Bitterlich*, in: Lenz/Borchardt (Hrsg.), EU- und EG-Vertrag, 4. Aufl., 2006, Art. 4 EUV Rn. 9; er entscheide „wohl" im Konsensusverfahren, so *Pechstein/Koenig*, Die Europäische Union, 3. Aufl., 2000, Rn. 174; er agiere nach dem Konsensprinzip, so *Everling*, DVBl. 1993, 936 (941); „decisions by consensus", so *Lenaerts/Van Nuffel/Bray* (Hrsg.), Constitutional law of the European Union, 2. Aufl., 2005, Rn. 10-004.

[249] Vgl. *Klein*, in: Graf Vitzthum (Hrsg.), Völkerrecht, 3. Aufl., 2004, 4. Abschn., Rn. 135 m.w.N.; *Wichard*, in: Calliess/Ruffert (Hrsg.), VerfEU, 2006, Art. I-21 Rn. 10; *Streinz/Ohler/Herrmann*, Die neue Verfassung für Europa. Einführung mit Synopse, 2005, S. 43.

Rates nicht Voraussetzung für seine Beschlüsse. Da ausdrückliche Regeln für die Beschlussfassung im Europäischen Rat fehlen, steht es ihm frei, hinter verschlossenen Türen eine formelle Abstimmung durchzuführen anstatt das Konsensverfahren anzuwenden. In wenigen Fällen ist bekannt geworden, dass der Europäische Rat Entscheidungen mit Mehrheit, das heißt gegen den ausdrücklichen Widerspruch einzelner Mitglieder, getroffen hat[250]. Andererseits ist es ebenso gut möglich, dass der Europäische Rat dem rechtlichen Erfordernis genügt, für einen Beschluss die positive Zustimmung aller Staats- und Regierungschefs verlangt und somit das Einstimmigkeitsverfahren anwendet.

In der Praxis nimmt der Kommissionspräsident nicht an Abstimmungen im Europäischen Rat teil[251].

b) Begründung für die Anwendung des Konsensverfahrens

Dass der Europäische Rat in der Rechtspraxis das Konsensverfahren anwendet, wird in der Literatur nicht mit Nachweisen belegt. Dennoch gibt es Anhaltspunkte dafür, dass der Europäische Rat in der Praxis zumindest nicht in jedem Fall das Einstimmigkeitsverfahren anwendet.

Zunächst lassen zwei Aspekte der Sevilla-Beschlüsse erkennen, dass tatsächlich nicht über alle Themen der Sitzung in der gleichen Weise entschieden wird.

Erstens werden die Tagesordnungspunkte in einer bestimmten Weise aufgeteilt, die Unterschiede im Prozess der Beschlussfassung erkennen lassen. Bei den Tagesordnungspunkten, die ohne Aussprache angenommen oder gebilligt werden sollen (Nr. 3, 1. Spiegelstr. der Sevilla-Beschlüsse), ist davon auszugehen, dass diese Punkte im Interesse der optimalen Nutzung der Sitzungszeit vom Vorsitz vorgetragen und – soweit einzelne Delegationen nicht widersprechen – als angenommen behandelt werden. Bei den übrigen Tagesordnungspunkten ist eine Aussprache vorgesehen. Dabei fällt auf, dass der Begriff „Beschlussfassung" lediglich für besondere Fälle

---

[250] Hier sind als Beispiele die Tagungen des Europäischen Rates von Mailand (Juni 1985) und Rom (Oktober u. Dezember 1989) zu nennen, bei denen ausnahmsweise bekannt wurde, dass Mehrheitsentscheidungen getroffen wurden, vgl. *Westlake/Galloway*, The Council of the European Union, 3. Aufl., 2004, S. 187; *Jacqué*, in: v. d. Groeben/Schwarze (Hrsg.), Kommentar zum EU- und EG-Vertrag, Bd. 1, 6. Aufl., 2003, Art. 4 EUV Rn. 16; *Bitterlich*, in: Lenz/Borchardt (Hrsg.), EU- und EG-Vertrag, 4. Aufl., 2006, Art. 4 EUV Rn. 9.

[251] Vgl. *Bitterlich*, in: Lenz/Borchardt (Hrsg.), EU- und EG-Vertrag, 4. Aufl., 2006, Art. 4 EUV Rn. 5.

gemäß Nr. 3, 3. Spiegelstr. i.V.m. Nr. 9 der Sevilla-Beschlüsse[252] vorgesehen ist. Dies lässt vermuten, dass in diesen Fällen in der Praxis nicht nur eine Aussprache, sondern auch eine formelle Abstimmung durchgeführt wird.

Zweitens wurde in Sevilla ein Kompromiss vereinbart, der besagt, dass in Gemeinschaftsangelegenheiten eine qualifizierte Mehrheit im Europäischen Rat genügen soll, damit der Rat einen Rechtsakt mit qualifizierter Mehrheit annehmen kann, für den der EGV eine derartige Mehrheit vorsieht[253]. Hintergrund dieser Festlegung ist die Erkenntnis, dass einstimmige Entscheidungen wegen der zunehmenden Anzahl der EU-Mitgliedstaaten – und folglich auch der Mitglieder des Europäischen Rates – immer schwieriger erreicht werden können[254].

Diese beiden Aspekte sprechen dafür, dass der Europäische Rat nicht ausnahmslos einstimmig entscheidet und folglich dem entsprechenden rechtlichen Erfordernis nicht genügt.

Darüber hinaus lassen sich drei Erwägungen anführen, die in der Literatur zwar nicht genannt werden, welche aber die in der Literatur vertretene Auffassung, dass der Europäische Rat in der Praxis zumeist das Konsensverfahren anwendet[255], stützen. Sie zeigen die Vorzüge des Konsensverfahrens zum einen gegenüber dem Mehrheitsverfahren, zum anderen gegenüber dem Einstimmigkeitsverfahren.

Erstens mindert die Anwendung des Konsensverfahrens anstelle der für den Ministerrat vorgesehenen Mehrheitsentscheidungen die Gefahr, dass manche Staaten die Integration insgesamt nicht mehr mittragen. Für den Rat ist ausdrücklich in den Verträgen festgelegt, in welchen Fällen mit (qualifizierter) Mehrheit entschieden werden kann. In diesen Fällen können Mitglieder des Rates durchaus konfrontativ auf

---

[252] Nr. 3, 3. Spiegelstr.: „Tagesordnungspunkte, zu denen eine Aussprache im Hinblick auf eine Beschlussfassung nach Maßgabe von Nummer 9 stattfinden soll"; Nr. 9: „Wird im Hinblick auf die Erweiterung und in Ausnahmefällen ein Tagesordnungspunkt zur Beschlussfassung auf die Tagesordnung der Tagung des Europäischen Rates gesetzt, so berät er über diesen Punkt; das aus den Beratungen hervorgehende Protokoll über die politischen Positionen wird dem Rat unterbreitet, der daraus die geeigneten Schlussfolgerungen für das weitere Vorgehen gemäß den einschlägigen Vertragsbestimmungen zieht".

[253] Vgl. *Jacqué*, in: v. d. Groeben/Schwarze (Hrsg.), Kommentar zum EU- und EG-Vertrag, Bd. 1, 6. Aufl., 2003, Art. 4 EUV Rn. 20. Die Sevilla-Beschlüsse erwähnen diesen Kompromiss nicht ausdr.

[254] Vgl. *Jacqué*, in: v. d. Groeben/Schwarze (Hrsg.), Kommentar zum EU- und EG-Vertrag, Bd. 1, 6. Aufl., 2003, Art. 4 EUV Rn. 20.

[255] Vgl. oben Fn. 248.

ihren Positionen beharren und bei einem ausreichenden Mehrheitsverhältnis einen Ratsbeschluss gegen den ausdrücklich erklärten Willen anderer Ratsmitglieder herbeiführen. Der Europäische Rat hingegen hat seinen Charakter als Gipfeltreffen, bei dem der Meinungsaustausch und die integrative Konsenssuche im Vordergrund stehen, behalten. Sein Konsensverfahren bezweckt, dass auch einzelne Staaten die Möglichkeit haben, im Einklang mit dem so genannten Luxemburger Kompromiss[256] vitale nationale Hindernisse noch einmal wirksam zur Sprache zu bringen, ohne befürchten zu müssen, durch einen Mehrheitsbeschluss überstimmt zu werden. Deshalb ist davon auszugehen, dass der Europäische Rat in der Praxis grundsätzlich eine größere Einigkeit für seine Beschlüsse sucht, als es bei Mehrheitsentscheidungen im Rat erforderlich wäre. Die intergouvernementalen Entscheidungsstrukturen im Europäischen Rat sind als Ausgleich zu sehen zum einen für die Ausweitung der Gemeinschaftskompetenzen zulasten der Mitgliedstaaten[257] und zum anderen für die Ausweitung der Mehrheitsentscheidungen im Rat[258]. Sie werden aber auch als Gefahr eingestuft, weil sie der supranationalen Struktur der Integration ein intergouvernementales Element entgegenstellen[259].

Zweitens führt die Anwendung des Konsensverfahrens anstelle des Einstimmigkeitsverfahrens dazu, dass das Risiko einer Blockade in der Praxis gemindert wird. Zwar besteht in beiden Fällen, das heißt sowohl bei einer Entscheidung im Konsensverfahren als auch bei einer Entscheidung im Einstimmigkeitsverfahren, für jeden Staat die Möglichkeit, eine Entscheidung zu verhindern. Allerdings sind die Hürden für eine solche Verhinderung unterschiedlich hoch. Eine Blockade entsteht im Einstimmigkeitsverfahren schon dann, wenn ein Staat nicht formell zustimmt. Im Konsensverfahren hingegen kommt es erst dann zu einer Blockade, wenn ein Staat nicht zustimmt und zusätzlich der Entscheidung widerspricht[260]. Durch politischen Druck die für eine Einstimmigkeit erforderliche

---

[256] Vereinbarungen der sechs Mitgliedstaaten der EWG vom 29. Januar 1966 (abgedr. in: EA 1966, D 85 f.). Der Europäische Rat stelle die „lebendige Verkörperung des ‚Kompromisses von Luxemburg'" dar, so *Ludlow*, integration 2005, 3 (6).

[257] Vgl. *Everling*, DVBl. 1993, 936 (940); *Hilf/Pache*, in: Grabitz/Hilf (Hrsg.), Das Recht der Europäischen Union, Bd. 1, 27. EL, Juni 2005, Art. 4 EUV Rn. 13.

[258] Vgl. *Seidel*, EuZW 2000, 65.

[259] Vgl. *Nicolaysen*, Europarecht I, 2. Aufl., 2002, S. 195.

[260] Vgl. oben A.VI.4.a).

formelle Zustimmung zu erreichen, ist schwieriger, als einen Staat davon zu überzeugen, im Konsensverfahren wenigstens nicht zu widersprechen. Der Grund besteht darin, dass der betreffende Staat im Konsensverfahren die Möglichkeit hat, politisch sein Gesicht zu wahren, ohne zwangsläufig den Beschluss zu blockieren. Hier steht ihm nämlich der Ausweg über die Praktische Enthaltung offen. Dieser Ausweg bedeutet, dass von dem dissentierenden Staat im Konsensverfahren nicht verlangt wird, einer Entscheidung, die seinen Interessen widerspricht, positiv zuzustimmen. So wie es aufgrund dieses Ausweges im Konsensverfahren leichter ist, einen Entscheid auch gegen den Willen eines oder mehrerer Staaten zu treffen, ist es – umgekehrt betrachtet – schwieriger für dissentierende Staaten, hier einen Entscheid zu verhindern. Deshalb ist das Risiko einer Blockade im Konsensverfahren geringer als im Einstimmigkeitsverfahren.

Drittens ermöglicht die Anwendung des Konsensverfahrens eher das Schnüren der für Gipfeltreffen üblichen Verhandlungspakete (so genannte Paketlösungen, „package-deals", „bargains"). Dabei werden Fragen, die sachlich nicht zusammen gehören, gegeneinander ausgehandelt, anstatt über sie einzeln formell abzustimmen.

c) Folgen der Anwendung des Konsensverfahrens

Dass der Europäische Rat in der Praxis im Konsens entscheidet und dass er im Übrigen praktisch frei ist, hinter verschlossenen Türen auch das Einstimmigkeits- oder Mehrheitsverfahren anzuwenden, hat mehrere Konsequenzen, die charakteristisch für seine Entscheidungsfindung sind.

(1) Abhängigkeit von politischen Machtverhältnissen

Die Anwendung des Konsensverfahrens, insbesondere aber das Fehlen ausdrücklicher Entscheidungsregeln bedeutet, dass die Frage, wer letztlich einem Beschluss zustimmen muss und wer ihn verhindern kann, stark von den politischen Machtverhältnissen und dem politischen Willen im Europäischen Rat abhängt.

(a) Staats- und Regierungschefs

Dies betrifft *zum einen* die Frage, ob bzw. in welchen Fällen Beschlüsse gegen den ausdrücklich erklärten Willen eines oder mehrerer Staats- und Regierungschefs getroffen werden können. Hier lassen sich verschiedene strategische Erwägungen anführen, die der Europäische Rat in der Praxis bei der Überlegung, welches Maß an Einigkeit er für einen Beschluss sucht, in Betracht ziehen könnte.

Denkbar ist erstens, dass er eine Mehrheitsentscheidung trifft, wenn er sich auf einen ausreichenden politischen Rückhalt etwa durch alle großen Mitgliedstaaten und die meisten kleinen Mitgliedstaaten stützen kann. Malta und Luxemburg werden selbst dann, wenn sie ausdrücklich widersprechen, das heißt wenn sie nicht den oben genannten Ausweg über die Praktische Enthaltung nehmen, eine Entscheidung nicht blockieren können.

Zweitens wird die Wahl, welches Maß an Einigkeit der Europäische Rat für einen Beschluss voraussetzt, davon abhängen, ob bei bestimmten Entscheidungen, bei denen absehbar ist, dass sie nicht einstimmig beschlossen werden können, die Gefahr besteht, dass die überstimmten Staaten die gemeinsame Integration nicht mittragen. Die Praxis lässt erkennen, dass der Europäische Rat grundsätzlich vermeidet, es „zum Schwur" kommen zu lassen und so eine Spaltung der EU zu riskieren. Ein prominentes Beispiel ist die politische Kontroverse im Vorfeld des Irakkrieges 2003, als keine gemeinsame europäische Position gefunden werden konnte. Gerade in diesen Fällen verzichtet der Europäische Rat auf eine Entscheidung durch Mehrheitsbeschluss.

Drittens kann auch die mangelnde Bedeutung und Tragweite einer Entscheidung einen Mehrheitsbeschluss rechtfertigen[261]. Hingegen wird der Europäische Rat bei wichtigen Fragen das Konsensverfahren anwenden oder sogar die Einstimmigkeit der Mitglieder für seinen Beschluss voraussetzen.

(b) Kommissionspräsident

Die Abhängigkeit von den politischen Machtverhältnissen betrifft *zum anderen* die Frage, ob der Kommissionspräsident an der Entscheidungsfindung beteiligt wird. So hat das Übergewicht der nationalen Interessenvertreter zur Folge, dass der Europäische Rat in der Praxis ohne Probleme einen Beschluss gegen den ausdrücklich erklärten Willen des Kommissionspräsidenten fassen kann. Er kann als einziges Mitglied, das kein nationales Interesse vertritt, keinen Entscheid verhindern, auf den sich die anderen Mitglieder des Europäischen Rates einigen[262]. Folgt man derjenigen Rechts-

---

[261] Der Europäische Rat habe bei Verfahrensfragen regelmäßig zu Mehrheitsentscheidungen gegriffen, so *Bitterlich*, in: Lenz/Borchardt (Hrsg.), EU- und EG-Vertrag, 4. Aufl., 2006, Art. 4 EUV Rn. 9.

[262] Dies bestätigte *Alexander Schaub* (bis Juni 2006 Generaldirektor Binnenmarkt der Europäischen Kommission) auf Nachfrage anlässlich seines Vortrags an der Universität St. Gallen (HSG) am 12.12.2006: „Der Europäische Rat kann gegen den Kommissionspräsidenten entscheiden und tut das auch".

auffassung, die dem Kommissionspräsidenten ein Stimmrecht zuspricht, dann widerspricht diese Praxis der Rechtslage. Verlangt man jedoch lediglich die Einstimmigkeit unter den Staats- und Regierungschefs und spricht dem Kommissionspräsidenten – wie hier – das Stimmrecht ab, dann entspricht die fehlende Beteiligung des Kommissionspräsidenten der Rechtslage.

Andererseits ist es bei einem entsprechenden politischen Willen durchaus möglich, dass man dem Kommissionspräsidenten bei der Beschlussfassung entgegenkommt. Dies ist selbst dann denkbar, wenn der Entscheidungsinhalt nicht dem Wunsch eines einzelnen oder einiger – stimmberechtigter – Staats- oder Regierungschefs entsprechen sollte. Ein solches Vorgehen kommt insbesondere dann in Betracht, wenn die spätere Umsetzung des Beschlusses in besonderem Maße in den Händen der Kommission liegt.

(2) Prinzip der Staatengleichheit

Die Abhängigkeit von politischen Machtverhältnissen im Konsensverfahren bewirkt, dass das Prinzip der Staatengleichheit in diesem Verfahren nicht in dem Maße verwirklicht ist, wie dies im Einstimmigkeitsverfahren der Fall ist.

Zwar ist auch im Konsensverfahren jeder Staat rein formell betrachtet gleichberechtigt, weil theoretisch jeder einen Beschluss des Europäischen Rates verhindern kann. Hierfür ist allerdings ein ausdrücklicher Widerspruch notwendig, während im Einstimmigkeitsverfahren die Weigerung zuzustimmen ausreicht. Wegen der Abhängigkeit von politischen Machtverhältnissen ist dieser Widerspruch für kleine Staaten schwerer durchzusetzen als für große Staaten. So wird zum Beispiel Malta seine Interessen im Konsensverfahren nicht so wirksam vertreten können wie ein großer Mitgliedstaat – was hingegen im Einstimmigkeitsverfahren möglich wäre. Das Konsensverfahren begünstigt somit die großen Mitgliedstaaten.

5. Ergebnis

Im Ergebnis ist hinsichtlich der Rechtspraxis festzuhalten, dass der Europäische Rat grundsätzlich im Konsensverfahren beschließt. Allerdings entscheidet er, abgesehen vom ausdrücklich vorgesehenen Fall des Art. 23 Abs. 2 UAbs. 2 S. 2 EUV-N, in der Praxis selbst darüber, ob er für bestimmte Fragen ein Einstimmigkeitserfordernis voraussetzt oder eine Entscheidung mit Mehrheit trifft. Diese Entscheidung hängt stark von den politischen Machtverhältnissen und dem politischen Willen im Europäischen Rat ab.

Diese Praxis weicht von dem hier vertretenen[263] rechtlichen Erfordernis, demzufolge grundsätzlich alle Entscheidungen des Europäischen Rates einstimmig getroffen werden müssen, das heißt einer Zustimmung aller Staats- und Regierungschefs bedürfen, ab. Die Praxis der Entscheidungsfindung im Europäischen Rat ist deshalb insoweit rechtlich bedenklich.

Im Hinblick auf die Nichtbeteiligung des Kommissionspräsidenten ist die Praxis rechtmäßig, weil er im Europäischen Rat kein Stimmrecht hat.

VII. Folgen der Beschlüsse in der Praxis

Die Entscheidungen, die der Europäische Rat trifft, werden nach seinen Tagungen zusammengefasst und in so genannten *Schlussfolgerungen* veröffentlicht[264]. Die folgende Darstellung der Rechtspraxis konzentriert sich auf diese Schlussfolgerungen. Dabei soll ein Bezug zu den oben im Abschnitt V erörterten Rechtsgrundlagen hergestellt werden, um zu zeigen, dass der Europäische Rat die Rechtsgrundlagen zwar nicht benennt, teilweise eine Zuordnung aber dennoch möglich ist.

Hintergrund für die folgende Darstellung ist die Erkenntnis, dass die meisten einschlägigen Beiträge in der rechtswissenschaftlichen Literatur die Schlussfolgerungen des Europäischen Rates nur verkürzt ansprechen[265]. Teilweise werden sie erwähnt, wenn in einem bestimmten rechtlichen oder sachpolitischen Zusammenhang Äußerungen des Europäischen Rates relevant werden[266]. Es fehlt jedoch ein Beitrag, der die in den vergangenen Jahren veröffentlichten Entscheidungen des Europäischen Rates selbst in den Vordergrund rückt, um in einem Gesamtüberblick aufzuzeigen, auf welche Weise und zu welchen Themen dieser sich in der

---

[263] Vgl. oben A.III.5.c)(2).

[264] Ausnahmen gibt es wohl nicht, vgl. *Ludlow*, integration 2005, 3 (5): Ein Europäischer Rat ohne Schlussfolgerungen sei „so unmöglich geworden wie eine Papstwahl ohne weißen Rauch". Die Schlussfolgerungen werden auf der Internetseite des Rates und teilweise im EU-Bulletin veröffentlicht.

[265] So etwa Kommentare (vgl. statt vieler *Hilf/Pache*, in: Grabitz/Hilf (Hrsg.), Das Recht der Europäischen Union, Bd. 1, 27. EL, Juni 2005, Art. 4 EUV Rn. 18) und Aufsätze zum Europäischen Rat (vgl. statt vieler *Ludlow*, integration 2005, 3 (9)) sowie Lehrbücher zum Europarecht (vgl. statt vieler *Streinz*, Europarecht, 7. Aufl., 2005, Rn. 321).

[266] Beispielhaft sei an dieser Stelle die Kommentierung von *Bandilla*, in: Grabitz/Hilf (Hrsg.), Art. 99 EGV Rn. 7 ff. genannt, welche die Schlussfolgerungen des Europäischen Rates zur Wirtschaftspolitik der Mitgliedstaaten und der Gemeinschaft (Art. 99 Abs. 2 EGV) anspricht.

Rechtspraxis schriftlich äußert[267] und wie sich diese Entscheidungen den Rechtsgrundlagen zuordnen lassen.

1. Entscheidungsträger

Dass der Europäische Rat der Träger der in den Schlussfolgerungen wiedergegebenen Entscheidungen ist, erschließt sich nicht auf den ersten Blick. Gemäß der Überschrift am Anfang des jeweiligen Dokuments handelt es sich um die „Schlussfolgerungen des Vorsitzes“. Sie werden vom jeweiligen Vorsitz formuliert und ihm formell auch zugerechnet[268]. Gemeint ist der „Vorsitz des Europäischen Rates“, wie aus dem ersten Satz des Deckblattes, der auf die Übermittlung der Schlussfolgerungen an die Delegationen hinweist, deutlich wird. Dieser Vorsitz wird durch die jeweilige nationale Präsidentschaft ausgeübt und ist nicht mit dem Europäischen Rat als solchem gleichzusetzen. Als Absender oder Aussteller des Dokuments wird seit einigen Jahren auf dem Deckblatt der Rat genannt. Dieser ist, wie oben[269] gezeigt, vom Europäischen Rat abzugrenzen.

Erst im Text der Schlussfolgerungen wird erkennbar, dass es sich weitgehend um Entscheidungen des Europäischen Rates handelt. Darin wird zumeist der Europäische Rat als Träger der getroffenen Entscheidungen genannt („der Europäische Rat erklärt, dass […]“). Teilweise ist nur von den Staats- und Regierungschef die Rede[270], relativ häufig wird noch auf die EU Bezug genommen. Demgegenüber handelt es sich nicht um eine Entscheidung des Europäischen Rates im Rechtssinne, wenn die Staats- und Regierungschefs in den Schlussfolgerungen ausdrücklich als in den Verträgen vorgesehene Entscheidungsträger genannt werden. Beispielsweise haben die „auf Ebene der Staats- und Regierungschefs vereinigten Vertreter der Mitgliedstaaten“ die Sitze bestimmter Ämter, Behörden und Agenturen der EU festgelegt[271], wofür Art. 289 EGV die Rechtsgrundlage bildet.

---

[267] Lediglich *Martenczuk*, EuR 1998, 151 ff. gibt einen Überblick über die Art und Weise, wie der Europäische Rat entscheidet, und über die Themen, denen er sich widmet. Jener Beitrag konzentriert sich allerdings auf den Bereich der WWU.

[268] Vgl. *Niedobitek*, in: Streinz (Hrsg.), EUV/EGV, 2003, Art. 128 EGV Rn. 7.

[269] Vgl. oben A.II.2.

[270] „Die Staats- und Regierungschefs […] bekräftigen erneut ihre Unterstützung für eine Verhandlungslösung im Nahen Osten“, Schlussfolgerungen des Vorsitzes. ER (Berlin), 24./25.3.1999 (D/99/1), Teil IV.

[271] Schlussfolgerungen des Vorsitzes. ER (Brüssel), 12./13.12.2003 (5381/04): auf dem Deckblatt der

Die Schlussfolgerungen als solche sind streng genommen nicht als Willensäußerung des Europäischen Rates zu qualifizieren, wofür drei Gründe zu nennen sind. Erstens wird der *Rat* als formeller Aussteller des Dokuments genannt. Zweitens wird in der Dokumentsbezeichnung auf den Vorsitz des Rates Bezug genommen. Drittens enthalten die Schlussfolgerungen nicht lediglich Entscheidungen des Europäischen Rates.

Allerdings wird der Wortlaut der Schlussfolgerungen auf den Tagungen des Europäischen Rates im Detail ausgehandelt. Deshalb sind die Schlussfolgerungen als authentische Wiedergabe der Entscheidungen des Europäischen Rates anzusehen[272]. Dies gilt jedoch nur, soweit er als Entscheidungsträger erkennbar ist und nicht fremde Beschlüsse oder Stellungnahmen wiedergegeben werden.

2. Entscheidungsform

Die Schlussfolgerungen gliedern sich meist in das Vorwort, den Hauptteil und die Anlagen. Im *Vorwort* wird regelmäßig erwähnt, dass vor der Tagung oder zu Beginn der Beratungen des Europäischen Rates der Präsident des Europäischen Parlaments ein Exposé vorgetragen und dass anschließend ein Gedankenaustausch stattgefunden hat. Dieser Bericht des Parlamentspräsidenten ist vertraglich nicht vorgesehen[273]. Teilweise werden an dieser Stelle weitere Gäste aufgeführt, mit denen der Europäische Rat zusammengetroffen ist[274].

Im *Hauptteil* der Schlussfolgerungen werden die Entscheidungsgegenstände genannt. Das sind die Einzelthemen, die der Europäische Rat beraten hat und zu denen er sich äußert. Für den Hauptteil ist kein durchgängiges Gliederungssystem erkennbar.

Ein Großteil der veröffentlichten Schlussfolgerungen enthält *Anlagen*, deren Inhalte vielfältig sind. So werden häufig Erklärungen des Europäischen Rates zu bestimmten Themen angehängt[275]. Teilweise handelt es sich um fremde Erklärungen, etwa des

---

Schlussfolgerungen wird ausdr. darauf hingewiesen, dass sich „die Mitgliedstaaten“ anlässlich der Tagung des Europäischen Rates über die Sitze der Organe geeinigt haben. Dies deutet darauf hin, dass hier nicht der Europäische Rat im Rechtssinne entschieden hat.

272 So *Taulègne*, Le Conseil européen, 1993, S. 125; *Martenczuk*, EuR 1998, 151 (155).

273 Der Unionsvertrag sieht umgekehrt eine Berichtspflicht des Europäischen Rates gegenüber dem Europäischen Parlament vor (Art. 4 Abs. 3 EUV-N).

274 Vgl. hierzu die oben in Fn. 53 genannten Beispiele.

275 Beispiele: Schlussfolgerungen des Vorsitzes. ER (Brüssel), 14./15.12.2006 (16879/06), Anlagen I-

Rates[276], der Kommission[277] oder eines Mitgliedstaates[278]. Auch Verweise auf andere Dokumente, etwa solche, die dem Europäischen Rat vorgelegen haben, werden in die Anlagen aufgenommen[279].

Die Länge der veröffentlichten Schlussfolgerungen einschließlich der Anlagen liegt in der Regel zwischen 20 und 40 Seiten[280].

3. Entscheidungsarten

Der Europäische Rat trifft unterschiedliche Arten von Entscheidungen, was anhand der in den Schlussfolgerungen regelmäßig verwandten Verben und sonstigen Begriffe deutlich wird.

Die Verben lassen sich grob danach unterteilen, ob sie eine konkrete Aufforderung gegenüber einem bestimmten Adressaten erkennen lassen oder nicht. Zum einen „fordert" der Europäische Rat typischerweise die Kommission, den Rat oder die Mitgliedstaaten „auf", „ersucht", „wünscht" oder „bittet" sie, bestimmte, in den Schlussfolgerungen genannte politische Entscheidungen des Europäischen Rates umzusetzen. Teilweise „erwartet" der Europäische Rat eine bestimmte Handlung, oder er bestimmt, was der jeweilige Adressat tun wird („Die Kommission wird [...] Bericht

---

V (Erklärungen zum Nahostprozess, zu Libanon, Iran, Afghanistan und zu Afrikafragen); Schlussfolgerungen des Vorsitzes. ER (Thessaloniki), 19./20.6.2003 (11638/03), Anlage II (Erklärung zur Nichtverbreitung von Massenvernichtungswaffen). Einen Überblick über die Bezeichnungen einiger in den Anlagen veröffentlichter Texte gibt *Martenczuk*, EuR 1998, 151 (155).

276 Beispiel: Schlussfolgerungen des Vorsitzes. ER (Brüssel), 24./25.10.2002 (14702/02), Anlage I (Beratungsergebnisse des Rates).

277 Beispiel: Schlussfolgerungen des Vorsitzes. ER (Kopenhagen), 21./22.6.1993 (SN 180/1/93), Anlage I (Leitlinien des Kommissionspräsidenten).

278 Beispiel: Schlussfolgerungen des Vorsitzes. ER (Sevilla), 21./22.6.2002 (13463/02), Anlage III (Nationale Erklärung Irlands).

279 Beispiel: Schlussfolgerungen des Vorsitzes. ER (Nizza), 7.-9.12.2000 (SN 400/00), Anlage VI (dem Europäischen Rat unterbreitete Dokumente).

280 Seitenanzahl der Schlussfolgerungen inkl. Deckblatt, mit evtl. Anlagen/ohne Anlagen: 48/25 (ER Kopenhagen, 21./22.6.1993); 24 (ER Berlin 24./25.3.1999); 25 (ER Stockholm, 24./25.3.2001); 73/28 (ER Barcelona, 15./16.3.2002); 42/19 (ER Sevilla, 21./22.6.2002); 22/10 (ER Brüssel, 24./25.10.2002); 17/11 (ER Kopenhagen, 12./13.12.2002); 3 (ER Brüssel, 17.2.2003, Sondertagung zur Irakkrise); 38 (ER Brüssel, 20./21.3.2003); 40/29 (ER Thessaloniki, 19./20.6.2003); 20 (ER Brüssel, 16./17.10.2003); 31/24 (ER Brüssel, 12./13.12.2003); 24 (ER Brüssel, 24./26.3.2004); 26/19 (ER Brüssel, 17./18.6.2004); 28/24 (ER Brüssel, 16./17.12.2004); 31/14 (ER Brüssel, 22./23.3.2005); 40/29 (ER Brüssel, 16./17.6.2005); 36/26 (ER Brüssel, 15./16.6.2006); 34/19 (ER Brüssel, 14./15.12.2006).

erstatten"[281]). Bemerkenswert an der Wortwahl des Europäischen Rates ist, dass er es offensichtlich vermeidet, einer konkreten Aufforderung durch die Nennung einer Rechtspflicht Nachdruck zu verleihen. Man sucht vergeblich nach einer Formulierung, die etwa den Rat oder die Kommission zu einer bestimmten Handlung „verpflichtet" oder eine Aufforderung für „rechtsverbindlich" erklärt.

Zum anderen gibt es zahlreiche Stellungnahmen des Europäischen Rates, die sich nicht als konkrete Aufforderung qualifizieren lassen. So „würdigt" der Europäische Rat eine bestimmte Handlung oder Entwicklung, „nimmt" von ihr „Kenntnis", „billigt", „begrüßt", „kritisiert", „verurteilt" sie oder „gibt" diesbezüglich „seiner Besorgnis Ausdruck". Teilweise „bekräftigt" er eine bestimmte Haltung oder er „verpflichtet sich"[282].

Nur selten kennzeichnet der Europäische Rat in seinen Schlussfolgerungen eine Entscheidung mit den in den vertraglichen Rechtsgrundlagen verwandten Begriffen, so dass eine Zuordnung zu einer Rechtsgrundlage anhand der Wortwahl zumeist nicht möglich ist. Eine Ausnahme bilden die „Grundzüge der Wirtschaftspolitik" (Art. 99 Abs. 2 UAbs. 2 EGV), die der Europäische Rat recht häufig als solche benennt. Seltener kommen die Begriffe „gemeinsame Strategie"[283] (Art. 13 Abs. 2 EUV-N) und „Impulse" (Art. 4 Abs. 1 EUV-N) vor.

Zu den Begriffen, die der Europäische Rat in seinen Schlussfolgerungen häufig verwendet und die nicht dem Wortlaut der Rechtsgrundlagen entsprechen, gehören beispielsweise „Strategie", „(Haupt-)Priorität", „Maßnahme", „Aktion", „Initiative", „Rahmen", „Aktionsplan", „Leitlinien", und „Erklärung des Europäischen Rates". Große Projekte bezeichnet er teilweise als „Prozess", in einigen Fällen in Verbindung

---

[281] Schlussfolgerungen des Vorsitzes. ER (Brüssel), 22./23.3.2005 (7619/05), Rn. 16.

[282] Schlussfolgerungen des Vorsitzes. ER (Brüssel), 16./17.10.2003 (15188/03), Rn. 31.

[283] Die gemeinsamen Strategien, die bisher erlassen wurden, definieren die Politik der Union gegenüber Russland, der Ukraine und der Mittelmeerregion. Sie sind ausdr. als solche bezeichnet. Vgl. Gemeinsame Strategie der Europäischen Union vom 4. Juni 1999 für Rußland (1999/414/GASP) (AblEG Nr. L 157/1, v. 24.6.1999); Gemeinsame Strategie des Europäischen Rates vom 11. Dezember 1999 für die Ukraine (1999/877/GASP) (AblEG Nr. L 331/1, v. 23.12.1999); Gemeinsame Strategie des Europäischen Rates vom 19. Juni 2000 für den Mittelmeerraum (2000/458/GASP) (AblEG Nr. L 183/5, v. 22.7.2000). Näher dazu *Kaufmann-Bühler/Meyer-Landrut*, in: Grabitz/Hilf (Hrsg.), Das Recht der Europäischen Union, Bd. 1, 30. EL, Juni 2006, Art. 13 EUV Rn. 8.

mit dem betreffenden Tagungsort (zum Beispiel „Cardiffprozess"[284]). Auch einen „Europäischen Pakt" hat der Europäische Rat beschlossen[285].

Obwohl diese Begriffe nicht dem Wortlaut der Rechtsgrundlagen entsprechen, lässt sich teilweise aus den inhaltlichen Aussagen schließen, dass der Europäische Rat sich auf eine bestimmte Rechtsgrundlage bezieht. Enthalten die Aussagen etwa wirtschaftspolitische Ziele mit festgelegten Prioritäten und durchzuführenden Maßnahmen[286], dann lässt sich daraus folgern, dass Grundzüge im Sinne von Art. 99 Abs. 2 UAbs. 2 EGV erörtert wurden. Auch Aussagen zur so genannten Finanziellen Vorausschau, in der – verkürzt gesagt – die Ausgaben der Union festgelegt werden, lassen sich unter den Begriff Grundzüge der Wirtschaftspolitik fassen[287]. Soweit der Europäische Rat sich grundlegend zur Beschäftigungspolitik äußert, lassen sich diese Äußerungen in der Regel auf Art. 128 Abs. 1 EGV (Schlussfolgerungen zur Beschäftigungslage in der Gemeinschaft) stützen. Dies gilt besonders, wenn der Europäische Rat im Vorgriff auf die in Art. 128 Abs. 2 EGV vorgesehenen Beschlüsse die beschäftigungspolitischen „Leitlinien" des Rates erwähnt und hierfür inhaltliche Vorgaben macht[288].

Als weiteres Beispiel für eine mögliche Zuordnung mit Hilfe inhaltlicher Aussagen sind insbesondere die „Strategien" zu nennen, die der Europäische Rat häufig im Bereich der GASP aufstellt[289]. Sie lassen sich als Grundsätze oder allgemeine

---

[284] Schlussfolgerungen des Vorsitzes. ER (Brüssel), 20./21.3.2003 (0410/03), Rn. 57.

[285] Schlussfolgerungen des Vorsitzes. ER (Brüssel), 23./24.3.2006 (7775/1/06 Rev 1), Anlage II („Europäischer Pakt für die Gleichstellung der Geschlechter").

[286] Bsp. für eine ausf. Festlegung von wirtschaftspolitischen Zielen, Prioritäten und Maßnahmen, ohne dass diese ausdr. als „Grundzüge der Wirtschaftspolitik" bezeichnet werden: Schlussfolgerungen des Vorsitzes. ER (Brüssel), 20./21.3.2003 (0410/03), Rn. 6 ff. Entsprechendes gilt bspw. für sog. „Wachstumsinitiativen", vgl. Schlussfolgerungen des Vorsitzes. ER (Brüssel), 16./17.10.2003 (15188/03), Rn. 12 ff. Soweit man die „Impulse" und „Prioritäten" zur wirtschaftspolitischen Lissabon-Strategie (vgl. z.B. Schlussfolgerungen des Vorsitzes. ER (Brüssel), 22./23.3.2005 (7619/05)) nicht ebenfalls unter die Grundzüge der Wirtschaftspolitik fasst, bietet sich wegen des gewählten Begriffs „Impulse" als Rechtsgrundlage Art. 4 Abs. 1 EUV-N an.

[287] Bsp. für die Finanzielle Vorausschau: Schlussfolgerungen des Vorsitzes. ER (Brüssel), 15./16.12.2005 (15914/1/05 Rev 1), Rn. 6.

[288] Vgl. z.B. Schlussfolgerungen des Vorsitzes. ER (Brüssel), 20./21.3.2003 (0410/03), Rn. 42. Zum Europäischen Rat als Leitliniengeber im Rahmen des Art. 128 EGV sowie allgemein zu seiner Rolle in der „offenen Methode der Koordinierung" vgl. *Lang/Bergfeld*, EuR 2005, 381 ff.

[289] Beispiel: Schlussfolgerungen des Vorsitzes. ER (Brüssel), 15./16.12.2005 (15914/1/05 Rev 1), Rn. 7 u. 11 (Strategie zu Afrika und Strategie zur Terrorismusbekämpfung).

Leitlinien im Sinne des Art. 13 Abs. 1 EUV-N einstufen. Trotz des verwandten Begriffes „Strategien" sind sie nicht unter den Rechtsbegriff „gemeinsame Strategien" des Art. 13 Abs. 2 EUV-N zu subsumieren. Der Grund besteht darin, dass gemeinsame Strategien im Sinne dieser Vorschrift vom Europäischen Rat als solche bezeichnet und im Amtsblatt veröffentlicht werden. Dies ist bisher erst in drei Fällen geschehen[290].

4. Entscheidungsgegenstände

a) Integrations-/Verfassungsprozess

Entsprechend seiner Funktion gemäß Art. 4 Abs. 1 EUV-N spielt der Europäische Rat in der Praxis eine wichtige Rolle bei der Entwicklung der Union. Auf seinen Tagungen bemüht er sich, diejenigen politischen Kompromisse zu erreichen und Vorbedingungen zu schaffen, die insbesondere für das Voranschreiten der europäischen Integration durch Vertragsänderungen erforderlich sind. So hat der Europäische Rat die Vertragswerke von Maastricht, Amsterdam und Nizza vorbereitet und die jeweiligen Regierungskonferenzen eingesetzt und politisch begleitet. Deutlich wurde seine Rolle als „Integrationsmotor"[291] bzw. als „Konstitutioneller Architekt und Bauherr"[292] besonders im Verfassungsprozess der Union. So war es der Europäische Rat, der die Einsetzung eines Konvents beschloss[293]. Dieser Konvent sollte gemäß dem Auftrag des Europäischen Rates ein Abschlussdokument für die Zukunft der Union erarbeiten. Der schließlich vom Konvent vorgelegte Entwurf eines Verfassungsvertrags (Konventsentwurf, KE)[294] wurde vom Europäischen Rat auf seinen Tagungen von Thessaloniki (Juni 2003) und Rom (Juli 2003) beraten. Der Europäische Rat billigte den KE am 18. Juli 2003 als Grundlage für die Einsetzung der erforderlichen Regierungskonferenz ab Oktober 2003.

---

[290] Vgl. oben Fn. 283.

[291] *Stumpf*, in: Schwarze (Hrsg.), EU-Kommentar, 2000, Art. 4 EUV Rn. 4. Vgl. oben Fn. 188.

[292] *Wessels*, Das politische System der EU, in: Weidenfeld (Hrsg.), Europa-Handbuch. Bd. I. Die Europäische Union – Politisches System und Politikbereiche, 3. Aufl., 2004, S. 83 (86).

[293] Schlussfolgerungen des Vorsitzes. ER (Laeken), 14./15.12.2001 (SN 300/1/01 Rev 1), Rn. 3. Der Konvent tagte von März 2002 bis Juli 2003.

[294] Vertrag über eine Verfassung für Europa. Entwurf. Vom Europäischen Konvent im Konsensverfahren angenommen am 13. Juni und 10. Juli 2003, dem Präsidenten des Europäischen Rates in Rom überreicht. 18. Juli 2003 (AblEU Nr. C 169/1, v. 18.7.2003).

Parallel zu dieser Regierungskonferenz hat der Europäische Rat seine politische Unterstützung für den Verfassungsprozess zum Ausdruck gebracht, um ihn zeitnah zu einem erfolgreichen Abschluss zu bringen[295]. Nachdem die Regierungskonferenz zunächst nicht zu einer allgemeinen Einigung über den Vertragstext gelangt war, erfolgte durch den Europäischen Rat von Brüssel vom März 2004 ein erneuter Anlauf. Er forderte den irischen Vorsitz auf, die Konsultationen weiterzuführen und sobald wie möglich die Wiederaufnahme der Verhandlungen durch die Regierungskonferenz in die Wege zu leiten, damit bis zur Tagung des Europäischen Rates im Juni 2004 ein Ergebnis vorläge[296]. Auf dieser Tagung einigte sich der Europäische Rat auf den vom Vorsitz erarbeiteten Vorschlag, der als „Vertrag über eine Verfassung für Europa" (Verfassungsvertrag, VVE)[297] am 29. Oktober 2004 in Rom von den Staats- und Regierungschefs unterzeichnet wurde. Der Europäische Rat hat insgesamt den Verfassungsprozess der EU angestoßen, ihn politisch begleitet, die notwendigen Gremien eingerichtet und insbesondere dann die politischen Kompromisse getroffen und Impulse gegeben, wenn Verhandlungen über den Vertragstext zu scheitern drohten.

Nachdem der VVE in den Referenden in Frankreich (29. Mai 2005) und in den Niederlanden (1. Juni 2005) abgelehnt wurde, begann eine so genannte „Reflexionsphase", welche der Europäische Rat auf seiner Tagung vom 21./22. Juni 2007 offiziell beendete. Auf dieser Tagung hat der Europäische Rat den Beschluss gefasst, eine Regierungskonferenz einzusetzen. Für diese Regierungskonferenz hat er ein präzises Mandat[298] zur Erarbeitung eines so genannten Reformvertrags erlassen, der – anstelle einer Verfassung – die seit Nizza geltenden Verträge ändern soll. Der Wortlaut des Reformvertrags wurde auf dem informellen Gipfeltreffen der Staats- und Regierungschefs vom 18./19. Oktober 2007 vorgelegt und dort angenommen. Die Unterzeichnung dieses Reformvertrags als *Vertrag von Lissabon*[299] durch die Staats-

---

[295] Vgl. Schlussfolgerungen des Vorsitzes. ER (Brüssel), 16./17.10.2003 (15188/03), Rn. 2; Schlussfolgerungen des Vorsitzes. ER (Brüssel), 12./13.12.2003 (5381/04), Rn. 2.

[296] Schlussfolgerungen des Vorsitzes. ER (Brüssel), 24./26.3.2004 (9048/04), Rn. 4.

[297] Vertrag über eine Verfassung für Europa vom 29. Oktober 2004 (AblEU Nr. C 310/1, v. 16.12.2004).

[298] Vgl. Schlussfolgerungen des Vorsitzes. ER (Brüssel), 21./22.6.2007 (11177/1/07 Rev 1), Anlage I.

[299] Vertrag von Lissabon zur Änderung des Vertrags über die Europäische Union und des Vertrags zur Gründung der Europäischen Gemeinschaft, unterzeichnet in Lissabon am 13. Dezember 2007 (AblEU Nr. C 306/1, v. 17.12 2007).

und Regierungschefs der Mitgliedstaaten erfolgte schließlich am 13. Dezember 2007[300].

Zur Entwicklung der Union im Sinne des Art. 4 Abs. 1 EUV-N gehört auch die Entscheidung über die Aufnahme neuer Mitgliedstaaten. Der Europäische Rat hat auf zahlreichen Tagungen den jeweiligen Stand der Beitrittsverhandlungen und das zukünftige Vorgehen diskutiert. In seinen Schlussfolgerungen hat er zu den Erweiterungsrunden insgesamt, aber auch zu einzelnen Beitrittskandidaten Stellung genommen, den Stand der politischen Reformen und des wirtschaftlichen Fortschritts in den betreffenden Staaten beurteilt und weitere Anstrengungen angemahnt[301]. Diese Stellungnahmen zeigen, dass in der Praxis zunächst eine politische Einigung im Europäischen Rat erforderlich ist, bevor neue Mitgliedstaaten durch den Abschluss von Beitrittsverträgen gemäß Art. 49 Abs. 2 EUV-N aufgenommen werden können. Dieses faktische Erfordernis ist deshalb hervorzuheben, weil in Art. 49 Abs. 2 EUV-N der Europäische Rat nicht genannt und ihm dort keine entsprechende Rolle zugeschrieben wird.

b) Organe und Ämter

Strukturelle Reformen der Organe, wie etwa eine Änderung der Anzahl der Kommissare oder der Verteilung der Stimmen im Rat, bedürfen der formellen Änderung des Primärrechts. Der Europäische Rat kann sie nicht autonom vornehmen[302]. Allerdings konnte der Europäische Rat eine Reihe von Reformen beschließen, die ohne Änderungen der Verträge durchführbar waren. Das größte Reformpaket ist in den Schlussfolgerungen des Europäischen Rates von Sevilla enthalten; es wurde im Juni 2002 verabschiedet. Neben der Organisation der

---

[300] Bei den beiden Gipfeltreffen vom 18./19.10.2007 und 13.12.2007 handelte es sich nicht um Tagungen des Europäischen Rates. Dieser trat während des portugiesischen Vorsitzes (2. Halbjahr 2007) lediglich einmal, am 14.12.2007 in Brüssel, zusammen.

[301] Als Beispiele seien die Schlussfolgerungen einiger Tagungen des Europäischen Rates genannt, welche die beiden jüngsten Erweiterungsrunden im Mai 2004 und im Januar 2007 sowie die Beitrittskandidaten Kroatien und Türkei betreffen: Schlussfolgerungen des Vorsitzes. ER (Sevilla), 21./22.6.2002 (13463/02); Schlussfolgerungen des Vorsitzes. ER (Brüssel), 24./25.10.2002 (14702/02); Schlussfolgerungen des Vorsitzes. ER (Thessaloniki), 19./20.6.2003 (11638/03); Schlussfolgerungen des Vorsitzes. ER (Brüssel), 17./18.6.2004 (10679/04); Schlussfolgerungen des Vorsitzes. ER (Brüssel), 16./17.12.2004 (16238/1/04 Rev 1).

[302] Dennoch hat der Europäische Rat in den Jahren 1976 und 1992 über die Zahl der Abgeordneten des Europäischen Parlaments und ihre Aufteilung auf die Mitgliedstaaten befunden, ohne dass hierfür eine Rechtsgrundlage vorgesehen war, vgl. *Glaesner*, EuR 1994, 22 (29).

Beratungen des Europäischen Rates[303] regelt es auch bestimmte Aspekte der Struktur und der Arbeitsweise des Gemeinschaftsorgans Rat. So wurden unter anderem die Ratsformationen und Bezeichnungen neu festgelegt, die Aufgaben des Rates bei der Durchführung von langfristigen Strategieprogrammen bestimmt und Maßnahmen in Bezug auf den Vorsitz getroffen. Außerdem beschloss der Europäische Rat in Sevilla, dass die Beratungen des Rates über Rechtsakte, die im Mitentscheidungsverfahren mit dem Europäischen Parlament erlassen werden, unter bestimmten Bedingungen öffentlich sind[304]. Teilweise bedurften diese Reformen der Änderung der Geschäftsordnung des Rates, welche dieser im Juli 2002 vorgenommen hat[305]. Zu praktischen Fragen wie beispielsweise der Bereitstellung eines Tagungsgebäudes in Brüssel für den Europäischen Rat hat er ebenfalls Stellung genommen[306]. Schließlich hat der Europäische Rat in mehreren Schlussfolgerungen wiederholt den Wunsch nach einer „besseren Rechtsetzung" durch die Organe geäußert[307].

Die Besetzung von Ämtern erfolgt zwar nach Nizzaer Recht nicht unmittelbar durch den Europäischen Rat[308], jedoch können wichtige Personalentscheidungen in der Praxis nicht getroffen werden, wenn der Europäische Rat sich über sie nicht einig ist[309]. Dies betrifft insbesondere die Benennung des Kandidaten für das Amt des Kommissionspräsidenten, die traditionell anlässlich eines Europäischen Rates erfolgt[310]. Das bedeutet auch, dass der amtierende Kommissionspräsident als Mitglied

---

303 Vgl. oben A.II.1.c), A.IV.2 ff.

304 Vgl. Schlussfolgerungen des Vorsitzes. ER (Sevilla), 21./22.6.2002 (13463/02), Anhang II, Rn. 10; erweitert in den Schlussfolgerungen des Vorsitzes. ER (Brüssel), 15./16.6.2006 (10633/1/06 Rev 1), Anlage I, Pkt. 1 ff., wonach „[s]ämtliche Beratungen des Rates über gemäß dem Mitentscheidungsverfahren zu erlassende Rechtsakte" öffentlich sind, „ebenso wie die Abstimmungen und die Erklärungen der Ratsmitglieder zur Stimmabgabe".

305 Beschluss des Rates vom 22. Juli 2002 zur Festlegung seiner Geschäftsordnung (2002/682/EG, Euratom) (AblEG Nr. L 230/7, v. 28.8.2002). Zur GO Rat in der geltenden Fassung vgl. oben Fn. 129.

306 Schlussfolgerungen des Vorsitzes. ER (Brüssel), 24./26.3.2004 (9048/04), Rn. 80.

307 Schlussfolgerungen des Vorsitzes. ER (Sevilla), 21./22.6.2002 (13463/02), Rn. 9; Schlussfolgerungen des Vorsitzes. ER (Brüssel), 16./17.10.2003 (15188/03), Rn. 20.

308 Vgl. oben A.V.2.c).

309 Beispielsweise wurde auf dem Europäischen Rat vom Juni 2003 die Kandidatur von *Jean-Claude Trichet* für den Vorsitz der EZB erörtert und gebilligt, vgl. die Schlussfolgerungen des Vorsitzes. ER (Thessaloniki), 19./20.6.2003 (11638/03), Rn. 47.

310 Vgl. *Jorna*, in: Schwarze (Hrsg.), EU-Kommentar, 2000, Art. 214 EGV Rn. 2. So wurde *Romano Prodi* auf dem Europäischen Rat im April 1999 benannt, was aus den Schlussfolgerungen des

des Europäischen Rates in der Rechtspraxis an der Debatte zur Auswahl seines Nachfolgers beteiligt wird[311] bzw. sogar dabei mitbestimmt[312], obwohl dies gemäß Art. 214 Abs. 2 UAbs. 1 EGV primärrechtlich nicht vorgesehen ist, weil dort der Rat in Zusammensetzung der Staats- und Regierungschefs handelt[313].

c) Politikbereiche der intergouvernementalen Zusammenarbeit

In der Rechtspraxis ist die GASP traditionell der wichtigste Politikbereich des Europäischen Rates. Dies bestätigen die veröffentlichten Schlussfolgerungen der vergangenen Jahre, in denen der Europäische Rat zu zahlreichen Fragen der GASP Stellung genommen und Entscheidungen getroffen hat. Sie betreffen zum einen einzelne Länder und Regionen, nach denen die jeweiligen Äußerungen in den Schlussfolgerungen auch gegliedert sind. Hierzu gehören auch strategische Partnerschaften mit bestimmten Regionen wie zum Beispiel den Mittelmeeranrainern („Barcelonaprozess")[314]. Zum anderen betreffen sie verschiedene Sachthemen, denen ebenfalls bestimmte Abschnitte in den Schlussfolgerungen gewidmet sind. Beispielhaft seien hier der internationale Terrorismus, die Armutsbekämpfung, die Nichtverbreitung von Massenvernichtungswaffen, die Beziehungen zur NATO und zu den Vereinten Nationen sowie die Europäische Sicherheits- und Verteidigungspolitik genannt[315].

Vorsitzes. ER (Berlin), 24./25.3.1999 (D/99/1), Teil II hervorgeht. Hingegen wurde die Benennung von *José Manuel Barroso* als Kommissionspräsident in den Schlussfolgerungen des Europäischen Rates nicht erwähnt. Er wurde nicht anlässlich einer Tagung des Europäischen Rates benannt. Vielmehr erfolgte seine Benennung erst im Anschluss an die Tagung des Europäischen Rates vom 17./18.6.2004 durch den Rat der Staats- und Regierungschefs am 29.6.2004, vgl. Beschluss des Rates in der Zusammensetzung der Staats- und Regierungschefs vom 29. Juni 2004 zur Benennung der Persönlichkeit, die er zum Präsidenten der Kommission zu ernennen beabsichtigt (2004/536/EG) (AblEU Nr. L 236/15, v. 7.7.2004).

311 Wenn man ihm mit der hier vertretenen Auffassung ein Anwesenheitsrecht zuspricht, vgl. oben A.VI.2, A.VI.3.b)(2).

312 Wenn man ihm entgegen der hier vertretenen Auffassung ein Stimmrecht zuspricht, vgl. oben A.VI.3.b)(1)(c).

313 Vgl. oben A.V.2.c)

314 Vgl. Schlussfolgerungen des Vorsitzes. ER (Brüssel), 24./26.3.2004 (9048/04), Rn. 59; Schlussfolgerungen des Vorsitzes. ER (Brüssel), 17./18.6.2004 (10679/04), Rn. 66; Schlussfolgerungen des Vorsitzes. ER (Brüssel), 16./17.6.2005 (10255/1/05 Rev 1), Rn. 49.

315 Schlussfolgerungen des Vorsitzes. ER (Sevilla), 21./22.6.2002 (13463/02), Rn. 10 (ESVP), Rn. 40 (UNO); Schlussfolgerungen des Vorsitzes. ER (Thessaloniki), 19./20.6.2003 (11638/03), Anlage II (Massenvernichtungswaffen); Schlussfolgerungen des Vorsitzes. ER (Brüssel), 24./25.10.2002

Auch im Rahmen der PJZS hat der Europäische Rat in seinen Schlussfolgerungen eine Reihe von unterschiedlichen Themen angesprochen. In jüngster Zeit gehörten dazu insbesondere Fragen der legalen und illegalen Einwanderung in die EU[316], des Grenzschutzes an den EU-Außengrenzen[317], der Asylpolitik[318] und der Bekämpfung der Drogenkriminalität[319].

d) Politikbereiche der Gemeinschaften

Zahlreiche Politikbereiche, die gemäß dem EGV vollständig oder zum Teil in den Zuständigkeitsbereich der Gemeinschaft gehören, sind Gegenstand von Entscheidungen des Europäischen Rates. Dabei sind insbesondere der Binnenmarkt[320], der Außenhandel[321], die Währungspolitik, die Wettbewerbspolitik und die Agrarpolitik[322] zu nennen. Ein wichtiges Tätigkeitsfeld sind zudem die Finanzen der Union, insbesondere die Finanzielle Vorausschau, über die der Europäische Rat eine Einigung herbeizuführen versucht[323]. Als weitere Themenbereiche, in denen die EG

(14702/02), Rn. 18 ff. (NATO); Schlussfolgerungen des Vorsitzes. ER (Brüssel), 17./18.6.2004 (10679/04), Rn. 53 (Armut). Glückwünsche hat der Europäische Rat z.B. anlässlich der Verleihung des Friedensnobelpreises an *Schirin Ebadi* oder des 25. Jubiläums des Pontifikats von Papst *Johannes Paul II.* ausgesprochen, vgl. Schlussfolgerungen des Vorsitzes. ER (Brüssel), 16./17.10.2003 (15188/03), Rn. 69 u. 78.

316 Vgl. Schlussfolgerungen des Vorsitzes. ER (Sevilla), 21./22.6.2002 (13463/02), Rn. 30; Schlussfolgerungen des Vorsitzes. ER (Thessaloniki), 19./20.6.2003 (11638/03), Rn. 25; Schlussfolgerungen des Vorsitzes. ER (Brüssel), 16./17.10.2003 (15188/03), Rn. 30; Schlussfolgerungen des Vorsitzes. ER (Brüssel), 12./13.12.2003 (5381/04), Rn. 21; Schlussfolgerungen des Vorsitzes. ER (Brüssel), 16./17.12.2004 (16238/1/04 Rev 1), Rn. 38.

317 Schlussfolgerungen des Vorsitzes. ER (Brüssel), 12./13.12.2003 (5381/04), Rn. 18; Schlussfolgerungen des Vorsitzes. ER (Brüssel), 16./17.10.2003 (15188/03), Rn. 25; Schlussfolgerungen des Vorsitzes. ER (Sevilla), 21./22.6.2002 (13463/02), Rn. 31.

318 Schlussfolgerungen des Vorsitzes. ER (Sevilla), 21./22.6.2002 (13463/02), Rn. 26.

319 Schlussfolgerungen des Vorsitzes. ER (Brüssel), 17./18.6.2004 (10679/04), Rn. 10; Schlussfolgerungen des Vorsitzes. ER (Brüssel), 16./17.12.2004 (16238/1/04 Rev 1), Rn. 37.

320 Schlussfolgerungen des Vorsitzes. ER (Brüssel), 16./17.10.2003 (15188/03), Rn. 16; Schlussfolgerungen des Vorsitzes. ER (Brüssel), 24./26.3.2004 (9048/04), Rn. 19 u. 41; Schlussfolgerungen des Vorsitzes. ER (Brüssel), 23./24.3.2006 (7775/1/06 Rev 1), Rn. 56.

321 Schlussfolgerungen des Vorsitzes. ER (Brüssel), 16./17.10.2003 (15188/03), Rn. 40 (WTO).

322 Schlussfolgerungen des Vorsitzes. ER (Göteborg), 15./16.6.2001 (SN 200/1/01 Rev 1), Rn. 31.

323 Z.B. für 2007-2013: Schlussfolgerungen des Vorsitzes. ER (Brüssel), 16./17.12.2004 (16238/1/04 Rev 1), Rn. 31 ff.; Schlussfolgerungen des Vorsitzes. ER (Brüssel), 15./16.12.2005 (15914/1/05 Rev 1), Rn. 6.

nur beschränkte Verbandskompetenzen hat und denen der Europäische Rat sich gewidmet hat, sind die Gesundheitspolitik[324], die Umwelt- und Energiepolitik[325] sowie die Verkehrspolitik[326] anzuführen.

Tagungen, die der Europäische Rat regelmäßig einem bestimmten Thema widmet, sind die jährlichen Frühjahrstagungen. Ausgangspunkt dieser Schwerpunktsetzung war der Europäische Rat von Lissabon (März 2000), der als Sondertagung langfristige strategische Ziele für die europäische Wirtschafts- und Sozialpolitik formulierte. Seit dem Europäischen Rat von Stockholm (März 2001) befassen sich die Frühjahrstagungen insbesondere mit Wirtschafts- und Sozialfragen, seit 2002 ergänzt um den Umweltbereich, beurteilen jeweils die Entwicklungen und nehmen gegebenenfalls Anpassungen vor.

e) Politikbereiche der Mitgliedstaaten

Ein großer Teil der Entscheidungen des Europäischen Rates betrifft die Wirtschaftspolitik, die in zahlreichen Schlussfolgerungen ausführlich erörtert wird. Sie ist nach wie vor „eine Domäne der Mitgliedstaaten“[327]. Große wirtschaftspolitische Programme wie die so genannte „Lissabon-Strategie“ gehen auf Beschlüsse des Europäischen Rates zurück[328]. In diesem Zusammenhang entscheidet der Europäische Rat regelmäßig über Fragen der Beschäftigungs- und Sozialpolitik[329] und versucht, mit

---

[324] Schlussfolgerungen des Vorsitzes. ER (Brüssel), 16./17.6.2005 (10255/1/05 Rev 1), Rn. 90 (HIV/Aids).

[325] Zu den Themen Klima und Energie: Schlussfolgerungen des Vorsitzes. ER (Brüssel), 15./16.12.2005 (15914/1/05 Rev 1), Rn. 14 ff.; Schlussfolgerungen des Vorsitzes. ER (Brüssel), 23./24.3.2006 (7775/1/06 Rev 1), Rn. 43 ff.; Schlussfolgerungen des Vorsitzes. ER (Brüssel), 14./15.12.2006 (16879/06), Rn. 28 ff. Zum Thema Umweltschutz als Ziel einer nachhaltigen Entwicklung: Schlussfolgerungen des Vorsitzes. ER (Brüssel), 24./26.3.2004 (9048/04), Rn. 30 ff.; Schlussfolgerungen des Vorsitzes. ER (Brüssel), 16./17.6.2005 (10255/1/05 Rev 1), Anlage I.

[326] Schlussfolgerungen des Vorsitzes. ER (Kopenhagen), 12./13.12.2002 (15917/02), Rn. 35.

[327] *Kempen*, in: Streinz (Hrsg.), EUV/EGV, 2003, Art. 99 EGV Rn. 1.

[328] Schlussfolgerungen des Vorsitzes. ER (Lissabon), 23./24.3.2000 (SN 100/00). Auf die Lissabon-Strategie sowie auf notwendige Anpassungen und Impulse geht der Europäische Rat auf den seit 2001 der Wirtschaftspolitik gewidmeten Frühjahrstagungen ein, vgl. Schlussfolgerungen des Vorsitzes. ER (Stockholm), 24./25.3.2001 (SN 100/1/01 Rev 1) sowie die Schlussfolgerungen der darauf folgenden Tagungen im März jedes Jahres.

[329] Vgl. zur Beschäftigungspolitik z.B.: Schlussfolgerungen des Vorsitzes. ER (Brüssel), 15./16.12.2005 (15914/1/05 Rev 1), Rn. 18; Schlussfolgerungen des Vorsitzes. ER (Brüssel), 24./26.3.2004 (9048/04), Rn. 34; Schlussfolgerungen des Vorsitzes. ER (Brüssel), 12./13.12.2003

„Wachstumsinitiativen"[330] Impulse zu geben. Weitere Themen, die in jüngster Zeit Gegenstand der Beratungen waren, sind die Industriepolitik, Forschung und Innovation sowie das Gesellschaftsrecht (Corporate Governance).

f) Bewertung

Die Darstellung der Entscheidungsgegenstände zeigt, dass der Europäische Rat sich zu zahlreichen Politikbereichen äußert, unabhängig davon, welcher Säule der EU sie zuzuordnen sind und ob sie in den Kompetenzbereich der Mitgliedstaaten gehören. Vor dem Hintergrund, dass die oben erörterten Rechtsgrundlagen bestimmte Befugnisse des Europäischen Rates in einzelnen Politikbereichen enthalten, stellt sich die Frage, ob diese Vielfalt an Entscheidungsgegenständen den in den Rechtsgrundlagen festlegten Kompetenzen entspricht.

Bei Entscheidungen, die inhaltlich den besonderen Rechtsgrundlagen zugeordnet werden können, wie Beschlüsse im Rahmen Wirtschafts- und Währungspolitik und der GASP, ist dies der Fall. Hier lassen die Verträge erkennen, dass der Europäische Rat in diesen benannten Politikbereichen Entscheidungen treffen darf.

Zweifelhaft ist dies allerdings, wenn der Europäische Rat Politikbereiche behandelt, die ihm nicht als Entscheidungsgegenstände durch besondere Rechtsgrundlagen zugewiesen wurden, wie beispielsweise die Umwelt- und Energiepolitik. Hier ist eine Übereinstimmung mit den Rechtsgrundlagen dann anzunehmen, wenn die betreffenden Entscheidungsgegenstände von der allgemeinen Rechtsgrundlage des Art. 4 Abs. 1 EUV-N erfasst sind. Diese Vorschrift erfasst sachlich alle Politikbereiche der drei Säulen der EU[331]. Deshalb kann der Europäische Rat sowohl in den Politiken der intergouvernementalen Zusammenarbeit als auch in den Gemeinschaftspolitiken tätig werden.

Allerdings sind zwei Einschränkungen des sachlichen Zuständigkeitsbereichs des Europäischen Rates denkbar.

(5381/04), Rn. 14. Zur Sozialpolitik z.B.: Schlussfolgerungen des Vorsitzes. ER (Brüssel), 23./24.3.2006 (7775/1/06 Rev 1), Rn. 69; Schlussfolgerungen des Vorsitzes. ER (Brüssel), 24./26.3.2004 (9048/04), Rn. 29; Schlussfolgerungen des Vorsitzes. ER (Brüssel), 16./17.10.2003 (15188/03), Rn. 21.

[330] Z.B. Schlussfolgerungen des Vorsitzes. ER (Brüssel), 16./17.10.2003 (15188/03), Rn. 3; Schlussfolgerungen des Vorsitzes. ER (Brüssel), 12./13.12.2003 (5381/04), Rn. 3.

[331] Vgl. oben A.V.1.b).

Erstens könnte sich eine Einschränkung ergeben, wenn ein Rückgriff auf die allgemeine Rechtsgrundlage unzulässig wäre. Dies wäre dann der Fall, wenn die besonderen Rechtsgrundlagen in ihren Regelungsbereichen die Kompetenzen des Europäischen Rates abschließend regeln. Sie hätten in dem Fall eine Sperrwirkung. Das hieße, dass beispielsweise Art. 99 Abs. 2 UAbs. 2 EGV bezwecken würde, dass der Europäische Rat im Rahmen der Wirtschafts- und Währungspolitik lediglich die in dieser Vorschrift vorgesehenen Grundzüge der Wirtschaftspolitik erörtern und ansonsten in diesem Politikbereich keine Handlungen vornehmen dürfte. Als weiteres denkbares Beispiel lassen sich Art. 13 Abs. 1 und 2 EUV-N anführen. Würden die darin enthaltenen besonderen Rechtsgrundlagen eine Sperrwirkung entfalten, dann könnte der Europäische Rat im Bereich der GASP lediglich die dort genannten Grundsätze und allgemeinen Leitlinien sowie die gemeinsamen Strategien festlegen. Andere Beschlüsse, die sich nicht unter diese Maßnahmen subsumieren lassen, dürfte der Europäische Rat im Bereich der GASP nicht fassen.

Zweitens könnte sich eine Einschränkung ergeben, wenn die Rechtsgrundlagen so interpretiert werden müssten, dass sie die Entscheidungsgegenstände des Europäischen Rates auf diejenigen beschränken, die von einer der drei Säulen erfasst werden. Dies würde Entscheidungsgegenstände ausschließen, in denen die Gemeinschaften keine Verbandskompetenz haben und die auch nicht von der Zusammenarbeit der zweiten oder dritten Säule erfasst werden.

Gegen diese beiden Einschränkungen des sachlichen Zuständigkeitsbereichs sprechen jedoch zwei gewichtige Argumente.

Erstens ist die offene Aufgabenbeschreibung des Art. 4 Abs. 1 EUV-N im Allgemeinen nicht als Beschränkung der Kompetenzen des Europäischen Rates zu verstehen[332]. Diese Auslegung des Art. 4 Abs. 1 EUV-N lässt sich damit begründen, dass die Verträge keine Subsidiaritätsklausel für die Handlungen des Europäischen Rates enthalten. Das Primärrecht beschränkt dessen Tätigwerden, das außerhalb besonderer Rechtsgrundlagen erfolgt, nicht auf die Fälle, die sachlich nicht von einer besonderen Rechtsgrundlage erfasst werden. Insbesondere ist Art. 308 EGV, wonach die Kommission und der Rat bei Vorliegen besonderer Kompetenzen diesen gemäß handeln müssen, auf den Europäischen Rat unanwendbar. Folglich ist für den

---

[332] Vgl. *Hilf/Pache*, in: Grabitz/Hilf (Hrsg.), Das Recht der Europäischen Union, Bd. 1, 27. EL, Juni 2005, Art. 4 EUV Rn. 10, 15; *Wichard*, in: Calliess/Ruffert (Hrsg.), EUV/EGV, 3. Aufl., 2007, Art. 4 EUV Rn. 3.

Europäischen Rat ein Rückgriff auf Art. 4 Abs. 1 EUV-N in allen Politikbereichen primärrechtlich zulässig. Er kann somit in allen drei Säulen tätig werden, unabhängig davon, ob der Entscheidungsgegenstand einer besonderen Rechtsgrundlage zugeordnet werden kann.

Zweitens widerspricht eine Beschränkung des Zuständigkeitsbereichs auf Entscheidungsgegenstände, die zum Bereich der Gemeinschaften oder zur intergouvernementalen Zusammenarbeit des EUV-N gehören, der Rechtsnatur des Europäischen Rates. Er ist wegen seiner Zusammensetzung wesensmäßig als eine Konferenz der Mitgliedstaaten auf höchster Regierungsebene[333], als Leitkonferenz der EU[334] anzusehen. Mit dieser Struktur sollte sichergestellt werden, dass der Europäische Rat diejenigen Amtsträger vereinigt, welche die am weitesten gehenden politischen Befugnisse haben[335]. Deshalb kann der Europäische Rat auch selbst bestimmen, mit welchen Themen er sich befasst[336] („Selbstbefassungsrecht“[337]). Es liegt somit an ihm, wie er dieses Selbstbefassungsrecht nutzt und die Rechtsgrundlagen durch seine Rechtspraxis ausfüllt. Dies bedeutet, dass er auch Themen behandeln darf, für die lediglich die Mitgliedstaaten zuständig sind und die nicht von einer der drei Säulen erfasst werden.

Die Rechtsgrundlagen des Europäischen Rates schränken dessen Handlungsspielraum hinsichtlich der Entscheidungsgegenstände somit nicht ein. Zu Recht wird deshalb angemerkt, dass der Europäische Rat sich zu einem obersten Beschlussfassungsgremium mit universeller Zuständigkeit entwickelt hat[338]. Die Rechtspraxis des Europäischen Rates hat somit dazu geführt, dass die Rechtsgrundlagen ausgeformt und konkretisiert wurden.

---

[333] Vgl. *Hilf/Pache*, in: Grabitz/Hilf (Hrsg.), Das Recht der Europäischen Union, Bd. 1, 27. EL, Juni 2005, Art. 4 EUV Rn. 15.

[334] Vgl. oben A.III.6.

[335] Vgl. oben A.II.1.a)(1).

[336] Vgl. *Wichard*, in: Calliess/Ruffert (Hrsg.), EUV/EGV, 3. Aufl., 2007, Art. 4 EUV Rn. 3 m.w.N.

[337] *Hilf/Pache*, in: Grabitz/Hilf (Hrsg.), Das Recht der Europäischen Union, Bd. 1, 27. EL, Juni 2005, Art. 4 EUV Rn. 15; *Klein*, in: Hailbronner/Klein/Magiera/Müller-Graff, Handkommentar zum EUV/EGV, Ordn. 2, 6. EL, Juni 1997, Art. D EUV Rn. 7. Ebenso *Capotorti*, Le statut juridique du Conseil européen à la lumière de l'Acte unique, in: Capotorti/Ehlermann/Frowein/Jacobs/ Joliet/Koopmans/Kovar (Hrsg.), FS Pescatore, 1987, S. 79 (87).

[338] „[O]berstes Beschlussfassungsorgan“, so *Mayer*, EuGRZ 2002, 111 (114); *ders.*, AöR 2004, 411 (432).

5. Entscheidungsdichte

Die Entscheidungsdichte des Europäischen Rates ist in zweierlei Hinsicht bemerkenswert hoch. Zum einen äußert er sich in kurzer Abfolge von etwa drei Monaten zu den genannten zahlreichen Entscheidungsgegenständen. Er beschränkt sich nicht darauf, einmalig zu einem bestimmten Thema eine gewisse politische Gestaltung anzuregen, einen Plan zur Durchführung aufzustellen sowie die Eckpunkte und Ziele vorzugeben. Vielmehr beurteilt er laufend auf seinen Sitzungen die Entwicklung seiner Anregungen in den zuständigen Organen, mahnt in den veröffentlichten Schlussfolgerungen eine bessere und schnellere Durchführung an und begleitet auf diese Weise ständig die Politikgestaltung der EU. Zum anderen äußert sich der Europäische Rat inhaltlich zu den Entscheidungsgegenständen teilweise sehr detailliert[339]. Dies wird anhand der veröffentlichten Schlussfolgerungen deutlich, die nicht lediglich aus groben Umrissen und Zielvorstellungen bestehen. Sie sind vielmehr ausgesprochen umfangreich und enthalten detaillierte Vorgaben zur inhaltlichen politischen Gestaltung sowie zu deren Umsetzung.

Beide Ausprägungen der hohen Entscheidungsdichte bewirken, dass sich der Europäische Rat in der Praxis ein hohes Maß an Kontrolle der politischen Gestaltung, die durch die Gemeinschaftsorgane erfolgt, vorbehält. Er greift dadurch stark in das politische Tagesgeschäft[340] und in die EU-Rechtsetzung[341] ein und betreibt zunehmend ein „Mikromanagement“[342].

Ebenso wie bei den Entscheidungsgegenständen stellt sich hier die Frage, ob die Entscheidungsdichte mit den Rechtsgrundlagen in den Verträgen vereinbar ist. In diesen Zusammenhang lässt sich der Hinweis einordnen, es bestehe eine Diskrepanz zwischen den Befugnissen des Europäischen Rates, die sich aus dem Wortlaut der

---

339 Vgl. *Hilf/Pache*, in: Grabitz/Hilf (Hrsg.), Das Recht der Europäischen Union, Bd. 1, 27. EL, Juni 2005, Art. 4 EUV Rn. 46; *Anton*, in: Léger (Hrsg.), Commentaire article par article des traités UE et CE, 2000, Art. 4 EUV Rn. 21.

340 Vgl. *Dehousse*, Rediscovering Functionalism, Harvard Jean Monnet Working Paper, Nr. 7/00, 2000, S. 6; *Nicolaysen*, Europarecht I, 2. Aufl., 2002, S. 194.

341 Vgl. *Bieber*, in: Häberle/Morlok/Skouris (Hrsg.), FS Tsatsos, 2003, S. 45.

342 So der damalige schwedische Premierminister *Göran Persson* in einer Rede an der Humboldt-Universität Berlin am 18.10.2001, zitiert von *Mayer*, EuGRZ 2002, 111 (114); *ders.*, ZaöRV 2003, 59 (71); *ders.*, AöR 2004, 411 (432).

einzelnen Bestimmungen der Verträge ergeben, einerseits, und der sehr viel gewichtigeren Rolle, die er in der Rechtspraxis spiele, andererseits[343].

Aus dem Wortlaut der Rechtsgrundlagen ließen sich durchaus Beschränkungen hinsichtlich der Entscheidungsdichte herleiten, soweit sie den Europäischen Rat lediglich zur Festlegung „allgemeiner Zielvorstellungen", „Leitlinien" oder „Grundzüge" berechtigen. Voraussetzung für eine Interpretation der Rechtsgrundlagen als Beschränkungen der Entscheidungsdichte ist allerdings, dass sie den Zweck haben, die Zuständigkeiten des Europäischen Rates insoweit rechtsverbindlich zu begrenzen. Dann müssten sich die Handlungen des Europäischen Rates ebenso streng an den Verträgen messen lassen wie die Handlungen der Gemeinschaftsorgane. Eine solche Begrenzung ließe sich etwa damit begründen, dass sie zum Schutz der Kompetenzen der Gemeinschaftsorgane – beispielsweise des Initiativrechts der Kommission – erforderlich wäre. Kritisiert wird in diesem Zusammenhang, dass den ausführenden Organen kaum noch Spielraum belassen werde und dass die Verantwortlichkeiten verwischt würden[344]. So sei die Abgrenzung gegenüber den Handlungsbereichen des Rates[345] und der Kommission[346] durch die starke Rolle des Europäischen Rates undeutlich.

Gegen diese Interpretation der Rechtsgrundlagen spricht allerdings ebenfalls die Rechtsnatur des Europäischen Rates, aus der sich ein Selbstbefassungsrecht des Europäischen Rates auch hinsichtlich der Entscheidungsdichte ergibt. Deshalb stellt die erwähnte Diskrepanz zwischen den im Wortlaut der Rechtsgrundlagen angedeuteten Funktionen und der Rechtspraxis keinen Verstoß gegen die Verträge dar. Ein möglicherweise notwendiger Schutz der Kompetenzen der Organe, einschließlich der erwähnten Abgrenzung gegenüber dem Rat, betrifft nicht die Dichte, sondern die

---

343 Vgl. *Pernice*, Democratic Leadership in Europe: The European Council and the President of the Union, in: Beneyto Pérez/Pernice (Hrsg.), The Government of Europe: Which Institutional Design for the European Union?, 2004, S. 31 (34): „limited role under the Treaties, [...] dominant role in reality".

344 Vgl. *Bieber/Epiney/Haag*, Die Europäische Union, 6. Aufl., 2005, § 4 Rn. 39 (weniger kritisch hingegen in der 7. Aufl., § 4 Rn. 41: dort wird lediglich angemerkt, dass der Spielraum der Institutionen durch die detaillierten Texte des Europäischen Rates „eingeschränkt [...] scheint").

345 Vgl. *de Schoutheete/Wallace*, The European Council, in: Research and European Issues, Nr. 19, 2002, S. 11.

346 Vgl. *Stumpf*, in: Schwarze (Hrsg.), EU-Kommentar, 2000, Art. 4 EUV Rn. 8, die auf die Schwierigkeit, die Steuerungsfunktion des Europäischen Rates gem. Art. 4 Abs. 1 EUV von derjenigen der Kommission gem. Art. 211 EGV abzugrenzen, hinweist.

Wirkungen der Entscheidungen des Europäischen Rates. Soweit diese Entscheidungen nur politisch wirken, steht es den Organen rechtlich gesehen frei, diese Entscheidungen zu beachten. Soweit die Beschlüsse des Europäischen Rates jedoch rechtsverbindlich vorschreiben, wie die Organe zu handeln haben, stellt sich die Frage nach einer rechtlichen Einschränkung seiner Befugnisse[347].

6. Entscheidungsfähigkeit

Die vielfältigen Entscheidungsgegenstände und die hohe Entscheidungsdichte sind weniger ein rechtliches Problem als eine praktische Herausforderung für eine effiziente Politikgestaltung auf Ebene der EU. Dies gilt insbesondere für den Rat, aber auch für den Europäischen Rat selbst.

Dass der Europäische Rat sich zunehmend den politischen Details und zahlreichen inhaltlichen Bereichen widmet, hat nicht nur zur Folge, dass der Handlungsspielraum der Organe – insbesondere des Rates – geringer wird, sondern auch, dass deren Entscheidungsfreude abnimmt. Wenn der Rat auf Schwierigkeiten stößt, sich zu einigen, verzichtet er in wachsendem Maße auf eine eigene Entscheidung. Er wartet dann eine Einigung im Europäischen Rat ab[348], um erst auf der Grundlage detaillierter Vorgaben dieses Gremiums den gemeinschaftlichen Rechtsetzungsprozess fortzusetzen. Dieses Vorgehen hemmt eine effiziente Politikgestaltung des Rates.

Es führt zudem dazu, dass die Tagesordnungen des lediglich für einen Abend und den darauf folgenden Tag zusammentretenden Europäischen Rates entsprechend umfangreich sind. Sie enthalten zahlreiche Entscheidungsgegenstände und Detailfragen[349], denen der Europäische Rat seine knapp bemessene Sitzungszeit widmen muss. Für die grundlegenden Fragen der Entwicklung der EU, der GASP und der Wirtschaftspolitik bleibt somit zu wenig Zeit. Dies führt zu einer verminderten

---

[347] Vgl. dazu unten A.VIII.3.

[348] Vgl. *v. Grinsven*, The European Council under Construction, Discussion Papers in Diplomacy, Nr. 88, September 2003, S. 17 (in Bezug auf den Rat „Allgemeine Angelegenheiten und Außenbeziehungen“).

[349] Vgl. *v. Grinsven*, The European Council under Construction, Discussion Papers in Diplomacy, Nr. 88, September 2003, S. 17, der an eine Rede des damaligen Bundeskanzlers *Gerhard Schröder* erinnert, welcher nach der Tagung des Europäischen Rates in Barcelona 2002 seinem Ärger darüber Luft machte, dass der Europäische Rat sich mit Fragen wie z.B. der Wiedereröffnung des Gotthard-Tunnels befasst hatte.

Fähigkeit des Europäischen Rates, in diesen Bereichen politisch zu gestalten und effizient Entscheidungen zu treffen.

7. Ergebnis

Die Entscheidungen des Europäischen Rates, die in der Praxis in so genannten Schlussfolgerungen veröffentlicht werden, decken ein großes Spektrum an Politikbereichen ab und sind inhaltlich ausgesprochen detailliert. Sie entsprechen den in den Verträgen enthaltenen Rechtsgrundlagen, weil diese die Kompetenzen des Europäischen Rates hinsichtlich der Entscheidungsgegenstände und der Entscheidungsdichte nicht einschränken.

VIII. Rechtsfolgen der Entscheidungen

Es stellt sich die Frage nach der Rechtsnatur und den Wirkungen der Entscheidungen des Europäischen Rates. Handelt es sich bei ihnen um Rechtsakte, haben sie eine bindende Wirkung insbesondere gegenüber den Gemeinschaftsorganen? Oder bilden sie nur unverbindliche politische Programme?

Dass den Impulsen und allgemeinen Zielvorstellungen des Europäischen Rates durch das „politische Gewicht“[350] seiner Mitglieder und Teilnehmer zumindest eine äußerst intensive politische Bindungswirkung[351] in allen drei Säulen zukommt, ist allgemein anerkannt. Diese Wirkung kann dazu genutzt werden, das Vertragswerk und das Sekundärrecht an Stellen zu ergänzen, an denen aufgrund von Regelungslücken Probleme entstehen. Wenn diese Lücken aus politischen Gründen weder primärrechtlich noch sekundärrechtlich zu beheben sind, dann können Entscheidungen des Europäischen Rates sie schließen oder zur Auslegung des Gemeinschaftsrechts herangezogen werden, ohne dass den Entscheidungen unmittelbare Rechtswirkungen zukommen. Als Beispiel ist die Entschließung des Europäischen Rates zum Stabilitätspakt anzuführen, die strengere Haushaltsziele vorgab als der EGV[352].

---

[350] *Wichard*, in: Calliess/Ruffert (Hrsg.), EUV/EGV, 3. Aufl., 2007, Art. 4 EUV Rn. 2.

[351] Vgl. *Pechstein*, in: Streinz (Hrsg.), EUV/EGV, 2003, Art. 4 EUV Rn. 3.

[352] Vgl. *Martenczuk*, EuR 1998, 151 (163), der darauf hinweist, dass die Verpflichtung der Mitgliedstaaten in der Entschließung, an dem Haushaltsziel eines nahezu ausgeglichenen Haushalts festzuhalten und entsprechende Maßnahmen zu ergreifen, über die Pflicht in Art. 104 c Abs. 1 EGV i.d.F. von Maastricht (Art. 104 Abs. 1 EGV i.d.F. von Amsterdam u. Nizza) hinausgehe, der lediglich „übermäßige“ Defizite vermeiden wolle; der Verpflichtung in der Entschließung komme zwar keine unmittelbare juristische Bedeutung zu, weil es maßgeblich auf den Referenzwert von 3% ankomme, jedoch könne sie als zur Unterstützung einer engen Auslegung der Ausnahmetatbestände des Art. 104

Schwieriger ist die Frage zu beantworten, ob diesen Entscheidungen auch ein höherer Grad an Bindungswirkung, nämlich eine Rechtswirkung gegenüber bestimmten Adressaten zukommen kann. Die Folge wäre, dass Handlungen des betreffenden Adressaten, die nicht den Vorgaben des Europäischen Rates entsprechen, rechtswidrig sind. Voraussetzung dafür ist, dass das Primärrecht den Europäischen Rat dazu ermächtigt, Rechtsakte zu erlassen. Es müssten ihm Befugnisse oder Kompetenzen zugewiesen werden, die ihn im Rahmen seiner Zuständigkeiten zu *rechtsverbindlichen* Entscheidungen ermächtigen[353].

In diesem staatsrechtlichen Sinne verleihen der EUV-N und die Gemeinschaftsverträge den Gemeinschaftsorganen Befugnisse und Kompetenzen und ermächtigen sie insbesondere zu den in Art. 249 EGV beschriebenen Rechtsakten. Der Europäische Rat wird jedoch in Art. 249 EGV nicht genannt und wird auch nicht ausdrücklich bei den Gemeinschaftsorganen gemäß Art. 5 EUV-N und Art. 7 Abs. 1 EGV aufgeführt. Er ist vom Rat in Zusammensetzung der Staats- und Regierungschefs, welcher von diesen Vorschriften erfasst wird, abzugrenzen[354]. Deshalb ist der Europäische Rat nicht zum Erlass der in Art. 249 EGV vorgesehenen Rechtsakte befugt. Da er kein Gemeinschaftsorgan ist, kann er sich zudem nicht anderer, nicht in Art. 249 EGV genannter Gemeinschaftsrechtsakte bedienen[355].

Umstritten ist hingegen, ob der Europäische Rat – statt der Gemeinschaftsrechtsakte – andere Rechtsakte erlassen kann und somit durch seine Handlungen rechtliche Wirkungen erzeugen kann. Dabei ist erstens zwischen Handlungen aufgrund der besonderen Rechtsgrundlagen im EUV-N und im EGV einerseits und der allgemeinen Rechtsgrundlage (Art. 4 Abs. 1 EUV-N) andererseits zu unterscheiden. In den besonderen Rechtsgrundlagen sind die Pflichten der Adressaten gegenüber dem Europäischen Rat genauer festgelegt – was für einen höheren Bindungsgrad spricht – als in der allgemeinen Rechtsgrundlage. Zweitens ist nach den einzelnen Säulen der EU, in denen der Europäische Rat agiert, zu differenzieren. Der Grund dafür ist, dass

---

c EGV i.d.F. von Maastricht (Art. 104 EGV i.d.F. von Amsterdam u. Nizza) herangezogen werden. Vgl. auch *Everling*, EuR 1995, Beiheft 2, 41 (46), der auf die Möglichkeit, dass der EuGH die Beschlüsse des Europäischen Rates zur Auslegung des Gemeinschaftsrechts heranzieht, hinweist.

353 Vgl. *Hilf/Pache*, in: Grabitz/Hilf (Hrsg.), Das Recht der Europäischen Union, Bd. 1, 27. EL, Juni 2005, Art. 4 EUV Rn. 40.

354 Vgl. oben A.II.2.

355 Vgl. *Martenczuk*, EuR 1998, 151 (156).

die darin geregelten Politikbereiche unterschiedlich stark integriert sind und mögliche Adressaten der Entscheidungen des Europäischen Rates verschiedene Funktionen erfüllen – und somit auch unterschiedlich stark gebunden sein können.

1. Rechtswirkungen aufgrund besonderer Rechtsgrundlagen im EUV-N/EGV?

Der EUV-N und der EGV enthalten in den einzelnen Politikbereichen besondere Rechtsgrundlagen, die als Grundlage für rechtsverbindliche Akte in Betracht kommen. Je nachdem, welche Säule der EU und welche Rechtsgrundlage in den Verträgen betroffen sind, sprechen verschiedene Auffassungen in der Literatur den Handlungen des Europäischen Rates unterschiedliche Grade an Bindungswirkung zu.

a) Keine Rechtswirkungen

Ein Teil der Literatur schließt Rechtswirkungen der Beschlüsse des Europäischen Rates, die aufgrund der im EUV-N enthaltenen besonderen Rechtsgrundlagen ergehen, aus. Folglich seien Beschlüsse des Rates, die aufgrund entsprechender Vorgaben des Europäischen Rates erlassen werden, inhaltlich von diesen aber abweichen, nicht rechtswidrig[356]. Als Begründung wird angeführt, dass dem Europäischen Rat im EUV-N keine „rechtssetzenden oder entscheidenden Funktionen" übertragen worden seien[357].

b) Rechtswirkungen im Bereich der GASP

Nach einem anderen Teil der Literatur ist im Bereich des EUV-N eine rechtliche Bindungswirkung anzunehmen, wenn sich der Europäische Rat auf bestimmte, für die GASP vorgesehene besondere Rechtsgrundlagen stützt.

Zu diesen besonderen Rechtsgrundlagen gehört zum einen Art. 13 EUV-N, der den Europäischen Rat zu drei unterschiedlichen Handlungen ermächtigt. Die allgemeinen Leitlinien (Abs. 1) und die gemeinsamen Strategien (Abs. 2) entfalteten jedenfalls gegenüber dem Rat rechtliche Bindungswirkungen[358], was sich aus Art. 13 Abs. 3

---

[356] Vgl. *Everling*, EuR 1995, Beiheft 2, 41 (44).

[357] Vgl. *Everling*, EuR 1995, Beiheft 2, 41 (43).

[358] „[F]ür den […] Rat verbindlich", so *Hilf/Pache,* in: Grabitz/Hilf (Hrsg.), Das Recht der Europäischen Union, Bd. 1, 27. EL, Juni 2005, Art. 4 EUV Rn. 44; so auch *Glaesner*, EuR 1994, Beiheft 1, 25 (34); *ders.*, EuR 1994, 22 (31 f.), in beiden Aufsätzen zu Art. J.3 Ziff. 1 EUV i.d.F. des Vertrags von Maastricht; „entfalten eindeutig rechtliche Bindungswirkungen", so *Pechstein*, in: Streinz (Hrsg.), EUV/EGV, 2003, Art. 4 EUV Rn. 5; „hinsichtlich der […] Ziele verbindlich", so

EUV-N ergebe. Danach sei der Rat verpflichtet, diese „Unionssekundärrechtsakte“ zu Grunde zu legen (UAbs. 1) bzw. durchzuführen (UAbs. 2)[359]. Einige Autoren erkennen auch den vom Europäischen Rat beschlossenen Grundsätzen der GASP (Art. 13 Abs. 1 EUV-N), die in Abs. 3 nicht gesondert genannt werden, eine Rechtsverbindlichkeit zu[360].

Zum anderen ist Art. 23 Abs. 2 EUV-N zu nennen, nach dem der Europäische Rat einen Beschluss fassen kann, um eine Blockade im Rat zu durchbrechen. Auch diesem Beschluss wird eine Rechtsverbindlichkeit gegenüber dem Rat zugesprochen[361].

Ein Teil der genannten Auffassung beschränkt die Möglichkeit des Europäischen Rates, rechtsverbindlich zu handeln, auf die genannten Vorschriften der GASP. Der Europäische Rat könne rechtlich nicht in die Verfahrensstrukturen der Gemeinschaft eingreifen[362]. Ein anderer Teil der genannten Auffassung spricht sich gegen eine derartige Beschränkung auf den intergouvernementalen Bereich aus. Er hält eine Rechtsverbindlichkeit auch bei bestimmten Handlungen des Europäischen Rates im Bereich des EGV für möglich[363].

c) Rechtswirkungen im Bereich der PJZS

Für den Bereich der PJZS finden sich in diesem Zusammenhang in der Literatur keine Stellungnahmen zu Rechtswirkungen der Beschlüsse des Europäischen Rates. Dies

---

Pechstein/Koenig, Die Europäische Union, 2000, Rn. 223; vgl. auch *dies.*, aaO., Rn. 266; „Beschlüsse [...] entfalten [...] im Rahmen der GASP (Art. 13 Abs. 3) [...] für andere Organe Bindungswirkung“, so *Fastenrath/Müller-Gerbes*, Europarecht, 2. Aufl., 2004, Rn. 210; „konstitutive Wirkung“, damit der Rat tätig werden könne, „rechtlich bindend“, so *Wilms*, in: Hailbronner/Wilms, Recht der EU, Bd. 1, 1. Lfg., Oktober 2002, Art. 4 EUV Rn. 8, 14; „gegenüber den Mitgliedstaaten und den Gemeinschaftsorganen verbindlich“, so *Härtel*, Handbuch Europäische Rechtsetzung, 2006, § 5 Rn. 9.

359 Vgl. *Pechstein*, in: Streinz (Hrsg.), EUV/EGV, 2003, Art. 4 EUV Rn. 5.

360 Vgl. *Hilf/Pache*, in: Grabitz/Hilf (Hrsg.), Das Recht der Europäischen Union, Bd. 1, 27. EL, Juni 2005, Art. 4 EUV Rn. 44: „für den Rat [...] verbindlich“.

361 „[E]ine durch den EUV angeordnete bindende Wirkung gegenüber dem Rat“, so *Hilf/Pache*, in: Grabitz/Hilf (Hrsg.), Das Recht der Europäischen Union, Bd. 1, 27. EL, Juni 2005, Art. 4 EUV Rn. 36.

362 Vgl. *Glaesner*, EuR 1994, Beiheft 1, 25 (34); *Hilf/Pache*, in: Grabitz/Hilf (Hrsg.), Das Recht der Europäischen Union, Bd. 1, 27. EL, Juni 2005, Art. 4 EUV Rn. 36.

363 Vgl. *Pechstein*, in: Streinz (Hrsg.), EUV/EGV, 2003, Art. 4 EUV Rn. 6; *Härtel*, Handbuch Europäische Rechtsetzung, 2006, § 5 Rn. 9.

lässt sich dadurch erklären, dass ihm hier – bis auf Art. 40 a Abs. 2 UAbs. 2 S. 2 EUV-N – keine Kompetenzen in besonderen Rechtsgrundlagen zugewiesen werden[364].

d) Rechtswirkungen im Bereich des EGV

Im Bereich des EGV gibt es zwei besondere Rechtsgrundlagen, die von Teilen des Schrifttums als Grundlagen für rechtsverbindliche Maßnahmen des Europäischen Rates eingestuft werden.

Die erste besondere Rechtsgrundlage lässt den Europäischen Rat Schlussfolgerungen zu den Grundzügen der Wirtschaftspolitik erörtern (Art. 99 Abs. 2 UAbs. 2 EGV). Diese Schlussfolgerungen seien für den Rat rechtlich verbindlich[365]. Als Begründung für die Bindung des Rates wird der Wortlaut des UAbs. 3 angeführt, der für die Empfehlung des Rates einen starken Bezug zu der Schlussfolgerung des Europäischen Rates anordnet. So muss der Rat „auf der Grundlage" dieser Schlussfolgerung seine Empfehlung verabschieden und darin die Grundzüge der Schlussfolgerung darlegen[366]. Die Formulierung bedeute aber auch, dass der Rat Raum für geringfügige Abweichungen und Ergänzungen habe[367]. Teilweise wird vertreten, dass diese Beschlüsse des Europäischen Rates nicht nur für den Rat, sondern auch für die anderen Gemeinschaftsorgane und die Mitgliedstaaten verbindlich sind[368].

Die zweite besondere Rechtsgrundlage für den Europäischen Rat im EGV ist Art. 128 Abs. 1 EGV. Die dort genannten beschäftigungspolitischen Schlussfolgerungen werden von Teilen des Schrifttums als rechtsverbindliche Vorgaben qualifiziert[369].

---

[364] Vgl. oben A.V.2.a)(1).

[365] So *Hilf/Pache*, in: Grabitz/Hilf (Hrsg.), Das Recht der Europäischen Union, Bd. 1, 27. EL, Juni 2005, Art. 4 EUV Rn. 41; *Haratsch/Koenig/Pechstein*, Europarecht, 5. Aufl., 2006, Rn. 97; *Pechstein*, in: Streinz (Hrsg.), EUV/EGV, 2003, Art. 4 EUV Rn. 6; *Fastenrath/Müller-Gerbes*, Europarecht, 2. Aufl., 2004, Rn. 21.

[366] Deshalb nehmen *Haratsch/Koenig/Pechstein*, Europarecht, 5. Aufl., 2006, Rn. 97 „ausnahmsweise eine rechtsverbindliche Lenkungsbefugnis gegenüber dem EG-Ministerrat" an. Ähnlich *Fastenrath/Müller-Gerbes*, Europarecht, 2. Aufl., 2004, Rn. 210, die in Art. 99 Abs. 2 EGV eine Ausnahme vom Grundsatz des Art. 47 EUV-N sehen, welcher generell eine Bindung gegenüber den Gemeinschaften ausschließe.

[367] Vgl. *Hattenberger*, in: Schwarze (Hrsg.), EU-Kommentar, 2000, Art. 99 EGV Rn. 6.

[368] So *Härtel*, Handbuch Europäische Rechtsetzung, 2006, § 5 Rn. 9; *Bleckmann*, DVBl. 1992, 335 (337).

[369] Vgl. *Pechstein*, in: Streinz (Hrsg.), EUV/EGV, 2003, Art. 4 EUV Rn. 6; *Härtel*, Handbuch

Die Gegenauffassung spricht den Schlussfolgerungen, die der Europäische Rat aufgrund der beiden erwähnten Rechtsgrundlagen annimmt, lediglich eine hohe politische Verbindlichkeit, jedoch keine Rechtsverbindlichkeit zu[370]. Begründet wird dies in beiden Fällen mit der fehlenden Entscheidungsgewalt des Europäischen Rates im Sinne des EG-Rechts[371].

2. Rechtswirkungen aufgrund der allgemeinen Rechtsgrundlage des Art. 4 Abs. 1 EUV-N?

a) Keine Rechtswirkungen

Nach überwiegender Auffassung haben die Entscheidungen des Europäischen Rates, die er gemäß Art. 4 Abs. 1 EUV-N trifft, keine Rechtswirkung, sondern nur eine politische Bedeutung[372]. Der Europäische Rat kann danach keine verbindlichen Weisungen erteilen, wenn er Impulse gibt und Zielvorstellungen festlegt.

Europäische Rechtsetzung, 2006, § 5 Rn. 9.

[370] Für Art. 99 Abs. 2 UAbs. 2 EGV (bzw. Art. 103 Abs. 2 EGV i.d.F. des Vertrags von Maastricht): *Häde*, in: Calliess/Ruffert (Hrsg.), EUV/EGV, 3. Aufl., 2007, Art. 99 EGV Rn. 5; *Kempen*, in: Streinz (Hrsg.), EUV/EGV, 2003, Art. 99 EGV Rn. 10; *Bandilla*, in: Grabitz/Hilf (Hrsg.), Das Recht der Europäischen Union, Bd. 2, 15. EL, Januar 2000, Art. 99 EGV Rn. 11; *Hattenberger*, in: Schwarze, Art. 99 EGV Rn. 6; *Everling*, EuR 1995, Beiheft 2, 41 (47); für Art. 128 Abs. 1 EGV: *Coen*, in: Lenz/Borchardt (Hrsg.), EU- und EG-Vertrag, 4. Aufl., 2006, Art. 128 EGV Rn. 10 ff. Unklar hingegen *Niedobitek*, in: Streinz (Hrsg.), EUV/EGV, 2003, Art. 128 EGV Rn. 7, 12, der „keine [...] rechtliche Verbindlichkeit" der Schlussfolgerungen sieht, ihnen jedoch „[r]echtliche Bedeutung [...] durch die in Art. 128 Abs. 2 normierte Pflicht des Rates" zuschreibt und auf die Justiziabilität dieser Pflicht verweist.

[371] Für Art. 99 Abs. 2 UAbs. 2 EGV: *Kempen*, in: Streinz (Hrsg.), EUV/EGV, 2003, Art. 99 EGV Rn. 10. Für Art. 128 EGV: *Coen*, in: Lenz/Borchardt (Hrsg.), EU- und EG-Vertrag, 4. Aufl., 2006, Art. 128 EGV Rn. 12.

[372] Vgl. *Wichard*, in: Calliess/Ruffert (Hrsg.), EUV/EGV, 3. Aufl., 2007, Art. 4 EUV Rn. 2; *Hilf/Pache*, in: Grabitz/Hilf (Hrsg.), Das Recht der Europäischen Union, Bd. 1, 27. EL, Juni 2005, Art. 4 EUV Rn. 12, 43; *Stumpf*, in: Schwarze (Hrsg.), EU-Kommentar, 2000, Art. 4 EUV Rn. 19 („nur politisch, nicht aber rechtlich binden"); *Bitterlich*, in: Lenz/Borchardt (Hrsg.), EU- und EG-Vertrag, 4. Aufl., 2006, Art. 4 EUV Rn. 3 („keine Rechtsakte"); *Klein*, in: Hailbronner/Klein/Magiera/Müller-Graff, Handkommentar zum EUV/EGV, Ordn. 2, 6. EL, Juni 1997, Art. D EUV Rn. 3; *Wilms*, in: Hailbronner/Wilms, Recht der EU, Bd. 1, 1. Lfg., Oktober 2002, Art. 4 EUV Rn. 6, 8; *Härtel*, Handbuch Europäische Rechtsetzung, 2006, § 5 Rn. 8 f.; *Haratsch/Koenig/Pechstein*, Europarecht, 5. Aufl., 2006, Rn. 97; *Everling*, EuR 1995, Beiheft 2, 41 (44 f.); *Curtin*, CMLR 1993, 23 (27); *Nicolaysen*, Europarecht I, 2. Aufl., 2002, S. 195.

Diese Auffassung argumentiert damit, dass Art. 4 Abs. 1 EUV-N keine Kompetenz zum Erlass von Rechtsakten enthalte[373]. Insbesondere seien die Gemeinschaftsorgane nach den Verträgen unabhängig, so dass eine Weisungsgebundenheit gegenüber dem Europäischen Rat auszuschließen sei[374]. Hinzu komme, dass die Entscheidungen gemäß Art. 4 Abs. 1 EUV-N, insbesondere die Zielvorstellungen, sehr abstrakt seien und deshalb keine rechtlichen Bindungen entfalten könnten[375]. Schließlich wird auf die Verhandlungen im Vorfeld des Vertrags von Maastricht verwiesen. Vor dem Hintergrund der ausführlichen Debatten über Kompetenzen, Verfahren und Rechtsakte nach dem EGV hätten die Vertragsparteien diese Fragen für den Europäischen Rat im Unionsvertrag festlegen müssen, wenn sie Rechtswirkungen gewollt hätten[376].

b) Rechtswirkungen nur im Bereich der intergouvernementalen Säulen

Nach einer anderen Auffassung kann den Grundsatzentscheidungen nach Art. 4 Abs. 1 EUV-N im Bereich der zweiten und dritten Säule ohne besondere Schwierigkeiten eine rechtliche Bindungswirkung zugesprochen werden[377]. Dies wird damit begründet, dass die beiden intergouvernementalen Säulen kompetenziell von den Vertragsstaaten getragen würden, so dass die Staats- und Regierungschefs völkerrechtlich verbindlich für ihre Staaten handeln könnten[378]. Dies ist insbesondere für die dritte Säule von Bedeutung, in welcher der EUV-N keine besondere Rechtsgrundlage für ein Handeln des Europäischen Rates vorsieht. Hier könne er auf die allgemeine Rechtsgrundlage

---

[373] Vgl. *Stumpf*, in: Schwarze (Hrsg.), EU-Kommentar, 2000, Art. 4 EUV Rn. 4; *Wichard*, in: Calliess/Ruffert (Hrsg.), EUV/EGV, 3. Aufl., 2007, Art. 4 EUV Rn. 2; *Hilf/Pache*, in: Grabitz/Hilf (Hrsg.), Das Recht der Europäischen Union, Bd. 1, 27. EL, Juni 2005, Art. 4 EUV Rn. 12. A.A. *Rupp*, ZRP 1993, 211 (212).

[374] Vgl. *Everling*, DVBl. 1993, 936 (940).

[375] Vgl. *Hilf/Pache*, in: Grabitz/Hilf (Hrsg.), Das Recht der Europäischen Union, Bd. 1, 27. EL, Juni 2005, Art. 4 EUV Rn. 43. A.A. *Rupp*, ZRP 1993, 211 (212), der die Festlegung von Zielvorstellungen für „offenbar" verbindlich hält und deren praktische Handhabung als „Quasiverordnungen" erwartet.

[376] Vgl. *Everling*, EuR, Beiheft 2, 1995, 41 (45).

[377] So *Pechstein*, in: Streinz, EUV/EGV, 2003, Art. 4 EUV Rn. 3. Auch *Fastenrath/Müller-Gerbes*, Europarecht, 2. Aufl., 2004, Rn. 210 gehen wohl davon aus, dass Beschlüsse aufgrund der allgemeinen Rechtsgrundlage Bindungswirkung haben, weil die Autoren die Bindungswirkung im Grundsatz auf die Bereiche „der GASP (Art. 13 Abs. 3 EUV) und der PJZS" beschränken und diese Wirkung mit der PJZS folglich für einen Bereich anerkennen, der keine besonderen Rechtsgrundlagen für den Europäischen Rat vorsieht.

[378] Vgl. *Pechstein*, in: Streinz (Hrsg.), EUV/EGV, 2003, Art. 4 EUV Rn. 3.

des Art. 4 Abs. 1 EUV-N zurückgreifen[379] und so rechtsverbindliche Entscheidungen treffen. Lediglich im Bereich der Gemeinschaften (erste Säule) sei von einer nur politischen Wirkung auszugehen[380].

c) Rechtswirkungen auch im Bereich der supranationalen Säule

Am weitesten geht die Auffassung, die dem Europäische Rat aufgrund des Art. 4 Abs. 1 EUV-N die Kompetenz zuspricht, in allen Unionsbereichen, das heißt auch im Bereich der ersten Säule, rechtsverbindlich zu handeln[381]. Dieser Auffassung zufolge hat die Führungsrolle, die Art. 4 Abs. 1 EUV-N dem Europäischen Rat hinsichtlich der Union zuweist, eindeutig eine rechtliche Dimension, so dass dem Europäischen Rat eine rechtsverbindliche Lenkungsbefugnis gegenüber den Europäischen Gemeinschaften zukomme[382].

In Bezug auf die erste Säule bewirke die rechtliche Verankerung der Lenkungsfunktion des Europäischen Rates eine implizite Änderung der Gemeinschaftsverträge[383]. Durch diese Änderung werde eine „gemeinschaftsrechtliche Sanktionierung der Rechtsverbindlichkeit von Lenkungsvorgaben durch den Europäischen Rat“[384] herbeigeführt. Wie weit diese Sanktionierung im Einzelfall gehe, hänge von anderen primärrechtlichen Bedingungen ab. So dürfe insbesondere das Initiativrecht der Kommission nach dem EGV nicht unterlaufen werden[385]. Als „absolute Grenze“ für die Möglichkeiten des Europäischen Rates, auf die

---

[379] Vgl. *Pechstein*, in: Streinz (Hrsg.), EUV/EGV, 2003, Art. 4 EUV Rn. 6; *ders./Koenig*, Die Europäische Union, 3. Aufl., 2000, Rn. 225.

[380] Vgl. *Pechstein*, in: Streinz (Hrsg.), EUV/EGV, 2003, Art. 4 EUV Rn. 3 (unter Verweis auf die h.M.).

[381] Vgl. *Pechstein/Koenig*, Die Europäische Union, 3. Aufl., 2000, Rn. 176 ff. Ebenso wohl *Rupp*, ZRP 1993, 211 (212), der die von ihm erwartete Verbindlichkeit der Zielvorstellungen nicht auf bestimmte Politikbereiche beschränkt.

[382] Vgl. *Pechstein/Koenig*, Die Europäische Union, 3. Aufl., 2000, Rn. 176 f. Die Rechtsverbindlichkeit beschränkt sich dieser Auffassung zufolge nicht auf die erste Säule. Im Rahmen der beiden intergouvernementalen Säulen sei Art. 4 Abs. 1 EUV die Grundlage der Rechtsverbindlichkeit der allgemeinen Leitlinien und gemeinsamen Strategien, die der Europäische Rat dem Rat gegenüber erlasse, vgl. *dies.*, aaO.

[383] Vgl. *Pechstein/Koenig*, Die Europäische Union, 3. Aufl., 2000, Rn. 107 ff., 178.

[384] *Pechstein/Koenig*, Die Europäische Union, 3. Aufl., 2000, Rn. 178.

[385] Vgl. *Pechstein/Koenig*, Die Europäische Union, 3. Aufl., 2000, Rn 178.

Gemeinschaftsrechtsordnung Einfluss zu nehmen, werden hier die „Grundlagen der Gemeinschaft selbst" gemäß dem ersten EWR-Gutachten des EuGH[386] genannt[387].

3. Stellungnahme

a) Intergouvernementale Säulen

(1) Rechtswirkungen gegenüber dem Rat

Die organschaftliche Kompetenzverteilung der Verträge spricht im Grundsatz gegen eine rechtliche Bindungswirkung der Entscheidungen des Europäischen Rates. Danach obliegt die Wahrnehmung der Aufgaben durch verbindliche Entscheidungen zuvorderst den in Art. 5 EUV-N und Art. 7 Abs. 1 EGV genannten Organen. Das gilt nicht nur für den Bereich der EG (Art. 249 EGV), sondern auch für die beiden intergouvernementalen Säulen (Art. 23 EUV-N für die GASP und Art. 34 EUV-N für die PJZS).

Allerdings ist im Bereich der intergouvernementalen Säulen hier mit den oben angeführten Auffassungen[388] von einer rechtlichen Bindung des Rates an die Vorgaben des Europäischen Rates auszugehen. Dies gilt zunächst für die besonderen Rechtsgrundlagen, weil sie für Handlungen des Rates einen ausdrücklichen Bezug zu den Entscheidungen des Europäischen Rates enthalten. Art. 13 und Art. 23 EUV-N sehen eine gestufte Willensbildung und damit eine entsprechende Hierarchie in der Entscheidungsfindung zwischen dem Europäischen Rat und dem Rat vor. Anzuerkennen ist dabei, dass der Rat einen gewissen Gestaltungsspielraum hat[389], was im Rahmen des Art. 13 EUV-N schon an den Begriffen „allgemeine" Leitlinien und „Grundsätze" zu erkennen ist. Dieser Spielraum wird jedoch umso kleiner, je detaillierter die Vorgaben des Europäischen Rates sind.

Auch im übrigen Bereich der GASP und im Bereich der PJZS, die keine besonderen Rechtsgrundlagen für den Europäischen Rat vorsehen, lässt sich eine rechtlich

---

[386] EuGH, Gutachten 1/91, v. 4.12.1991, Slg. 1991, I-6079 ff., Rn. 46.

[387] Vgl. *Pechstein/Koenig*, Die Europäische Union, 3. Aufl., 2000, Rn. 178.

[388] Zur Auffassung, die eine Rechtsbindung im Bereich der intergouvernementalen Säulen aufgrund der *besonderen* Rechtsgrundlagen bejaht, vgl. oben A.VIII.1.b); zur Auffassung die eine Rechtsbindung im Bereich der intergouvernementalen Säulen aufgrund der *allgemeinen* Rechtsgrundlage bejaht, vgl. oben A.VIII.2.b).

[389] Vgl. *Wichard*, in: Calliess/Ruffert (Hrsg.), EUV/EGV, 3. Aufl., 2007, Art. 4 EUV Rn. 4.

verbindliche Weisungsbefugnis des Europäischen Rates gegenüber dem Rat auf Art. 4 Abs. 1 EUV-N stützen. Entscheidend dafür ist der strukturelle Unterschied der intergouvernementalen zu den supranationalen Politikbereichen. Denn die im Rahmen der GASP und der PJZS vorgenommenen Handlungen sind zum einen nicht der EG zuzurechnen, weil diese Politikbereiche nicht vergemeinschaftet sind. Zum anderen sind sie nicht der EU zuzurechnen, weil der EU nach der hier vertretenen Auffassung gemäß der Vertragslage von Nizza die Völkerrechtssubjektivität fehlt. Träger der Handlungen sind vielmehr die Vertragsstaaten des EUV-N[390]. Somit entspricht es dem Integrationsgrad der intergouvernementalen Säulen, wenn das intergouvernementale Gremium Europäischer Rat effektiv seine Leitungsfunktion gemäß Art. 4 Abs. 1 EUV-N durch rechtlich wirksame Weisungen ausführen kann.

Dies gilt allerdings nur, soweit diese an den Rat[391] als Hauptakteur der intergouvernementalen Säulen gerichtet sind, weil dessen Mitglieder von Weisungen ihrer Heimatregierungen ohnehin nicht unabhängig sind. Insofern entspricht die Weisungsgebundenheit der Minister auch der tatsächlichen politischen Machtsituation in den Mitgliedstaaten, weil der Minister grundsätzlich zumindest dann nicht gegen Weisungen des Staats- oder Regierungschefs verstoßen wird, wenn er im Bereich der kompetenziell von den Mitgliedstaaten getragenen Säulen handelt. Somit ist es konsequent, diesen Weisungen des Europäischen Rates Rechtsverbindlichkeit zuzuerkennen. Voraussetzung ist allerdings, dass in den Schlussfolgerungen anhand der Wortwahl erkennbar ist, dass der Rat verpflichtet werden soll und nicht lediglich ein rechtlich unverbindliches Ersuchen oder eine Bitte formuliert wird.

Eine Folge der Möglichkeit des Europäischen Rates, dem Rat verbindliche Weisungen zu erteilen, ist, dass es in der nationalen Staatsführung zu Verschiebungen der Kompetenzen, die nach nationalem Verfassungsrecht festgelegt sind, kommen kann. Dies kann zu Rechtsproblemen führen, wenn das betreffende nationale Verfassungsrecht nicht nur die Weisungsbefugnis des Staats- oder des Regierungschefs gegenüber den Ministern, sondern auch ein ausgeprägtes Ressortprinzip vorsieht.

---

[390] Vgl. *Haratsch/Koenig/Pechstein*, Europarecht, 5. Aufl., 2006, Rn. 98.

[391] So auch *Hilf/Pache*, in: Grabitz/Hilf (Hrsg.), Das Recht der Europäischen Union, Bd. 1, 27. EL, Juni 2005, Art. 4 EUV Rn. 44, allerdings beschränkt auf Handlungen aufgrund der besonderen Rechtsgrundlagen.

Das Ressortprinzip[392] gewährt den Ministern einen eigenen Handlungsspielraum in ihrem jeweiligen Geschäftsbereich, der in einem bestimmten Maße gegenüber der grundsätzlichen Weisungsbefugnis[393] des Staats- oder Regierungschefs verfassungsrechtlich geschützt ist. Ziel ist es, sicherzustellen, dass der Staats- oder Regierungschef nicht die gesamte politische Gestaltung, insbesondere die Entscheidungen im politischen Tagesgeschäft sowie die Art und Weise der inneren Führung der einzelnen Ressorts, übernimmt. Bei Meinungsverschiedenheiten zwischen einem Minister und dem Staats- oder Regierungschef ist der durch das Ressortprinzip geschützte Handlungsspielraum des Ministers von der durch die Richtlinienkompetenz vorgesehenen Weisungsbefugnis des Staats- oder Regierungschefs rechtlich abzugrenzen.

Durch die Weisungsbefugnis des Europäischen Rates gegenüber dem Rat in dessen unterschiedlichen Zusammensetzungen besteht die Möglichkeit, dass diese Kompetenzkonflikte, die in der nationalen Staatsführung bestehen, auf europäischer Ebene zulasten der Minister entschieden werden. Daraus folgt das Problem, dass Weisungen des Europäischen Rates gegenüber dem Ministerrat dazu führen können, dass der Handlungsspielraum eines Ministers geringer ist als verfassungsrechtlich vorgesehen. Obwohl das (nationale) Ressortprinzip die Weisungsbefugnis eines betreffenden Staats- oder Regierungschefs – insbesondere die Regelungsdichte seiner Vorgaben – möglicherweise einschränkt, wird seine Position gegenüber seinen Ministern durch den Europäischen Rat gestärkt.

Dieses Rechtsproblem wird dadurch entschärft, dass auch auf europäischer Ebene eine Art Ressortprinzip zugunsten der Ministerräte besteht. Die allgemeine und die besonderen Rechtsgrundlagen[394] des Europäischen Rates beschränken die Weisungsbefugnis des Europäischen Rates auf Leitlinien, Grundzüge und

---

392 Vgl. oben A.V.2.a)(1), Fn. 197. Zum Ressortprinzip im Grundgesetz: Art. 65 S. 2 GG.

393 Gem. Art. 65 S. 1, 1. HS GG bestimmt der Bundeskanzler die Richtlinien der Politik. Diese sind gegenständlich nicht eingeschränkt (vgl. *Oldiges*, in: Sachs (Hrsg.), Grundgesetz, 3. Aufl., 2003, Art. 65 Rn. 15). Sie können somit auch außen- und europapolitische Fragen betreffen. Die Richtlinien sind für den Bundesminister verbindlich, vgl. § 1 Abs. 1 S. 2 GOBReg vom 11. Mai 1951 (GMBl. S. 137) i.d.F. der Bekanntmachungen vom 29. März 1967 (GMBl. S. 130), 12. September 1967 (GMBl. S. 430), 6. Januar 1970 (GMBl. S. 14), 23. Januar 1970 (GMBl. S. 50), 25. März 1976 (GMBl. S. 174, 345), 1. Juli 1987 (GMBl. S. 382) und 21. November 2002 (GMBl. S. 848); vgl. *Oldiges*, aaO., Rn. 16 u. 24 f.

394 Vgl. oben A.V.

Zielvorstellungen, so dass den ausführenden Räten – rechtlich gesehen – ein eigener Handlungsspielraum bleiben muss.

Als Zwischenergebnis ist festzuhalten, dass den Beschlüssen des Europäischen Rates im Rahmen der intergouvernementalen Säulen Rechtswirkungen gegenüber dem Rat zukommen können. Voraussetzung ist allerdings, dass in den Schlussfolgerungen ein entsprechender Wille anhand der Wortwahl erkennbar ist.

(2) Rechtswirkungen gegenüber den anderen Organen

Den anderen Gemeinschaftsorganen gegenüber hat jedoch der Europäische Rat auch im Bereich der intergouvernementalen Säulen keine Befugnis, rechtlich verbindliche Weisungen zu erteilen, weil sie – anders als der Rat – nach europäischem Primärrecht unabhängig sind[395].

Die Mitglieder des Europäischen Parlaments sind Volksvertreter und somit nicht an Weisungen des Europäischen Rates gebunden[396]. Der EuGH besteht aus unabhängigen Richtern und Generalanwälten, mit deren Ämtern eine Weisungsgebundenheit nicht zu vereinbaren ist[397].

Die Kommission[398] vertritt das Gemeinschaftsinteresse und keine mitgliedstaatlichen Interessen. Ihre Pflicht zur Unabhängigkeit ist in Art. 213 Abs. 2 EGV, der gemäß Art. 28 Abs. 1 EUV-N und Art. 41 Abs. 1 EUV-N auch für die Politikbereiche der zweiten und dritten Säule gilt, festgelegt. Daher hat der Europäische Rat ihr gegenüber kein Weisungsrecht. Zwar ist in der Literatur umstritten, ob Auf-

---

395 So auch *Everling*, EuR, 1995, Beiheft 2, 41 (45 f.), allerdings in Bezug auf die erste Säule. A.A. *Fastenrath/Müller-Gerbes*, Europarecht, 2. Aufl., 2004, Rn. 210 und *Härtel*, Handbuch Europäische Rechtsetzung, 2006, § 5 Rn. 9, die mit dem Verweis auf die Organe im Rahmen der GASP und der PJZS eine Bindungswirkung nicht auf den Rat beschränken.

396 Das Europäische Parlament und der EuGH spielen im Rahmen der intergouvernementalen Zusammenarbeit eine im Vergleich zur ersten Säule geringe Rolle, vgl. Art. 21, 39 EUV (Parlament), Art. 35, 46 EUV (EuGH). Vgl. *Everling*, EuR 1995, Beiheft 2, 41 (45 f.); *ders.*, DVBl. 1993, 936 (939), der auf die Unabhängigkeit dieser beiden Gemeinschaftsorgane gegenüber dem Europäischen Rat hinweist. Vgl. auch *Oppermann*, Europarecht, 3. Aufl., 2005, § 5 Rn. 62: Die Berichtspflicht gem. Art. 4 Abs. 3 EUV zeige die Unabhängigkeit des EP gegenüber dem Europäischen Rat.

397 Vgl. zu einer möglichen Bedeutung der Beschlüsse des Europäischen Rates für die Auslegung des Gemeinschaftsrechts durch den EuGH *Everling*, EuR 1995, Beiheft 2, 41 (46); *Martenczuk*, EuR 1998, 151 (168); *Wichard*, in: Calliess/Ruffert (Hrsg.), EUV/EGV, 3. Aufl., 2007, Art. 4 EUV Rn. 17.

398 Die Kommission ist an den Arbeiten der GASP (Art. 27 EUV) und der PJZS (Art. 36 Abs. 2 EUV) beteiligt.

forderungen an die Kommission gemäß Art. 208 EGV (für die GASP bzw. die PJZS i.V.m. Art. 28 Abs. 1 bzw. Art. 41 Abs. 1 EUV-N) eine Bindungswirkung entfalten, jedoch handelt es sich dort um Aufforderungen des *Rates*. Art. 208 EGV ist nicht auf den Europäischen Rat anwendbar[399], was sich aus seinem Wortlaut und seiner systematischen Stellung im Fünften Teil des EGV bezüglich der Organe der Gemeinschaft, zu denen der Europäische Rat nicht gehört, ergibt.

Hinzu kommt, dass die Impulse des Europäischen Rates die Kommission in ihrem Initiativrecht[400] nicht beeinträchtigen dürfen. Zwar ließe sich einwenden, dass die Beteiligung der Kommission an Entscheidungen des Europäischen Rates durch ihren Präsidenten eine Selbstbindung der Kommission darstellt. Dem ist jedoch entgegenzuhalten, dass dem Kommissionspräsidenten kein primärrechtlich garantiertes Stimmrecht zusteht[401], sondern dass seine Beteiligung vom Willen der Staats- und Regierungschefs abhängt. Konsequenterweise kann man die Kommission damit nicht rechtlich an Entscheidungen binden, an denen sie nur von Fall zu Fall beteiligt wird, selbst wenn sie zu einer in Rede stehenden Entscheidung des Europäischen Rates durch ihren Präsidenten ihr Einverständnis erklärt hat. Hier bleibt es bei der starken politischen Autorität des Europäischen Rates, mit der er seine Leitfunktion gemäß Art. 4 Abs. 1 EUV-N ausüben kann.

Dass sich damit die Rechtswirkungen auf Handlungen des Europäischen Rates gegenüber dem Rat beschränken, widerspricht nicht der Struktur der intergouvernementalen Säulen. Aus der Rechtslage, nach der diese Politikbereiche kompetenziell von den Vertragsstaaten getragen werden, folgt nicht zwangsläufig eine rechtliche Weisungsbefugnis der Staats- und Regierungschefs gegenüber den übrigen Gemeinschaftsorganen. Deren Unabhängigkeit kann nicht durch eine Weisungsbefugnis des Europäischen Rates in Frage gestellt werden.

(3) Rechtswirkungen gegenüber den Mitgliedstaaten

Eine Bindung der Mitgliedstaaten wird nur von einem Teil des Schrifttums ausdrücklich angesprochen und bejaht[402]. Dieser Auffassung ist zuzustimmen, weil die

---

399 A.A. *Oppermann*, Europarecht, 3. Aufl., 2005, § 5 Rn. 62.

400 Im Rahmen der intergouvernementalen Säulen hat die Kommission – neben den Mitgliedstaaten – ein Initiativrecht gem. Art. 22 Abs. 1, Art. 34 Abs. 2 S. 2 EUV-N.

401 Vgl. oben A.VI.3.b)(2).

402 Vgl. *Härtel*, Handbuch Europäische Rechtsetzung, 2006, § 5 Rn. 9.

Staats- und Regierungschefs als nationale Vertreter im Europäischen Rat völkerrechtlich verbindlich für ihre Staaten handeln können. Soweit die Staaten einen entsprechenden Rechtsbindungswillen haben[403], können sie sich durch einen einstimmigen Beschluss des Europäischen Rates selbst völkerrechtlich verpflichten, weil sie kompetenziell Träger der Politikbereiche der intergouvernementalen Säulen sind. Diese Annahme entspricht auch der Rechtsnatur des Europäischen Rates als Leitkonferenz der EU, auf der souveräne Staaten völkerrechtliche Übereinkünfte treffen können. Insoweit käme dann dem Beschluss Rechtswirkung gegenüber den Mitgliedstaaten zu.

Die genannte Literaturauffassung beschränkt jedoch die Bindungswirkung auf diejenigen Handlungen, die der Europäische Rat auf die besonderen Rechtsgrundlagen stützt[404]. Dem ist entgegenzuhalten, dass die Staats- und Regierungschefs keiner besonderen Rechtsgrundlage im EUV-N bedürfen, um die Mitgliedstaaten an einen (einstimmigen) Beschluss des Europäischen Rates zu binden, weil sie als Vertreter der im Bereich der intergouvernementalen Zusammenarbeit nach wie vor zuständigen Mitgliedstaaten handeln. Bei einem entsprechenden Rechtsbindungswillen ist somit auch dann von einer Verbindlichkeit gegenüber den Mitgliedstaaten auszugehen, wenn sich der Europäische Rat nicht auf Art. 13 EUV-N stützt, sondern im Rahmen der allgemeinen Rechtsgrundlage des Art. 4 Abs. 1 EUV-N für die GASP oder die PJZS Beschlüsse fasst.

Als Zwischenergebnis ist festzuhalten, dass Beschlüsse des Europäischen Rates im Rahmen der intergouvernementalen Säulen bei erkennbarem Bindungswillen für den Rat und für die Mitgliedstaaten der EU verbindlich sind, nicht aber für die anderen Gemeinschaftsorgane.

b) Supranationale Säule

Im Bereich der Gemeinschaften ist von einer nur politischen Bindung an die Beschlüsse des Europäischen Rates auszugehen, unabhängig davon, ob er aufgrund einer besonderen Rechtsgrundlage oder aufgrund von Art. 4 Abs. 1 EUV-N entscheidet. Selbst wenn der EGV anordnet, dass der Rat „auf der Grundlage" von

---

[403] Deshalb zurückhaltend *Martenczuk*, EuR 1998, 151 (156): Da bei den Mitgliedern zumeist kein Rechtsbindungswille gegeben sei, seien die Handlungen des Europäischen Rates regelmäßig nicht als völkerrechtliche Übereinkünfte einzustufen.

[404] Vgl. *Härtel*, Handbuch Europäische Rechtsetzung, 2006, § 5 Rn. 9.

Schlussfolgerungen des Europäischen Rates beschließt (Art. 99 Abs. 2 UAbs. 3 EGV), ist deshalb keine Rechtsbindung der Schlussfolgerungen anzunehmen[405]. Grund dafür ist wiederum der strukturelle Unterschied zwischen den supranationalen Gemeinschaften und den Bereichen der intergouvernementalen Zusammenarbeit[406].

Im vergemeinschafteten Bereich handeln die Gemeinschaftsorgane rechtswirksam für die Gemeinschaften, und zwar anstelle der Mitgliedstaaten und außerhalb intergouvernementaler Entscheidungsstrukturen. Im Gegensatz zu den kompetenziell von den Mitgliedstaaten getragenen Säulen kann deshalb in der ersten Säule für den Rat keine rechtliche Weisungsgebundenheit an Vorgaben des außerhalb des institutionellen Dreiecks stehenden Europäischen Rates angenommen werden. Zwar könnte sich aus einem Vergleich des Wortlautes von Art. 99 Abs. 2 UAbs. 3 EGV und Art. 13 Abs. 3 EUV-N ergeben, dass Entscheidungen des Europäischen Rates, die er gemäß den beiden genannten Rechtsgrundlagen trifft, gegenüber dem Rat die gleich Wirkung haben müssten, weil der Rat nach beiden Vorschriften „auf der Grundlage" der Vorgaben des Europäischen Rates handelt. Allerdings widerspricht ein solcher Rückschluss aus dem Vergleich des Wortlautes der beiden Vorschriften den genannten strukturellen Unterschieden, die zwischen den intergouvernementalen Säulen und der ersten Säule bestehen. Während der Europäische Rat im Bereich der GASP rechtsverbindliche Leitlinien als „Grundlage" für Entscheidungen des Rates erlassen kann, ist dies im Bereich der supranationalen Gemeinschaften nicht möglich. Hier können nur die für diese Gemeinschaft vorgesehenen Organe (Art. 7 Abs. 1 UAbs. 1 EGV) im Rahmen ihrer Organkompetenzen rechtsverbindlich handeln. Die oben[407] für die intergouvernementalen Säulen angeführten Erwägungen zur Unabhängigkeit der Kommission, des Europäischen Parlaments und des EuGH gelten hier ebenso: Diese

---

[405] A.A. *Haratsch/Koenig/Pechstein*, Europarecht, 5. Aufl., Tübingen, 2006, Rn. 97; *Härtel*, Handbuch Europäische Rechtsetzung, 2006, § 5 Rn. 9.

[406] Vgl. oben A.VIII.3.a)(1). Diese Argumentation greift für den Bereich der Wirtschaftspolitik der Art. 98 ff. EGV nur, soweit man – wie hier – die Politikbereiche der einzelnen Säulen formal nach ihren vertraglichen Grundlagen im EUV (intergouvernementale Säulen) bzw. im EGV (supranationale Säule) trennt. Da die Wirtschaftspolitik jedoch nach dem geltenden Integrationsstand noch weitgehend zum Kompetenzbereich der Mitgliedstaaten gehört, ließe sie sich trotz ihrer Normierung im EGV als intergouvernementaler Politikbereich einstufen (so *Müller-Graff*, integration 2004, 186 (193)). Dies hätte für die hier vertretene Argumentation zur Folge, dass Vorgaben des Europäischen Rates aufgrund von Art. 99 Abs. 2 UAbs. 2 EGV Rechtswirkungen gegenüber dem Rat haben könnten.

[407] Vgl. oben A.VIII.3.a).

Organe sind auch im Rahmen der ersten Säule nicht an Vorgaben des Europäischen Rates gebunden.

Diejenige Auffassung, die eine Rechtswirkung im Bereich der ersten Säule annimmt, argumentiert mit einer impliziten Änderung der Gemeinschaftsverträge[408]. Dem ist entgegenzuhalten, dass eine solche Änderung Art. 47 EUV-N widerspricht[409]. Allein durch die Titel II bis IV des EUV-N ist eine Änderung des Gemeinschaftsrechts erfolgt, während der Titel I EUV-N – und damit auch Art. 4 Abs. 1 – es unberührt lässt[410]. Folglich sind die Regeln über die Unabhängigkeit der Gemeinschaftsorgane auch nach dem Inkrafttreten des EUV durch den Vertrag von Maastricht bestehen geblieben und binden damit nicht zuletzt den Europäischen Rat[411]. Eine Weisungsbefugnis des Europäischen Rates gegenüber den Gemeinschaftsorganen, die nicht lediglich politische, sondern allein durch den Abschluss bzw. die Änderung des EUV rechtliche Wirkungen im Bereich des EGV hat, ist mit Art. 47 EUV-N nicht vereinbar.

Im Ergebnis kann den Entscheidungen des Europäischen Rates lediglich im Bereich der intergouvernementalen Zusammenarbeit Rechtswirkung zukommen, soweit der Rat verpflichtet wird oder die Mitgliedstaaten sich verpflichten und dies in den Schlussfolgerungen anhand der Wortwahl erkennbar ist. Die Frage, ob sich der Europäische Rat dabei auf eine allgemeine oder eine besondere Rechtsgrundlage des EUV-N stützt, ist für die Bindungswirkung aus den genannten Gründen[412] nicht entscheidend[413].

---

408 Vgl. *Pechstein/Koenig*, Die Europäische Union, 3. Aufl., 2000, Rn. 107 ff., 178.

409 Vgl. *Pache*, in: Grabitz/Hilf (Hrsg.), Das Recht der Europäischen Union, Bd. 1, 9. EL, Oktober 1995, Art. M EUV Rn. 5-19; *Cremer*, in: Calliess/Ruffert (Hrsg.), EUV/EGV, 3. Aufl., 2007, Art. 47 EUV Rn. 3; gegen implizite Änderungen auch BVerfGE 89, 155 (196).

410 Vgl. *Cremer*, in: Calliess/Ruffert (Hrsg.), EUV/EGV, 3. Aufl., 2007, Art. 47 EUV Rn. 1.

411 Vgl. *Everling*, EuR 1995, Beiheft 2, 41 (45).

412 Vgl. oben A.VIII.3.a)(1).

413 A.A. *Härtel*, Handbuch Europäische Rechtsetzung, 2006, § 5 Rn. 9.

4. Rechtspraxis

a) Grundsatz: Rechtsverbindlichkeit ohne praktische Folgen

Die rechtliche Feststellung, dass der Europäische Rat dem Rat rechtsverbindliche Vorgaben machen kann, hat in der Praxis grundsätzlich keine große Bedeutung, wofür drei Gründe angeführt werden können.

Erstens hat es der Europäische Rat bisher vermieden, verbindliche Weisungen zu erteilen[414]. Er beschränkt sich auf politische Stellungnahmen, „ersucht“ ggf. die Organe, bestimmte Handlungen vorzunehmen, und vermeidet in seiner Wortwahl ausdrückliche Verpflichtungen[415]. Das bedeutet, dass der Europäische Rat in der Praxis nicht rechtsverbindlich handelt, obwohl er es rechtlich in einem gewissen Maße könnte.

Zweitens ist die politische Kohärenz zwischen Rat und Europäischem Rat in der Regel[416] gegeben. Die politischen Vorstellungen eines Ratsmitglieds und dem Staats- oder Regierungschef aus demselben Mitgliedstaat werden in der Regel nicht grundlegend verschieden sein. In den meisten Staaten stützen sich die Ministerämter – zumindest indirekt – auf die gleichen nationalen Wahlen, aus denen auch der betreffende Staats- bzw. Regierungschef hervorgeht, was sich politisch-inhaltlich auf die meisten Entscheidungen auswirken wird.

Drittens haben die Staats- und Regierungschefs häufig rechtlich – in jedem Fall aber politisch – eine gegenüber den jeweiligen Ministern hervorgehobene Stellung. So sind die einzelnen Minister in der Regel gegenüber ihrem Staats- oder Regierungschef innerstaatlich weisungsgebunden[417]. Soweit diese Bindung auf der Ebene des nationalen Rechts Rechtswirkungen entfaltet, ist es bei einem einstimmigen Beschluss des Europäischen Rates nicht erforderlich, dass diesem Beschluss Rechtswirkungen gegenüber dem Rat zukommen, damit das betreffende Ratsmitglied ihm Folge leisten muss. Soweit diese Bindung keine Rechtswirkungen entfaltet, genügt in der Regel schon die politische Dominanz der Staats- und Regierungschefs gegenüber den Ministern, damit sich die Vorgaben der Staats- und Regierungschefs im Ministerrat

---

[414] Vgl. *Pechstein*, in: Streinz (Hrsg.), EUV/EGV, 2003, Art. 4 EUV Rn. 3.

[415] Vgl. oben A.VII.3.

[416] Zu Ausnahmen vgl. unten b)

[417] Vgl. *Wichard*, in: Calliess/Ruffert (Hrsg.), EUV/EGV, 3. Aufl., 2007, Art. 4 EUV Rn. 13.

durchsetzen lassen[418], da dem jeweiligen Minister bei Nichteinhaltung der politischen Vorgaben möglicherweise die Entlassung droht. Zudem ist in den nationalen Regierungssystemen eine Tendenz zur Konzentration von Kompetenzen bei dem jeweiligen Regierungschef zu beobachten, die sich auf europäischer Ebene durch die starke Stellung des Europäischen Rates wiederholt[419]. Je stärker diese Tendenz schon auf nationaler Ebene ist, desto geringer ist der Handlungsspielraum der jeweiligen Minister (auch) im Rat. Auf rechtliche Wirkungen der Vorgaben des Europäischen Rates auf europäischer Ebene kommt es dann für die Umsetzung dieser Vorgaben durch den Rat entsprechend weniger an.

Die fehlende Befugnis des Europäischen Rates, der Kommission rechtsverbindliche Weisungen zu erteilen, wird in der Praxis dadurch ausgeglichen, dass er versucht, über Ersuchen an die Kommission, aber auch über die politische Einbindung des Kommissionspräsidenten, Einfluss auf die Tätigkeit der Kommission auszuüben[420].

Gegenüber dem Europäischen Parlament kann der Europäische Rat zwar ebenfalls keine Weisungen erteilen. Er hat jedoch in der Praxis die Möglichkeit, durch seine Berichte (Art. 4 Abs. 3 EUV-N) und durch das Zusammentreffen mit dem Parlamentspräsidenten am Anfang der Tagung[421] des Europäischen Rates seinen Standpunkt deutlich zu machen.

b) Ausnahmen: praktische Folgen der Rechtsverbindlichkeit

Einige Ausnahmen sind jedoch auch in der Praxis denkbar, so dass die Möglichkeit, dem Rat Weisungen mit Rechtswirkungen zu erteilen, keine rein theoretische Frage ist[422].

---

418 Vgl. *Pechstein/Koenig*, Die Europäische Union, 3. Aufl., 2000, Rn. 175; *Everling*, Zur Mehrheit und Einstimmigkeit in der verfaßten Europäischen Union, in: Hendler/Ibler/Martínez Soria (Hrsg.), FS Götz, 2005, S. 125 (129).

419 Vgl. *Bieber/Epiney/Haag*, Die Europäische Union, 6. Aufl., 2005, § 4 Rn. 37 (dieser Hinweis fehlt in der 7. Aufl.).

420 Vgl. *Hilf/Pache*, in: Grabitz/Hilf (Hrsg.), Das Recht der Europäischen Union, Bd. 1, 27. EL, Juni 2005, Art. 4 EUV Rn. 39; *de Schoutheete/Wallace*, The European Council, in: Research and European Issues, Nr. 19, 2002, S. 9.

421 Vgl. oben A.II.1.c).

422 Anders *Everling*, EuR 1995, Beiheft 2, 41 (45): Hierbei handele es sich um eine rein theoretische Frage, weil kein Minister von den Vorgaben seines Regierungschefs abweichen werde.

Erstens werden die Minister generell das Bedürfnis haben, trotz der Vorgaben ihres Staats- oder Regierungschefs einen eigenen Gestaltungsspielraum zu behalten. Ein solcher Kompetenzrahmen der Minister ist dann rechtlich geschützt, wenn das nationale Verfassungsrecht eine Form des Ressortprinzips vorsieht. Der Staats- und Regierungschef wiederum hat in der Praxis zumeist ein Interesse daran, seine Minister trotz dieses Ressortprinzips umfassend an die eigenen Weisungen zu binden. Hier kann die Rechtsverbindlichkeit der Vorgaben des Europäischen Rates die Position des Staats- oder Regierungschefs entscheidend stärken und den Handlungsspielraum der Minister – zumindest bei der Politikgestaltung im Rat – begrenzen.

Als Beispiel hierfür sei die Stellung des deutschen Regierungschefs, des Bundeskanzlers, genannt. Sie wurde durch die Stellung des Europäischen Rates in manchen Politikbereichen spürbar gestärkt. Dies betrifft insbesondere den Bereich der GASP, in dem der Europäische Rat seit seiner Gründung in besonderem Maße tätig war. In diesem Politikfeld ist die Hierarchie zwischen dem Europäischen Rat und dem Rat durch die Leitkompetenz gemäß Art. 13 EUV-N besonders ausgeprägt. In der gegenwärtigen Praxis spielen die Bundeskanzlerin und das Kanzleramt eine aktive Rolle in der Gestaltung der deutschen Außenpolitik, was teilweise auf die hervorgehobene Stellung des Europäischen Rates zurückzuführen ist[423]. Dies ist aus zwei Gründen bemerkenswert und verfassungsrechtlich bedenklich. Zum einen grenzt das Ressortprinzip (Art. 65 GG) einen gewissen Kompetenzbereich des Bundesaußenministers und des Auswärtigen Amtes gegenüber den Richtlinien des Kanzlers, welche (auch) die Außenpolitik gestalten, ab. Zum anderen sieht das Grundgesetz – anders als etwa die französische Verfassung für den Staatspräsidenten – keine herausgehobene Stellung des Kanzlers in der Außenpolitik vor. Diese Stellung bekommt er allerdings dadurch, dass er Mitglied des Europäischen Rates ist, welcher gegenüber dem Rat der Außenminister verbindliche Weisungen erteilen kann, die dann (auch) den Kompetenzbereich des Bundesaußenministers beschränken.

Zweitens können politische Konstellationen entstehen, in denen die politische Kohärenz zwischen dem Ratsmitglied und dem jeweiligen Staats- oder Regierungschef nicht schon im Ansatz gegeben ist, weshalb die Weisungsbefugnis des Europäischen Rates besonders relevant werden kann. Das klassische Beispiel ist die Kohabitation in

---

[423] Vgl. *Maurer*, Auf dem Weg zur Staatenkammer. Die Reform des Ministerrats der EU, in: SWP-Studie, 2003, S. 33 zur Stärkung der außenpolitischen Stellung des Bundeskanzlers und des Kanzleramtes unter *Gerhard Schröder*.

Frankreich, die dadurch entstehen kann, dass der Staatspräsident aus einer direkten Volkswahl hervorgeht, während die Regierung vom Parlament abhängig ist. Hier können Minister und Staatschef aus politisch gegensätzlichen Lagern kommen[424]. Ähnliches gilt für Staaten, in denen die Entwicklung der Parteienlandschaft bzw. das Wählerverhalten Regierungskoalitionen hervorbringen, bei denen die Regierungsmitglieder ein äußerst breites politisches Spektrum abdecken. Ein Beispiel ist die nach der Bundestagswahl 2005 gebildete Große Koalition in Deutschland, in der eine konservative Regierungschefin durchaus ein Interesse haben kann, ihre sozialdemokratischen Minister in den unterschiedlichen Zusammensetzungen des Rates rechtlich an ihre Vorgaben zu binden[425].

Drittens kann auch die institutionelle Stellung des Rates als Rechtsetzungsorgan der Gemeinschaften dazu führen, dass er ein Interesse daran hat, seinen Spielraum gegenüber dem Europäischen Rat deutlich abzugrenzen. So ist es in der Vergangenheit schon vorgekommen, dass Schlussfolgerungen des Europäischen Rates von unwilligen Räten umgangen wurden[426]. Außerdem hat sich der Rat im Bereich der GASP in der Praxis nur sehr beschränkt den Vorgaben des Europäischen Rates untergeordnet[427]. Diese Praxis kann der Europäische Rat jederzeit beenden, indem er seine oben angesprochene Zurückhaltung aufgibt und ausdrücklich verbindliche Weisungen erteilt.

Schließlich könnten sich aufgrund der seit dem Vertrag von Maastricht möglichen Entsendung von Ministern in den Rat, die nicht der Zentralregierung eines Mitgliedstaates angehören – in der Bundesrepublik also Minister einer

---

[424] Dies war in der Geschichte der V. Republik bisher dreimal der Fall: 1986 – 1988, 1993 – 1995 und 1997 – 2002.

[425] Als Beispiel seien hier die unterschiedlichen politischen Positionen von Bundeskanzlerin *Angela Merkel* und Bundesaußenminister *Frank-Walter Steinmeier* bei der Frage eines EU-Beitritts der Türkei genannt, vgl. *F.A.Z.*, EU-Beitrittsverhandlungen. Streit in der Regierung über Türkei-Politik, in: F.A.Z., v. 11.12.2006, 1; *Lerch*, Diametrale Auffassungen. Berlin und die Türkei, in: F.A.Z., v. 26.11.2007, 7. Da der Europäische Rat eine begrenzte Befugnis zum Erlass rechtsverbindlicher Weisungen hat (vgl. oben A.VIII.3.a)), können insb. der Rat „Allgemeine Angelegenheiten und Außenbeziehungen" und der Rat der Innen- bzw. Justizminister an die Vorgaben des Europäischen Rates gebunden werden. Da diese Weisungsbefugnis in Gemeinschaftsangelegenheiten nicht besteht, wäre etwa der Rat „Wirtschaft und Finanzen" nicht an Vorgaben des Europäischen Rates gebunden.

[426] Vgl. *de Schoutheete*, integration 2003, 468 (480).

[427] Vgl. *Kaufmann-Bühler/Meyer-Landrut*, in: Grabitz/Hilf (Hrsg.), Das Recht der Europäischen Union, Bd. 1, 30. EL, Juni 2006, Art. 13 EUV Rn. 17.

Landesregierung – Situationen ergeben, in denen die Kohärenz zwischen Europäischem Rat und Rat nicht von vornherein sichergestellt ist[428]. Soweit der Europäische Rat rechtsverbindliche Entscheidungen treffen kann, könnte er derartige Interessengegensätze zumindest im Bereich der GASP und PJZS zu seinen Gunsten entscheiden.

IX. Legitimation und Kontrolle des Europäischen Rates

Abschließend stellt sich die Frage, inwiefern die Handlungen des Europäischen Rates nach dem Recht des Vertrags von Nizza demokratisch legitimiert und kontrolliert (1.) sowie gerichtlich überprüft werden können (2.).

1. Demokratische Legitimation und Kontrolle

Das politische System der EU ist dem Demokratieprinzip verpflichtet (Art. 6 Abs. 1 EUV-N). Da der Europäische Rat als Leitkonferenz Teil dieses Systems ist, ist zu untersuchen, inwieweit seine rechtliche Stellung dieser Verpflichtung genügt. Dazu sind vor allem die demokratische Legitimation und Kontrolle der Machtausübung des Europäischen Rates (c) bzw. seiner einzelnen Mitglieder (d) sowie die Transparenz des Entscheidungsprozesses (e) zu beleuchten. Dies geschieht auf der Grundlage einiger einführender Überlegungen zur demokratischen Legitimation und Kontrolle bezüglich der Machtausübung im Staat (a) sowie im Rahmen der EU (b).

a) Demokratische Legitimation und Kontrolle staatlicher Machtausübung

Das griechische Wort Demokratie bedeutet „Herrschaft des Volkes". Diese Herrschaft kann einerseits direkt ausgeübt werden, indem das Volk direktdemokratische Instrumente anwendet. Das Volk kann durch Initiativen auf bestimmte Sachfragen aufmerksam machen bzw. über die Sachfragen durch Abstimmungen (Volksentscheide) befinden. Sie kann andererseits indirekt ausgeübt werden, indem bestimmte staatliche Organe die Herrschaft anstelle des Volkes ausüben. In diesem Fall verlangt das Demokratieprinzip, dass die Ausübung staatlicher Macht, die durch staatliche Organe erfolgt, über eine ununterbrochene demokratische Legitimationskette auf das Volk zurückgeführt werden kann[429]. Diese Legitimationskette wird in den

---

[428] Vgl. *Glaesner*, EuR 1994, 22 (33).

[429] Vgl. BVerfGE 47, 253 (275); *Böckenförde*, Demokratie als Verfassungsprinzip, in: Isensee/Kirchhof, Handbuch des Staatsrechts der Bundesrepublik Deutschland, Bd. II, 3. Aufl., 2004, § 24, Rn. 11.

Mitgliedstaaten der EU – in unterschiedlicher Art und Weise – sichergestellt. Es handelt sich dabei um eine relativ *kurze Legitimationskette*, wenn sie keine Glieder zwischen Volk und staatlichem Organ enthält. Dies ist der Fall, wenn die staatlichen Organe direkt vom Volk gewählt und kontrolliert werden. So bestehen insbesondere die Parlamente der EU-Mitgliedstaaten[430] aus Abgeordneten, die aus nationalen demokratischen Wahlen hervorgehen. Um eine kurze Legitimationskette handelt es sich ebenfalls, wenn das Volk den Staats- oder Regierungschef durch eine Direktwahl bestimmt (Beispiel: der Staatspräsident Frankreichs). Demgegenüber besteht eine *längere Legitimationskette*, wenn für ein bestimmtes staatliches Organ die Rückbindung an das Volk erst durch ein anderes demokratisch legitimiertes Organ – als Glied in der Kette – hergestellt wird. Dieses Glied bildet in der Regel das gewählte Parlament, welches wiederum insbesondere den Regierungschef wählt. Das Volk wird so indirekt an wesentlichen staatlichen Entscheidungen der Regierung beteiligt und übt – über das Parlament – eine demokratische Kontrolle aus (Verantwortlichkeit der Regierung gegenüber dem Parlament, Kontrollrechte des Parlaments).

b) Demokratische Legitimation und Kontrolle der Machtausübung der EU

Die Machtausübung im Bereich der EU muss ebenfalls durch das Volk[431] legitimiert und kontrolliert werden. Aus zwei Gründen kann und muss das Demokratieprinzip der EU jedoch nicht in gleichem Maße wie in den Mitgliedstaaten verwirklicht sein. Zum einen ist die Demokratie in den Mitgliedstaaten unterschiedlich ausgeprägt[432], so dass kein bestimmtes, in einer dieser Verfassungsordnungen festgelegtes Regierungssystem ohne weiteres auf die EU übertragen werden kann. Zum anderen ist die EU kein Staat und unterscheidet sich strukturell von den nationalen Regierungssystemen, so dass nur ein strukturangepasstes Demokratieprinzip als Maßstab herangezogen werden kann.

Dieses „unionsspezifische Demokratiekonzept"[433] sieht nach den Verträgen eine demokratische Legitimationskette insbesondere für die drei Hauptorgane der

---

[430] Allgemein lässt sich für die Mitgliedstaaten sagen, dass sich wenigstens eine Kammer aus Abgeordneten, die vom Volk gewählt werden, zusammensetzt.

[431] Zur Frage, ob man von einem Volk Europas sprechen kann und ob dieses notwendig ist, damit das Europäische Parlament eine Repräsentationsfunktion erfüllen kann, vgl. statt vieler *Kluth*, in: Calliess/Ruffert (Hrsg.), EUV/EGV, 3. Aufl., 2007, Art. 189 EGV Rn. 5 m.w.N.

[432] Vgl. *Calliess*, in: Calliess/Ruffert (Hrsg.), EUV/EGV, 3. Aufl., 2007, Art. 6 EUV Rn. 15.

[433] *Calliess*, in: Calliess/Ruffert (Hrsg.), EUV/EGV, 3. Aufl., 2007, Art. 6 EUV Rn. 15.

Exekutive und Rechtsetzung, das heißt für die Kommission, für das Europäische Parlament und für den Rat, vor. Diese Organe sind über zwei Wege demokratisch legitimiert. Der erste Weg führt über die Wahlen zum Europäischen Parlament, das heißt über eine *europäische Legitimationskette*. Das Europäische Parlament hat gemäß den Verträgen unter anderem demokratische Kontrollrechte gegenüber der Kommission (u.a. Art. 201, 197 Abs. 3, 193 EGV) und ist je nach Politikfeld unterschiedlich intensiv an der Rechtsetzung beteiligt (u.a. Art. 251 ff. EGV). Der zweite Weg führt über die nationalen Parlaments- oder Direktwahlen, das heißt über eine *nationale Legitimationskette*. Die jeweiligen nationalen Mitglieder des Rates sind als Regierungsmitglieder über diese Wahlen legitimiert und können gegebenenfalls über parlamentarische Rechte kontrolliert werden, wenn auf nationaler Ebene entsprechende Strukturen geschaffen werden[434]. Außerdem haben die nationalen Parlamente (bzw. durch Referenden die Staatsvölker) der Übertragung von Hoheitsrechten auf die Ebene der EU im Wege der Ratifikationsverfahren zu den Verträgen zugestimmt, so dass die Machtausübung auf Ebene der EU insoweit demokratisch legitimiert ist. Diese doppelte demokratische Legitimation über die europäische und die nationale Kette ist charakteristisch für die Struktur und Organisation der EU.

c) Demokratische Legitimation und Kontrolle der Machtausübung des Europäischen Rates

Die demokratische Legitimation und Kontrolle der Handlungen des Europäischen Rates als solchem werden in den Verträgen nicht in der Art und Weise geregelt, wie dies bei den Handlungen der genannten Gemeinschaftsorgane der Fall ist. Insbesondere wählt das Europäische Parlament keine Mitglieder des Europäischen Rates[435], und es muss Entscheidungen des Europäischen Rates nicht zustimmen.

Einziger rechtlicher Anhaltspunkt für eine gewisse demokratische Kontrolle des Europäischen Rates ist Art. 4 Abs. 3 EUV-N. Er enthält einen Anspruch des Europäischen Parlaments, nach jeder Tagung des Europäischen Rates und zusätzlich einmal jährlich vom Europäischen Rat einen Bericht zu erhalten und auf diese Weise informiert zu werden. Diese Berichtspraxis bestand schon vor dem Vertrag von

---

[434] Vgl. *Classen*, AöR 1994, 238 (253).

[435] Einzig bei der Besetzung des Amtes des Kommissionspräsidenten, der Mitglied des Europäischen Rates ist, hat das Europäische Parlament ein Mitwirkungsrecht gem. Art. 214 Abs. 2 UAbs. 3 EGV.

Maastricht. Sie wurde primärrechtlich festgeschrieben, um Vorbehalte des Europäischen Parlaments gegenüber dem intergouvernemental strukturierten Europäischen Rat abzubauen, um ein möglicherweise bestehendes demokratisches Defizit[436] der EU abzumildern und um dem Kohärenzgebot des Art. 3 Abs. 1 EUV-N zu entsprechen[437]. Die Berichtspflicht gemäß Art. 4 Abs. 3 EUV-N wird nicht durch eine parlamentarische Kontrolle ergänzt[438]. Eine wirkliche Verantwortlichkeit des Europäischen Rates gegenüber dem Europäischen Parlament wurde bis zum Vertrag von Nizza nicht eingeführt.

Das Europäische Parlament wird teilweise als „hauptsächliches Gegengewicht"[439] bzw. als „Gegenspieler"[440] des Europäischen Rates bezeichnet. Diese Bezeichnungen entsprechen zwar nicht der dargestellten *rechtlich* schwachen Position des Europäischen Parlaments gegenüber dem Europäischen Rat, insbesondere weil Beschlüsse des Europäischen Rates keiner Zustimmung des Parlaments bedürfen. Dennoch haben die Begriffe eine gewisse Berechtigung, weil die Umsetzung der Beschlüsse des Europäischen Rates zumindest im gemeinschaftsrechtlichen Rechtsetzungsverfahren – insbesondere im Regelverfahren der Mitentscheidung (Art. 251 EGV) – nicht allein über den Rat erfolgen kann, sondern (auch) das Europäische Parlament einbezieht. Das Parlament ist in keinem Bereich der EU gegenüber dem Europäischen Rat weisungsgebunden[441], und auch die politische Kohärenz zwischen dem Parlament und dem Europäischen Rat ist nicht schon im Ansatz gegeben. Soweit die Mitwirkung des Parlaments im Rechtsetzungsverfahren erforderlich ist, muss der Europäische Rat bei seinen Beschlüssen die ihm durch die

---

[436] In der Literatur ist umstritten, ob die EU ein demokratisches Defizit hat. Vgl. dazu statt vieler *Nettesheim*, Demokratisierung der Europäischen Union und Europäisierung der Demokratietheorie – Wechselwirkungen bei der Herausbildung eines europäischen Demokratieprinzips, in: Bauer/Huber/Sommermann, Demokratie in Europa, 2005, S. 143 mit zahlreichen Nachweisen.

[437] Vgl. *Hilf/Pache*, in: Grabitz/Hilf (Hrsg.), Das Recht der Europäischen Union, Bd. 1, 27. EL, Juni 2005, Art. 4 EUV Rn. 32; *Stumpf*, in: Schwarze (Hrsg.), EU-Kommentar, 2000, Art. 4 EUV Rn. 17; *Pechstein*, in: Streinz (Hrsg.), EUV/EGV, 2003, Art. 4 EUV Rn. 13; *Wilms*, in: Hailbronner/Wilms, Recht der EU, Bd. 1, 1. Lfg., Oktober 2002, Art. 4 EUV Rn. 13.

[438] Vgl. *Stumpf*, in: Schwarze (Hrsg.), EU-Kommentar, 2000, Art. 4 EUV Rn. 17.

[439] *Oppermann*, Europarecht, 3. Aufl., 2005, § 5 Rn. 63.

[440] *Everling*, EuR 1995, Beiheft 2, 41 (46); *ders.*, DVBl. 1993, 936 (940).

[441] Vgl. oben A.VIII.3.a)(2).

Informationspraxis des Parlamentspräsidenten[442] mitgeteilte politische Position des Parlaments berücksichtigen. Das Parlament ist somit nicht nur verfahrensrechtlich wirksam der direkte Gegenspieler des Rates, sondern aus den genannten praktischen Erwägungen heraus zudem *politisch* wirksam der indirekte Gegenspieler des Europäischen Rates[443].

d) Demokratische Legitimation und Kontrolle der Machtausübung der einzelnen Mitglieder des Europäischen Rates

Das Demokratieprinzip kann auch dadurch verwirklicht werden, dass eine demokratische Legitimation und Kontrolle der Handlungen des Europäischen Rates über den Rechtsstatus seiner einzelnen Mitglieder sichergestellt wird.

(1) Kommissionspräsident

Die demokratische Legitimationskette des Kommissionspräsidenten führt zum einen über die Staats- und Regierungschefs (nationale Legitimationskette), die bei der Besetzung des Postens des Kommissionspräsidenten gemäß Art. 214 Abs. 2 UAbs. 1 und 3 EGV die zentrale Rolle spielen und sich selbst auf nationale Wahlen stützen. Sie führt zum anderen über das Europäische Parlament, das der Benennung des Kandidaten (Art. 214 Abs. 2 UAbs. 1, letzter HS EGV) und schließlich der Ernennung des Kommissionspräsidenten (Art. 214 Abs. 2 UAbs. 3 EGV) zustimmen muss[444] (europäische Legitimationskette). Eine Wahl des Kommissionspräsidenten durch das Europäische Parlament oder direkt durch die Unionsbürger ist bisher nicht vorgesehen. Somit ist die demokratische Legitimation des Kommissionspräsidenten zwar gegeben, sie ist jedoch schwächer als diejenige der Staats- und Regierungschefs.

Als parlamentarisches Kontrollrecht des Europäischen Parlaments ist erstens das Fragerecht gemäß Art. 197 Abs. 3 EGV zu nennen. Zweitens enthält Art. 193 EGV die Möglichkeit, einen Untersuchungsausschuss einzusetzen. Dabei kann das Verhalten

---

[442] Vgl. oben A.IV.5.

[443] Vgl. näher zum Verhältnis zwischen dem Europäischen Parlament und dem Europäischen Rat *Jacqué*, in: v. d. Groeben/Schwarze (Hrsg.), Kommentar zum EU- und EG-Vertrag, Bd. 1, 6. Aufl., 2003, Art. 4 EUV Rn. 22 ff.

[444] Vgl. hierzu näher *Ruffert*, in: Calliess/Ruffert (Hrsg.), EUV/EGV, 3. Aufl., 2007, Art. 214 EGV Rn. 1 u. 3, der hervorhebt, dass das Zustimmungserfordernis des Parlaments die unmittelbare demokratische Legitimation des Kommissionspräsidenten zwar gestärkt habe, dass dies wegen der Dominanz der mitgliedstaatlichen Regierungen jedoch nicht im zu wünschenden Umfang geschehen sei.

natürlicher Personen, die das Gemeinschaftsrecht anwenden und beachten müssen[445], Untersuchungsgegenstand sein. Handlungen des Kommissionspräsidenten als Mitglied des Europäischen Rates können somit von einem einzurichtenden Untersuchungsausschuss parlamentarisch überprüft werden. Drittens hat das Europäische Parlament mit dem in Art. 201 EGV vorgesehenen Misstrauensantrag ein Kontrollrecht gegenüber der Kommission. Der Kommissionspräsident selbst, als Mitglied dieses Gemeinschaftsorgans, kann zwar nicht im Wege des Art. 201 EGV zur Amtsniederlegung gezwungen werden, weil dieses Verfahren die Kommission als Kollegialorgan betrifft[446]. Allerdings kann sich der Misstrauensantrag materiell auf Handlungen des Kommissionspräsidenten beziehen. Antragsgegenstand ist gemäß dem Wortlaut der Vorschrift die „Tätigkeit der Kommission". Darunter fällt wegen des in der Kommission herrschenden Kollegialprinzips (Art. 219 EGV) auch das dienstliche Verhalten einzelner Kommissionsmitglieder[447], also auch des Kommissionspräsidenten. Wird der Antrag angenommen, dann besteht die Rechtsfolge gemäß Art. 201 Abs. 2 S. 1 EGV in der Verpflichtung der Kommission, ihr Amt geschlossen niederzulegen. Spricht das Parlament lediglich dem Kommissionspräsidenten das Misstrauen aus, kann das zwar politische Folgen haben, löst jedoch nicht die genannte Rechtsfolge aus[448].

Im Ergebnis ist der Kommissionspräsident als Mitglied des Europäischen Rates demokratisch legitimiert und unterliegt auch einer demokratischen Kontrolle durch das Europäische Parlament.

(2) Staats- und Regierungschefs

Die demokratische Legitimation und Kontrolle der nationalen Mitglieder des Europäischen Rates, das heißt der Staats- und Regierungschefs, richtet sich nach dem jeweiligen nationalen Verfassungsrecht und wird somit über die nationale

---

[445] Dazu näher *Kluth*, in: Calliess/Ruffert (Hrsg.), EUV/EGV, 3. Aufl., 2007, Art. 193 EGV Rn. 3 m.w.N.

[446] Vgl. *Hölscheidt*, in: Grabitz/Hilf (Hrsg.), Das Recht der Europäischen Union, Bd. 2, 31. EL, Oktober 2006, Art. 201 EGV Rn. 5.

[447] Vgl. *Hölscheidt*, in: Grabitz/Hilf (Hrsg.), Das Recht der Europäischen Union, Bd. 2, 31. EL, Oktober 2006, Art. 201 EGV Rn. 4.

[448] Vgl. *Hölscheidt*, in: Grabitz/Hilf (Hrsg.), Das Recht der Europäischen Union, Bd. 2, 31. EL, Oktober 2006, Art. 201 EGV Rn. 5; *Kaufmann-Bühler*, in: Lenz/Borchardt (Hrsg.), EU- und EG-Vertrag, 4. Aufl., 2006, Art. 201 EGV Rn. 2 ff.

Legitimationskette gewährleistet. Einige Verfassungsordnungen sehen eine direkte Wahl des jeweiligen Staats- oder Regierungschefs und somit eine kürzere Legitimationskette vor[449]. In den meisten Verfassungsordnungen stehen die nationalen Parlamente im Mittelpunkt, die den jeweiligen Regierungschef nach einem nationalen Wahlkampf und den anschließenden Parlamentswahlen wählen und ihn über parlamentarische Befugnisse kontrollieren[450]. Hier besteht eine indirekte demokratische Legitimation und folglich eine längere Legitimationskette.

Innerhalb der nationalen Parlamente können Ausschüsse auf die Kontrolle des Staats- oder Regierungschefs speziell in dessen Funktion als Mitglied des Europäischen Rates ausgerichtet sein. Ein Beispiel ist der so genannte „Große Ausschuss" des finnischen Parlaments. Er kann der Regierung Handlungsanweisungen für die Tagungen des Europäischen Rates geben. Außerdem hat die Regierung ihm gegenüber vor und nach den Tagungen des Europäischen Rates eine Informationspflicht[451].

Vergleicht man die Legitimationsketten der nationalen Mitglieder des Europäischen Rates und des Rates miteinander, so wird deutlich, dass die demokratische Legitimation und Kontrolle der nationalen Mitglieder des Europäischen Rates stärker ist. Die Minister im Rat sind zwar möglicherweise nach nationalem Recht auch dem Parlament gegenüber verantwortlich. Allerdings ist ihre demokratische Legitimationskette in der Regel länger, weil sie häufig erst von dem gewählten Staats- oder Regierungschef benannt werden[452] und von ihm entlassen werden können. Selbst wenn in einigen Verfassungsordnungen für die Ernennung eines Ministers die Zustimmung des jeweiligen nationalen Parlaments erforderlich ist, so ist dennoch in der Regel die Legitimation der Staats- oder Regierungschefs stärker. Auch im Vergleich zum Kommissionspräsidenten ist die demokratische Legitimation der nationalen Mitglieder des Europäischen Rates ausgeprägter. Der Grund besteht darin, dass der Kommissionspräsident maßgeblich von den Staats- und Regierungschefs bestimmt wird und deshalb lediglich indirekt demokratisch legitimiert ist.

---

449 Vgl. zur Volkssouveränität in Frankreich im Zusammenhang mit dem Europäischen Rat *Everling*, EuR, 1995, Beiheft 2, 41 (48).

450 Vgl. *Bleckmann*, JZ 2001, 53 (56); *Tiedtke*, Demokratie in der Europäischen Union, 2005, S. 110.

451 Vgl. *Gawrich*, APuZg, B 47/2004, 16 (17).

452 So muss beispielsweise der Deutsche Bundestag die Bundesminister nicht bestätigen (Art. 64 GG).

(3) Problem: lediglich nationale Legitimationskette

Die nationalen Legitimationsketten, insbesondere die nationalen parlamentarischen Kontrollbefugnisse, sollen sicherstellen, dass der jeweilige Staats- oder Regierungschef die nationalen Interessen des betreffenden Mitgliedstaates wirksam vertritt. Es entspricht dieser Gewährleistung des Demokratieprinzips über die nationale Legitimationskette, dass der Europäische Rat nicht als Gemeinschafts- oder Unionsorgan zu qualifizieren ist, sondern eine Leitkonferenz der EU darstellt, in der lediglich die nationalen Mitglieder stimmberechtigt sind. Dem entspricht auch, dass der Europäische Rat einen intergouvernementalen Charakter hat und grundsätzlich die Gleichheit der Staaten sowie die wirksame Vertretung ihrer nationalen Interessen im Vordergrund stehen.

Problematisch an dem Ergebnis, dass das Demokratieprinzip lediglich über die nationalen Strukturen verwirklicht wird, ist allerdings, dass der Europäische Rat nicht nur zwischenstaatlich agiert, sondern in die Strukturen der Gemeinschaftsorgane einwirkt. Er kann – wie gezeigt[453] – dem Rat rechtlich bindende Weisungen erteilen und im Übrigen politisch auch die Kommission und das Europäischen Parlament als Beteiligte am Rechtsetzungsprozess im Bereich des EGV und der beiden intergouvernementalen Säulen faktisch maßgeblich beeinflussen. Darauf sind auch die Rechtsgrundlagen des Europäischen Rates ausgerichtet, wonach er insbesondere die Entwicklung der Europäischen Union voranbringen und politische Grundsätze sowie Ziele bestimmen soll. Diese Kompetenzen in den allgemeinen und besonderen Rechtsgrundlagen sehen eine Machtausübung vor, die nicht lediglich auf die Mitgliedstaaten, sondern (auch) auf die supranationalen Gemeinschaften wirkt. Folglich ist die Machtwirkung des Europäischen Rates teilweise von den Mitgliedstaaten losgelöst. Für diese Machtausübung fehlt eine Legitimation und Kontrolle, die von den Mitgliedstaaten losgelöste Interessen, nämlich Gemeinschaftsinteressen, reflektiert. Hier müsste das Demokratieprinzip durch eine europäische Legitimationskette gewährleistet werden, die neben die nationalen Legitimationsketten tritt.

Dieses Gegengewicht könnte durch das Europäische Parlament als Gemeinschaftsorgan wahrgenommen werden, weil dessen Abgeordnete – im Gegensatz zu den Ratsmitgliedern – gegenüber den Regierungen der Mitgliedstaaten

---

[453] Vgl. oben A.VIII.3.

nicht weisungsgebunden sind[454]. Nach Nizzaer Recht hat das Europäische Parlament allerdings dafür keine ausreichende Rechtsstellung – weder gegenüber dem Europäischen Rat als einheitlichem Gremium noch gegenüber den einzelnen Mitgliedern des Europäischen Rates. Gegenüber dem Europäischen Rat als einheitlichem Gremium hat das Parlament lediglich den Anspruch, gemäß Art. 4 Abs. 3 EUV-N informiert zu werden. Das einzige Mitglied, das in gewissem Maße über das Europäische Parlament legitimiert ist und kontrolliert wird, ist der Kommissionspräsident (Art. 214, 193, 201 EGV). Er ist allerdings als einziges Mitglied bei Beschlüssen des Europäischen Rates gerade nicht stimmberechtigt[455]. Hinzu kommt, dass es – trotz der genannten parlamentarischen Rechte – nach dem Recht von Nizza die Staats- und Regierungschefs sind, die maßgeblich darüber entscheiden, wer Kommissionspräsident und somit als das „europäische" Mitglied in den Europäischen Rat aufgenommen wird. Die demokratische Rückbindung dieser Entscheidung wird über die nationalen Wahlen der einzelnen Staats- und Regierungschefs sichergestellt. Folglich fehlt es in Bezug auf den Europäischen Rat an einer wirksamen europäischen Legitimationskette, die neben die nationalen Legitimationsketten tritt.

e) Mangel an Transparenz

Eine gemeinsame Schwierigkeit bei der Kontrolle des Europäischen Rates durch die nationalen Parlamente bzw. durch die Bevölkerungen der Mitgliedstaaten und durch das Europäische Parlament ist die Tatsache, dass der Europäische Rat nicht öffentlich tagt. Art. 8 GO Rat, welcher öffentliche Tagungen des Rates vorsieht, wenn dieser als Rechtsetzungsorgan agiert, gilt nicht für den Europäischen Rat. Dessen Entscheidungsfindung ist nicht transparent, so dass es kaum möglich ist, nachzuvollziehen, welche Meinung einzelne Mitglieder tatsächlich vertreten. Zudem bleibt unklar, ob es – trotz des rechtlichen Erfordernisses der Einstimmigkeit – in der Praxis Mehrheitsentscheidungen im Europäischen Rat gibt. Problematisch ist auch, dass die Kompromissfindung sachlich nicht überprüft werden kann. Das heißt, es ist nicht festzustellen, ob und inwieweit politische Entscheidungen, die sachlich nicht zusammenhängen, gegeneinander ausgehandelt werden (Verhandlungspakete)[456].

---

[454] Vgl. *Kluth*, in: Calliess/Ruffert (Hrsg.), EUV/EGV, 3. Aufl., 2007, Art. 189 EGV Rn. 4.

[455] Vgl. oben A.VI.3.b)(2).

[456] Vgl. oben A.VI.4.b).

Lediglich die in den Schlussfolgerungen des Vorsitzes enthaltenen Beschlüsse des Europäischen Rates können von Parlamentariern und Bürgern eingesehen werden, soweit sie in der Rechtspraxis veröffentlicht werden. Von Rechts wegen ist der Europäische Rat allerdings nicht verpflichtet, seine Entscheidungen zu veröffentlichen. Insbesondere erwähnt Art. 254 EGV lediglich den Rat, nicht den Europäischen Rat. Die Beschlüsse des Europäischen Rates als solche fallen zudem nicht unter das Recht auf allgemeinen Zugang zu den Ratsdokumenten gemäß Art. 255 EGV. Dies ergibt sich aus der Abgrenzung des Europäischen Rates vom Gemeinschaftsorgan Rat. Es lässt sich allenfalls vertreten, dass die Beschlüsse des Europäischen Rates, *die in den Schlussfolgerungen des Vorsitzes enthalten sind*, unter dieses Zugangsrecht fallen[457]. Die Schlussfolgerungen werden vom Rat veröffentlicht[458], so dass sie als „Dokumente des Rates" im Sinne des Zugangsrechts einzustufen sind.

2. Gerichtliche Kontrolle

Eine gerichtliche Kontrolle kommt sowohl gegenüber dem Europäischen Rat selbst (a) als auch gegenüber seinen einzelnen Mitgliedern (b) in Betracht.

---

[457] Vgl. *Kaufmann-Bühler*, in: Grabitz/Hilf (Hrsg.), Das Recht der Europäischen Union, Bd. 1, 30. EL, Juni 2006, Art. 12 EUV Rn. 6, der zu Recht davon ausgeht, dass die Grundsätze und allgemeinen Leitlinien der GASP, die sich in den Schlussfolgerungen des Europäischen Rates befinden, grundsätzlich dem Recht auf allgemeinen Zugang zu den Ratsdokumenten unterliegen. Allerdings bezieht sich das dort zitierte Urteil des EuG, Rs. T-14/98 (Hautala/Rat), v. 19.7.1999, Slg. 1999, II-2489 nicht auf Beschlüsse des Europäischen Rates. In diesem Urteil hat das Gericht klargestellt, dass der Beschluß des Rates vom 20. Dezember 1993 über den Zugang der Öffentlichkeit zu Ratsdokumenten (93/731/EG) (AblEG Nr. L 340/43, v. 31.12.1993) auf alle Dokumente des Rates anwendbar ist, einschließlich derer, die unter den Titel V des EUV fallen (Slg. 1999, II-2489, Rn. 44). Damit hat das Gericht den Anwendungsbereich des Beschlusses 93/731/EG auf Dokumente im Rahmen der zweiten Säule ausgedehnt. Es hat damit deutlich gemacht, dass es für die Anwendbarkeit des Beschlusses 93/731/EG nicht auf den von einem Dokument betroffenen Politikbereich ankommt. Es hat hingegen nicht entschieden, dass der Urheber des betreffenden Dokuments unerheblich ist. Das Urteil erwähnt zwar eingangs auch Äußerungen des Europäischen Rates (Slg. 1999, II-2498, Rn. 14); Gegenstand des Rechtsstreits und der gerichtlichen Entscheidung war jedoch nicht der Zugang zu einem Dokument des Europäischen Rates oder zu einem Ratsdokument, das Entscheidungen des Europäischen Rates enthält, sondern zu einem Bericht des Politischen Komitees im Rahmen des COREU-Systems. Vgl. schon das Urteil EuG, Rs. T-174/95 (Svenska Journalistförbundet/Rat), v. 19.6.1998, Slg. 1998, II-2289, mit dem das EuG entschieden hat, dass der Beschluss 93/731/EG auch auf Ratsdokumente anwendbar ist, die zum Titel VI des EUV (Justiz und Inneres) gehören, weil der Gegenstand des Dokuments unerheblich ist (Slg. 1998, II-2289, LS 4 u. II-2289, Rn. 84). Auch dieses Urteil, das die Grundlage für das zuerst genannte Urteil bildete, bezog sich nicht auf die Schlussfolgerungen des Vorsitzes.

[458] Vgl. oben A.VII.1.

a) Gerichtliche Kontrolle des Europäischen Rates?

Da Beschlüsse des Europäischen Rates nach der hier vertretenen Auffassung rechtsverbindlich sein können[459], stellt sich die Frage nach dem Rechtsschutz: Unterstehen diese Beschlüsse der Rechtskontrolle durch den EuGH? Klarzustellen ist zunächst, dass es hier nicht um die Justiziabilität der Handlungen geht, die der Rat auf Grundlage der Beschlüsse des Europäischen Rates vornimmt. Für sie gelten die allgemeinen Regeln[460].

(1) Keine Rechtskontrolle

In Rechtsprechung und Literatur ist weitgehend anerkannt, dass die Beschlüsse des Europäischen Rates nicht justiziabel sind. Der EuGH hat in zwei Entscheidungen[461] ein entsprechendes Rechtsschutzbegehren als unzulässig zurückgewiesen und festgestellt, dass Erklärungen des Europäischen Rates nicht unter die Handlungen fallen, die der EuGH gemäß Art. 230 EGV (Art. 173 EGV in der Fassung des Vertrags von Maastricht) überprüfen kann. Diese Rechtsprechung findet weitgehend Unterstützung in den Stellungnahmen des Schrifttums[462]. Zur Begründung wird einerseits ebenfalls auf Art. 230 Abs. 1 EGV verwiesen[463], der lediglich den Rat, nicht jedoch den Europäischen Rat nennt. Andererseits wird Art. 46 EUV-N angeführt[464], der im Bereich des EUV-N eine sehr beschränkte Gerichtsbarkeit schafft, im Übrigen aber die Zuständigkeit des EuGH für die Titel I, V und VI EUV-N ausschließt.

---

[459] Vgl. oben A.VIII.3.

[460] So z.B. für die gerichtliche Überprüfung der Beschlüsse des Rates, die dieser auf der Grundlage der Schlussfolgerungen des Europäischen Rates gem. Art. 128 EGV trifft; vgl. hierzu *Niedobitek*, in: Streinz (Hrsg.), EUV/EGV, 2003, Art. 128 EGV Rn. 7, 12.

[461] EuGH, Rs. C-253/94 (Roujansky/Rat), v. 13.1.1995, Slg. 1995, I-7, Rn. 11; EuGH, Rs. C-264/94 (Bonnamy/Rat), v. 13.1.1995, Slg. 1995, I-15, Rn. 11.

[462] Vgl. *Jacqué*, in: v. d. Groeben/Schwarze (Hrsg.), Kommentar zum EU- und EG-Vertrag, Bd. 1, 6. Aufl., 2003, Art. 4 EUV Rn. 21; *Wilms*, in: Hailbronner/Wilms, Recht der EU, Bd. 1, 1. Lfg., Oktober 2002, Art. 4 EUV Rn. 14; *Stumpf*, in: Schwarze (Hrsg.), EU-Kommentar, 2000, Art. 4 EUV Rn. 18 f.; *Oppermann*, Europarecht, 3. Aufl., 2005, § 5 Rn. 62; *Bieber/Epiney/Haag*, Die Europäische Union, 7. Aufl., 2006, § 4 Rn. 41; *Mayer*, ZaöRV 2003, 59 (72); *ders.*, AöR 2004, 411 (430 f.): „rechtsschutzfreier Raum".

[463] Vgl. *Wichard*, in: Calliess/Ruffert (Hrsg.), EUV/EGV, 3. Aufl., 2007, Art. 4 EUV Rn. 17.

[464] Vgl. *Stumpf*, in: Schwarze (Hrsg.), EU-Kommentar, 2000, Art. 4 EUV Rn. 18; *Wichard*, in: Calliess/Ruffert (Hrsg.), EUV/EGV, 3. Aufl., 2007, Art. 4 EUV Rn. 17; *Wilms*, in: Hailbronner/Wilms, Recht der EU, Bd. 1, 1. Lfg., Oktober 2002, Art. 4 EUV Rn. 14; *Oppermann*, Europarecht, 3. Aufl., 2005, § 5 Rn. 62.

(2) Teilweise Rechtskontrolle

Eine andere Auffassung spricht demgegenüber Fälle an, in denen eine Justiziabilität der Entscheidungen des Europäischen Rates vorliege[465]. Danach könne der EuGH die Wirksamkeit der verbindlichen Lenkungsvorgaben, die der Europäische Rat gemäß Art. 4 Abs. 1 EUV-N erlasse, überprüfen. Begründet wird dies mit einer impliziten Änderung des Primärrechts, die nicht nur eine Bindungswirkung der Lenkungsvorgaben zur Folge habe, sondern auch eine entsprechende Zuständigkeit des EuGH gemäß Art. 220 ff. EGV schaffe. Zwar werde dadurch grundsätzlich keine Jurisdiktionsgewalt über Handlungen des Europäischen Rates begründet, jedoch könne der EuGH die Bindungswirkungen dieser Handlungen gegenüber den Gemeinschaften überprüfen. Art. 47 EUV-N sei entsprechend auszulegen, so dass implizite Vertragsänderungen einbezogen würden und Art. 46 lit. a EUV-N der so begründeten Zuständigkeit des EuGH nicht entgegenstehe[466].

An anderer Stelle weist diese Literaturmeinung darauf hin, dass Art. 46 und 35 EUV-N die Kontrollzuständigkeit nur für die Bereiche GASP und PJZS ausschlössen. Deshalb sei eine Überprüfung der Entscheidungen des Europäischen Rates in Bezug auf gemeinschaftsrechtliche Bestimmungen im Prinzip möglich[467]. Allerdings wird eingeräumt, dass dem Europäischen Rat ein großer politischer Einschätzungsspielraum zukomme, weshalb es praktisch ausgeschlossen sei, dass der EuGH eine Entscheidung des Europäischen Rates gegenüber der EG für unwirksam erkläre[468].

(3) Stellungnahme

Die strukturellen Unterschiede zwischen den intergouvernementalen Säulen auf der einen Seite und der supranationalen Säule auf der anderen Seite gebieten es, auch bei der Frage nach der Rechtskontrolle durch den EuGH zu differenzieren.

(a) Intergouvernementale Säulen

Aus Art. 46 EUV-N lässt sich folgern, dass die Beschlüsse des Europäischen Rates, die sich auf eine Rechtsgrundlage beziehen, für welche die Zuständigkeit des EuGH

---

465 Vgl. *Pechstein/Koenig*, Die Europäische Union, 3. Aufl., 2000, Rn. 517.

466 Vgl. *Pechstein/Koenig*, Die Europäische Union, 3. Aufl., 2000, Rn. 517.

467 Vgl. *Pechstein*, in: Streinz (Hrsg.), EUV/EGV, 2003, Art. 4 EUV Rn. 6.

468 Vgl. *Pechstein*, in: Streinz (Hrsg.), EUV/EGV, 2003, Art. 4 EUV Rn. 6.

ausgeschlossen ist, nicht justiziabel sind. Dies betrifft sowohl die allgemeine Rechtsgrundlage des Art. 4 Abs. 1 EUV-N als auch die besonderen Rechtsgrundlagen der GASP. Folge ist, dass Beschlüsse des Europäischen Rates nicht gerichtlich überprüft werden können, obwohl sie nach der hier vertretenen Auffassung gegebenenfalls rechtsverbindlich sein können. Diesem Ausschluss der Zuständigkeit des EuGH entspricht der erkennbare Wunsch der Vertragsstaaten, die betreffenden Politikbereiche (noch) nicht umfassend den von den mitgliedstaatlichen Regierungen unabhängig handelnden Gemeinschaftsorganen zu überantworten, sondern lediglich über den Rat und den Europäischen Rat intergouvernemental zusammenzuarbeiten. Derjenigen Auffassung, die über eine implizite Vertragsänderung eine Ausweitung der Kompetenzen des EuGH gemäß Art. 220 ff. EGV zu begründen versucht, steht Art. 47 EUV-N entgegen[469].

(b) Supranationale Säule

Selbst wenn man entgegen der hier vertretenen Auffassung mit einem Teil der Literatur im Bereich der ersten Säule von einer Rechtsverbindlichkeit der Vorgaben des Europäischen Rates ausgeht[470], besteht entgegen der soeben angesprochenen Auffassung[471] dennoch keine Zuständigkeit des EuGH im Bereich der gemeinschaftsrechtlichen Bestimmungen. Die Beschränkung der Art. 46 und 35 EUV-N auf die intergouvernementalen Säulen bedeutet nicht, dass der EuGH in den supranationalen Bereichen eine Rechtskontrolle über Handlungen des Europäischen Rates ausüben kann. Dies ergibt sich für Handlungen in diesen Bereichen, die sich auf die allgemeine Rechtsgrundlage des Art. 4 Abs. 1 EUV-N stützen, bereits aus dem Ausschluss des Titels I EUV-N aus dem Zuständigkeitsbereich des EuGH. Für Handlungen aufgrund der besonderen Rechtsgrundlagen des EGV schließt Art. 230 EGV eine Rechtskontrolle aus. Eine Ausweitung letztgenannter Vorschrift über ihren Wortlaut hinaus auf den Europäischen Rat würde der Differenzierung des EGV zwischen dem Rat in Zusammensetzung der Staats- und Regierungschefs, welcher der Rechtskontrolle des EuGH unterliegt, und dem Europäischen Rat[472] widersprechen.

---

[469] Vgl. oben A.VIII.3.b).

[470] Vgl. oben A.VIII.1.d); A.VIII.2.c).

[471] *Pechstein*, in: Streinz (Hrsg.), EUV/EGV, 2003, Art. 4 EUV Rn. 6; vgl. oben A.IX.2.a)(2)

[472] Vgl. oben A.II.2.

(c) Ergebnis

Im Ergebnis ist der herrschenden Meinung zuzustimmen, welche die Handlungen des Europäischen Rates von der Gerichtsbarkeit des EuGH ausnimmt. Daraus folgt, dass nach Nizzaer Recht gegen Vorgaben des Europäischen Rates, die dem Primärrecht widersprechen, für die betroffenen Adressaten kein Rechtsschutz besteht. Da nach der hier vertretenen Auffassung zum einen den Vorgaben nur im Bereich der intergouvernementalen Säule Rechtsverbindlichkeit zukommen kann und zum anderen von den Gemeinschaftsorganen lediglich der Rat gebunden ist[473], bei dem eine weitgehende Kohärenz mit dem Europäischen Rat besteht[474], wirkt sich diese Rechtsschutzlücke in der Praxis kaum aus.

b) Gerichtliche Kontrolle der einzelnen Mitglieder des Europäischen Rates?

Inwieweit die Staats- und Regierungschefs in ihrer Eigenschaft als nationales Verfassungsorgan einer nationalen Verfassungsgerichtsbarkeit unterliegen, richtet sich nach dem jeweiligen nationalen Recht. Hier kommen beispielsweise Organklagen in Betracht[475] oder besondere Verfahren zur Kontrolle der Handlungen des Staats- oder Regierungschefs. Das nationale Recht bestimmt unter anderem den Verfahrensgegenstand, das heißt ob und inwieweit bestimmte Handlungen des betreffenden Staats- und Regierungschefs, die er als Mitglied des Europäischen Rates vorgenommen hat, gerichtlich überprüft werden können, sowie den Prüfungsmaßstab für die gerichtliche Kontrolle (zum Beispiel das Verfassungsrecht). Möglich wäre dann beispielsweise eine Klage mit der Behauptung, der betreffende Staats- und Regierungschef habe mit seiner Stimmabgabe im Europäischen Rat nationales (Verfassungs-)Recht verletzt.

Der Kommissionspräsident unterliegt gemäß Art. 216 EGV der Kontrolle durch den EuGH. Auch hier stellt sich jedoch das Problem, dass er rechtlich im Europäischen Rat nicht stimmberechtigt ist. Er wirkt also nicht effektiv an den Entscheidungen des Europäischen Rates mit, so dass in diesem Zusammenhang kaum eine „schwere Verfehlung" vorliegen kann.

---

[473] Vgl. oben A.VIII.3.a)(1); A.VIII.3.b).

[474] Vgl. oben A.VIII.4.

[475] Das GG sieht gem. Art. 93 Abs. 1 Nr. 1 GG ein Organstreitverfahren vor, das sich gegen den Bundeskanzler als eines der obersten Bundesorgane richten kann, vgl. *Sturm*, in: Sachs (Hrsg.), Grundgesetz, 3. Aufl., 2003, Art. 93 Rn. 36.

3. Fazit

Die nationalen Legitimationsketten gewährleisten die Rückbindung des jeweiligen nationalen Mitglieds im Europäischen Rat. Allerdings besteht keine ausreichende Ergänzung durch eine Legitimation und Kontrolle im Wege einer europäischen Legitimationskette, weil die Rechtsstellung des Europäischen Parlaments zu schwach ist. Der Europäische Rat kann Beschlüsse unabhängig vom Europäischen Parlament fassen und muss es lediglich gemäß Art. 4 Abs. 3 EUV-N informieren. Als einziges Mitglied ist der Kommissionspräsident, der im Europäischen Rat gerade nicht stimmberechtigt ist, gegenüber dem Europäischen Parlament verantwortlich. Zudem besteht ein Hindernis für eine effektive demokratische Kontrolle darin, dass der Europäische Rat nicht öffentlich tagt und er seine Beschlüsse nicht veröffentlichen muss.

Eine gerichtliche Kontrolle durch den EuGH gegenüber dem Europäischen Rat besteht nicht.

X. Ergebnisse

1. Der Europäische Rat setzt sich aus *Mitgliedern* (die Staats- oder Regierungschefs der Mitgliedstaaten und der Kommissionspräsident) und den sie unterstützenden *Teilnehmern* (pro Mitgliedstaat entweder der Außenminister, ein anderer Minister oder der Premierminister, sowie ein Kommissar) zusammen[476].

2. Der Europäische Rat ist die „*Leitkonferenz der EU*“[477].

3. Gemäß seiner Rechtsnatur ist der Europäische Rat eine Regierungskonferenz[478]. Er ist nach dem Primärrecht von Nizza kein Organ der Europäischen Gemeinschaften, der Europäischen Union oder der Mitgliedstaaten[479].

4. Der Europäische Rat hat keine eigene Verwaltungsorganisation. Die Vorbereitung und die Leitung seiner Tagungen obliegen dem Rat und dem

---

[476] Vgl. oben A.II.1.

[477] Vgl. oben A.III.6.

[478] Vgl. oben A.III.6.

[479] Vgl. oben A.III.4; A.III.5.

Ratsvorsitz[480], der gemäß dem Rotationsprinzip alle sechs Monate einem anderen Mitgliedstaat übertragen wird.

5. Die Kompetenzen des Europäischen Rates sind im EUV-N und im EGV in einer allgemeinen und in mehreren besonderen Rechtsgrundlagen geregelt[481]. Sie lassen erkennen, dass der Europäische Rat allgemein gehaltene Grundsatzentscheidungen treffen soll.

6. Der Europäische Rat muss aus Rechtsgründen seine Beschlüsse einstimmig fassen[482]. Dafür bedarf es der positiven Zustimmung der Staats- und Regierungschefs, die Mitglieder des Europäischen Rates sind. Der Kommissionspräsident ist nicht stimmberechtigt[483]. In der Praxis beschließt der Europäische Rat allerdings grundsätzlich im Konsensverfahren[484].

7. Die Entscheidungen des Europäischen Rates werden in den Schlussfolgerungen des Vorsitzes, einem Dokument des Rates, veröffentlicht[485]. Sie betreffen inhaltlich ein breites Spektrum an Politikbereichen und sind teilweise ausgesprochen detailliert[486].

8. Den Entscheidungen des Europäischen Rates kann lediglich im Bereich der intergouvernementalen Säulen Rechtsverbindlichkeit zukommen. Dabei können nur der Rat und die Mitgliedstaaten rechtlich gebunden werden[487]. Im Übrigen haben die Entscheidungen des Europäischen Rates lediglich politische Wirkungen.

9. Die demokratische Legitimation und Kontrolle des Europäischen Rates wird nicht durchgehend in ausreichendem Maße gewährleistet. Die Stellung des Europäischen Parlaments gegenüber dem Europäischen Rat ist zu schwach, um

---

480 Vgl. oben A.IV.3.

481 Vgl. oben A.V.

482 Vgl. oben A.III.5.c)(2).

483 Vgl. oben A.VI.3.b).

484 Vgl. oben A.VI.4.

485 Vgl. oben A.VII.1.

486 Vgl. oben A.VII.4; A.VII.5.

487 Vgl. oben A.VIII.3.

die nationalen Legitimationsketten, welche auf die Rückkoppelung der Staats- und Regierungschefs an die Völker ihrer Mitgliedstaaten abzielen, zu ergänzen[488]. Zudem besteht ein Mangel an Transparenz bei den Entscheidungen des Europäischen Rates[489].

10. Der Europäische Rat unterliegt nicht der Rechtskontrolle durch den EuGH[490].

---

488 Vgl. oben A.IX.1.c); A.IX.1.d).

489 Vgl. oben A.IX.1.e).

490 Vgl. oben A.IX.2.a)(3)(c).

B. Vorschläge des Konvents und des Verfassungsvertrags

Kapitel B, das aus vier Unterkapiteln besteht, behandelt mögliche Änderungen des Rechtes des Europäischen Rates. Es konzentriert sich auf diejenigen Änderungen, die im Rahmen des Konvents zur Zukunft Europas diskutiert wurden. Der Konvent sollte mit Hilfe einer Neuregelung der Organe der EU bestimmte Ziele erreichen. Diese Ziele werden im ersten Unterkapitel dargestellt und erläutert (I).

Im zweiten Unterkapitel werden die zahlreichen Vorschläge für eine Neuregelung des Europäischen Rates zusammengestellt und systematisiert (II). Diese Aufarbeitung ist einerseits breit angelegt, andererseits unter verschiedenen Aspekten eingegrenzt.

Inhaltlich beschränkt sie sich nicht auf den VVE[491], der eine denkbare komplette Regelung des Europäischen Rates enthält, sondern greift möglichst alle Vorschläge des Konvents zur Neuregelung des Europäischen Rates auf. Der Grund für diese Erweiterung besteht darin, dass diese Vorschläge nach dem Scheitern des Ratifikationsverfahrens des VVE wieder relevant geworden sind. Sie sind in den Konventsdokumenten abgedruckt, finden sich allerdings häufig bei anderen Regelungsgegenständen und nicht sämtlich beim Thema „Europäischer Rat". Deshalb kann die Zusammenstellung und Systematisierung als Sammlung Vorschlägen zur Reform des Europäischen Rates dienen und für jede zukünftige Neuregelung des Europäischen Rates nutzbar gemacht werden.

Wegen der Fülle an Beiträgen, die in der Diskussion um eine Verfassung für Europa veröffentlicht wurden, ist die Zusammenstellung unter verschiedenen Aspekten eingegrenzt.

Erstens ergibt sich eine Einschränkung daraus, dass in diesem Kapitel insbesondere Vorschläge diskutiert werden, die eine primärrechtliche Regelung erfordern. Das bedeutet, dass nicht herausgearbeitet wird, welche Reformen auch ohne Vertragsänderungen verwirklicht werden könnten[492].

Zweitens konzentriert sich die Zusammenstellung auf die unterschiedlichen Sachfragen, die den Europäischen Rat betreffen, und versucht, die Vorschläge zu

---

[491] Zur historischen Entwicklung des VVE vgl. oben A.VII.4.a).

[492] Dies arbeitet *Thym*, integration 2005, 307 ff. heraus (zum Europäischen Rat vgl. aaO., S. 313).

diesen Fragen zu erfassen. Ziel ist es nicht, alle Urheber[493] von Vorschlägen, die sich zum Europäischen Rat geäußert haben, zu berücksichtigen.

Drittens lässt die Zusammenstellung Vorschläge außer Betracht, die nicht in den offiziellen Konventsdokumenten enthalten sind. Der Grund besteht darin, dass der Konvent 2002/2003 eine besonders große Anzahl und Vielfalt an Vorschlägen aus Politik, Wissenschaft und Zivilgesellschaft in die Debatte aufgenommen hat, welche die denkbaren und politisch durchsetzbaren Varianten für eine Neuregelung weitgehend abdecken. Insbesondere dürfte sich jede zukünftige Diskussion um eine Neuregelung im Spektrum der Meinungen bewegen, die in diese Dokumente aufgenommen wurden. Es sind keine grundlegend neuen und politisch umsetzbaren Vorschläge, die in der Konventsdebatte noch nicht angesprochen und deshalb in den Konventsdokumenten nicht veröffentlicht wurden, zu erwarten. Auch der am 29. Oktober 2004 in Rom unterzeichnete und im Ratifikationsverfahren gescheiterte VVE wird im Folgenden als Regelungsvorschlag behandelt.

Viertens werden Beiträge von Konventsteilnehmern, die sich durchsetzen konnten und in den KE oder in den VVE aufgenommen wurden, nicht zusätzlich namentlich zitiert. Stattdessen ist es sinnvoll, in diesen Fällen die entsprechende Vorschrift im KE oder im VVE zu zitieren. Hinter einer solchen Vorschrift stehen in der Regel entweder zahlreiche inhaltlich gleiche Vorschläge oder es haben zahlreiche Konventsteilnehmer namentlich für den betreffenden Vorschlag gezeichnet. Für die folgende Zusammenstellung bedeutet diese Beschränkung, dass einerseits Vorschriften aus dem KE und dem VVE zwangsläufig am häufigsten zitiert werden und dass andererseits an diesen Stellen von „vielen Vorschlägen" gesprochen wird, obwohl lediglich eine KE/VVE-Vorschrift zitiert wird. In der später folgenden Untersuchung im dritten Unterkapitel werden diese Vorschriften allerdings als Regelungsvorschläge gleichrangig gegenüber namentlich zitierten Vorschlägen von einzelnen Konventsteilnehmern behandelt.

Das dritte Unterkapitel untersucht diese Vorschläge darauf, welche von ihnen die dargestellten Ziele des Konvents erreichen (III).

---

493 Deshalb werden bei den einzelnen Konventsvorschlägen nicht alle Konventsmitglieder, die den jeweiligen Vorschlag unterstützt haben, genannt (dies können in vielen Fällen Dutzende sein), sondern lediglich das jeweils erstgenannte Konventsmitglied. Auf diese Weise kann der genaue Vorschlag leicht mit Hilfe der Konventsdokumentennummer, der Seitenzahl und dem Namen des erstgenannten Konventsmitglieds gefunden werden.

Soweit dabei Zielkonflikte auftreten, werden im vierten Unterkapitel Vorschläge zu deren Lösung unterbreitet (IV).

I. Ziele einer Neuregelung

Drei Ziele, die der Konvent im Verfassungsprozess der EU erreichen sollte, hat der Europäische Rat von Laeken in seinen Schlussfolgerungen formuliert: „Die Union muss demokratischer, transparenter und effizienter werden"[494]. Aus dem Mandat von Laeken und aus einem ersten Arbeitspapier des Präsidiums des Konvents[495], das den Diskussionsrahmen absteckte, wird deutlich, dass der Konvent diese Ziele durch eine Reform der Organe erreichen sollte. Jedes einzelne Organ müsse demokratischer, transparenter und effizienter werden. Im Vordergrund stand dabei eine Neuregelung des Rates, der Kommission und des Europäischen Parlaments.

Diese Reformziele wurden nicht erst durch das Mandat von Laeken festgeschrieben, sondern gehörten schon vorher zum Erwartungshorizont von Vertragsrevisionen, soweit die Organe betroffen waren. Beispielsweise wurde der Regierungskonferenz zur Änderung des Vertrags von Maastricht aufgetragen, sich auf die Bereiche „bürgernähere Union", „Institutionen in einer demokratischen und effizienteren Union" und „größere Handlungsfähigkeit der Union nach außen" zu konzentrieren[496]. Auch die Revision durch den Vertrag von Nizza sollte insbesondere die drei genannten Ziele verfolgen[497]. Für die zukünftige Entwicklung der EU, insbesondere für die Nachfolgeregelung für den Vertrag von Nizza, wurden die drei im Mandat von Laeken genannten Ziele noch einmal bekräftigt[498]. Dies zeigt, dass diese Ziele grundsätzlich

---

[494] Schlussfolgerungen des Vorsitzes. ER (Laeken), 14./15.12.2001 (SN 300/1/01 Rev 1), Anlage I, S. 21 unter der Überschrift „Mehr Demokratie, Transparenz und Effizienz in der Europäischen Union".

[495] CONV 477/03, Funktionsweise der Organe. Arbeitspapier des Präsidiums.

[496] Schlussfolgerungen des Vorsitzes. ER (Turin), 29.3.1996 (SN 321/95). Vgl. näher zum Mandat für die Regierungskonferenz 1996 *Hummer*, Die Weiterentwicklung der Europäischen Union im Rahmen der Regierungskonferenz '96, in: ders. (Hrsg.), Die Europäische Union nach dem Vertrag von Amsterdam, 1998, S. 28 f.

[497] Schlussfolgerungen des Vorsitzes. ER (Helsinki), 10./11.12.1999 (SN 300/99), Rn. 14 ff. unter der Überschrift „Regierungskonferenz zu Fragen der institutionellen Reform", sowie Anlage I („offene, demokratische und effiziente Union").

[498] Vgl. Schlussfolgerungen des Vorsitzes. ER (Brüssel), 15./16.6.2006 (10633/1/06 Rev 1), Rn. 4: „Die Entschlossenheit der Union, demokratischer, transparenter und effizienter zu werden, reicht über die Reflexionsphase hinaus".

für die EU von Bedeutung sind und allgemein als Maßstab für die Beurteilung von Neuregelungen der Organe dienen.

Der Europäische Rat als solcher wurde bei den bisherigen Vertragsrevisionen nicht ausdrücklich mit diesen Zielen in Verbindung gebracht. Allerdings wurden im Zuge des Konvents zahlreiche Vorschläge für eine Neuregelung des Europäischen Rates formuliert. Einige dieser Vorschläge wurden im VVE festgeschrieben, viele sind in den offiziellen Konventsdokumenten enthalten. Diese Vorschläge betreffen weitgehend diejenigen Rahmenbedingungen, die auch das Recht des Europäischen Rates gemäß dem Vertrag von Nizza ausmachen. Sie beziehen sich auf seine Zusammensetzung, Rechtsnatur, Organisation, Kompetenzen, den Ablauf seiner Sitzungen, seine Entscheidungsfindung und die Rechtsfolgen seiner Beschlüsse sowie seine Legitimation und Kontrolle. Da die drei genannten Ziele allgemein als Maßstab für Reformen der Institutionen heranzuziehen sind, stellt sich hier die Frage, welche dieser Vorschläge geeignet sind, die Ziele zu erreichen und welche ihnen zuwiderlaufen. Es ist zu untersuchen, ob und inwiefern die Reformvorschläge dazu beitragen, dass der Europäische Rat – und somit möglicherweise die Union – demokratischer, transparenter und effizienter werden.

1. Ziel: Demokratie

a) Demokratisierung öffentlicher Organe allgemein

Die demokratische Legitimation staatlicher Organe und Amtsträger wird über eine Rückbindung zum Bürger hergestellt. Deshalb ist für eine Demokratisierung vor allem eine Verstärkung und Verbesserung dieser Rückbindung erforderlich. Da die Rückbindung durch die oben[499] angesprochenen demokratischen Legitimationsketten garantiert wird, stellen sie diesbezüglich den entscheidenden Hebel dar. Als Anknüpfungspunkt für Reformen kommen dabei sowohl die kürzere als auch die längere Legitimationskette in Betracht.

Eine Neuregelung könnte insbesondere bei drei Merkmalen der Legitimationsketten ansetzen. Erstens könnte bei beiden Legitimationsketten die Legitimationsbasis verbreitert werden, so dass die Ketten an möglichst viele Bürger anknüpfen. Dies ist insbesondere dann wichtig, wenn die Entscheidungen des zu legitimierenden Organs viele Bürger betreffen. Zweitens kann die demokratische Legitimation dadurch

---

[499] Vgl. oben A.IX.1.a).

verstärkt werden, dass nicht nur einige, sondern alle Mitglieder eines Organs Teil der Legitimationsketten werden. Alternativ oder ergänzend könnten die Legitimationsketten auch an das Organ selbst anknüpfen. Drittens könnten diese Ketten verkürzt werden, um die Bürger möglichst unmittelbar an den Entscheidungen der handelnden Organe zu beteiligen.

b) Demokratisierung der EU

In der Literatur ist umstritten, ob die EU überhaupt ein Demokratiedefizit hat[500]. Für die folgende Untersuchung kommt es auf diesen Streit nicht an. Der Grund besteht darin, dass beurteilt werden soll, ob der Konvent die ihm aufgetragenen Ziele mit den im Konvent diskutierten Reformvorschlägen erreichen kann. Es soll nicht die Vorfrage gestellt werden, ob hinsichtlich der Qualität der Demokratie der EU Verbesserungsbedarf besteht.

Die Möglichkeiten zur Demokratisierung der EU sind zahlreich. Denkbar sind nicht nur rechtliche Innovationen, sondern auch gesellschafts- und bildungspolitische Anstrengungen, um eine „europäische Öffentlichkeit"[501] zu schaffen und damit einen europaweiten politischen Diskurs zu ermöglichen. Im Sinne eines rechtswissenschaftlichen Fokus beschränkt sich die folgende Untersuchung auf Vorschläge, welche die primärrechtlich festgelegte Organisation und Struktur der EU betreffen. Der Ansatzpunkt für eine Demokratisierung ist die im Kapitel A[502] der Arbeit angesprochene doppelte Legitimation der EU. Da die EU über beide Legitimationsketten, das heißt sowohl über Wahlen zum Europäischen Parlament als auch über nationale Wahlen demokratisch legitimiert wird, kommen beide Ebenen für entsprechende Demokratisierungsbestrebungen in Betracht.

Bei der Diskussion im Konvent stand die Frage im Vordergrund, wie das europäische Rechtsetzungsverfahren und wie wichtige Personalentscheidungen demokratischer gestaltet werden könnten. Dabei wurde vor allem eine stärkere parlamentarische Abhängigkeit derjenigen Organe diskutiert, die an diesen Entscheidungen maßgeblich beteiligt sind, das heißt des Rates und der Kommission.

---

500 Vgl. oben Fn. 436.

501 Schlussfolgerungen des Vorsitzes. ER (Laeken), 14./15.12.2001 (SN 300/1/01 Rev 1), Anlage I, S. 23.

502 Vgl. oben A.IX.1.b).

Die Abhängigkeit vom Europäischen Parlament sollte etwa durch eine Ausdehnung von dessen Befugnissen im Rahmen der genannten Verfahren und Entscheidungen verstärkt werden. Beispielhaft sei die Erweiterung der Ernennungs- und Kontrollbefugnisse gegenüber der Kommission, der Befugnisse in der zweiten und dritten Säule sowie der Anwendungsbereiche des Mitentscheidungsverfahrens[503] genannt. Auch für die einzelstaatlichen Parlamente wurden verschiedene Mitwirkungs- und Kontrollrechte in Bezug auf den europäischen Willensbildungs- und Entscheidungsprozess der genannten Gemeinschaftsorgane erörtert.

c) Demokratisierung des Europäischen Rates

Obwohl der Europäische Rat bei der Diskussion um die Demokratisierung der EU nicht im Vordergrund stand, stellt sich die Frage, ob die Reformvorschläge des Konvents, die direkt oder indirekt den Europäischen Rat betreffen, zu dessen Demokratisierung – und damit zur Demokratisierung der EU – beitragen können.

Dass der Europäische Rat als Gegenstand einer Neuregelung gerade bei dem Problem der demokratischen Legitimation nicht außer Betracht bleiben darf, liegt an seiner starken Stellung im Entscheidungsprozess der EU. Nach der Rechtslage bis einschließlich des Vertrags von Nizza besteht sie darin, dass er gegenüber dem Rat und den Mitgliedstaaten die Möglichkeit hat, verbindliche Beschlüsse zu fassen[504]. Hinzu kommt die Rechtspraxis, in welcher der Europäische Rat einen starken faktischen Einfluss auf Sach- und Personalentscheidungen der Kommission und des Rates sowie auf den Integrationsprozess der EU hat.

Die Frage, welche strukturellen Vorgaben eine Neuregelung ins Visier nehmen könnte, um den Europäischen Rat zu demokratisieren, betrifft beide oben angesprochenen Legitimationsketten: die *nationale* (1) und die *europäische* Kette (2). In beiden Fällen kommen die kürzere und die längere Legitimationskette als Ansatzpunkt in Betracht. Außerdem sind in beiden Fällen Legitimationsketten denkbar, die an einzelne Mitglieder des Europäischen Rates und/oder an den Europäischen Rat als solchen anknüpfen.

---

503 Vgl. *Maurer*, Schließt sich der Kreis?, in: Busek/Hummer (Hrsg.), Der Europäische Konvent und sein Ergebnis, 2004, S. 170.

504 Vgl. oben A.VIII.3.

(1) Nationale Legitimationskette

Eine *kürzere* nationale Kette zur Legitimation einzelner Mitglieder des Europäischen Rates sehen diejenigen mitgliedstaatlichen Verfassungen vor, nach denen der jeweilige Staats- oder Regierungschef, der als Vertreter in den Europäischen Rat entsandt wird, aus einer Direktwahl hervorgeht. Eine (Neu-)Regelung auf europäischer Ebene, welche die Art und Weise dieser Legitimation betrifft, ist ausgeschlossen. Der Grund besteht darin, dass die nationale Legitimationskette an das Amt des jeweiligen Staats- oder Regierungschefs anknüpft. Die Ausgestaltung dieser Legitimationskette ist Sache des nationalen Verfassungsrechts.

Als Ansatzpunkt für eine Neuregelung auf europäischer Ebene kommt demgegenüber die *längere* Legitimationskette in Betracht, bei der die Bürger der Mitgliedstaaten indirekt über die nationalen Parlamente beteiligt werden. Hier kommt es darauf an, welche Rechte den nationalen Parlamenten gegenüber den einzelnen Mitgliedern des Europäischen Rates oder gegenüber dem Europäischen Rat selbst eingeräumt werden. In Bezug auf das jeweilige nationale Mitglied, das heißt auf den jeweiligen Staats- oder Regierungschef, ist dies eine Frage des nationalen Rechts. In Bezug auf den Europäischen Rat selbst könnten europäische Vorschriften eine stärkere Stellung der nationalen Parlamente schaffen.

(2) Europäische Legitimationskette

Eine *kürzere* europäische Legitimationskette könnte die demokratische Legitimation einzelner Mitglieder des Europäischen Rates sicherstellen, indem eine europaweite Direktwahl etwa des Kommissionspräsidenten und/oder eines hauptamtlichen Präsidenten des Europäischen Rates eingeführt wird. Um eine demokratische Legitimation des Europäischen Rates selbst sicherzustellen, müsste eine direkte Beteiligung der Bürger an dessen Entscheidungen verankert werden.

Die *längere* Kette verläuft über europaweite Wahlen zum Europäischen Parlament. Die Legitimation des Europäischen Rates könnte dadurch gestärkt werden, dass Rechte des Europäischen Parlaments ausgebaut werden. Denkbar ist hier zum einen die Stärkung dieser Rechte gegenüber einzelnen Mitgliedern des Europäischen Rates, insbesondere gegenüber dem Kommissionspräsidenten. Zum anderen kommen weiter reichende Rechte gegenüber dem Europäischen Rat als solchem in Betracht.

Allerdings kann das Europäische Parlament selbst dann, wenn seine Rechte gestärkt und seine Kompetenzen erweitert werden, die demokratische Legitimation nicht allein leisten. Ihm kann lediglich eine „stützende Funktion“[505] zukommen, so dass die europäische Legitimationskette neben die nationalen Legitimationsketten tritt. Der Grund besteht insbesondere darin, dass der Grundsatz der Gleichheit der Wahl bei den Wahlen zum Europäischen Parlament nicht gewährleistet ist. Die Anzahl der jedem Mitgliedstaat zustehenden Sitze im Europäischen Parlament richtet sich nicht genau nach der Einwohnerzahl des Mitgliedstaates. Stattdessen wird jedem Mitgliedstaat in Art. 190 Abs. 2 EGV nach einem so genannten „ponderierten Schlüssel“[506] ein bestimmtes Kontingent an Mandaten zugewiesen. Diese Kontingente sind so ausgestaltet, dass tendenziell jeder Abgeordnete eines großen Mitgliedstaates deutlich mehr Bürger repräsentiert als ein Abgeordneter eines kleinen Mitgliedstaates. Somit ist der Erfolgswert der Stimmen, das heißt das Gewicht jeder einzelnen Stimme, im ersten Fall geringer als im zweiten.

Damit das Europäische Parlament seine stützende Funktion zur demokratischen Legitimierung der EU besser ausüben kann, müsste seine Rechtsposition verbessert werden. Ob und inwiefern eine Neuregelung seiner Rechtsbeziehungen zum Europäischen Rat dazu beitragen kann, ist Gegenstand der Untersuchung der Reformvorschläge.

2. Ziel: Transparenz

a) Mehr Transparenz öffentlicher Organe allgemein

Transparenz bedeutet Durchsichtigkeit, Verstehbarkeit und Erkennbarkeit[507]. Im Zusammenhang mit staatlichen Organen und politischen Entscheidungen ist mit Transparenz vor allem „Durchschaubarkeit“[508] gemeint. Die Durchschaubarkeit bemisst sich dabei nicht aus der Perspektive des betreffenden Organs oder der an einer

---

[505] BVerfGE 89, 155 (186).

[506] BVerfG NJW 1995, 2216; *Kluth*, in: Calliess/Ruffert (Hrsg.), EUV/EGV, 3. Aufl., 2007, Art. 190 EGV Rn. 10. Diese Sitzverteilung ist ein Kompromiss zwischen dem völkerrechtlichen Grundsatz der Staatengleichheit und dem demokratischen Postulat eines egalitären Wahlrechts, welches die politische Gleichheit aller Bürger fordert, vgl. *Huber*, in: Streinz (Hrsg.), EUV/EGV, 2003, Art. 190 EGV Rn. 13; *Scheffler*, One man - one vote - one value?, 2005, S. 56 ff.

[507] Vgl. *Bröhmer*, Transparenz als Verfassungsprinzip, 2004, S. 18.

[508] *Bröhmer*, Transparenz als Verfassungsprinzip, 2004, S. 18.

politischen Entscheidung unmittelbar beteiligten Amtsträger, sondern aus der Sicht Dritter. Dritte sind im Bereich des Verfassungsrechts andere Organe und die Bürger. In einem Bundesstaat oder einem internationalen Mehrebenensystem kommen die Verbände hinzu[509] (beispielsweise die Länder, der Bund, die Europäische Union). Sie müssen bestimmte Informationen bekommen und verstehen können, damit Transparenz gewährleistet werden kann. Voraussetzung ist somit zum einen der Zugang des Dritten zu bestimmten Informationen. Zum anderen ist gerade für den Bürger eine Aufbereitung bzw. eine gewisse Einfachheit der Informationen notwendig, damit sie aus seiner Sicht nicht zu komplex sind und das Verstehen nicht von vornherein ausgeschlossen ist[510].

Begrifflich lässt sich zwischen verschiedenen Gegenständen, deren Transparenz gewährleistet werden kann, differenzieren. Entscheidend ist dabei, worauf sich die Informationen beziehen, das heißt *was* für den betreffenden Dritten durchschaubar sein soll.

Bei der *Ergebnistransparenz* betreffen die Informationen das Resultat eines Entscheidungsvorgangs. Diese Transparenz lässt sich insbesondere dadurch herstellen, dass das Ergebnis veröffentlicht wird (Beispiel: Veröffentlichung von Rechtsnormen in einem Gesetzblatt oder im EU-Amtsblatt). Hier bleibt der Entscheidungsvorgang selbst, also die Entscheidungsfindung, die Entscheidungsgründe und die Argumente, für den Dritten verborgen[511].

Verfahrenstransparenz liegt vor, wenn der Entscheidungsvorgang selbst transparent ist. Hier ist für den Dritten durchschaubar, auf welche Art und Weise die Entscheidung zustande kommt. Dafür muss ersichtlich sein, in welchen Schritten die Entscheidung getroffen wird. Zudem dient es der Verfahrenstransparenz, wenn diese Schritte im Voraus festgelegt werden und bekannt sind. Dies ist insbesondere bei Gesetzgebungsverfahren der Fall (vgl. zum Beispiel das Mitentscheidungsverfahren gem. Art. 251 EGV). Auch durch die Herstellung einer Öffentlichkeit bei der Entscheidungsfindung (beispielsweise durch eine öffentliche Sitzung des Parlaments) kann die Verfahrenstransparenz hergestellt werden.

---

509 Vgl. hierzu näher *Bröhmer*, Transparenz als Verfassungsprinzip, 2004, S. 18, 27.

510 Vgl. *Bröhmer*, Transparenz als Verfassungsprinzip, 2004, S. 18 f.

511 Vgl. hierzu näher *Bröhmer*, Transparenz als Verfassungsprinzip, 2004, S. 20 ff.

Die *Verantwortungstransparenz* ist gewährleistet, wenn die Verantwortung für bestimmte politische Handlungen oder Zustände bestimmten Entscheidungsträgern zugeordnet werden kann[512]. In einem demokratischen politischen System ist dazu erforderlich, dass der Bürger erkennen kann, welche politische Ebene für welche Entscheidungen zuständig und verantwortlich ist[513]. Dies kann beispielsweise durch eine klare Zuordnung der Verbandskompetenzen sichergestellt werden. Zudem muss für den Bürger durchschaubar sein, welcher Amtsträger bzw. welche Organe welche Entscheidungen treffen und folglich für bestimmte Entwicklungen oder Zustände verantwortlich sind. Hierfür ist insbesondere eine strikte Gewaltenteilung erforderlich. Die Verantwortungstransparenz ist in der Demokratie von besonderer Bedeutung, weil der Bürger durch sie in die Lage versetzt wird, den *jeweils verantwortlichen* Entscheidungsträger über die zur Verfügung stehenden Legitimationsketten zu legitimieren und zu kontrollieren.

b) Mehr Transparenz in der EU

Spätestens seit der Regierungskonferenz im Jahr 1992 besteht das Ziel, die Transparenz in der EU zu verbessern[514]. Nach und nach wurde das Transparenzgebot im Primärrecht und im Sekundärrecht verankert[515]. Die Vorgabe des durch den Vertrag von Amsterdam neu gefassten Art. 1 Abs. 2 EUV, Entscheidungen in der EU sollten „möglichst offen" getroffen werden, wird in Art. 255 EGV und Art. 207 Abs. 3 EGV konkretisiert. Diese Vorschriften zielen darauf ab, eine bessere Möglichkeit für die Bürger zu schaffen, an Dokumente der Gemeinschaftsorgane[516] zu gelangen[517].

---

[512] Vgl. *Bröhmer*, Transparenz als Verfassungsprinzip, 2004, S. 22 f.

[513] Vgl. *Maurer*, Schließt sich der Kreis?, in: Busek/Hummer (Hrsg.), Der Europäische Konvent und sein Ergebnis, 2004, S. 182: „Kompetenz, Sichtbarkeit und Verantwortlichkeit".

[514] Vgl. die Erklärung (Nr. 17) zum Recht auf Zugang zu Informationen vom 7. Februar 1992 (AblEG Nr. C 191/101, v. 29.7.1992).

[515] Vgl. insb. Art. 1 Abs. 2 EUV, Art. 255 EGV sowie die Verordnung (EG) Nr. 1049/2001 des Europäischen Parlaments und des Rates vom 30. Mai 2001 über den Zugang der Öffentlichkeit zu Dokumenten des Europäischen Parlaments, des Rates und der Kommission (AblEG Nr. L 145/43, v. 31.5.2001). Vgl. dazu näher *Bröhmer*, Transparenz als Verfassungsprinzip, 2004, S. 319 ff.

[516] Zur Frage, ob Dokumente des Europäischen Rates von diesen Vorschriften erfasst werden, vgl. oben A.IX.1.e).

[517] Die von Art. 255 Abs. 2 EGV verlangte Festlegung der Grundsätze und Einschränkungen für die Ausübung des Rechts auf Zugang zu Dokumenten erfolgte durch die oben in Fn. 515 genannte Verordnung (EG) Nr. 1049/2001; vgl. näher zu dieser Verordnung *Partsch*, NJW 2001, 3154 ff.

Dadurch werden aus der Sicht des Bürgers die Ergebnistransparenz und möglicherweise auch die Verfahrenstransparenz verbessert. Zuletzt hat der Rat im Jahre 2002 in seiner Geschäftsordnung festgelegt, dass seine Verhandlungen in einem bestimmten Maße öffentlich sind, wenn er gesetzgeberisch tätig ist (Art. 8 GO Rat). Damit wird insoweit eine Verfahrenstransparenz hergestellt.

Auch der Konvent hat zahlreiche Reformen von Strukturen und Verfahren diskutiert, um die Transparenz auf EU-Ebene weiter zu verbessern. Im Vordergrund stand dabei das Bestreben, der EU ein Profil zu verleihen. Ein erster Ansatz dazu verfolgte eine stärkere Personalisierung insbesondere durch einen hauptamtlichen Präsidenten und einen EU-Außenminister. Der zweite Ansatz betraf die Entscheidungsfindung in den Organen und die Ergebnisse der Verhandlungen. Sie sollten weniger komplex und damit verständlicher werden[518]. Eine spezielle Arbeitsgruppe wurde eingerichtet, um das derzeitige System zu vereinfachen und damit transparenter zu gestalten[519]. Beide Ansätze sollen dazu dienen, die Transparenz vor allem für den Bürger zu verbessern. Sie zielen insbesondere auf die Verfahrenstransparenz und auf die Verantwortungstransparenz ab.

c) Mehr Transparenz im Europäischen Rat

Die vorgenannten Maßnahmen betreffen durchweg die Kommission, den Rat und das Europäische Parlament. Dies ist verständlich vor dem Hintergrund, dass es sich bei ihnen um die Rechtsetzungs- und Exekutivorgane handelt, deren Entscheidungen den Bürger unmittelbar betreffen.

Der Europäische Rat hat sich ebenfalls mit der Forderung nach mehr Transparenz beschäftigt. Die Transparenz des eigenen Gremiums blieb dabei allerdings unberücksichtigt. Als Beispiele sind in diesem Zusammenhang die Tagungen von Helsinki 1999 und von Laeken 2001 zu nennen. In beiden Fällen hat sich der Europäische Rat in seinen Schlussfolgerungen[520] zur Transparenz der EU allgemein

---

[518] Vgl. *Maurer*, Schließt sich der Kreis?, in: Busek/Hummer (Hrsg.), Der Europäische Konvent und sein Ergebnis, 2004, S. 182.

[519] CONV 424/02, Konvents-Arbeitsgruppe „Vereinfachung". Schlussdokument.

[520] Vgl. Schlussfolgerungen des Vorsitzes. ER (Helsinki), 10./11.12.1999 (SN 300/99), Rn. 22 sowie Anlage III. Schlussfolgerungen des Vorsitzes. ER (Laeken), 14./15.12.2001 (SN 300/1/01 Rev 1), Rn. 3 sowie Anlage I.

und zu derjenigen der Gemeinschaftsorgane, nicht jedoch „selbstkritisch" zur Transparenz des Europäischen Rates, geäußert.

Obwohl die Forderung nach mehr Transparenz bei den Bemühungen um eine Reform des Europäischen Rates nicht im Vordergrund stand, könnten einzelne Reformvorschläge, die im Konvent diskutiert wurden, den Europäischen Rat transparenter gestalten. Im Anschluss an die Darstellung der Reformvorschläge ist deshalb zu untersuchen, inwiefern die Vorschläge geeignet sind, die Ergebnistransparenz, die Verfahrenstransparenz und die Verantwortungstransparenz des Europäischen Rates zu gewährleisten oder zu erhöhen.

3. Ziel: Effizienz

a) Mehr Effizienz öffentlicher Organe allgemein

Effizienz (lat. *efficientia*) bedeutet ganz allgemein Wirksamkeit. Im Zusammenhang mit staatlichen Institutionen und Aufgaben meint der Begriff die Wirksamkeit der staatlichen Handlungen. Weil der Staat durch seine Organe handelt, ist für die Effizienz staatlicher Handlungen die Effizienz der Handlungen der staatlichen Organe[521] erforderlich. Bei der Beurteilung dieser Effizienz lässt sich zwischen zwei Betrachtungsfeldern unterscheiden. Zum einen kann die Effizienz des die betreffende staatliche Handlung ausführenden Organs isoliert betrachtet werden. Wenn mehrere Organe an einer staatlichen Handlung beteiligt sind, wird jedes einzelne Organ darauf untersucht, ob es für sich genommen effizient handelt (Effizienz des einzelnen Organs). Zum anderen kann das Betrachtungsfeld breiter gefasst werden, und es können mehrere oder alle beteiligten Organe zusammen dahin gehend geprüft werden, ob der Staat durch sie effizient handelt (Effizienz des Gesamtsystems).

(1) Effizienz des einzelnen Organs

Damit das Organ effizient handeln kann, muss dessen Handlungsfähigkeit sichergestellt werden. Hierfür müssen dem Organ die notwendigen Handlungskompetenzen zugewiesen werden (Organkompetenzen). Besteht das betreffende Organ nicht lediglich aus einem Amtsträger[522], sondern aus mehreren

---

[521] Wenn im Folgenden verkürzt von der Effizienz von Organen gesprochen wird, dann ist damit die Effizienz ihrer Handlungen gemeint.

[522] Ein Beispiel für ein Organ, das lediglich aus einem Amtsträger besteht, ist der deutsche Bundespräsident.

Amtsträgern, muss zusätzlich gewährleistet sein, dass aus den Handlungen der einzelnen Organmitglieder eine Handlung des Organs wird. Voraussetzung dafür ist die Fähigkeit der Mitglieder, einen Beschluss des Organs zu fassen (Beschlussfähigkeit). Je einfacher Beschlüsse gefasst werden können, desto höher sind die Beschlussfähigkeit und damit die Handlungsfähigkeit des Organs. Je einfacher es ist, Beschlüsse zu blockieren, je höher also das Blockaderisiko ist, desto niedriger sind Beschlussfähigkeit und Handlungsfähigkeit. Darüber hinaus sind zahlreiche weitere Faktoren denkbar, welche die Handlungsfähigkeit beeinflussen können. Dazu gehören beispielsweise die Vorbereitung der Beschlüsse und die Leitung der Debatte der Organmitglieder, deren jeweilige Ausgestaltung die spätere Beschlussfassung erleichtern kann. Dadurch würde das Organ handlungsfähiger und folglich effizienter.

(2) Effizienz des Gesamtsystems

Um die Effizienz staatlichen Handelns, an dem mehrere Organe beteiligt sind, zu gewährleisten, genügt die Effizienz eines einzelnen Organs nicht. Wenn ein Organ effizient handelt, ist in diesen Fällen noch nicht sichergestellt, dass die Handlungen auch unmittelbar die gewünschte Entwicklung zur Folge haben. Vielmehr müssen die gesamten staatlichen Strukturen so ausgestaltet sein, dass die Handlungen des Staates möglichst ohne Hindernisse umgesetzt werden.

Hindernisse können dabei in der Art und Weise der Beteiligung anderer Organe oder Amtsträger bestehen. Wenn der Staat durch ein Organ handelt und es keiner Handlung eines weiteren Organs bedarf, um die Folgen auszulösen, bzw. wenn kein anderes Organ die Folgen durch sein Handeln verhindern kann, ist die Effizienz des Gesamtsystems staatlichen Handelns höher. Sie ist hingegen geringer, wenn beispielsweise Beschlüsse erst auf Initiative eines anderen Organs gefasst werden können oder wenn Beschlüsse zustimmungspflichtig sind (zum Beispiel Zustimmung durch das Parlament). Gleiches gilt für die Möglichkeit, auf dem Rechtsweg gegen eine Handlung des betreffenden Organs vorzugehen, so dass ein Gericht durch ein Urteil möglicherweise verhindert, dass die Folgen der Handlung eintreten. Allgemein führt ein „Mehr" an parlamentarischer oder gerichtlicher Kontrolle dazu, dass die Effizienz des Gesamtsystems verringert wird, weil die Umsetzung der Beschlüsse eines staatlichen Organs in diesem Fall nicht lediglich von dessen eigenem effizienten Handeln abhängt.

Allerdings kann eine Beteiligung anderer Organe die Effizienz staatlichen Handelns auch erhöhen, indem sie vor oder unmittelbar an der Beschlussfassung beteiligt werden. Wenn diese Organe notwendigerweise an der späteren Umsetzung des

Beschlusses mitwirken müssen, dann haben sie durch eine frühe Einbindung in die Entscheidungsfindung die Möglichkeit, schon in den Beschluss ihre Interessen einzubringen, und sind folglich eher bereit, den Beschluss später umzusetzen.

b) Mehr Effizienz in der EU

Das Ziel des Mandates von Laeken, die EU effizienter zu gestalten, findet sich schon im Gründungsvertrag der EU. Im sechsten Erwägungsgrund der Präambel des EUV äußerten die Vertragsparteien den Wunsch, die „Effizienz in der Arbeit der Organe weiter zu stärken". Diese Stärkung der Effizienz erfolgte vor allem durch die zunehmende Anwendung der Mehrheitsentscheidung im Rat in verschiedenen Politikbereichen[523].

Im Konvent diente das oben genannte Arbeitspapier mit dem Titel „Funktionsweise der Organe"[524] als Diskussionsgrundlage für die Frage, wie die Effizienz aller Organe gesteigert werden könnte. Beweggrund für dieses Reformziel war vor allem die Erweiterung der EU um 10 neue Mitgliedstaaten im Jahre 2004, welche die Anzahl der an den Entscheidungen der EU beteiligten Akteure drastisch erhöht hat und die Funktionsfähigkeit der Organe beeinträchtigen könnte[525].

Um die Effizienz aller Organe zu steigern, wurde vom Konvent die Steigerung der Effizienz jedes einzelnen Organs angestrebt[526], wobei der Rat, die Kommission und das Europäische Parlament im Vordergrund standen.

c) Mehr Effizienz des Europäischen Rates

Um die Effizienz des Europäischen Rates zu steigern, waren schon durch die Sevilla-Beschlüsse einige Anpassungen vorgenommen worden[527]. Diese Anpassungen beschränkten sich auf operative Maßnahmen, die ohne eine Vertragsänderung

---

[523] Vgl. *Hilf/Pache*, in: Grabitz/Hilf (Hrsg.), Das Recht der Europäischen Union, Bd. 1, 23. EL, Januar 2004, Präambel EUV Rn. 27.

[524] CONV 477/03, Funktionsweise der Organe. Arbeitspapier des Präsidiums; vgl. oben Fn. 495.

[525] So die Befürchtung des Präsidiums, s. CONV 477/03, Funktionsweise der Organe. Arbeitspapier des Präsidiums, S. 12.

[526] Auf diesen Zusammenhang weist das Präsidium in CONV 477/03, S. 12 hin.

[527] Vgl. oben A.II.1.c); A.IV.3.

durchführbar waren[528]. Sie betrafen insbesondere die praktische Arbeitsweise des Europäischen Rates sowie die Vorbereitung seiner Tagungen durch den Rat. Der Konvent strebte hingegen eine Vertragsänderung an und konnte deshalb weiter gehende Reformen des Europäischen Rates diskutieren.

Im Hinblick auf das Ziel einer Effizienzsteigerung wurden in dem genannten Arbeitspapier einige zentrale Ansatzpunkte für eine solche Reform vom Präsidium hervorgehoben. Erstens wurde auf die große Anzahl von Mitgliedern und Teilnehmern hingewiesen, die informelle „Kamingespräche", die als effizient gelten, nicht mehr erlaube. Reformgegenstand ist hier insbesondere die Zusammensetzung des Europäischen Rates. Zweitens wurde das Beschlussfassungsverfahren angesprochen, das keine Mehrheitsentscheidungen ermögliche, weshalb blockierte Vorhaben kaum zum Abschluss gebracht werden könnten. Diese Fragen sind bei einer Neuregelung der Entscheidungsfindung relevant. Drittens wurde darauf hingewiesen, dass jeder nationale Vorsitz während seiner sechsmonatigen Präsidentschaft versuche, seine eigenen Ziele durchzusetzen[529] anstatt gemeinschaftliche Ziele zu verfolgen. Um diesem Problem zu begegnen, könnten der Vorsitz und die Organisation des Europäischen Rates neu geregelt werden.

Es stellt sich somit die Frage, inwieweit die im Konvent diskutierten Reformvorschläge, die eine Vertragsänderung beabsichtigen, geeignet sind, die Effizienz des Europäischen Rates zu steigern. Dies ist im Anschuss an die folgende Zusammenstellung der Vorschläge zu untersuchen.

II. Vorschläge des Europäischen Konvents und des VVE

1. Zusammensetzung und Abgrenzung

a) Zusammensetzung

(1) Mitglieder

Nach den meisten Reformvorschlägen sollen wenigstens die Staats- oder Regierungschefs der Mitgliedstaaten und der Kommissionspräsident Mitglieder des Europäischen Rates bleiben[530]. Bei einer EU mit 27 Mitgliedstaaten hätte der Europäische Rat damit

---

[528] Vgl. CONV 477/03, Funktionsweise der Organe. Arbeitspapier des Präsidiums, S. 11.

[529] Vgl. CONV 477/03, Funktionsweise der Organe. Arbeitspapier des Präsidiums, S. 11.

[530] Art. I-21 Abs. 2 S. 1 VVE.

28 Mitglieder. Nur selten wird die Forderung erhoben, dem Kommissionspräsidenten die Mitgliedschaft zu entziehen und den Europäischen Rat auf die Staats- und Regierungschefs zu beschränken[531].

Zahlreiche Reformvorschläge plädieren dafür, zusätzliche Amtsträger als Mitglieder des Europäischen Rates aufzunehmen. Am meisten Rückhalt hat die Einführung eines Präsidenten oder Vorsitzenden des Europäischen Rates, der nicht zugleich Staats- oder Regierungschef eines Mitgliedstaates ist, erfahren[532]. Einige Beiträge schlagen vor, den Präsidenten des Europäischen Parlaments als Mitglied aufzunehmen, und zwar zusätzlich zum genannten Präsidenten/Vorsitzenden des Europäischen Rates[533].

Stellvertreter, die anstelle eines Mitglieds des Europäischen Rates an den Tagungen teilnehmen können, werden in den Vorschlägen nicht erwähnt. Es soll somit weiterhin gewährleistet werden, dass die Tagungen des Europäischen Rates wirkliche Gipfeltreffen darstellen und die Staats- und Regierungschefs sich nicht durch einen Minister, Botschafter oder einen sonstigen Beamten vertreten lassen.

(2) Weitere Teilnehmer

Den größten Unterschied hinsichtlich der Anzahl der im Europäischen Rat anwesenden Amtsträger macht die Entscheidung aus, ob die Staats- und Regierungschefs von nationalen Ministern begleitet werden oder nicht.

Einige Vorschläge sprechen sich dafür aus, wie nach Nizzaer Recht die nationalen Außenminister an den Tagungen des Europäischen Rates unterstützend teilnehmen zu lassen. Teilweise wird erwogen, zusätzlich Minister anderer Ressorts als Teilnehmer aufzunehmen[534], so dass jeder Staats- und Regierungschef von mehreren Ministern begleitet werden könnte. Andere Vorschläge beschränken die nationalen Vertreter im Grundsatz auf die Staats- und Regierungschefs, lassen aber in Ausnahmefällen je einen Minister als Begleitung zu, wenn es nach der Tagesordnung geboten ist und die Mitglieder des Europäischen Rates es beschließen[535].

---

531 CONV 317/02, S. 30 (Badinter); CONV 488/03, S. 3 (Severin).

532 Art. I-21 Abs. 2 S. 1 VVE.

533 CONV 709/03, S. 10 (Kaufmann).

534 CONV 709/03, S. 10 (Balazs).

535 Art. I-21 Abs. 3 S. 2 VVE, wobei auf kein bestimmtes Ressort Bezug genommen wird. Die Beschränkung des Europäischen Rates auf die Staats- und Regierungschefs und den

Diejenigen Vorschläge, nach denen die Staats- und Regierungschefs im Grundsatz oder in Ausnahmefällen von nationalen Ministern begleitet werden können, sehen vor, dass der Kommissionspräsident von einem Mitglied der Kommission begleitet wird[536].

Soweit der neue Posten eines Außenministers der Union befürwortet wird, erwägen die meisten Vorschläge, den entsprechenden Amtsträger in den Europäischen Rat zu integrieren. Sie sehen für ihn eine ergänzende Rolle im Europäischen Rat vor. Er soll an den Arbeiten teilnehmen[537]. Der EU-Außenminister wäre folglich lediglich Teilnehmer des Europäischen Rates; ein Vorschlag, der ihn als gleichberechtigtes „europäisches" Mitglied aufnehmen will, findet sich nicht.

(3) Präsident/Vorsitzender

(a) Bezeichnung

Für den Amtsträger, der die Führungsrolle im Europäischen Rat ausüben soll, befürworten viele Beiträge den Begriff „Präsident des Europäischen Rates"[538]. Von den Gegnern des Begriffs „Präsident" wird meist die Bezeichnung „Vorsitz" oder „Vorsitzender", seltener „Generalsekretär", „Koordinator" oder „Hoher Vertreter" verwandt[539].

(b) Bestimmung des Präsidenten

Eine große Rolle in der Diskussion um den VVE hat die Frage gespielt, ob der Europäische Rat einen Präsidenten/Vorsitzenden bekommen soll, der für eine bestimmte Amtszeit gewählt ist (i), oder ob es weiterhin ein Rotationsverfahren geben soll (ii). Einen Zusammenhang zu den Bezeichnungen lässt sich dabei nicht feststellen. So gibt es unter denjenigen Vorschlägen, die eine Wahl befürworten, solche, die den

---

Kommissionspräsidenten entspricht derjenigen Zusammensetzung, die im „Spinelli-Entwurf" des Europäischen Parlaments von 1984 vorgesehen war und die in der EEA sowie dem EUV bis einschließlich des Vertrags von Nizza nicht übernommen wurde, vgl. oben Fn. 17.

536 Art. I-21 Abs. 3 S. 2 VVE.

537 Art. I-21 Abs. 2 S. 2 VVE.

538 Art. I-21 Abs. 2 S. 1 VVE; im Englischen „president", im Französischen „président".

539 Vgl. CONV 709/03, S. 9 (Andriukaitis). Dass im Französischen lediglich der Begriff „président" zur Verfügung stand, hat sich auf die Debatte um die Bezeichnung ausgewirkt, vgl. näher *Einem*, EuR 2004, 202 (208 f.) zum KE.

Begriff „Präsident“ verwenden, und solche, die vom „Vorsitzenden“ sprechen. Dies gilt analog für die Befürworter des Rotationsverfahrens.

(i) Wahlmodus

Die meisten Vorschläge, die einen gewählten Präsidenten wünschen, sprechen sich dafür aus, dass er *vom Europäischen Rat* mit qualifizierter Mehrheit gewählt wird[540]. Teilweise wird die Beteiligung des Europäischen Parlaments gefordert, das die Wahl des Präsidenten des Europäischen Rates mit der Mehrheit seiner Mitglieder bestätigen müsste[541]. Alternativ wird vorgeschlagen, den Präsidenten des Europäischen Rates im Rahmen einer allgemeinen, unmittelbaren Wahl zu bestimmen[542].

Die *Amtszeit*, die am häufigsten vorgeschlagen wird, beträgt zweieinhalb Jahre, wobei eine Wiederwahl zulässig sein soll[543]. Längere Amtszeiten (drei, vier oder fünf Jahre[544]) werden seltener genannt. Teilweise wird betont, dass die Amtszeit des Präsidenten des Europäischen Rates an die Legislaturperiode des Europäischen Parlaments bzw. an die Amtszeit der Kommission angepasst werden soll[545].

Soweit ein gewählter Präsident vorgesehen wird, sprechen sich die meisten Vorschläge dafür aus, dass er dieses Amt *hauptamtlich* ausübt[546]. Umstritten ist allerdings, welche Nebenämter ausgeschlossen sein sollen. Zum Teil wird vorgeschlagen, der Präsident des Europäischen Rates dürfe keinem anderen europäischen Organ angehören und kein einzelstaatliches Amt innehaben[547]. Damit könnte das Amt des Präsidenten des Europäischen Rates nicht in Personalunion mit einer anderen staatlichen oder europäischen Funktion – und auch nicht mit dem Amt

---

540 Art. I-22 Abs. 1 S. 1 HS 1 VVE.

541 CONV 709/03, S. 11 (Borrell).

542 CONV 709/03, S. 12 (Papandreou).

543 Art. I-22 Abs. 1 S. 1 HS 2 VVE. Gegen eine mögliche Wiederwahl CONV 709/03, S. 12 (Timmermans).

544 Drei Jahre: CONV 709/03, S. 12 (Stockton); vier Jahre: CONV 591/03, S. 3 (Palacio); fünf Jahre: CONV 709/03, S. 12 (Abitbol).

545 CONV 549/03, Anlage, S. 2 (Würmeling).

546 Art. I-22 Abs. 3 VVE. Zum Gehalt des Präsidenten: Art. III-400 Abs. 1 lit. a VVE.

547 „Der Präsident des Europäischen Rates darf nicht einem anderen europäischen Organ angehören oder ein einzelstaatliches Amt innehaben“, vgl. CONV 691/03 Cor 1, S. 1 (Präsidium).

des Kommissionspräsidenten – wahrgenommen werden. Teilweise beschränken die Vorschläge die Unvereinbarkeit auf einzelstaatliche Ämter, die der Präsident nicht „ausüben“[548] bzw. nicht „innehaben“[549] dürfe. Hier wäre eine Personalunion mit einem europäischen Amt möglich, so dass der Präsident des Europäischen Rates zugleich als Präsident der Kommission fungieren könnte[550].

Einige Stimmen, die eine Wahl auf Zeit befürworten, sprechen sich gegen einen hauptamtlichen Präsidenten aus, wobei zwei Modelle zu unterscheiden sind.

Zum einen wird vorgeschlagen, dass der Präsident aus der Mitte der Mitglieder des Europäischen Rates gewählt wird[551]. Danach könnte entweder einer der Staats- oder Regierungschefs gewählt werden, der damit das Amt des Präsidenten des Europäischen Rates nebenamtlich wahrnähme, oder der Kommissionspräsident würde im Falle seiner Wahl beide Ämter in Personalunion ausüben. Teilweise wird eingeschränkt, dass der Präsident lediglich aus der Mitte der Staats- und Regierungschefs gewählt werden soll, so dass der Kommissionspräsident nicht als Präsident des Europäischen Rates in Frage käme[552].

Zum anderen wird vorgeschlagen, dass der gewählte Kommissionspräsident automatisch als Präsident des Europäischen Rates fungiert[553] (Personalunion). Eine gesonderte Wahl für das Amt des Präsidenten des Europäischen Rates würde demzufolge nicht abgehalten.

Einige Regelungsvorschläge sehen ein *Amtsenthebungsverfahren* für den Präsidenten des Europäischen Rates vor. Der Präsident soll von seinem Amt entbunden werden können, wenn „schwerwiegende Hinderungsgründe“[554], eine

---

548 Art. I-22 Abs. 3 VVE: „Der Präsident des Europäischen Rates darf kein einzelstaatliches Amt ausüben“.

549 Art. I-21 Abs. 3 KE: „Der Präsident des Europäischen Rates darf kein einzelstaatliches Amt innehaben“.

550 Zum Recht des Vertrags von Nizza, nach dem eine Personalunion ausgeschlossen ist, vgl. oben A.II.1.b).

551 CONV 709/03, S. 12 (Timmermans).

552 CONV 495/03, Anlage, S. 23 (Teufel).

553 CONV 320/02, S. 11 (Lequiller): „Präsident für Europa“; CONV 524/03, S. 3 (Duff): „President of the Union“.

554 CONV 691/03, S. 4 (Präsidium).

„Verhinderung" oder eine „schwere Verfehlung"[555] vorliegen. Voraussetzung für eine Amtsenthebung wäre dabei eine qualifizierte Mehrheit im Europäischen Rat. Teilweise wird verlangt, dass bei einer Amtsenthebung auch über die Wahl eines neuen Präsidenten bestimmt werden muss[556].

(ii) Rotationsmodus

Zahlreiche Vorschläge sprechen sich gegen einen auf Zeit gewählten Präsidenten aus und befürworten ein Rotationsverfahren[557]. Sie orientieren sich am Primärrecht bis einschließlich des Vertrags von Nizza und sehen eine Rotation im Rhythmus von 6 Monaten unter den Staats- und Regierungschefs vor[558]. Den Kommissionspräsidenten beziehen die Vorschläge nicht in die Rotation ein.

(c) Anforderungen an den Amtsträger

Teilweise werden in den Vorschlägen Anforderungen genannt, die eine Person, die als Präsident des Europäischen Rates in Frage kommt, erfüllen muss. So wird verlangt, dass der potenzielle ständige Präsident „Mitglied des Europäischen Rates" sein oder ihm mindestens zwei Jahre lang angehört haben muss[559]. Die erste Voraussetzung erfüllen nur die amtierenden Staats- und Regierungschefs und der Kommissionspräsident, die zweite bezieht sich auf ehemalige Amtsträger.

(d) Präsidium/Vizepräsident(en)

Zum Teil wird eine Gruppenpräsidentschaft bzw. ein Präsidium aus mehreren Mitgliedern vorgeschlagen. Dabei ist zu unterscheiden zwischen den Konzepten mit einem Präsidium nur für den Europäischen Rat und solchen, die ein Gesamt-Präsidium für den Europäischen Rat und den Rat schaffen wollen.

---

555 Art. I-22 Abs. 1 S. 2 VVE.

556 CONV 807/03, S. 60 (Kirkhope).

557 CONV 457/02, S. 5 (Michel); CONV 448/02, S. 19 (Barnier); CONV 509/03 (Kiljunen), Anlage, S. 6; CONV 589/03, S. 2 (Martikonis); CONV 680/03, S. 3 (Serracino-Inglott); CONV 719/03, S. 3 (Povilas); CONV 763/03, Annex, S. 2 (Sant).

558 CONV 80/02, S. 3 (Bösch); CONV 448/02, S. 19 (Barnier).

559 CONV 691/03, S. 4 (Präsidium). Antrag auf Streichung dieser Voraussetzungen in CONV 709/03, S. 12 (Andriukaitis).

Für den Europäischen Rat wird diskutiert, das halbjährliche Rotationsverfahren beizubehalten und den jeweiligen Vorgänger und Nachfolger einer Präsidentschaft in ein Präsidium einzubeziehen[560]. Das Präsidium bestünde damit aus drei Personen, die das Amt des Staats- oder Regierungschefs ihres jeweiligen Mitgliedstaates weiterhin ausüben. Ein anderer Vorschlag sieht das Präsidium als Ergänzung zu einem auf Zeit gewählten hauptamtlichen Präsidenten des Europäischen Rates vor. Danach könnte der Europäische Rat beschließen, aus seinen Reihen ein aus drei Mitgliedern bestehendes Präsidium nach einer ausgewogenen Rotation zu bestimmen[561].

Ein anderes Konzept schlägt eine Gruppenpräsidentschaft für den Rat vor[562]. Danach sollen vier Mitgliedstaaten für die Dauer von zwei oder zweieinhalb Jahren gemeinsam die Ratspräsidentschaft ausüben. Diese Präsidentschaft soll von einem „Steering Committee" geleitet werden, das aus dem Präsidenten des Europäischen Rates und den Vorsitzenden der Ministerräte besteht. Die Aufgabe des Komitees bestünde insbesondere in der Vorbereitung der Sitzungen des Europäischen Rates. Der Präsident des Europäischen Rates, der gleichzeitig Mitglied des Komitees wäre, würde nach der Vorstellung dieses Konzeptes vom Europäischen Rat gewählt.

Einige Vorschläge sehen einen oder mehrere Vizepräsidenten des Europäischen Rates vor[563]. Soweit ein Präsidium zur Diskussion steht, wird teilweise hervorgehoben, dass dessen Mitglieder den Rang von Vizepräsidenten des Europäischen Rates haben sollten[564].

---

560 CONV 80/02, S. 4 (Bösch), wo ergänzend vorgeschlagen wird, dass diese Troika zugleich Mitglied eines fünfköpfigen EU-Präsidiums sein soll, dem zusätzlich der Präsident des Europäischen Parlaments und der Kommissionspräsident angehören sollen.

561 CONV 691/03, S. 4 (Präsidium).

562 CONV 550/03, S. 3 (Hübner).

563 CONV 691/03, S. 4 (Präsidium), wo neben dem Präsidenten ein hauptamtlicher Vizepräsident erwähnt wird. Letzterer wurde in CONV 691/03, Cor 1, S. 1 (Präsidium) gestrichen. Drei Vizepräsidenten werden vorgeschlagen in CONV 709/03, S. 12 (Duhamel).

564 CONV 709/03, S. 12 (Duhamel)

(e) Normierte Funktionen/Pflichten des Präsidenten

(i) Bezug auf den Europäischen Rat

Gemäß zahlreichen Beiträgen soll ausdrücklich geregelt[565] werden, dass der Präsident des Europäischen Rates den Vorsitz bei dessen Arbeiten führen[566] bzw. die Beratungen leiten[567] und dass er den Arbeiten Impulse geben soll[568]. Außerdem soll er für die Vorbereitung und Kontinuität der Arbeiten des Europäischen Rates sorgen[569] und über die Umsetzung der Beschlüsse wachen[570]. Des Weiteren soll er für Kohärenz[571] sorgen bzw. darauf hinwirken, dass Zusammenhalt und Konsens im Europäischen Rat gefördert werden[572].

(ii) Bezug nach außen

Viele Vorschläge möchten auch Funktionen und Pflichten des Präsidenten des Europäischen Rates nach außen festlegen. Dazu gehört zunächst eine Berichtspflicht des Präsidenten gegenüber dem Europäischen Parlament[573]. Ergänzend wird vorgeschlagen, dass auch die nationalen Parlamente einen Bericht des Präsidenten des Europäischen Rates erhalten sollen[574]. Zudem soll der Präsident des Europäischen Rates an den Tagungen des Rates „Allgemeine Angelegenheiten" teilnehmen[575] bzw. in dieser Ratsformation den Vorsitz führen[576]. Umstritten sind repräsentative Funktionen des Präsidenten des Europäischen Rates. Hier wird vorgeschlagen, dass er

---

565 Gegen eine Normierung dieser Aufgaben allerdings CONV 709/03, S. 11 (Kirkhope).

566 Art. I-22 Abs. 2 UAbs. 1 lit. a VVE.

567 CONV 691/03, S. 4 (Präsidium).

568 Art. I-22 Abs. 2 UAbs. 1 lit. a VVE.

569 „[I]n Zusammenarbeit mit dem Präsidenten der Kommission auf der Grundlage der Arbeiten des Rates ‚Allgemeine Angelegenheiten'", Art. I-22 Abs. 2 UAbs. 1 lit. b VVE.

570 CONV 489/03, S. 3 (de Villepin).

571 CONV 709/03, S. 12 (Hain).

572 Art. I-22 Abs. 2 UAbs. 1 lit. c VVE.

573 Art. I-22 Abs. 2 UAbs. 1 lit. d VVE.

574 CONV 709/03, S. 12 (Andriukaitis).

575 CONV 709/03, S. 12 (Timmermans).

576 CONV 709/03, S. 17 (Hain); CONV 690/1/03, Rev 1, S. 14 f. (Cisneros Laborda).

die Union auf internationaler Ebene anlässlich der Treffen von Staats- und Regierungschefs vertreten[577] bzw. auf seiner Ebene die Außenvertretung der Union in Angelegenheiten der GASP wahrnehmen soll[578]. Schließlich wird diskutiert, ob der Präsident des Europäischen Rates automatisch auch das Amt des Präsidenten der Kommission in Personalunion ausüben soll[579].

b) Abgrenzung

Anders als das Recht gemäß dem Vertrag von Nizza, das mehrere Gremien für die Staats- und Regierungschefs vorsieht[580], enthalten die Vorschläge nur noch ein Gremium mit dieser höchsten politischen Besetzung: den Europäischen Rat. Daneben würde gemäß den Vorschlägen kein Rat in Zusammensetzung der Staats- und Regierungschefs existieren. Eine Abgrenzung, wie sie noch nach Nizzaer Recht erforderlich ist, würde sich erübrigen.

Die meisten Vorschläge plädieren dafür, den Begriff „Europäischer Rat" für dieses Gremium beizubehalten. Nur wenige Vorschläge wollen den Europäischen Rat umbenennen, um ihn deutlicher vom Ministerrat zu unterscheiden. Genannt werden beispielsweise die Begriffe „Rat der Staats- und Regierungschefs"[581] und „Conseil des Premiers"[582].

2. Rechtsnatur

Da der Europäische Rat nach dem Recht des Vertrags von Nizza kein Organ darstellt bzw. nach anderer Auffassung zwar ein Organ darstellt, aber nicht ausdrücklich als solches bezeichnet wird, haben viele Vorschläge eine Neuregelung bzw. eine Klarstellung für erforderlich gehalten und ihn in die Liste der Organe der Union

---

577 CONV 489/03, S. 3 (de Villepin).

578 Art. I-22 Abs. 2 UAbs. 2. Gegen eine Normierung dieser Aufgaben CONV 709/03, S. 12 (Meyer).

579 CONV 746/03, Anlage, S. 3 (Dini), nach einer Übergangszeit. Vgl. oben Fn. 553.

580 Vgl. oben A.II.2.

581 CONV 63/02, S. 13 (Hänsch).

582 CONV 452/02, S. 3 (Lamassoure). Wie leicht der Begriff Europäischer Rat missverstanden wird, zeigen zwei Beispiele: So spricht z.B. CONV 775/03 (Helle) vom „Council of Europe" (Europarat), meint aber den „European Council" (den Europäischen Rat). Des Weiteren nennt ein Vorschlag des Präsidiums in der deutschen Fassung den „Rat", in der französischen Fassung, welche die Originalfassung ist, hingegen den „Conseil européen" (den Europäischen Rat), vgl. die Korrektur in CONV 707/03 Cor 1, S. 2 (Präsidium).

aufgenommen[583]. Die Ausstattung der Union mit Rechtspersönlichkeit, die nach der hier vertretenen Auffassung erforderlich ist[584], damit der Europäische Rat als Organ der EU eingestuft werden kann, ist in diesen Vorschlägen enthalten[585]. Der Europäische Rat wird in den Vorschlägen teilweise an erster Stelle der Liste der Organe[586], teilweise an zweiter Stelle nach dem Europäischen Parlament[587] genannt. Dass er nach diesen Vorstellungen ein eigenständiges Organ und keine Unterform des Rates ist, lässt sich auch an der Formulierung der vorgeschlagenen Klauseln erkennen, die den Rat in dessen einzelnen Zusammensetzungen regeln[588].

Demgegenüber sehen andere Vorschläge den Europäischen Rat nicht als Organ vor. Dabei sind zwei Varianten zu unterscheiden. Die erste Variante bilden diejenigen Vorschläge, die den Europäischen Rat als eine besondere Form des Organs Rat einordnen. Teils wird diese Einordnung ausdrücklich erklärt[589]; teils ergibt sie sich aus der Auslegung der vorgeschlagenen Bestimmungen, weil diese den Europäischen Rat in einer Vorschrift in demjenigen Abschnitt erwähnen, der den Rat regelt, und zudem in der Liste der Organe lediglich den Rat aufführen[590]. Die zweite Variante bilden diejenigen Vorschläge, die den Europäischen Rat zwar gesondert regeln, so dass deutlich wird, dass er ein vom Rat zu trennendes Gremium darstellt, ihn jedoch nicht unter den Organen aufführen[591].

---

583 Art. I-19 Abs. 1 UAbs. 2 VVE.

584 Vgl. oben A.III.4.b).

585 Art. I-7 VVE: „Die Union besitzt Rechtspersönlichkeit".

586 CONV 345/1/02 Rev 1, S. 37 (Hain).

587 Art. I-19 Abs. 1 UAbs. 2 VVE.

588 Vgl. Art. I-24 Abs. 2 VVE: der Rat als „Rat ‚Allgemeine Angelegenheiten'", wohingegen eine Formulierung wie „der Rat als Europäischer Rat" gerade nicht verwandt wurde.

589 CONV 549/03, Anlage, S. 2 (Würmeling): oberste Ratsformation; CONV 719/03, S. 2 (Andriukaitis): „The Council of the European Union should comprise both the European Council and the Council of Ministers in its different formations".

590 CONV 732/03, S. 2 ff. (de Vries).

591 CONV 325/02, S. 33, 42 (Brok); CONV 325/02, Rev 2, S. 58 (Brok).

3. Organisation

a) Verwaltungsorganisation

Zahlreiche Vorschläge sprechen die Frage, ob dem Europäischen Rat ein eigener Verwaltungsapparat zur Seite stehen soll, ausdrücklich an. Diese Verwaltung wird teilweise dem Präsidenten des Europäischen Rates[592], teilweise dem Europäischen Rat als Organ zugeordnet. Als dem Europäischen Rat zuarbeitende Einrichtung wird das Generalsekretariat des Rates[593] oder auch die Kommission, die im intergouvernementalen Bereich als Sekretariat des Europäischen Rates fungieren soll[594], genannt.

b) Geschäftsordnung

Gemäß einigen Vorschlägen soll sich der Europäische Rat eine Geschäftsordnung geben[595], in der insbesondere die Einberufung geregelt würde[596]. Auch soll er einen gesonderten Haushaltsplan erhalten[597].

c) Regelmäßigkeit der Tagungen

In den Vorschlägen ist ein breiter Konsens erkennbar, eine Regelmäßigkeit der Tagungen ausdrücklich festzuschreiben. Einige Vorschläge sprechen von mindestens zwei Tagungen jährlich[598], andere von mindestens einer Tagung alle vier Monate[599]. Die meisten Beiträge schlagen vor, vierteljährlich eine Tagung abzuhalten – mit der Möglichkeit, zusätzlich außerordentliche Tagungen einzuberufen[600].

---

592 CONV 492/03, S. 6 (Zieleniec).

593 Art. III-341 Abs. 3 VVE; CONV 495/03, Anlage, S. 23 (Teufel); CONV 549/03, Anlage, S. 2 (Würmeling).

594 CONV 616/03 (Würmeling), S. 43.

595 Art. III-341 Abs. 3 VVE.

596 CONV 495/03, Anlage, S. 23 (Teufel).

597 Art. III-406 UAbs. 3 VVE.

598 CONV 709/03, S. 10 (Kohout).

599 CONV 732/03, S. 5 (de Vries).

600 Art. I-21 Abs. 3 S. 1, S. 3 VVE.

Als Anlass für eine außerordentliche Tagung wird zumeist angegeben, dass die „Lage" sie erfordern müsste[601]. In einigen Vorschlägen zur Regelung der GASP wird in diesem Zusammenhang die „internationale Entwicklung" genannt und ausgeführt, dass auf der außerordentlichen Tagung strategische Leitlinien in Anbetracht dieser Entwicklung festzulegen wären[602].

Bei der Frage, wer berechtigt sein soll, diese Sondertagungen einzuberufen, gehen die Meinungen auseinander. Zumeist wird für den Präsidenten plädiert[603]. Teilweise wird auch vorgeschlagen, dass der Außenminister der Union, der Kommissionspräsident oder ein Viertel der Mitgliedstaaten den Präsidenten des Europäischen Rates um die Einberufung soll ersuchen können[604].

d) Vorbereitung der Tagungen

Neben dem Präsidenten des Europäischen Rates[605] kommen auch andere Stellen für die Vorbereitung der Tagungen des Europäischen Rates in Frage. Dabei wird teilweise dafür plädiert, die Rolle der Kommission bei der Vorbereitung, insbesondere bei der Festsetzung der Tagesordnung des Europäischen Rates, zu verstärken[606]. So soll nach einem Regelungsvorschlag der Präsident des Europäischen Rates in Zusammenarbeit mit dem Kommissionspräsidenten für die Tagungsvorbereitung des Europäischen Rates sorgen, und zwar auf der Grundlage der Arbeiten des Rates „Allgemeine Angelegenheiten"[607]. Ein anderer Beitrag verlangt, dass der Rat „Allgemeine Angelegenheiten" diese Vorbereitung unter dem Vorsitz des Kommissionspräsidenten durchführt[608].

---

601 Art. I-21 Abs. 3 S. 3 VVE.

602 Art. III-295 Abs. 1 UAbs. 2 VVE.

603 Art. I-21 Abs. 3 S. 3 VVE.

604 CONV 732/03, S. 5 (de Vries).

605 Vgl. oben B.II.1.a)(3)(e)(i).

606 CONV 113/02, S. 27 (Ioakimidis).

607 Art. I-22 Abs. 2 UAbs. 1 lit. b VVE.

608 CONV 732/03, S. 4 f. (de Vries).

Schließlich wird auch eine Vorbereitung durch den Rat ohne Beteiligung der Kommission vorgeschlagen[609].

4. Kompetenzen

a) Allgemeine Rechtsgrundlage

(1) Anlehnung an Art. 4 EUV

Viele Vorschläge, die Kompetenzen des Europäischen Rates in einer allgemeinen Rechtsgrundlage normativ festlegen wollen, orientieren sich an der Regelung des Art. 4 EUV in der Fassung bis einschließlich des Vertrags von Nizza. Nach ihnen soll der Europäische Rat der EU die für ihre Entwicklung erforderlichen Impulse geben[610]. Außerdem würde er die „Zielvorstellungen"[611] bzw. „allgemeine politische Zielvorstellungen" festlegen[612]. Dabei wird teilweise ausdrücklich auf die „Entwicklung" der EU Bezug genommen[613], teilweise fehlt dieser Hinweis[614].

(2) Neue Formulierungen

In neuen Formulierungen wird angestrebt, dass der Europäische Rat „allgemeine politische Prioritäten"[615], die „grundlegenden politischen und strategischen Richtlinien"[616], „das Arbeitsprogramm der Union"[617] bzw. „die Politik der Union" festlegen soll[618].

Mehrere Vorschläge enthalten einen Zeitrahmen, auf den sich diese Festlegungen des Europäischen Rates beziehen sollen. Danach würde der Europäische Rat ein

---

[609] CONV 345/1/02, Rev 1, S. 40 (Hain).

[610] Art. I-21 Abs. 1 S. 1 VVE.

[611] CONV 691/03, S. 3 (Präsidium).

[612] Art. I-21 Abs. 1 S. 1 VVE.

[613] Vgl. den Wortlaut von Art. I-21 Abs. 1 S. 1 VVE: „hierfür", womit die Entwicklung der EU gemeint ist.

[614] CONV 691/03, S. 3 (Präsidium).

[615] Art. I-21 VVE Abs. 1 S. 1 VVE.

[616] CONV 489/03, S. 3 (de Villepin); CONV 455/02, S. 30 (Borrell): „broad policy guidelines".

[617] CONV 234/02, S. 5 (Duff).

[618] CONV 709/03, S. 9 (Brok).

mittelfristiges strategisches Programm[619] oder eine mehrjährige Planung[620] bestimmen. Teilweise wird vorgeschlagen, dass der Europäische Rat diese planerischen Entscheidungen nur unter Beteiligung anderer Organe, insbesondere auf Vorschlag der Kommission[621] bzw. nach Anhörung des Europäischen Parlaments und der nationalen Parlamente[622], treffen soll.

b) Spezielle Kompetenzen

(1) Annahme und Änderung der Verfassung

Zahlreiche Vorschläge übertragen dem Europäischen Rat eine zentrale Rolle bei der Annahme und der Änderung einer europäischen Verfassung. Bei der Annahme der Verfassung soll der Europäische Rat auf Schwierigkeiten im Ratifikationsprozess reagieren können[623].

Zur Rolle des Europäischen Rates bei einer Änderung der Verfassung gibt es unterschiedliche Vorstellungen. Dabei lässt sich zwischen drei Änderungsverfahren unterscheiden. In einem *ordentlichen Änderungsverfahren* würden Vorschläge zu einer Änderung der Verfassung dem Rat vorgelegt, der sie dem Europäischen Rat übermittelt[624]. Der Europäische Rat könnte anschließend mit einfacher Mehrheit die Prüfung der Vorschläge beschließen. In dem Fall würde der Präsident des Europäischen Rates einen Konvent einberufen, welcher die Vorschläge prüfen und Empfehlungen an eine Regierungskonferenz abgeben würde[625]. Die Ratifikation würde schließlich durch die Mitgliedstaaten erfolgen. Bei Schwierigkeiten im Verlauf der Ratifikation könnte wiederum der Europäische Rat befasst werden[626].

---

619 CONV 709/03, S. 9 (Brok).

620 CONV 452/02, S. 5 (Lamassoure): „Multi-annual programme".

621 CONV 487/1/03, Rev 1, S. 4 (Duff).

622 CONV 709/03 S. 9 (Brok).

623 Vgl. Art. IV-447 VVE sowie die Erklärung (Nr. 30) zur Ratifikation des Vertrags über eine Verfassung für Europa vom 29. Oktober 2004 (AblEU Nr. C 310/464, v. 16.12.2004).

624 Art. IV-443 Abs. 1 S. 2 VVE.

625 Art. IV-443 Abs. 2-4 VVE.

626 Art. IV-443 Abs. 4 VVE.

In einem *vereinfachten Änderungsverfahren* könnte der Europäische Rat in bestimmten Bereichen der Verfassung eine Änderung beschließen, ohne dass eine Regierungskonferenz abzuhalten wäre[627]. Hier wäre allerdings, ebenso wie im ordentlichen Verfahren, die Ratifikation durch die Mitgliedstaaten erforderlich. Die Zustimmung aller Mitgliedstaaten wäre auch in demjenigen Vorschlag, nach dem der Europäische Rat einstimmig die Einführung einer gemeinsamen Verteidigung beschließen könnte, erforderlich. In diesem Zusammenhang empfähle er den Mitgliedstaaten, einen Beschluss im Einklang mit ihren verfassungsrechtlichen Vorschriften zu erlassen[628].

Schließlich werden so genannte *Passerelleklauseln*[629] vorgeschlagen. Sie enthalten ebenfalls bestimmte Befugnisse zur Änderung der Verfassung durch den Europäischen Rat. Die Verfassungsänderungen, die in diesen Passerelleklauseln vorgesehen sind, unterscheiden sich von dem ordentlichen und dem vereinfachten Änderungsverfahren dadurch, dass weder eine Regierungskonferenz einberufen würde, noch ein nationales Ratifikationsverfahren erforderlich wäre. Diese Passerelleklauseln betreffen zumeist die Mehrheitserfordernisse im Rat, die der Europäische Rat durch einen Beschluss ändern könnte. Danach wäre es dem Europäischen Rat in einem bestimmten Politikbereich oder in einem bestimmten Fall, für den nach der Verfassung Einstimmigkeit im Rat notwendig wäre, möglich, einstimmig darüber zu entscheiden, dass für den betreffenden Ratsbeschluss die qualifizierte Mehrheit ausreichen würde[630]. Ein anderer Vorschlag geht dahin, dass der Europäische Rat das für einen bestimmten Rechtsakt vorgesehene Rechtsetzungsverfahren ändern können soll. Der Europäische Rat dürfte demzufolge einen Europäischen Beschluss[631] fassen, wonach Europäische Gesetze oder Rahmengesetze, welche die Verfassung einem besonderen Rechtsetzungsverfahren unterwirft, „nach dem ordentlichen Gesetzgebungsverfahren erlassen werden können“[632].

---

[627] Art. IV-445 VVE.

[628] Art. I-41 Abs. 2 S. 2 u. 3 VVE. Zur korrespondierenden Vorschrift nach geltendem Recht (Art. 17 Abs. 1 EUV) vgl. oben A.V.2.b).

[629] Art. IV-444 VVE. Eine Passerelle ist eine autonome Vertragsänderung ohne Ratifikationserfordernis, vgl. *Fischer, K.*, Der Europäische Verfassungsvertrag, 2005, S. 26, Fn. 35.

[630] Z.B. Art. I-40 Abs. 7; Art. I-55 Abs. 4; Art. IV-444 Abs. 1 VVE.

[631] Zu den im VVE vorgeschlagenen Rechtsakten der Union vgl. Art. I-33 VVE.

[632] Art. IV-444 Abs. 2 VVE.

Weitere Funktionen soll der Europäische Rat gemäß einiger Vorschläge bei Beitritten zu und Austritten aus der Union wahrnehmen, die ebenfalls eine Änderung der Verfassung darstellen. Anträge auf den Beitritt wären demzufolge an den Europäischen Rat zu richten, der über den Beginn von Beitrittsverhandlungen entscheiden soll[633]. Beabsichtige ein Mitgliedstaat aus der Union auszutreten, dann müsste er dies zunächst dem Europäischen Rat mitteilen. Der Europäische Rat gäbe dann Leitlinien vor, aufgrund derer die Union mit dem betreffenden Staat ein Abkommen über den Austritt aushandeln würde[634].

Schließlich soll der Europäische Rat befugt sein, den Status bestimmter Hoheitsgebiete hinsichtlich der Geltung der Verfassung durch einstimmigen Beschluss zu ändern[635].

(2) Gesetzgebung

Selten wird vorgeschlagen, dass der Europäische Rat befugt sein soll, die Rolle der Gesetzgebung des Rates auszuüben[636]. Er wäre dann an die Regeln der Legislative gebunden.

(3) Zusammensetzung der Organe

Zahlreiche Vorschläge überlassen es dem Europäischen Rat, über bestimmte Fragen, welche die Zusammensetzung der anderen Organe betreffen, zu entscheiden. Ein Beispiel ist die Zusammensetzung des Europäischen Parlaments und der Kommission, die der Europäische Rat nach bestimmten, in der Verfassung enthaltenen Vorgaben einstimmig festlegen soll[637]. Auch über die einzelnen Ratsformationen soll der Europäische Rat befinden, wobei für diesen Beschluss eine qualifizierte Mehrheit ausreichen würde[638]. Hinzukommen könnte nach einigen Regelungsvorschlägen die Befugnis des Europäischen Rates, über den Vorsitz im Rat zu befinden. So soll der

---

633 CONV 317/02, S. 58 (Badinter). Nach anderen Vorschlägen soll hier der Rat zuständig sein, Art. I-58 Abs. 2 S. 1 u. 3 VVE.

634 Art. I-60 Abs. 2 S. 1 u. 2 VVE.

635 Art. IV-440 Abs. 7 VVE.

636 CONV 524/03, S. 3 (Duff).

637 Art. I-20 Abs. 2; Art. I-26 Abs. 6 VVE. Eine solche Kompetenz, strukturelle Reformen der Organe vorzunehmen, hat der Europäische Rat nach geltendem Recht nicht, vgl. oben A.VII.4.b).

638 Art. 24 Abs. 7 VVE. Aus der systematischen Auslegung dieser Vorschrift ergibt sich, dass andere Ratsformationen als der Rat ‚Allgemeine Angelegenheiten' gemeint sind.

Europäische Rat festlegen können, dass der Ratsvorsitz von einem bestimmten Mitgliedstaat gemäß einem Rotationsverfahren[639] oder vom Kommissionspräsidenten[640] wahrgenommen wird.

(4) Personalentscheidungen

Die meisten Regelungsvorschläge beteiligen den Europäischen Rat an Personalentscheidungen[641], insbesondere an der Wahl des Präsidenten der Kommission. Eine besonders starke Stellung wird dem Europäischen Rat in einem Vorschlag zugewiesen, nachdem er den Kommissionspräsidenten einstimmig wählen würde – ohne die Beteiligung anderer Organe[642]. Die meisten Vorschläge sehen demgegenüber eine Wahl durch das Europäische Parlament vor und beschränken die Rolle des Europäischen Rates auf den Wahlvorschlag und die Ernennung im Anschluss an die Wahl. Danach soll der Europäische Rat mit qualifizierter Mehrheit einen Kandidaten[643] auswählen bzw. eine Liste von mehreren Kandidaten[644] festlegen und dem Europäischen Parlament als Vorschlag unterbreiten. Teilweise wird verlangt, dass der Europäische Rat über seinen Vorschlag unmittelbar nach der Wahl zum Europäischen Parlament beschließen[645] bzw. die Ergebnisse der Wahlen zum Europäischen Parlament beachten muss[646]. Seltener wird die Anhörung der Fraktionen oder des Präsidenten des Europäischen Parlaments verlangt[647]. Nach der Wahl des Kommissionspräsidenten durch das Parlament würden dieser und die Kommissionsmitglieder vom Europäischen Rat mit qualifizierter Mehrheit ernannt[648].

---

639 Art. I-24 Abs. 7 S. 1 VVE.

640 CONV 709/03, S. 20 (Brok).

641 Zur gegenwärtigen Rechtspraxis, in welcher der Europäische Rat, obwohl er keine Personalkompetenzen innehat (vgl. oben A.V.2.c)), eine bedeutende Rolle bei der Besetzung von europäischen Ämtern spielt, vgl. oben A.VII.4.b).

642 CONV 709/03, S. 26 (Bonde).

643 Art. I-27 Abs. 1 S. 1 VVE.

644 CONV 790/03, S. 3 (Cushnahan); CONV 113/02, S. 28 (Ioakimidis); CONV 485/03, S. 2 (Kohout); CONV 486/03, S. 3 (Paciotti); CONV 680/03, S. 5 (Serracino-Inglott): „two or more nominees".

645 CONV 524/03, S. 3 (Duff).

646 Art. I-27 Abs. 1 S. 1, 2. HS VVE.

647 CONV 709/03 S. 26 (Borrell).

648 Art. I-27 Abs. 2 VVE.

Soweit ein "Präsident der Union" diskutiert wird, der direkt von den Unionsbürgern gewählt würde, könnte der Europäische Rat eine Liste von Kandidaten für die Wahl festlegen[649].

Weitere Personalentscheidungen des Europäischen Rates würden den eigenen Präsidenten[650], den EU-Außenminister und das Direktorium der EZB[651] betreffen.

(5) „Berufungsinstanz"

Häufig wird der Europäische Rat in den Vorschlägen als eine Art „politische Berufungsinstanz"[652] gesehen. Dabei werden vor allem zwei Arten von besonderen Beweggründen genannt, damit der Europäische Rat in dieser Funktion angerufen werden kann. Zum einen könnten nationale Interessen geltend gemacht werden; zum anderen könnte der Europäische Rat eingeschaltet werden, wenn streitig ist, ob die Union eine bestimmte Handlungskompetenz hat.

Der erste Fall findet sich in zahlreichen Regelungsvorschlägen wieder. Danach könnte der Rat dem Europäischen Rat eine Frage zur Entscheidung vorlegen, wenn nationale Interessen eines oder mehrerer Mitgliedstaaten betroffen wären[653]. Damit soll vermieden werden, dass der Rat mit Mehrheit entscheidet und damit die betroffenen Ratsmitglieder überstimmt würden. So könnte beispielsweise ein Mitgliedstaat verlangen, dass im Bereich der GASP eine Entscheidung des Rates ausgesetzt und die Frage dem Europäischen Rat zur einstimmigen[654] Entscheidung über einen Europäischen Beschluss vorgelegt würde[655]. Im Rahmen der Justiziellen Zusammenarbeit in Strafsachen könnte ein Mitgliedstaat geltend machen, dass ein bestimmtes Gesetzgebungsvorhaben grundlegende Aspekte seiner Strafrechtsordnung berührt[656]. Auf Antrag des Mitgliedstaates würde der Europäische Rat gemäß einem

---

649 CONV 84/02, S. 4 (Barrau).

650 Art. I-22 Abs. 1 S. 1 VVE; vgl. oben B.II.1.a)(3)(b)(i).

651 Art. 28 Abs. 1 VVE, Art. III-382 Abs. 2 VVE.

652 CONV 27/02, S. 26 (Bruton): „'Court of Appeal' […] political rather than legal".

653 CONV 707/03, S. 60 (de Villepin).

654 Nach einem anderen Vorschlag soll hier eine Entscheidung des Europäischen Rates mit qualifizierter Mehrheit genügen: CONV 707/03, S. 61 (Duff).

655 Art. III-300 Abs. 2 UAbs. 2 VVE.

656 Art. III-270 Abs. 3 u. 4; Art. III-271 Abs. 3 u. 4 VVE.

bestimmten Verfahren in einer festgelegten Frist mit der Sache befasst. Der Europäische Rat könnte nach seiner Erörterung die Sache an den Rat zur Entscheidung zurückverweisen oder von der Kommission bzw. von den Mitgliedstaaten einen neuen Gesetzesvorschlag verlangen. Ein ähnliches Verfahren wird auch für die europäische Gesetzgebung zur Freizügigkeit der Arbeitnehmer vorgeschlagen. Hier sollen die Mitgliedstaaten bestimmte Aspekte ihres nationalen Systems der sozialen Sicherheit geltend machen und den Europäischen Rat anrufen können[657]. In einem anderen Vorschlag wird verlangt, eine Klausel in den Verfassungstext aufzunehmen, nach welcher jeder Staat, der beabsichtigt, im Rat gegen einen mit Einstimmigkeit zu treffenden Beschluss sein Veto einzulegen, seine Position durch den jeweiligen Staats- oder Regierungschef im Europäischen Rat vertreten muss[658].

Der zweite Fall wird lediglich in einem Regelungsvorschlag genannt[659]. Hintergrund ist die Diskussion um einen möglichen Kompetenzkatalog, in dem die Befugnisse zwischen den Mitgliedstaaten und der EU abgegrenzt werden könnten. Hier soll der Europäische Rat angerufen werden können, wenn der Rat, die Kommission und das Europäische Parlament gemeinsam eine bestimmte Entscheidung getroffen haben und bestritten wird, dass die Union zu dieser Entscheidung befugt war. Als Antragsberechtigte für eine solche Anrufung des Europäischen Rates kämen gemäß dem Vorschlag die nationalen Parlamente in Betracht. In diesem Fall sollen 40 Prozent der Mitglieder des Parlaments in jedem von zumindest einem Viertel der Mitgliedstaaten den Europäischen Rat als „Berufungsinstanz" einsetzen können[660]. Der Europäische Rat würde dann die Kompetenz der Union prüfen und die Entscheidung der Organe entweder bestätigen oder mit qualifizierter Mehrheit die Entscheidung aufheben und die Kommission zu einem neuen Vorschlag auffordern. Die angefochtene Entscheidung dürfte nicht länger als zwei Jahre zurückliegen, wenn der Europäische Rat befasst würde.

Nur selten wird verlangt, eine Möglichkeit zu schaffen, den Europäischen Rat als „Berufungsinstanz" anzurufen, ohne dass dafür besondere Beweggründe angegeben werden müssten. Zwei Beispiele seien hier genannt: Gemäß einem Beitrag kann ein

---

657 Art. III-136 VVE.

658 CONV 277/02, S. 49 (Bonde).

659 CONV 27/02, S. 27 (Bruton).

660 CONV 27/02 S. 27, S. 28 (Bruton).

Mitglied des Rates beantragen, dass eine Angelegenheit, die Gegenstand einer „Verstärkten Zusammenarbeit" werden soll, vor den Europäischen Rat gebracht wird[661]. Nach einem anderen Vorschlag kann der Europäische Rat angerufen werden, um ein Gesetz oder ein Rahmengesetz einem Referendum zu unterstellen[662].

(6) Leitfunktionen in bestimmten Politikbereichen

Jenseits der allgemeinen Leitfunktion, die dem Europäischen Rat gemäß dem Recht des Vertrags von Nizza zukommt und die er nach zahlreichen Vorschlägen behalten soll, werden ihm in den Konventsbeiträgen auch für einzelne Politikbereiche ausdrücklich festgelegte Leitfunktionen zugewiesen.

Im Bereich der GASP orientieren sich die meisten Vorschläge, die dem Europäischen Rat hier ausdrücklich eine Führungsrolle einräumen, an den entsprechenden Formulierungen des EUV. Danach soll der Europäische Rat die Grundsätze[663] und allgemeinen Leitlinien der GASP bestimmen, und zwar auch bei Fragen mit verteidigungspolitischen Bezügen[664]. Neu ist, dass der Begriff „strategisch" häufig verwandt wird. So soll der Europäische Rat für die GASP und für die anderen Bereiche des auswärtigen Handelns der Union die strategischen Interessen und Ziele festlegen[665]. In einigen vorgeschlagenen Regelungen wird konkretisiert, was unter diesen Festlegungen zu verstehen ist: Demnach könnten sich die strategischen Interessen und Ziele auf die GASP sowie auf andere Bereiche des auswärtigen Handelns der Union erstrecken. Außerdem könnten sie die Beziehung der Union zu einem Staat oder einer Region bzw. ein bestimmtes Thema betreffen. Der Europäische Rat müsste jeweils die Dauer und die bereitzustellenden Mittel angeben[666]. Teilweise wird für eine stärkere Beteiligung des Europäischen Rates an Einzelfragen im Rahmen

---

661 CONV 325/02 Rev 1, S. 65 (Brok).

662 CONV 709/03, S. 10 (Abitbol).

663 CONV 489/03, S. 3 (de Villepin).

664 Art. III-295 Abs. 1 UAbs. 1 VVE.

665 Art. I-40 Abs. 2 S. 1 VVE; Art. III-293 Abs. 1 UAbs. 1 VVE. Gemäß dem Gegenvorschlag soll der Europäische Rat die strategischen Interessen und Ziele lediglich für den Bereich der GASP festlegen, s. CONV 707/03, S. 40 (Hain).

666 Art. III-293 Abs. 1 UAbs. 2 VVE.

der GASP plädiert, über die nicht der Rat, sondern der Europäische Rat zu befinden hätte[667].

Die „strategischen Leitlinien" des Europäischen Rates sollen den Rahmen bilden, in welchem der Rat die GASP gestaltet[668]. Teilweise wäre der Europäische Rat für seine Beschlussfassung im Rahmen der GASP auf das Handeln anderer Organe angewiesen. Beispielsweise soll er die genannten strategischen Interessen und Ziele auf Vorschlag[669] bzw. auf Empfehlung[670] des Rates beschließen.

Im Bereich der Innenpolitik und der Justiziellen Zusammenarbeit („Raum der Freiheit, der Sicherheit und des Rechts") soll der Europäische Rat die „strategischen Leitlinien für die gesetzgeberische und operative Programmplanung" bestimmen[671].

Teilweise wird vorgeschlagen, dass der Europäische Rat die Finanzielle Vorausschau durch einen Beschluss festlegt[672].

Zur Arbeitsmarkt- und Sozialpolitik sowie zur Wirtschafts- und Währungspolitik soll der Europäische Rat „Schlussfolgerungen" annehmen. Diese Schlussfolgerungen hätten sich – wie nach der Rechtslage bis einschließlich des Vertrags von Nizza – auf die Beschäftigungslage in der Union[673] und auf die Grundzüge der Wirtschaftspolitik der Mitgliedstaaten und der Union[674] zu beziehen. Sie würden dann die Grundlage für weitere Handlungen des Rates bilden.

Schließlich soll dem Europäischen Rat im Rahmen einer Solidaritätsklausel die Funktion zukommen, regelmäßig die Bedrohungen, denen die Union ausgesetzt ist, einzuschätzen[675].

---

667 Bsp. CONV 707/03, S. 24 (Fini).

668 Art. I-40 Abs. 2 S. 2 VVE.

669 CONV 685/03, S. 26 (Präsidium).

670 Art. III-293 Abs. 1 UAbs. 2 S. 1 VVE.

671 Art. III-258 VVE.

672 CONV 643/03, S. 7 (Hain).

673 Art. I-206 Abs. 1, Abs. 2 S. 1 VVE.

674 Art. III-179 Abs. 2 UAbs. 2 S. 1 VVE.

675 Art. III-329 Abs. 3 VVE.

(7) Kontrollfunktionen

Der Europäische Rat soll gemäß zahlreichen Regelungsvorschlägen eine Reihe unterschiedlicher Kontrollfunktionen wahrnehmen.

So wird erwogen, dass die Kommission als Kollegium gegenüber dem Europäischen Rat politisch verantwortlich sein soll und dessen Vertrauen genießen muss[676]. Als besonderes Kontrollinstrument wird ein Recht des Europäischen Rates vorgeschlagen, der Kommission als Kollegium das Misstrauen auszusprechen[677]. Etwas weniger weit geht der Beitrag, nach dem der Europäische Rat dieses Recht erst ausüben dürfte, wenn das Europäische Parlament einen Beschluss gefasst hätte, in dem es die Auflösung der Kommission vorschlägt[678]. Teilweise wird allgemein festgehalten, dass der Europäische Rat die gleichen Rechte bei der Kontrolle der Kommission haben soll wie das Europäische Parlament[679]. Daneben wird verlangt, dass die Kommission den Europäischen Rat jährlich über die Anwendung desjenigen Artikels der Verfassung informieren soll, der die Kompetenzen zwischen der Union und den Mitgliedstaaten abgrenzt und insbesondere das Subsidiaritäts- und Verhältnismäßigkeitsprinzip enthält[680].

Teilweise wird dafür plädiert, dass der Europäische Rat die Zusammenarbeit zwischen Rat und Kommission überwachen und Maßnahmen ergreifen können soll, um zu garantieren, dass die Zusammenarbeit funktioniert[681].

---

676 CONV 489/03, Anlage, S. 5 (de Villepin): „Die Kommission ist sowohl gegenüber dem Europäischen Parlament als auch gegenüber dem Europäischen Rat politisch verantwortlich“; CONV 514/03, S. 10 (Tiilikainen): „The Commission must enjoy the confidence [...] of the European Council”.

677 CONV 646/03, S. 6 (Attalides): „The Commission should be answerable to both the European Parliament and the European Council and subject to dismissal through censure by them”. Ebenso CONV 448/02, S. 19 (Barnier), mit dem Hinweis, dass der Kommissionspräsident an den Erörterungen des Europäischen Rates, in denen es darum ginge, der Kommission das Misstrauen auszusprechen, nicht teilnehmen würde.

678 CONV 485/03, S. 3 (Kohout).

679 CONV 448/02, S. 19 (Barnier).

680 So der Vorschlag in Art. 9 des Protokolls (Nr. 2) über die Anwendung der Grundsätze der Subsidiarität und der Verhältnismäßigkeit vom 29. Oktober 2004 (AblEU Nr. C 310/207, v. 16.12.2004), mit Verweis auf Art. I-11 VVE.

681 CONV 488/03, S. 4 (Severin).

Auch gegenüber den Mitgliedstaaten könnte der Europäische Rat eine Kontrollfunktion erhalten, was die Einhaltung bestimmter fundamentaler Verfassungswerte angeht. Nach einem bestimmten Verfahren wäre er befugt, formell die Verletzung dieser Werte durch einen Mitgliedstaat festzustellen[682].

In bestimmten Politikbereichen soll der Europäische Rat durch obligatorische Berichte über die Entwicklungen in der Union auf dem Laufenden gehalten werden. Danach müsste die EZB ihm ihren Jahresbericht vorlegen; der Rat müsste ihm über die Wirtschaftspolitik und über die Beschäftigungslage Bericht erstatten[683].

Selten wird vorgeschlagen, dem Europäischen Rat ausdrücklich ein Vetorecht gegen Entscheidungen anderer Organe zu verleihen. So stellt der Vorschlag, dass der Europäische Rat gegen die Selbstauflösung des Europäischen Parlaments ein Veto einlegen können soll, einen Sonderfall dar[684].

c) Kompetenzgrenzen

In zahlreichen Vorschlägen kommen bestimmte Kompetenzen zur Sprache, die der Europäische Rat ausdrücklich nicht wahrnehmen dürfte. Am häufigsten wird dabei die Gesetzgebungskompetenz genannt[685]. Außerdem müsse vermieden werden, dass der Europäische Rat im Kompetenzbereich des Rates Entscheidungen treffe[686]. Er solle sich auf seine Kernfunktionen konzentrieren, das heißt auf Impulse, Grundsatzentscheidungen, die strategische politische Planung und die für die Union essenziellen Fragen[687].

5. Sitzungsablauf und Entscheidungsfindung

a) Stimmrecht

Soweit in den Beiträgen das Thema Stimmrecht im Europäischen Rat behandelt wird, geht es insbesondere um den Ausschluss des Stimmrechts für bestimmte Amtsträger.

---

682 Art. I-59 Abs. 3 VVE.

683 Art. III-383 Abs. 3; Art. III-179; Art. III-206 Abs. 1, 6 VVE.

684 CONV 732/03, S. 7 (de Vries).

685 Art. I-21 Abs. 1 S. 2 VVE.

686 CONV 509/03, Anlage, S. 6 (Kiljunen).

687 CONV 80/02, S. 3 (Bösch); CONV 411/02, S. 3 (Fayot); CONV 590/03, S. 3 (Kiljunen).

Gemäß einem Vorschlag sollen der auf Zeit gewählte hauptamtliche Präsident des Europäischen Rates und der Kommissionspräsident ausdrücklich kein Stimmrecht erhalten. Diese beiden Amtsträger dürften „an den Abstimmungen im Europäischen Rat" nicht teilnehmen[688]. Der Wortlaut der vorgeschlagenen Vorschrift deutet darauf hin, dass die beiden Präsidenten von allen Abstimmungen im Europäischen Rat ausgeschlossen wären[689] und ihnen damit in keinem Fall ein Vetorecht zustünde.

Demgegenüber lässt sich der Vorschlag auch so interpretieren, dass der Ausschluss des Stimmrechts nur gilt, wenn für eine Entscheidung des Europäischen Rates eine qualifizierte Mehrheit erforderlich ist. Für diese Auslegung spricht die systematische Stellung der vorgeschlagenen Vorschrift. Diese wird nämlich als Absatz desjenigen Artikels geführt, welcher die qualifizierte Mehrheit regelt. Ergänzend ließe sich auch mit dem Sinn und Zweck eines auf Beschlüsse mit qualifizierter Mehrheit begrenzten Ausschlusses des Stimmrechts argumentieren. Nur bei diesen Beschlüssen kommt es auf die Vertretung der Staaten bzw. eines Anteils der Unionsbevölkerung an[690]. Diese Vertretung erfolgt lediglich durch die Staats- und Regierungschefs, nicht jedoch durch den Präsidenten des Europäischen Rates und den Kommissionspräsidenten. Folge eines derart beschränkten Ausschlusses des Stimmrechts wäre, dass die beiden „europäischen" Präsidenten dann ein Stimmrecht hätten, wenn für einen Beschluss des Europäischen Rates eine einfache Mehrheit genügt oder wenn Einstimmigkeit vorgeschrieben ist. Im zweiten Fall könnten sie Entscheidungen des Europäischen Rates durch ein Veto verhindern.

Nach beiden Interpretationsmöglichkeiten wären die beiden Präsidenten von Abstimmungen, für die eine qualifizierte Mehrheit erforderlich ist, jedenfalls ausgeschlossen. Teilweise wird vorgeschlagen, die Vorschrift systematisch in die Regelungen für den Europäischen Rat einzuordnen[691], um Zweifel an dieser

---

688 Art. I-25 Abs. 4 VVE: „Der Präsident des Europäischen Rates und der Präsident der Kommission nehmen an den Abstimmungen im Europäischen Rat nicht teil".

689 So *Streinz/Ohler/Herrmann*, Die neue Verfassung für Europa. Einführung mit Synopse, 2005, S. 39; *Lenaerts/Van Nuffel/Bray* (Hrsg.), Constitutional law of the European Union, 2. Aufl., 2005, Rn. 10-008. Nach geltendem Recht hat der Kommissionspräsident nach der hier vertretenen Auffassung im Europäischen Rat kein Stimmrecht, vgl. oben A.VI.3.b)(2).

690 Vgl. dazu sogleich unten B.II.5.b)(1).

691 CONV 709/03, S. 10 (Teufel).

Auslegung auszuräumen und somit die beiden Präsidenten von allen Abstimmungen im Europäischen Rat auszuschließen.

Diejenigen Vorschläge, die den Präsidenten des Europäischen Parlaments als zusätzliches Mitglied des Europäischen Rates aufnehmen wollen, sprechen die Frage nach dessen Stimmrecht nicht ausdrücklich an. Da er ein „europäisches" Mitglied wäre, ist davon auszugehen, dass der Ausschluss des Stimmrechts ihn ebenso beträfe wie den Präsidenten des Europäischen Rates und den Kommissionspräsidenten. Die beiden genannten Interpretationsmöglichkeiten des Stimmrechtsausschlusses gelten somit auch für ihn.

Soweit der EU-Außenminister aufgenommen werden soll, wäre er als Teilnehmer in keinem Fall stimmberechtigt. Gleiches gilt für die Vorschläge, die auch nationale Minister als Teilnehmer zulassen wollen.

Schließlich wird vorgeschlagen, dass sich jedes Mitglied des Europäischen Rates das Stimmrecht eines anderen Mitglieds übertragen lassen können soll[692].

b) Abstimmung

Zahlreiche Vorschläge beschäftigen sich damit, festzulegen, wie der Europäische Rat seine Entscheidungen treffen soll: einstimmig, im Konsens oder mit Mehrheit.

(1) Entscheidung mit qualifizierter Mehrheit

Gemäß mehreren Beiträgen soll der Europäische Rat mit qualifizierter Mehrheit entscheiden. Soweit eine Entscheidung mit qualifizierter Mehrheit – im Grundsatz[693] oder als Ausnahme – vorgesehen ist, wird auf die Einzelheiten einer solchen Mehrheit eingegangen. Dabei sind zwei Modelle zu unterscheiden, die beide die Tatsache berücksichtigen, dass die Mitgliedstaaten unterschiedliche Bevölkerungszahlen haben.

---

[692] Art. III-341 Abs. 1 UAbs. 1 VVE. Vorbild ist Art. 206 EGV, der eine entsprechende Regelung für den Rat vorsieht.

[693] So CONV 709/03, S. 10 (Lopes); CONV 113/02, S. 26 (Ioakimidis); CONV 455/02, S. 30 (Borrell), soweit es um Entscheidungen nichtverfassungsrechtlicher Art geht („non-constitutional nature").

Das erste Modell orientiert sich an der Stimmengewichtung und der Mindeststimmenzahl im Rat, die der EGV in Art. 205 Abs. 2 und die Beitrittsverträge vorsehen[694].

Dem zweiten Modell zufolge müssen für eine qualifizierte Mehrheit ausdrücklich festgelegte Mindestanteile von Mitgliedstaaten und Bevölkerung erreicht werden („doppelte Mehrheit")[695].

Teilweise wird als erstes Element für eine doppelte Mehrheit vorgeschlagen, dass sie aus einer Mehrheit von mindestens 55 Prozent der Mitglieder des Europäischen Rates bestehen muss. Da nur die Staats- und Regierungschefs stimmberechtigt sind[696], bedürfte es somit bei 27 Mitgliedstaaten der Zustimmung von 15 Mitgliedstaaten. Hinzu kommt als zweites Element die Voraussetzung, dass die zustimmenden Mitgliedstaaten zusammen mindestens 65 Prozent der Bevölkerung der Union ausmachen müssten[697]. Zudem wird eine Sperrminorität („mindestens vier Mitglieder"[698]) ins Auge gefasst.

In der Literatur wird diesbezüglich auf ein vermeintliches Paradoxon hingewiesen[699]: Gemäß der Sperrminoritätsklausel bedürfte es zur Verhinderung eines

---

[694] CONV 719/03, S. 4 (Andriukaitis): die Stimmengewichtung im Europäischen Rat soll gemäß dem Vertrag von Nizza und den Beitrittsverträgen vorgenommen werden.

[695] Diese Neudefinition der qualifizierten Mehrheit war im Konvent und in der anschließenden Regierungskonferenz besonders umstritten, vgl. zum Verhandlungsverlauf *Fischer, K.*, Der Europäische Verfassungsvertrag, 2005, S. 167 ff.

[696] Vgl. oben B.II.5.a).

[697] Art. I-25 Abs. 3 i.V.m. Abs. 1 UAbs. 1 VVE: „Als qualifizierte Mehrheit gilt eine Mehrheit von mindestens 55 % der Mitglieder des Rates, gebildet aus mindestens 15 Mitgliedern, sofern die von diesen vertretenen Mitgliedstaaten zusammen mindestens 65 % der Bevölkerung der Union ausmachen". 55 Prozent der Staaten entsprechen bei 27 Mitgliedstaaten, also seit dem Beitritt von Bulgarien und Rumänien, 15 Mitgliedern, so dass der Zusatz „mindestens 15 Mitgliedern" insoweit obsolet ist. Er könnte allenfalls in dem Fall wieder relevant werden, in dem die Zahl der Mitgliedstaaten der Union auf 25 sinken sollte, d.h. bei Austritten aus der Union, vgl. *Emmanouilidis*, Die institutionellen Reformen in der Verfassung – die neue Machtarchitektur der Europäischen Union, in: Weidenfeld (Hrsg.), Die Europäische Verfassung in der Analyse, 2. Aufl., 2005, S. 70 (84 f.), denn bei 25 Mitgliedstaaten erreichen schon 14 Mitgliedstaaten die Schwelle von 55 Prozent.

[698] Art. I-25 Abs. 3 i.V.m. Abs. 1 UAbs. 2 VVE: „Für eine Sperrminorität sind mindestens vier Mitglieder des [Europäischen] Rates erforderlich, andernfalls gilt die qualifizierte Mehrheit als erreicht".

[699] *Emmanouilidis*, Die institutionellen Reformen in der Verfassung – die neue Machtarchitektur der Europäischen Union, in: Weidenfeld (Hrsg.), Die Europäische Verfassung in der Analyse, 2. Aufl., 2005, S. 70 (84).

Beschlusses zumindest vier Staaten, die nicht für den Beschluss stimmen. Allerdings repräsentiert eine Koalition aus Deutschland, Frankreich und Großbritannien mehr als 35 Prozent der Bevölkerung der Union, so dass die für einen Beschluss notwendigen 65 Prozent nicht zu Stande kämen, wenn diese drei Staaten dagegen stimmten. Sie könnten somit zu dritt einen Beschluss verhindern. Dagegen wird eingewandt, dass unklar sei, welche Regel vorgehe: die Sperrminoritätsklausel, so dass der Beschluss mangels der erforderlichen Anzahl von opponierenden Staaten angenommen wäre, oder die 65 Prozent-Klausel, so dass der Beschluss mangels der notwendigen Bevölkerungsmehrheit nicht zustande käme.

Die Auslegung der vorgeschlagenen Vorschrift gemäß ihrem Wortlaut zeigt, dass die erste der beiden Varianten vorgeht. Das ergibt sich daraus, dass die Sperrminoritätsklausel den Zusatz „andernfalls gilt die qualifizierte Mehrheit als erreicht"[700] enthält. Dieser Halbsatz lässt erkennen, dass die Mehrheit von 65 Prozent fingiert wird („gilt"), wenn sich lediglich drei Staaten gegen einen Beschluss sperren, selbst wenn diese Staaten rechnerisch bewirken sollten, dass die notwendigen 65 Prozent nicht erreicht werden. Deutschland, Frankreich und Großbritannien könnten somit einen Beschluss nicht verhindern, wenn sie nicht von einem vierten Staat unterstützt werden.

In anderen Vorschlägen werden teilweise niedrigere Hürden für die doppelte Mehrheit aufgestellt. So sieht ein Vorschlag vor, dass eine Mehrheit der Mitgliedstaaten (also 14 Mitgliedstaaten), die 60 Prozent der Bevölkerung repräsentieren, für eine entsprechende Entscheidung ausreichen würde [701]. Hier wird keine Sperrminorität festgelegt.

Diese Anteile für die qualifizierte Mehrheit können für bestimmte Beschlüsse in beiden genannten Szenarien höher liegen[702].

---

[700] Art. I-25 Abs. 3 i.V.m. Abs. 1 UAbs. 2 , 2. HS VVE.

[701] Art. I-24 Abs. 1 KE: „Beschließt der Europäische Rat bzw. der Ministerrat mit qualifizierter Mehrheit, so muss diese der Mehrheit der Mitgliedstaaten entsprechen und mindestens drei Fünftel der Bevölkerung der Union repräsentieren".

[702] Vgl. Art. I-25 Abs. 3 i.V.m. Abs. 2 VVE: „Beschließt der [Europäische] Rat nicht auf Vorschlag der Kommission oder des Außenministers der Union, so gilt abweichend von Absatz 1 als qualifizierte Mehrheit eine Mehrheit von mindestens 72 % der Mitglieder des [Europäischen] Rates, sofern die von diesen vertretenen Mitgliedstaaten zusammen mindestens 65 % der Bevölkerung der Union ausmachen". Vgl. auch Art. I-24 Abs. 2 KE.

(2) Andere Voraussetzungen für eine Entscheidung

In mehreren Beiträgen finden sich Klauseln, nach denen der Europäische Rat einstimmig entscheiden soll. Einige sehen dies als Grundsatz vor[703], andere nennen einzelne Fälle oder bestimmte Bereiche[704], in denen der Europäische Rat einstimmig entscheiden würde. Teilweise wird erwogen, eine Bestimmung aufzunehmen, nach der eine Stimmenthaltung von anwesenden oder vertretenen Mitgliedern dem Zustandekommen von Beschlüssen, zu denen Einstimmigkeit erforderlich wäre, nicht entgegenstünde[705].

In anderen Beiträgen wird vorgeschlagen, dass der Europäische Rat grundsätzlich „einvernehmlich"[706] oder im „Konsens"[707] entscheiden soll. Diese Beiträge enthalten zum Teil Ausnahmen, nach denen in bestimmten Fällen auch mit Mehrheit entschieden werden könnte. Beispielsweise dürfte der Europäische Rat mit „einfacher Mehrheit" über Verfahrensfragen und über seine Geschäftsordnung beschließen[708].

6. Rechtsfolgen der Entscheidungen

Die Frage, welche Wirkung die Entscheidungen des Europäischen Rates haben sollen, insbesondere ob sie bindend sein sollen, kommt nur in denjenigen Vorschlägen ausdrücklich zur Sprache, in denen für eine Verbindlichkeit bestimmter Beschlüsse plädiert wird. So soll der „Europäische Beschluss", ein Rechtsakt ohne Gesetzescharakter, der vom Europäischen Rat erlassen würde, in allen seinen Teilen verbindlich sein. Wenn er sich an bestimmte Adressaten richtet, soll er nur für sie verbindlich sein[709].

Teilweise lässt sich auf eine Bindungswirkung schließen, soweit die Vorschläge die Frage der Umsetzung der Beschlüsse des Europäischen Rates zum Gegenstand haben. Ein Vorschlag hebt die Verpflichtung zur Umsetzung im Rahmen der GASP hervor, so

---

[703] CONV 709/03, S. 10 (Lopes).

[704] Für die GASP: Art. I-40 Abs. 6 S. 1 VVE.

[705] So Art. III-341 Abs. 1 UAbs. 2 VVE; Vorbild ist die Bestimmung des geltenden Art. 205 Abs. 3 EGV für Entscheidungen des Rates.

[706] CONV 691/03, S. 4 (Präsidium).

[707] Art. I-21 Abs. 4 VVE.

[708] Art. III-341 Abs. 3 VVE.

[709] Art. I-33 Abs. 1 UAbs. 5, Art. I-35 Abs. 1 VVE.

dass davon auszugehen ist, dass insoweit eine Bindung an die Beschlüsse gewünscht ist. Danach würden die entsprechenden Beschlüsse des Europäischen Rates über die strategischen Ziele und Interessen der Union vom Rat durchgeführt[710]. Auch der Außenminister der Union müsste sicherstellen, dass die vom Europäischen Rat erlassenen Europäischen Beschlüsse umgesetzt würden[711].

Ein anderer Beitrag hebt dagegen die Unabhängigkeit der Kommission gegenüber dem Europäischen Rat, die nicht gefährdet werden dürfe, hervor[712]. Dies spricht dafür, dass hier eine Bindungswirkung der Beschlüsse des Europäischen Rates ausgeschlossen werden soll.

7. Legitimation und Kontrolle

a) Demokratische Legitimation und Kontrolle

(1) Legitimation und Kontrolle durch das Europäische Parlament

In den Vorschlägen wird teilweise allgemein darauf verwiesen, dass das Europäische Parlament den Europäischen Rat kontrollieren müsse[713]. Konkret wird in einigen Vorschlägen das Recht des Parlaments verankert, *informiert* zu werden. Dadurch würde der Europäische Rat verpflichtet, ähnlich wie nach Nizzaer Recht[714] dem Europäischen Parlament in bestimmten Abständen, meist nach den Tagungen, einen Bericht vorzulegen[715]. Teilweise träfe diese Pflicht den Präsidenten des Europäischen Rates[716]. Mitunter wird auch eine *Anhörung* des Europäischen Parlaments gefordert, wenn der Europäische Rat das mittelfristige strategische Programm festlegen würde[717]. Daneben wird vorgeschlagen, dass der Präsident des Europäischen Parlaments vom

---

710 Art. III-293 Abs. 1 UAbs. 2 S. 2.

711 Art. III-296 Abs. 1, 2. HS VVE.

712 CONV 345/1/02, Rev 1, S. 42 (Hain).

713 CONV 455/02, S. 33 (Borrell).

714 Art. 4 Abs. 3 EUV; vgl. oben A.IX.1.c).

715 CONV 732/03, S. 5 (de Vries).

716 Art. I-22 Abs. 2 UAbs. 1 lit. d VVE.

717 CONV 709/03, S. 9 (Brok).

Europäischen Rat angehört würde[718]. Gemäß einigen Vorschlägen wäre für Beschlüsse des Europäischen Rates die *Zustimmung* des Europäischen Parlaments erforderlich[719].

(2) Legitimation und Kontrolle durch die einzelstaatlichen Parlamente

Kontrollmöglichkeiten der einzelstaatlichen Parlamente gegenüber dem Europäischen Rat werden in den Vorschlägen nur selten ausdrücklich erwähnt. Teilweise wird allgemein auf den Grundsatz der repräsentativen Demokratie verwiesen und konkretisierend ausgeführt, dass die Mitgliedstaaten im Europäischen Rat von ihrem jeweiligen Staats- oder Regierungschef vertreten würden, der seinerseits in demokratischer Weise gegenüber dem jeweiligen nationalen Parlament oder gegenüber seinen Bürgerinnen und Bürgern Rechenschaft ablegen müsste[720].

In einigen Beiträgen wird den nationalen Parlamenten ein konkretes Informationsrecht zugesprochen, für das zwei Beispiele zu nennen sind: Zum einen soll der Präsident des Europäischen Rates seinen Bericht, den er gegenüber dem Europäischen Parlament abgeben müsste[721], auch gegenüber den nationalen Parlamenten abgeben[722]. Zum anderen müsste der Europäische Rat die nationalen Parlamente sechs Monate im Voraus von seinem Vorhaben unterrichten, wenn er ein vereinfachtes Änderungsverfahren anwenden wollte[723]. Diese Informationspflicht wird ergänzt um ein Widerspruchsrecht der nationalen Parlamente gegen den Beschluss des Europäischen Rates zur entsprechenden vereinfachten Verfassungsänderung[724]. Danach soll der Widerspruch eines der nationalen Parlamente genügen, um den Beschluss des Europäischen Rates zu verhindern.

---

[718] Art. III-341 Abs. 2 VVE.

[719] Allgemein: CONV 709/03, S. 19 (Voggenhuber). Für bestimmte Beschlüsse: z.B. Art. I-59 Abs. 2 S. 2 VVE; Art. I-444 Abs. 3 UAbs. 2 VVE.

[720] Art. I-46 Abs. 2 UAbs. 2 VVE. Teilweise wird der Wunsch geäußert, die Verantwortlichkeit der einzelnen Mitglieder des Europäischen Rates, einschließlich seines Präsidenten, gegenüber den nationalen Parlamenten zu erweitern, vgl. CONV 740/03, Anlage, S. 8 (Tomlinson).

[721] So der Vorschlag in Art. I-22 Abs. 2 UAbs. 1 lit. d VVE, vgl. oben Fn. 716.

[722] CONV 709/03, S. 12 (Andriukaitis).

[723] Art. IV-444 Abs. 3 UAbs. 1 S. 1 VVE i.V.m. Art. 6 des Protokolls (Nr. 1) über die Rolle der nationalen Parlamente in der Europäischen Union vom 29. Oktober 2004 (AblEU Nr. C 310/204, v. 16.12.2004).

[724] Art. IV-444 Abs. 3 UAbs. 1 S. 2 VVE.

b) Gerichtliche Kontrolle

Eine wichtige Neuerung gegenüber dem Nizzaer Primärrecht enthalten diejenigen Vorschläge, die eine Kontrolle des Europäischen Rates durch den EuGH vorsehen. Danach würde der EuGH die Rechtmäßigkeit der Handlungen des Europäischen Rates mit Rechtswirkung gegenüber Dritten überwachen. Wäre eine entsprechende Klage begründet, würde der EuGH die Handlung für nichtig erklären[725]. Auch eine Untätigkeitsklage soll möglich sein, wenn der Europäische Rat unter Verletzung der Verfassung untätig bliebe. Der EuGH könnte dann die Verfassungsverletzung feststellen und die Maßnahmen nennen, die vom Europäischen Rat zu ergreifen wären[726]. Schließlich ist auch für den Fall, dass der Europäische Rat die Verletzung bestimmter Verfassungswerte durch einen Mitgliedstaat feststellen würde, eine Klagemöglichkeit vorgesehen[727]. Der betroffene Mitgliedstaat könnte demzufolge vor dem EuGH rügen, dass der Europäische Rat die Verfahrensbestimmungen, die für den Erlass des betreffenden Beschlusses gelten[728], nicht eingehalten habe.

III. Beurteilung der Vorschläge im Hinblick auf die Ziele

Soweit im Folgenden die relevanten Reformvorschläge diskutiert und bewertet sowie Einschätzungen darüber abgegeben werden, welche Vorschläge zur Erreichung der Ziele verwirklicht werden sollten, werden die Ziele zunächst einzeln betrachtet. Das bedeutet, dass Zielkonflikte an dieser Stelle noch ausgeblendet werden[729].

Die oben[730] angesprochene breite Zusammenstellung der Vorschläge nach Sachfragen bedeutet für die folgende Analyse, dass dort keine Untersuchung und Bewertung lediglich *einer* kompletten Regelung des Europäischen Rates, etwa des VVE oder des KE, unternommen wird. Die Arbeit bewertet nicht, ob etwa der VVE oder der KE, so wie er jeweils insgesamt den Europäischen Rat regelt, die genannten Konventsziele erfüllt oder nicht. Für dieses methodische Vorgehen sind zwei Gründe

---

725 Art. III-365, Art. III-366 VVE.

726 Art. III-367, Art. III-368 VVE.

727 Art. III-371 VVE i.V.m. Art. I-59 VVE.

728 Diese Verfahrensbestimmungen sind in dem Vorschlag des Art. I-59 VVE enthalten.

729 Die Auflösung der Zielkonflikte, die bei der Verwirklichung der einzelnen, für die Erreichung der Ziele hilfreichen Reformvorschläge auftreten können, wird unten unter B.IV. diskutiert.

730 Vgl. oben B.II.

zu nennen. Zum einen findet sich eine solche Bewertung einer kompletten Regelung in vielen Veröffentlichungen der Jahre 2003 – 2006. Sie analysieren den KE oder den VVE und geben dabei häufig auch eine Einschätzung über die darin enthaltene Regelung des Europäischen Rates ab. Zum anderen gilt auch hier die oben[731] angesprochene Erwägung, dass eine Beschränkung der Analyse auf eine Komplettregelung nach dem Scheitern des VVE nicht mehr sinnvoll erscheint.

1. Demokratie

In der folgenden Untersuchung ist zu beurteilen, welche Reformen eine stärkere Beteiligung der Bürger an Entscheidungen des Europäischen Rates sicherstellen und eine stärkere demokratische Kontrolle ermöglichen. Deutlich wurde bei der Auflistung der Vorschläge, dass diesbezüglich insbesondere die Stellung der Parlamente diskutiert wurde. Ansatzpunkt für die Demokratisierung ist also die indirekte Bürgerbeteiligung, das heißt die – im Vergleich zur direkten Beteiligung – längere Legitimationskette. Dies entspricht der Struktur der EU, die auf dem repräsentativen Demokratiemodell fußt und deren Machtausübung weitgehend über Parlamente legitimiert wird[732]. Vorschläge für eine direkte demokratische Bürgerbeteiligung finden sich in Bezug auf den Europäischen Rat nicht.

Die oben aufgeführten Vorschläge enthalten Neuregelungen für die Legitimation des Europäischen Rates über die nationalen Parlamente (a) und über das Europäische Parlament (b). Ergänzend werden Reformen diskutiert, welche die Demokratisierung der inneren Entscheidungsfindung des Europäischen Rates betreffen (c).

a) Rechtsstellung der nationalen Parlamente

Die Konvents-Arbeitsgruppe IV kam zu dem Schluss, dass die einzelstaatlichen Parlamente auf EU-Ebene stärker einzubeziehen seien und in die Lage versetzt werden sollten, die Europapolitiken ihrer Regierungen aufmerksamer zu verfolgen[733]. Unter den oben genannten Vorschlägen finden sich zahlreiche Regelungen, die zu diesem Zweck die Rechtsstellung der einzelstaatlichen Parlamente gegenüber den einzelnen

---

[731] Vgl. oben B.II.

[732] Vgl. *Ruffert*, in: Calliess/Ruffert (Hrsg.), VerfEU, 2006, Art. I-46 Rn. 2.

[733] CONV 353/02, Konvents-Arbeitsgruppe „Einzelstaatliche Parlamente". Schlussdokument. Vgl. *Fischer, K.*, Konvent zur Zukunft Europas, 2003, S. 72 f.; *Kleger* (Hrsg.), Der Konvent als Labor, 2004, S. 84.

Mitgliedern des Europäischen Rates (1) und gegenüber dem Europäischen Rat selbst (2) zu verbessern suchen.

(1) Gegenüber den Mitgliedern des Europäischen Rates

(a) Gegenüber dem Präsidenten des Europäischen Rates[734]

Der jeweilige Staats- oder Regierungschef, der den Vorsitz entsprechend dem Rotationsverfahren des Art. 4 Abs. 2 S. 3 EUV i.V.m. Art. 203 Abs. 2 EGV in der Fassung des Vertrags von Nizza ausübt, hat eine relativ hohe demokratische Legitimation. Der Grund besteht darin, dass er über die nationale Legitimationskette von dem jeweiligen nationalen Parlament oder sogar direkt vom Bürger gewählt wird. Allerdings bezieht sich diese Legitimationskette nicht speziell auf das Amt des Vorsitzenden des Europäischen Rates, sondern auf das Amt des Staats- bzw. Regierungschefs. Der Vorsitzende als solcher wird nicht gewählt oder kontrolliert und kann auch nicht von Parlamenten abgewählt werden. Insofern bestünde die Möglichkeit der Demokratisierung des Amtes des Vorsitzenden des Europäischen Rates, wenn eine Legitimationskette an dieses Amt anknüpfen würde.

Hinzu kommt, dass der nach dem Rotationsprinzip bestimmte Amtsträger lediglich (direkt oder indirekt) von den Bürgern seines eigenen Mitgliedstaates gewählt wurde. Es besteht somit gemäß dem Recht des Vertrags von Nizza keine breite, europaweite Legitimationsbasis für das Amt des Vorsitzenden des Europäischen Rates. Hier stellt sich die Frage, welche der genannten Vorschläge diese Legitimationsbasis verbreitern und so zur Demokratisierung beitragen würden.

Die in diesem Sinne am weitesten reichende Möglichkeit besteht darin, den Präsidenten des Europäischen Rates als solchen im Wege einer Wahl zu bestimmen[735]. Dazu müsste das Rotationsverfahren des Nizzaer Vertrags abgeschafft werden. Dieses Verfahren verwirklicht nämlich nicht das Demokratieprinzip, sondern das

---

[734] Eine besondere Stellung der einzelstaatlichen Parlamente gegenüber dem Kommissionspräsidenten, der ebenfalls Mitglied des Europäischen Rates ist, sehen die Vorschläge nicht vor. Der EU-Außenminister kann in der folgenden Untersuchung außer Betracht bleiben, weil er nach den Vorschlägen nur Teilnehmer sein soll bzw. im Einzelfall zugelassen werden soll. Als Mitglied des Europäischen Rates soll er jedenfalls nicht aufgenommen werden; er hätte damit in keinem Fall ein Stimmrecht und nach der oben zum Recht des Vertrags von Nizza vorgenommenen Unterscheidung zwischen Mitgliedern und Teilnehmern auch kein Recht zur Beteiligung an der Aussprache, vgl. oben A.II.1.a); A.VI.2.

[735] Vgl. oben B.II.1.a)(3)(b)(i).

völkerrechtliche Prinzip der Staatengleichheit: Jeder Mitgliedstaat hat ab einem bestimmten, in der Regel lange vorher festgelegten[736] Zeitpunkt den Vorsitz für ein halbes Jahr inne.

Häufig wird vorgeschlagen, dass an die Stelle des Rotationsverfahrens eine Wahl des Präsidenten des Europäischen Rates durch den Europäischen Rat tritt[737]. Da für diese Wahl eine qualifizierte Mehrheit gefordert wird und der Kommissionspräsident nach den Vorschlägen dabei nicht stimmberechtigt wäre[738], würden die Staats- und Regierungschefs den Präsidenten des Europäischen Rates wählen. Sie sind selbst über die *nationale Kette* – das heißt in der Regel über die einzelstaatlichen Parlamente – demokratisch legitimiert, so dass die Rückkoppelung zum Bürger für die Entscheidung über das Amt des Präsidenten des Europäischen Rates sichergestellt wäre. Dies wäre unabhängig davon der Fall, ob es sich um einen hauptamtlichen Präsidenten handelt oder ob die Staats- und Regierungschef einen Präsidenten aus ihrer Mitte wählen, der dieses Amt nebenamtlich ausführt. Auch die Legitimationsbasis wäre breiter als beim Rotationsverfahren, weil die nationale Legitimationskette die Rückbindung zu den meisten der Völker der Mitgliedstaaten sicherstellt, wenn die Staats- und Regierungschefs diese Personalentscheidung mit qualifizierter Mehrheit treffen[739]. Teil des Demokratieprinzips ist es, dass der Gewählte sein Amt lediglich für eine bestimmte Zeit ausübt. Hier käme die diskutierte Amtszeit von zweieinhalb bis fünf Jahren in Betracht[740]. Auch die Möglichkeit, dass die Staats- und Regierungschefs den Präsidenten des Europäischen Rates während dieser Amtszeit abwählen oder wegen bestimmter Verfehlungen seines Amtes entheben könnten[741], trägt zur Demokratisierung bei.

---

736 Zuletzt durch Beschluss des Rates vom 1. Januar 2007 zur Festlegung der Reihenfolge für die Wahrnehmung des Vorsitzes im Rat (2007/5/EG, Euratom) (AblEU Nr. L 1/11, v. 4.1.2007); vgl. oben Fn. 45. Ausnahmen gibt es: Z.B. haben Deutschland und Finnland wegen der vorgezogenen Wahl zum Deutschen Bundestag 2005 die Reihenfolge ihrer Präsidentschaften getauscht.

737 Vgl. oben B.II.1.a)(3)(b)(i).

738 Art. I-22 Abs. 1 S. 1 HS 1 i.V.m. Art. I-25 Abs. 3, Abs. 4 VVE; vgl. oben B.II.5.a).

739 Zur Frage, ob eine Wahl mit qualifizierter Mehrheit den Anforderungen des Demokratieprinzips genügt, vgl. unten B.III.1.c)(2).

740 Vgl. oben B.II.1.a)(3)(b)(i).

741 Art. I-22 Abs. 1 S. 2 VVE.

Eine Wahl des Präsidenten des Europäischen Rates durch die Staats- und Regierungschefs garantiert eine Rückbindung zu den nationalen Parlamenten[742] und damit deren indirekte Beteiligung. Die nationalen Parlamente legitimieren und kontrollieren den betreffenden Staats- bzw. Regierungschef, wenn er seine Stimme bei der Wahl des Präsidenten des Europäischen Rates abgibt. Sie können politischen Druck ausüben, um den jeweiligen Staats- bzw. Regierungschef dazu zu bewegen, einen bestimmten Kandidaten oder zumindest einen Kandidaten mit einem bestimmten politischen Profil zu wählen. Eine solche Möglichkeit besteht beim Rotationsverfahren nicht, bei dem von vornherein feststeht, welches Land den Präsidenten stellt.

Somit ist festzuhalten, dass der Europäische Rat demokratischer würde, wenn sein Präsident nicht über das Rotationsverfahren, sondern im Wege einer Wahl durch die Staats- und Regierungschefs bestimmt würde.

(b) Gegenüber den Staats- und Regierungschefs

Unter den Vorschlägen findet sich eine Klausel, nach der die Staats- oder Regierungschefs, die im Europäischen Rat vertreten sind, in demokratischer Weise gegenüber ihrem nationalen Parlament bzw. ihren Bürgern Rechenschaft ablegen müssen[743]. Sie betrifft die nationale Legitimationskette und verlangt von den mitgliedstaatlichen Verfassungen, dass über diese Kette die demokratische Legitimation für Entscheidungen der jeweiligen nationalen Mitglieder im Europäischen Rat garantiert wird[744]. Die Ausgestaltung der Legitimationskette ist Sache des jeweiligen nationalen Verfassungsrechts. Die vorgeschlagene Klausel betrifft nur das „Ob", nicht das „Wie" der Legitimation. Angesichts der Tatsache, dass alle mitgliedstaatlichen Verfassungen eine entsprechende nationale[745] Legitimationskette vorsehen, wird diese Klausel nicht zu einer Verstärkung der demokratischen Legitimation des Europäischen Rates führen. Sie könnte allenfalls ausschließen, dass ein Mitgliedstaat einen nicht demokratisch verantwortlichen Staatschef, etwa einen Monarchen, als Vertreter in den Europäischen Rat entsendet.

---

[742] Bzw. bei einer Direktwahl des betreffenden Staatspräsidenten (wie im Fall Frankreichs) zum Staatsvolk.

[743] Art. I-46 Abs. 2 UAbs. 2 VVE; vgl. oben B.II.7.a)(2).

[744] Vgl. hierzu *Ruffert*, in: Calliess/Ruffert (Hrsg.), VerfEU, 2006, Art. I-46 Rn. 5.

[745] Vgl. *Huber*, VVDStRL 60 (2001), 194 (223), der darauf hinweist, dass das Demokratieprinzip in allen Mitgliedstaaten nationalstaatlich konzipiert ist.

(2) Gegenüber dem Europäischen Rat als Organ

Die nationalen Parlamente als Glieder der nationalen Legitimationsketten könnten auch gegenüber dem Europäischen Rat selbst eine rechtlich abgesicherte Stellung erhalten. Dadurch könnten nicht nur Handlungen einzelner Amtsträger, sondern Handlungen des Europäischen Rates als solche legitimiert und kontrolliert werden. Voraussetzung ist, dass die nationalen Legitimationsketten nicht nur bei den einzelnen Mitgliedern des Europäischen Rates anknüpfen, sondern beim Europäischen Rat als für die Union handelnden Akteur. Einen solchen Akteur kreieren diejenigen Vorschläge, die dem Europäischen Rat den Status eines Organs der Union verleihen[746]. Ihm gegenüber könnten die nationalen Parlamente bestimmte Beteiligungs- oder Kontrollrechte zugesprochen bekommen. Dadurch würden die nationalen Legitimationsketten, die an die einzelnen Mitglieder anknüpfen, ergänzt, indem sie auch an den Europäischen Rat selbst anknüpfen. Diese Ergänzung würde zur Demokratisierung des Europäischen Rates beitragen.

Eine solche Anknüpfung könnte durch die Beteiligung der einzelstaatlichen Parlamente an bestimmten Entscheidungen des Europäischen Rates hergestellt werden. So wird vorgeschlagen, dass jedes der einzelstaatlichen Parlamente einen Informationsanspruch gegenüber dem Europäischen Rat[747] und ein Widerspruchsrecht gegen einen bestimmten geplanten Beschluss erhält[748]. Abstrakt betrachtet – das heißt unabhängig von der Frage, für welche Beschlüsse dieses Beteiligungsrecht gelten soll – stellt es für das Demokratieprinzip einen Fortschritt gegenüber der Rechtslage des Vertrags von Nizza dar: Bislang haben die einzelstaatlichen Parlamente lediglich gegenüber dem jeweiligen Staats- oder Regierungschef einen Anspruch auf Informationen über die geplanten Beschlüsse des Europäischen Rates, wenn sich dieser Anspruch aus dem nationalen Verfassungsrecht ergibt. Gegenüber dem Europäischen Rat als solchem verfügen die einzelstaatlichen Parlamente über keine Rechte. Insbesondere kann der Europäische Rat gemäß dem Vertrag von Nizza alle Beschlüsse ohne formelle Beteiligung der einzelstaatlichen Parlamente treffen.

---

[746] Art. I-19 Abs. 1 UAbs. 2 VVE; vgl. oben B.II.2.

[747] Art. IV-444 Abs. 3 S. 1 VVE: gegenüber dem Europäischen Rat. CONV 709/03, S. 12 (Andriukaitis): gegenüber dem Präsidenten des Europäischen Rates.

[748] Art. IV-444 Abs. 3 UAbs. 1 S. 1 VVE i.V.m. Art. 6 des Protokolls (Nr. 1) über die Rolle der nationalen Parlamente in der Europäischen Union; Art. IV-444 Abs. 3 UAbs. 1 S. 2 VVE; vgl. oben B.II.7.a)(2).

Letztere können Beschlüsse des Europäischen Rates nur verhindern, wenn es ihnen gelingt, den betreffenden Staats- oder Regierungschef durch politischen Druck zu einem Veto zu zwingen. Wie oben[749] gezeigt, garantiert jedoch wegen der intransparenten Entscheidungsfindung und des praktizierten Konsensverfahrens auch ein Veto eines Staats- oder Regierungschefs nicht unbedingt, dass ein Beschluss verhindert wird. Insofern lässt sich durchaus von einer Demokratisierung des Europäischen Rates durch die genannten parlamentarischen Beteiligungsrechte sprechen.

Allerdings beschränkt sich diese Beteiligung der nationalen Parlamente an einer Entscheidung des Europäischen Rates gemäß den Vorschlägen auf den Beschluss zur Änderung des VVE aufgrund einer Passerelleklausel. Ein solcher Beschluss soll es ermöglichen, eine Verfassungsänderung ohne Regierungskonferenz und ohne Ratifikationsverfahren vorzunehmen. An einem entsprechenden Ratifikationsverfahren wären die allermeisten nationalen Parlamente der Mitgliedstaaten[750] – in unterschiedlicher Weise – allerdings ohnehin beteiligt. Deshalb stellt die vorgeschlagene Beteiligung kein „Mehr" an parlamentarischen Beteiligungsrechten dar, sondern eine andere Form. Durch diese Form der Beteiligung wird ein Ersatz geschaffen, um die nationalen Parlamente im Änderungsverfahren aufgrund einer Passerelleklausel nicht vollständig von einer Mitwirkung auszuschließen. Betrachtet man den Europäischen Rat isoliert, dann käme es durch die Umsetzung dieser Vorschläge zu einer Demokratisierung dieses Organs, weil die nationalen Parlamente bei bestimmten seiner Beschlüsse Beteiligungsrechte hätten, während der Europäische Rat nach Nizzaer Recht alle Beschlüsse ohne formelle Beteiligung der einzelstaatlichen Volksvertretungen treffen kann. Betrachtet man hingegen das Gesamtsystem der EU, dann läge keine Demokratisierung vor, weil die parlamentarische Beteiligung an einer Verfassungsänderung nicht neu geschaffen, sondern lediglich anders gewährleistet würde.

Für die übrigen Beschlüsse des Europäischen Rates wird keine formelle Einbindung der mitgliedstaatlichen Parlamente vorgeschlagen. Hier wird es in der Praxis weiterhin auf die nationalen Legitimationsketten ankommen, die an die Staats- und Regierungschefs anknüpfen. Es muss sich zeigen, ob die nationalen Parlamente –

---

[749] Vgl. oben A.VI.4; A.IX.1.e).

[750] Soweit ein Ratifikationsgesetz vom Parlament beschlossen werden muss; im Übrigen sind nach nationalem Verfassungsrecht zum Teil Referenden erforderlich.

möglicherweise gemeinsam im Wege der vorgeschlagenen Zusammenarbeit[751] – den notwendigen Einfluss auf die Staats- und Regierungschefs ausüben können, damit der Europäische Rat Entscheidungen in ihrem Sinne und folglich mit höherer demokratischer Legitimation trifft.

b) Rechtsstellung des Europäischen Parlaments

Um die demokratische Legitimation des Europäischen Rates zu stärken, setzen viele Vorschläge bei der Rechtsstellung des Europäischen Parlaments und damit bei der europäischen Legitimationskette an. Dessen Stellung gegenüber den einzelnen Mitgliedern des Europäischen Rates (1) und gegenüber dem Europäischen Rat selbst (2) könnte verbessert werden, damit die Funktion des Europäischen Parlaments, die über die nationalen Parlamente vermittelte demokratische Legitimation zu ergänzen, besser ausgeübt werden kann.

(1) Gegenüber den Mitgliedern des Europäischen Rates

(a) Gegenüber dem Präsidenten des Europäischen Rates

Das demokratische Element könnte verstärkt werden, wenn eine demokratische Legitimation des Präsidenten des Europäischen Rates über das Europäische Parlament und damit über die europäische Legitimationskette geschaffen würde. Diese Kette könnte dann neben die nationale Legitimationskette, die bei einer Wahl des Präsidenten durch die Staats- und Regierungschefs zum Tragen kommt[752], treten. Zudem könnte durch die Beteiligung des Europäischen Parlaments die Legitimationsbasis des Präsidenten des Europäischen Rates verbreitert werden, weil es aus europaweiten Wahlen hervorgeht.

Eine entsprechende Beteiligung des Europäischen Parlaments an der Wahl des Präsidenten des Europäischen Rates soll einem Vorschlag zufolge dadurch sichergestellt werden, dass es diese Wahl mit der Mehrheit seiner Mitglieder bestätigen muss[753]. Dies hätte vor dem Hintergrund des Ziels der Demokratisierung den Vorteil, dass nicht lediglich die Staats- und Regierungschefs und somit Ange-

---

[751] Vgl. Art. 9 u. 10 des Protokolls (Nr. 1) über die Rolle der nationalen Parlamente in der Europäischen Union (vgl. oben Fn. 723).

[752] Vgl. oben B.III.1.a)(1).

[753] So der Vorschlag in CONV 709/03, S. 11 (Borrell); vgl. oben B.II.1.a)(3)(b)(i).

hörige der Exekutive diese Personalentscheidung treffen würden. Um den Präsidenten des Europäischen Rates demokratisch kontrollieren zu können, soll ihm – wie vorgeschlagen wird[754] – eine Berichtspflicht gegenüber dem Europäischen Parlament auferlegt werden. Auch diese Art der Beteiligung des Europäischen Parlaments würde zur Demokratisierung beitragen.

Noch einen Schritt weiter geht der Vorschlag, der den Präsidenten des Europäischen Rates durch eine „allgemeine unmittelbare Wahl" bestimmen möchte[755]. Bei einer solchen europaweiten Direktwahl ohne Beteiligung der Staats- und Regierungschefs, der nationalen Regierungen oder der nationalen Parlamente bzw. der Staatsvölker als solcher würde die europäische Legitimationskette vollständig an die Stelle der nationalen Ketten treten. Gegen diesen Vorschlag ist einzuwenden, dass die nationale Legitimationskette nicht vollständig ersetzt werden kann, solange die EU nicht als Staat an die Stelle der Mitgliedstaaten tritt. Da die EU auch in absehbarer Zukunft strukturell ein Staatenverbund[756] bleiben wird, kann die europäische Legitimationskette die nationale Kette nur ergänzen, aber nicht deren Funktion komplett übernehmen. Dies gilt erst recht in Bezug auf ein Gremium wie den Europäischen Rat, der im Gesamtsystem der EU vorrangig das zwischenstaatliche Element repräsentiert. Deshalb ist der Vorschlag einer allgemeinen unmittelbaren Wahl des Präsidenten des Europäischen Rates abzulehnen.

(b) Gegenüber dem Kommissionspräsidenten

Häufig wird eine Beteiligung des Europäischen Parlaments an der Entscheidung über das Amt des Kommissionspräsidenten verlangt. Dazu wird insbesondere vorgeschlagen, dass der Europäische Rat lediglich die Vorauswahl trifft und dem Parlament eine Liste mit Kandidaten übermittelt, welches dann eine Person wählen soll[757].

---

754 Art. I-22 Abs. 2 UAbs. 1 lit. d VVE; vgl. oben B.II.1.a)(3)(e)(ii).

755 So der Vorschlag in CONV 709/03, S. 12 (Papandreou); vgl. oben B.II.1.a)(3)(b)(i).

756 Dieser Begriff entstammt dem „Maastricht-Urteil" des Bundesverfassungsgerichts, vgl. BVerfGE 89, 155 (181).

757 So der Vorschlag CONV 790/03 (Cushnahan), S. 3; CONV 113/02 (Ioakimidis), S. 28; CONV 485/03 (Kohout), S. 2; CONV 486/03 (Paciotti), S. 3; CONV 680/03 (Serracino-Inglott), S. 5: „two or more nominees".

Im Vergleich dazu wäre die Beteiligung des Europäischen Parlaments geringer, wenn ihm vom Europäischen Rat lediglich *ein* Kandidat[758] zur Wahl vorgeschlagen würde. An einer solchen Regelung wird zu Recht kritisiert, dass – wie gemäß dem Vertrag von Nizza – maßgeblich die Staats- und Regierungschefs über die Besetzung des Amtes des Kommissionspräsidenten entscheiden[759], selbst wenn der gewünschte Kandidat letztlich der Zustimmung des Parlaments bedarf. Die politische Auseinandersetzung über die gewünschte Person und damit ein wichtiger Bestandteil einer demokratischen Personalentscheidung fänden nach wie vor ohne das Europäische Parlament statt. Daran würde auch das Erfordernis, nach dem der Europäische Rat seinen Kandidaten unter Berücksichtigung der Wahlen zum Europäischen Parlament auswählen soll[760], nichts Grundlegendes ändern. Wenn der Europäische Rat auf die Zustimmung des Europäischen Parlaments angewiesen ist, wird er die Mehrheitsverhältnisse, also die Ergebnisse der Parlamentswahlen, zwangsläufig berücksichtigen müssen. Vor diesem Hintergrund trägt die genannte „Berücksichtigungspflicht" nicht maßgeblich zur Demokratisierung bei.

Vorzuziehen ist deshalb der Vorschlag, der den Europäischen Rat eine Liste von mehreren Kandidaten erstellen lässt, die dem Europäischen Parlament zur Wahl vorgelegt wird.

(2) Gegenüber dem Europäischen Rat als Organ

Eine erste vorsichtige Demokratisierung des Europäischen Rates war im Vertrag von Maastricht mit der Normierung der Berichtspflicht gegenüber dem Europäischen Parlament unternommen worden[761]. Dass der Europäische Rat im Übrigen seine Entscheidungen nach Nizzaer Recht weitgehend ohne eine Beteiligung und Kontrolle durch das Europäische Parlament trifft, entspricht dessen Charakter als Leitkonferenz: Er ist gemäß dem Vertrag von Nizza kein Organ der EU[762]. Anders als der Rat steht der Europäische Rat bisher nicht in einem organschaftlichen Rechtsverhältnis zum

---

758 So der Vorschlag in Art. I-27 Abs. 1 S. 1 VVE.

759 Vgl. *Emmanouilidis*, Die institutionellen Reformen in der Verfassung – die neue Machtarchitektur der Europäischen Union, in: Weidenfeld (Hrsg.), Die Europäische Verfassung in der Analyse, 2. Aufl., 2005, S. 70 (74, 94, 100).

760 Art. I-27 Abs. 1 S. 1, 2. HS VVE.

761 Vgl. oben A.IX.1.c).

762 Vgl. oben A.III.6.

Europäischen Parlament, aus dem sich parlamentarische Beteiligungs- oder Kontrollrechte ergeben könnten.

Erforderlich für ein solches Rechtsverhältnis ist die Verleihung des Organstatus an den Europäischen Rat, was nach den meisten Vorschlägen durch die Aufnahme in die Liste der Organe erfolgen soll. Teilweise wird vorgeschlagen, den Europäischen Rat in dieser Liste nach dem Europäischen Parlament aufzuführen[763]. Allein aus dieser vorrangigen Nennung des Parlaments in der Liste folgt allerdings keine stärkere Stellung des Parlaments gegenüber dem Europäischen Rat. Die Reihenfolge der Auflistung der fünf Organe hat keine Auswirkungen auf deren Rechtsstellung zueinander. Vielmehr stehen sie untereinander in gleichem Rang[764]. Eine Verbesserung der Stellung des Europäischen Parlaments kann sich nur aus der Normierung parlamentarischer Rechte und aus Möglichkeiten zu deren Durchsetzung ergeben. Einige der oben dargestellten Reformvorschläge lassen erkennen, dass die Autoren beabsichtigen, mit dem Organstatus des Europäischen Rates auch die Stellung des Europäischen Parlaments ihm gegenüber zu stärken.

(a) Rechte des Europäischen Parlaments

In einem ersten Schritt könnte eine rechtlich abgesicherte Stellung des Europäischen Parlaments geschaffen werden, die es ihm ermöglicht, den Europäischen Rat zu kontrollieren. In einem zweiten Schritt könnte diese Stellung erweitert werden, damit das Parlament seine eigene politische Position in Entscheidungen des Europäischen Rates wirksam einzubringen und möglicherweise durchzusetzen in der Lage ist. Diejenigen Vorschläge, die durch diese Schritte parlamentarische Rechte begründen, können zur Demokratisierung des Europäischen Rates beitragen.

Das Recht des Europäischen Parlaments, vom Europäischen Rat[765] durch Berichte informiert zu werden, würde gegenüber dem Recht des Vertrags von Nizza im Hinblick auf Art und Umfang der parlamentarischen Kontrolle keinen Fortschritt darstellen[766], weil Art. 4 Abs. 3 EUV-N eine entsprechende Berichtspflicht bereits

---

[763] Art. I-19 Abs. 1 UAbs. 2 VVE.

[764] Vgl. *Calliess*, in: Calliess/Ruffert (Hrsg.), VerfEU, 2006, Art. I-19 Rn. 3.

[765] Berichtspflicht des Europäischen Rates gegenüber dem Europäischen Parlament vorgeschlagen in CONV 732/03, S. 5 (de Vries); vgl. oben B.II.7.a)(1).

[766] Vgl. die Kritik von *Calliess/Ruffert*, EuGRZ 2004, 542 (549): Die parlamentarische Kontrolle des Europäischen Rates gemäß den im VVE vorgeschlagenen Regelungen sei dürftig.

vorsieht. Ebenfalls untauglich zur Demokratisierung sind diejenigen Vorschläge, denen zufolge der Europäische Rat generell ohne Mitwirkung des Europäischen Parlaments entscheiden können soll[767]: Damit werden Beteiligungsrechte des Europäischen Parlaments gerade ausgeschlossen.

Der erste Schritt könnte hingegen durch die Verwirklichung derjenigen Vorschläge gelingen, in denen eine Anhörung des Europäischen Parlaments für Beschlüsse des Europäischen Rates verlangt wird[768]. Dadurch hätte das Europäische Parlament die Möglichkeit, seine Position beim Europäischen Rat zu vertreten. Wenn sich diese Anhörung auf den Präsidenten des Europäischen Parlaments beziehen soll[769], würde dies die Stellung des Europäischen Parlaments formell stärken, weil die gegenwärtige Praxis der Konsultation des Parlamentspräsidenten[770] normiert würde. Allerdings ist hierzu einschränkend anzumerken, dass dieser Regelungsvorschlag lediglich vorsieht, dass der Parlamentspräsident angehört werden „kann“, die Anhörung also weiterhin im Ermessen des Europäischen Rates liegt[771].

Grundsätzlich ist bei den vorgeschlagenen Anhörungen und Informationsrechten im Hinblick auf die Frage, ob das Parlament hier wirksam beteiligt wird, festzustellen, dass das Parlament nicht effektiv mitentscheiden kann. Vielmehr würde der Europäische Rat letztlich weiterhin allein beschließen. Vorzuziehen sind deshalb diejenigen Vorschläge, die den zweiten Schritt zur Demokratisierung unternehmen. In ihnen wird angeregt, den Europäischen Rat nicht ohne Zustimmung des Europäischen Parlaments entscheiden zu lassen. Wird dies als Grundregel[772] festgehalten, stellt dies eine relativ starke Beteiligung des Europäischen Parlaments dar, weil es die Vorhaben des Europäischen Rates nicht nur – wie aufgrund des Anhörungsrechts – begutachten, sondern sie gegebenenfalls auch verhindern kann. Dadurch kann das Parlament den

---

767 So z.B. der Vorschlag, dass der Europäische Rat den Kommissionspräsidenten ohne Beteiligung anderer Organe bestimmt, CONV 709/03, S. 26 (Bonde).

768 CONV 709/03, S. 9 (Brok), allerdings lediglich bei der Festlegung mittelfristiger strategischer Programme; vgl. oben B.II.7.a)(1).

769 So der Vorschlag in Art. III-341 Abs. 2 VVE.

770 Vgl. oben A.IV.5.

771 Vgl. *Wichard*, in: Calliess/Ruffert (Hrsg.), VerfEU, 2006, Art. I-21 Rn. 13.

772 So der Vorschlag in CONV 709/03, S. 19 (Voggenhuber). Anders z.B. Art. I-59 Abs. 2 S. 2 VVE und Art. I-444 Abs. 3 UAbs. 2 VVE, welche die Zustimmung nur für bestimmte Beschlüsse verlangen. Vgl. oben B.II.7.a)(1).

Europäischen Rat zwingen, die Position des demokratisch gewählten Parlaments zu berücksichtigen.

Als Zwischenergebnis lässt sich festhalten, dass eine rechtliche Verankerung der Beteiligung des Europäischen Parlaments an Entscheidungen des Europäischen Rates zur Demokratisierung maßgeblich beitragen würde, sofern es sich dabei um parlamentarische Zustimmungserfordernisse handelt.

(b) Gerichtliche Durchsetzung der Rechte des Europäischen Parlaments

Zusätzlich zur Gewährung dieser parlamentarischen Rechte könnte die Rechtsstellung des Europäischen Parlaments gegenüber dem Europäischen Rat dadurch gestärkt werden, dass das Europäische Parlament seine Rechte gerichtlich gegen den Europäischen Rat durchsetzen kann. Reformgegenstand sind hier die Regelungen über die Verfahren vor dem EuGH.

In den oben genannten Vorschlägen, die den Europäischen Rat erstmals der Rechtskontrolle des EuGH unterwerfen, werden zwei Verfahrensarten angesprochen, die für das Europäische Parlament als Rechtsweg in Frage kommen: die Nichtigkeitsklage und die Untätigkeitsklage[773]. Klagegegenstand ist im ersten Verfahren eine „Handlung des Europäischen Rates mit Rechtswirkung gegenüber Dritten“[774], im zweiten Verfahren das Unterlassen, „tätig zu werden“[775]. Bei beiden soll das Europäische Parlament klageberechtigt sein. Es könnte damit beantragen, dass ein bestimmter Beschluss bzw. das Unterlassen, einen Beschluss zu fassen, auf seine Rechtmäßigkeit objektiv überprüft wird. Das Parlament könnte, müsste jedoch nicht die Verletzung eigener Rechte geltend machen, weil es – wie auch gemäß dem Vertrag von Nizza[776] – privilegiert klageberechtigt sein soll.

Diese Klagemöglichkeiten des Europäischen Parlaments würden die demokratische Kontrolle des Europäischen Rates stärken und trügen somit zu dessen Demokratisierung bei.

---

[773] Art. III-365, Art. III-366 VVE (Nichtigkeitsklage) und Art. III-367, Art. III-368 VVE (Untätigkeitsklage); vgl. oben B.II.7.b).

[774] Art. III-365 Abs. 1, S. 1 VVE.

[775] Art. III-367 S. 1 VVE.

[776] Vgl. hierzu näher *Cremer*, in: Calliess/Ruffert (Hrsg.), EUV/EGV, 3. Aufl., 2007, Art. 230 EGV Rn. 21; *ders.*, aaO., Art. 232 EGV Rn. 12.

c) Regeln zur Entscheidungsfindung des Europäischen Rates

(1) Anwesenheits-, Rede- und Stimmrecht

(a) Anwesenheits- und Rederecht für Vertreter des Europäischen Parlaments

Eine stärkere Beteiligung des Europäischen Parlaments könnte auch dadurch sichergestellt werden, dass es seinen Präsidenten in den Europäischen Rat entsenden kann. Der Präsident des Europäischen Parlaments hätte, wenn er Mitglied des Europäischen Rates würde[777], einen gesicherten Rechtsstatus und zumindest ein Anwesenheits- und Rederecht bei den Beratungen. Er könnte dadurch die Position des Parlaments unmittelbar in die Debatte einbringen und wäre auch in der Lage, die Debatte im Sinne des Parlaments zu beeinflussen. Gegenüber der derzeitigen Berichtspraxis im Vorfeld der Tagungen wäre dies eine Stärkung seiner Stellung gegenüber dem Europäischen Rat. Strukturell handelt es sich dabei um eine *personelle Gewaltenverschränkung*, weil nicht mehr lediglich Vertreter der nationalen und der europäischen Exekutive(n) Mitglieder des Europäischen Rates wären, sondern auch ein Vertreter der Legislative Mitglied würde[778]. Mittelbar würde die Stellung des Europäischen Parlaments gegenüber dem Europäischen Rat gestärkt, weil es durch den Parlamentspräsidenten vertreten wäre. Diese Stärkung des Parlaments würde zu einer Demokratisierung des Europäischen Rates führen.

(b) Stimmrecht der Mitglieder des Europäischen Rates

Das Demokratieprinzip gebietet, dass im Europäischen Rat nur solche Amtsträger entscheidungsbefugt sind, die demokratisch legitimiert sind. Entscheidungsbefugt sind sie dann, wenn sie ein Stimmrecht haben. Für die demokratische Legitimation kommt

---

777 CONV 709/03, S. 10 (Kaufmann); vgl. oben B.II.1.a)(1).

778 Als Beispiel für eine personelle Gewaltenverschränkung lässt sich die Bundesregierung anführen. In der Praxis haben die Mitglieder der Bundesregierung regelmäßig ein Abgeordnetenmandat im Deutschen Bundestag inne. Ob diese Praxis einen Verfassungsverstoß darstellt, ist umstritten. Nach einer Ansicht folgt aus dem Grundgesetz keine Inkompatibilität zwischen einem Regierungsamt und einem Bundestagsmandat (vgl. statt vieler *Herzog*, in: Maunz/Dürig (Hrsg.), Grundgesetz, Band III, 18. EL, Sept. 1980, Art. 20 V Rn. 46). Danach weicht das GG vom Grundsatz der personellen Gewaltenteilung ab und ermöglicht den Mitgliedern der Bundesregierung, ein Parlamentsmandat innezuhaben (vgl. *Herzog*, aaO.). Die genannte Praxis wäre somit eine verfassungsrechtlich zulässige personelle Gewaltenverschränkung. Die Gegenauffassung geht von einer Inkompatibilität zwischen Regierungsamt und Bundestagsmandat aus und hält die Praxis für verfassungswidrig (vgl. *Epping*, in: v. Mangoldt/Klein/Starck (Hrsg.), Kommentar zum Grundgesetz, 5. Aufl., 2005, Bd. 2, Art. 66 Rn. 24).

es bei den einzelnen Amtsträgern auf eine (europäische oder nationale) Legitimationskette an, die nicht an das Organ, sondern an die einzelnen Amtsträger anknüpft.

Nach den oben angeführten Vorschlägen haben alle Staats- und Regierungschefs, die Mitglieder des Europäischen Rates sind, bei allen Entscheidungen des Europäischen Rates ein Stimmrecht. Sie sind über ihre nationalen (kürzeren oder längeren) Legitimationsketten demokratisch legitimiert.

Der Kommissionspräsident und der vorgeschlagene ständige Präsident des Europäischen Rates haben gemäß den Vorschlägen kein Stimmrecht, wobei unklar ist, ob dieser Ausschluss ausnahmslos gelten soll[779].

Wenn beide Amtsträger generell von einer Mitwirkung an den Entscheidungen des Europäischen Rates ausgenommen sind, stellt sich die Frage der demokratischen Legitimation insoweit, als es um deren Teilnahme an der Debatte geht. Wenn dieser Ausschluss hingegen nur für Entscheidungen gelten soll, für die eine qualifizierte Mehrheit erforderlich ist, kommt es erst recht auf die demokratische Legitimation an, weil nicht nur eine Teilnahme an der Debatte, sondern eine effektive Mitwirkung an solchen Entscheidungen, für die keine qualifizierte Mehrheit erforderlich ist, möglich sein soll[780].

Hier gelten die oben[781] angesprochenen Erwägungen zu den Legitimationsketten beider Amtsträger. Soweit eine effektive parlamentarische Beteiligung an der Personalentscheidung zur Besetzung beider Ämter und eine effektive parlamentarische Kontrolle sichergestellt werden, wird das demokratische Element gestärkt. Dies ist bei der Wahl des Kommissionspräsidenten insbesondere dann der Fall, wenn das Parlament aus mehreren Vorschlägen auswählen kann[782]. Beim Präsidenten des

---

[779] Vgl. oben B.II.5.a). Nach diesen Vorschlägen besteht eine Unvereinbarkeit zwischen dem Amt des Präsidenten des Europäischen Rates und dem Amt eines Staats- oder Regierungschefs. Folglich kann der Präsident des Europäischen Rates nicht aus der Mitte der nationalen Mitglieder des Europäischen Rates gewählt werden, ohne dass der Gewählte sein nationales Amt aufgibt. Näher dazu vgl. oben B.II.1.a)(3)(b)(i) und unten B.III.2.c)(3).

[780] Eine Entscheidung zwischen den beiden o.g. Interpretationsmöglichkeiten des Ausschlusses des Stimmrechts (vgl. oben B.II.5.a)) muss an dieser Stelle nicht getroffen werden, weil beide Auslegungsalternativen als zwei unterschiedliche Vorschläge betrachtet werden können.

[781] Vgl. oben B.III.1.a)(1)(a); B.III.1.b)(1)(a); B.III.1.b)(1)(b).

[782] Vgl. oben B.III.1.b)(1)(b).

Europäischen Rates könnte dies dadurch gewährleistet werden, dass das Europäische Parlament die Personalentscheidung des Europäischen Rates zumindest bestätigen muss. Soweit der Präsident des Europäischen Parlaments als (stimmberechtigtes) Mitglied aufgenommen werden soll, ist seine demokratische Legitimation über eine Wahl durch die Abgeordneten sicherzustellen[783].

(2) Einstimmigkeit notwendig?

Vor dem Hintergrund der Demokratisierung des Europäischen Rates stellt sich die Frage, ob es an der demokratischen Legitimation der Entscheidungen des Europäischen Rates etwas ändert, wenn er nicht einstimmig beschließt.

Nach der hier vertretenen Auffassung gilt bislang für den Europäischen Rat der Grundsatz, dass er Beschlüsse nur einstimmig, das heißt mit der positiven Zustimmung aller stimmberechtigten Staats- und Regierungschefs fassen kann[784]. Dieses Einstimmigkeitserfordernis ergibt sich insbesondere daraus, dass im Recht des Vertrags von Nizza eine Möglichkeit, von diesem Erfordernis abzuweichen, nicht ausdrücklich geregelt ist[785]. Hingegen ergibt sich das Einstimmigkeitserfordernis nicht aus dem Demokratieprinzip. Zwar würde bei einstimmigen Beschlüssen der Staats- und Regierungschefs die legitimatorische Rückbindung zu *jedem* der Staatsvölker über die jeweilige nationale Kette garantiert. Gleiches gilt weitgehend für das derzeit in der Praxis angewandte[786] und gemäß mehreren Vorschlägen[787] für die Entscheidungsfindung festzuschreibende Konsensverfahren. Allerdings verlangt das Demokratieprinzip – zumindest in Gestalt des als Beispiel heranzuziehenden Art. 20 Abs. 1 u. 2 GG – diese Garantie nicht, sondern lässt auch Mehrheitsentscheidungen gegen den deutschen Vertreter in dem betreffenden internationalen Beschlussorgan und damit gegen das deutsche Staatsvolk zu. Andernfalls wäre eine Mitwirkung der Bundesrepublik in einer zwischenstaatlichen Gemeinschaft nicht möglich. Denn einer solchen Gemeinschaft werden Hoheitsbefugnisse eingeräumt, deren Wahrnehmung

---

783 Ein entsprechender Vorschlag, der sich an Art. 197 Abs. 1 EGV orientiert, findet sich in Art. I-20 Abs. 4 VVE: „Das Europäische Parlament wählt aus seiner Mitte seinen Präsidenten und sein Präsidium".

784 Vgl. oben A.III.5.c)(2). Der Kommissionspräsident ist nach der hier vertretenen Auffassung nach geltendem Recht im Europäischen Rat nicht stimmberechtigt, vgl. oben A.VI.3.b)(2).

785 Vgl. oben A.III.5.c)(2).

786 Vgl. oben A.VI.4.a).

787 Art. I-21 Abs. 4 VVE; vgl. oben B.II.5.b)(2).

nicht mehr vom Willen jedes einzelnen Mitgliedstaates abhängt[788]. Folglich sind die vorgeschlagenen Regelungen, die das Einstimmigkeits- oder Konsensverfahren vorsehen, zur Demokratisierung nicht erforderlich.

(3) Mehrheitserfordernisse

Gemäß zahlreichen Vorschlägen soll der Europäische Rat – grundsätzlich oder in Einzelfällen – mit Mehrheit entscheiden können. Je nach dem, wie die erforderliche Mehrheit ausgestaltet ist, könnte dies die demokratische Legitimation für den betreffenden Beschluss des Europäischen Rates stärken oder schwächen. Dabei ist zunächst zwischen zwei Arten von Mehrheitserfordernissen zu unterscheiden.

Zum einen kann ein Mehrheitserfordernis so geregelt werden, dass es den demographischen Faktor berücksichtigt. Dies würde bedeuten, dass es für die Berechnung der erforderlichen Mehrheit bei einer Abstimmung im Europäischen Rat darauf ankommt, den Bevölkerungszahlen der Mitgliedstaaten Rechnung zu tragen. Das Demokratieprinzip gebietet diese Berücksichtigung, weil es über die Legitimationsketten die Rückbindung zum Bürger verlangt.

Zum anderen kann ein Mehrheitserfordernis so ausgestaltet sein, dass es diesen demographischen Faktor nicht berücksichtigt. Dann kommt es lediglich auf die Abstimmung mit Mehrheit unter den Staaten an. Dabei hat typischerweise jeder stimmberechtigte Staatenvertreter eine Stimme, unabhängig von der Bevölkerungszahl des Staates, den er repräsentiert. Dies würde bedeuten, dass der Europäische Rat mit einer bestimmten Mehrheit der Stimmen einen Beschluss fassen könnte, ohne dass die zustimmenden Staats- und Regierungschefs zwangsläufig die Mehrheit der Bevölkerung der EU repräsentieren. Hier steht nicht das Demokratieprinzip (das heißt eine Legitimationskette zum Bürger) im Vordergrund, sondern das völkerrechtliche Prinzip der Staatengleichheit. Weil eine Demokratisierung des Europäischen Rates erreicht werden soll, scheiden somit diejenigen Vorschläge aus, die den demographischen Faktor außer Acht lassen[789].

---

[788] Vgl. BVerfGE 89, 155 (182 f.).

[789] Dies ist lediglich bei Art. III-341 Abs. 3 VVE der Fall, vgl. oben B.II.5.b)(2). Vgl. hierzu *Papier*, EuGRZ 2004, 753 (756), der darauf hinweist, dass, wenn zunehmend Mehrheitsentscheide getroffen werden, diese von der Mehrheit der Bevölkerung getragen werden müssen.

Die oben genannten Vorschläge, welche die Bevölkerungszahl für Mehrheitserfordernisse berücksichtigen, wurden in zwei unterschiedliche Modelle eingeteilt[790]. Das eine Modell hält an der Stimmengewichtung, die der EGV bis einschließlich zum Vertrag von Nizza für den Rat vorgesehen hat, fest und wendet sie auf den Europäischen Rat an. Das andere Modell enthält im engeren Sinne keine Stimmengewichtung unter den Mitgliedstaaten, sondern eine so genannte „doppelte Mehrheit" aus Mitgliedstaaten und Bevölkerung der EU.

Die konkrete Ausgestaltung beider Modelle, das heißt welchem Staat welches Stimmgewicht zugesprochen bzw. welche Mehrheit aus Staaten und Bevölkerung genau festgelegt werden sollte, ist politisch hoch umstritten. An dieser Stelle soll es nur um die rechtliche Grundsatzfrage gehen, welches der beiden Modelle eher zur Demokratisierung des Europäischen Rates beiträgt. Dabei kommt es darauf an, welches Modell besser gewährleistet, dass Beschlüsse des Europäischen Rates von der Mehrheit der Bevölkerung der EU getragen werden. In der repräsentativen Demokratie der EU bedeutet dies, dass die Vertreter im Europäischen Rat, die einem Beschluss zustimmen, eine größere Anzahl an Bürgern der EU repräsentieren müssen, als diejenigen, die gegen den Beschluss stimmen.

Das Modell der Stimmengewichtung ist grundsätzlich geeignet, diese Mehrheit in der Bevölkerung der EU zu garantieren, wenn die Stimmenkontingente konsequent gemäß der Bevölkerungszahl der Mitgliedstaaten verteilt würden (dann hätte Deutschland 820 Stimmen und Malta 4 Stimmen). Dies ist jedoch bei der Stimmengewichtung gemäß dem Vertrag von Nizza, an der sich die betreffenden Vorschläge orientieren, nicht der Fall. Vielmehr werden dort Stimmenkontingente den einzelnen Staaten zugeteilt, die sich nur grob an deren Bevölkerungszahl orientieren und somit nur indirekt daran ansetzen. Im Vordergrund steht nach wie vor die völkerrechtliche Repräsentation[791], der weiterhin Rechnung getragen werden soll. Zu diesem Zweck werden mehreren Staaten gleiche oder fast gleiche Stimmenkontingente zugesprochen, obwohl die Bevölkerungszahlen sich deutlich unterscheiden. Als Beispiel ist der Art. 205 Abs. 2 EGV zu nennen, der im Rat die Stimmen für Deutschland und Frankreich mit je 29, für Polen und Spanien mit je 27 Stimmen festlegt[792].

---

790 Vgl. oben B.II.5.b)(1).

791 Vgl. *Müller-Graff*, integration 2004, 186 (197).

792 Allerdings wurde mit dem Vertrag von Nizza eine Möglichkeit zur stärkeren Berücksichtigung der Bevölkerung der EU eingeführt, indem auf Antrag eines Mitgliedstaats überprüft werden kann, ob die

Das Modell der doppelten Mehrheit lässt die völkerrechtliche Repräsentation nicht völlig außer Acht, weil es verlangt, dass eine bestimmte Mehrheit von Mitgliedstaaten einem Beschluss zustimmen muss. Allerdings trägt es dem Demokratieprinzip stärker Rechnung als das Modell der Stimmengewichtung[793]. Der Grund besteht darin, dass neben einer Staatenmehrheit verlangt wird, dass eine bestimmte Bevölkerungsmehrheit der EU von den zustimmenden Staaten repräsentiert wird. Es wird also direkt an der Bevölkerungsanzahl angesetzt, indem ein bestimmter, über 50 Prozent liegender Anteil der Bevölkerung der EU verlangt wird. Bei der doppelten Mehrheit ist dieser Ansatz ein entscheidender Bestandteil des Mehrheitserfordernisses. Deshalb ist die doppelte Mehrheit eher geeignet, das Ziel der Demokratisierung des Europäischen Rates zu erreichen, als das Modell der Stimmengewichtung.

d) Zwischenergebnis

Die analysierten Beiträge, die für eine Demokratisierung geeignet sind, schlagen eine Parlamentarisierung des Europäischen Rates vor. Sie streben vor allem eine stärkere Anbindung des Europäischen Rates und seiner Mitglieder an die nationalen Parlamente und an das Europäische Parlament an. Entsprechend dem Charakter der EU als einem auf der parlamentarischen Demokratie fußenden System bleibt eine direktdemokratische Beteiligung an Entscheidungen des Europäischen Rates außer Betracht.

Die Legitimation des Europäischen Rates soll nach den Vorstellungen der genannten Beiträge auch weiterhin hauptsächlich über die nationalen Ketten gewährleistet werden, die an die Staats- und Regierungschefs anknüpfen. Allerdings würden verschiedene Ergänzungen diese Legitimation verstärken. Zum einen könnten die nationalen Ketten zusätzlich an den Europäischen Rat als solchen anknüpfen, wenn er zum Organ umgewandelt wird und deshalb die nationalen Parlamente Mitwirkungs- und Kontrollrechte gegenüber dem Europäischen Rat erhalten. Zum anderen könnte die europäische Kette dadurch verstärkt werden, dass das Europäische Parlament die demokratische Legitimation der beiden „europäischen“ Mitglieder des Europäischen Rates, das heißt des Präsidenten des Europäischen Rates und des Kommissions-

---

einem Beschluss zustimmenden Mitgliedstaaten zugleich 62 Prozent der Gesamtbevölkerung umfassen, vgl. Art. 205 Abs. 4 EGV.

[793] Vgl. *Müller-Graff*, integration 2004, 186 (197): Die entscheidende Stärkung der demokratischen Legitimation erfolge durch die Neudefinition der qualifizierten Mehrheit im Sinne der doppelten Mehrheit.

präsidenten, ergänzt und zudem parlamentarische Rechte gegenüber dem Europäischen Rat als Organ erhält. Je mehr der vorgeschlagenen Beteiligungs- und Kontrollrechte des Europäischen Parlaments verwirklicht werden – einschließlich der Möglichkeit, diese Rechte auch vor Gericht durchzusetzen –, desto stärker wird die Stellung des Europäischen Parlaments gegenüber dem Europäischen Rat. Es würde damit von einem lediglich politischen Gegenspieler[794] zum primärrechtlich eingesetzten Mitwirkungs- und Kontrollorgan des Europäischen Rates.

Schließlich würde es maßgeblich zur Demokratisierung des Europäischen Rates beitragen, wenn bei seinen Abstimmungen sichergestellt wird, dass seine Entscheidungen nicht lediglich von einer Staatenmehrheit, sondern von einer Mehrheit der Bevölkerung der EU getragen werden. Hierfür ist das Modell der doppelten Mehrheit besonders geeignet.

2. Transparenz

a) Ergebnistransparenz

Ergebnistransparenz ist gegeben, wenn andere Organe und der Bürger durchschauen können, was der Europäische Rat beschlossen hat. Dazu ist ein Zugang zu den Ergebnissen der Beratungen des Europäischen Rates erforderlich. Dieser Zugang kann rechtlich aus zwei Richtungen gewährleistet werden. Entweder wird der Europäische Rat verpflichtet, Dritte zu informieren, oder Dritte erhalten das Recht, sich über die Beschlüsse zu informieren. In der derzeitigen Praxis werden die Schlussfolgerungen des Vorsitzes, in denen Entscheidungen des Europäischen Rates aufgeführt sind, veröffentlicht. Folglich sind die Ergebnisse, soweit sie in den Schlussfolgerungen veröffentlicht werden, allgemein zugänglich.

Eine Informationspflicht des Europäischen Rates gegenüber bestimmten Dritten wird in mehreren Reformvorschlägen gefordert. Die Ergebnistransparenz kann zum einen durch eine rechtlich verankerte Pflicht des Europäischen Rates, dem Europäischen Parlament nach den Tagungen Bericht zu erstatten, sichergestellt werden[795]. Diese Pflicht besteht allerdings schon nach Nizzaer Recht (Art. 4 Abs. 3

---

794 So noch die Feststellung zur Stellung des Europäischen Parlaments nach der Rechtslage von Nizza, vgl. oben A.IX.1.c).

795 So der Vorschlag in CONV 732/03, S. 5 (de Vries), vgl. oben B.II.7.a)(1). Abgesehen von Art. 4 Abs. 3 EUV-N sind bisher konkrete Rechte und Pflichten, um die Ergebnistransparenz des Europäischen Rates zu gewährleisten, nicht festgelegt. Insb. besteht nach geltendem Recht kein Recht

EUV-N), so dass die Verwirklichung dieses Vorschlags keinen Fortschritt mit sich bringen würde.

Zum anderen kann die Ergebnistransparenz durch die vorgeschlagene Berichtspflicht des Präsidenten des Europäischen Rates gegenüber dem Europäischen Parlament gewährleistet werden[796]. Hier richtet sich der Informationsanspruch des Parlaments gegen einen bestimmten Amtsträger und nicht gegen den Europäischen Rat als Gremium, das sich aus vielen Amtsträgern zusammensetzt. Dies hat den Vorteil, dass der informationsberechtigte Dritte einen bestimmten persönlichen Ansprechpartner bekommt, der den Bericht vorlegen muss. Da der Präsident des Europäischen Rates gemäß einigen Vorschlägen unter Beteiligung des Europäischen Parlaments gewählt werden soll[797], er folglich auf die Zustimmung des Parlaments angewiesen wäre, ist davon auszugehen, dass er gegenüber dem Europäischen Parlament einer normierten Berichtspflicht nachkäme und deshalb die Ergebnistransparenz sichergestellt wäre.

Allerdings gehen die Vorschläge nicht so weit, dass sie eine dem Art. 197 Abs. 3 EGV vergleichbare Regelung enthalten würden. Ein konkretes Fragerecht des Parlaments und seiner Mitglieder mit einer Antwortpflicht des Präsidenten des Europäischen Rates lässt sich aus der vorgeschlagenen Berichtspflicht nicht herleiten.

Schließlich kann die Ergebnistransparenz dadurch gestärkt werden, dass die nationalen Parlamente informationsberechtigt werden. Wenn sie – wie vorgeschlagen[798] – neben dem Europäischen Parlament den Anspruch erhalten, vom Präsidenten des Europäischen Rates durch den Bericht informiert zu werden, dann würde dies die Ergebnistransparenz verbessern.

Von einem deutlichen „Mehr" an Ergebnistransparenz lässt sich sprechen, wenn die Vorschläge kombiniert werden. Das Europäische Parlament und die nationalen Parlamente würden somit nach jeder Tagung des Europäischen Rates einen Bericht von dessen Präsidenten erhalten.

---

auf Zugang zu Dokumenten des Europäischen Rates, vgl. oben A.IX.1.e).

796 Art. I-22 Abs. 2 UAbs. 1 lit. d VVE, vgl. oben B.II.7.a)(1).

797 Vgl. oben B.II.1.a)(3)(b)(i).

798 CONV 709/03, S. 12 (Andriukaitis), vgl. oben B.II.7.a)(2).

b) Verfahrenstransparenz

Die Verfahrenstransparenz wird gewährleistet, wenn andere Organe und der Bürger durchschauen können, auf welche Art und Weise der Europäische Rat zu einer Entscheidung gelangt ist. Bisher sind die einzelnen Schritte der Entscheidungsfindung des Europäischen Rates – im Vergleich zu denen der Gemeinschaftsorgane – weitgehend unbekannt. Ein Transparenzdefizit besteht in dieser Hinsicht insbesondere darin, dass die Entscheidungsfindung bisher nicht im Einzelnen normiert ist[799]. Auch die Rechtspraxis bietet keine genügenden Informationen für eine wirkliche Verfahrenstransparenz. Dies liegt zum einen daran, dass der Europäische Rat nicht öffentlich tagt und deshalb die Rechtspraxis nur vereinzelt bekannt wird, wenn Gipfelteilnehmer über den Verlauf einer Sitzung berichten. Zum anderen kann sich die Rechtspraxis mangels verbindlicher Regeln leicht ändern, so dass es insoweit an der Verlässlichkeit der Informationen über die Entscheidungsfindung mangelt.

Deshalb würden insbesondere diejenigen Vorschläge, die eine Geschäftsordnung des Europäischen Rates oder eine Regelung in den Verträgen bzw. in einer Verfassung vorsehen, um die Einzelheiten der Entscheidungsfindung festzulegen, die Verfahrenstransparenz verbessern. Hier ist zunächst die Normierung der Funktionen des Präsidenten des Europäischen Rates während der Debatten im Europäischen Rat zu nennen[800]. Sie würde klarstellen, dass der Präsident eine herausgehobene Stellung innehat, aus der heraus er die Entscheidungsfindung beeinflussen kann. Zudem würde eine Regelung darüber, ob und wie abgestimmt wird, die Verfahrenstransparenz maßgeblich erhöhen. Dazu bedarf es einer Festlegung, in welchen Fällen der Europäische Rat einstimmig, im Konsens oder mit Mehrheit (genauer: mit welcher Mehrheit) beschließt. Bei einer ausdrücklichen Normierung des Einstimmigkeitsverfahrens würde die Rechtslage des Vertrags von Nizza, gemäß derer der Europäische Rat seine Beschlüsse einstimmig fassen muss[801], festgeschrieben. Bei

---

[799] Vereinzelt finden sich in den Sevilla-Beschlüssen Hinweise darauf, wie die Entscheidungsfindung gestaltet werden sollte, so bspw. Hinweise auf die Sitzungsleitung durch den Vorsitz in Nr. 8 der Sevilla-Beschlüsse; vgl. oben A.VI.1.

[800] Der Präsident des Europäischen Rates soll danach die Beratungen leiten, ihnen Impulse geben, für die Vorbereitung und Kontinuität der Arbeiten sowie für Konsens und Zusammenhalt im Europäischen Rat sorgen, vgl. den Vorschlag in Art. I-22 Abs. 2 UAbs. 1 lit. a-d VVE; vgl. oben B.II.1.a)(3)(e)(i).

[801] Vgl. oben A.III.5.c)(2) zu den Gründen, weshalb aus dem Primärrecht i.d.F. des Vertrags von Nizza folgt, dass der Europäische Rat nach der klassischen Einstimmigkeitsregel zu entscheiden hat. Vgl. oben A.VI.5 die Feststellung, dass der Europäische Rat in der Praxis abweichend von der

einer Festlegung des Konsensverfahrens oder eines Mehrheitsverfahrens käme es zu einer Normierung der Rechtspraxis[802]. In jedem Fall würde eine ausdrückliche Normierung des Entscheidungsverfahrens dazu beitragen, dass die rechtlich bedenkliche Situation, in welcher der Europäische Rat in der Praxis abweichend von dem Einstimmigkeitsverfahren beschließt, behoben wird, weil diese Praxis insbesondere deshalb ermöglicht wird, weil das Einstimmigkeitsverfahren bisher nicht ausdrücklich normiert ist.

Ergänzend dazu sollte normiert werden, welche Amtsträger im Europäischen Rat ein Stimmrecht – oder gerade kein Stimmrecht – haben. Soweit bei den Vorschlägen über den Ausschluss des Stimmrechts für den Kommissionspräsidenten und den Präsidenten des Europäischen Rates Zweifel über die Auslegung der vorgeschlagenen Vorschrift bestehen[803], ist eine Klarstellung etwa durch eine andere systematische Stellung dieser Vorschrift[804] wünschenswert. Weitere Einzelheiten wie beispielsweise das „Ob" oder das „Wie" der Aussprache[805] könnten, wie teilweise vorgeschlagen wird, in einer Geschäftsordnung[806] festgelegt werden.

Soweit angeregt wird, das Europäische Parlament an bestimmten Entscheidungen[807] des Europäischen Rates zu beteiligen, ist festzustellen, dass diese Beteiligung die Verfahrenstransparenz des Europäischen Rates selbst nicht erhöht. Allerdings kann eine solche Mitwirkung die Verfahrenstransparenz der EU insgesamt für diejenigen Fälle erhöhen, in denen die Union durch den Europäischen Rat handelt, weil das Parlament grundsätzlich öffentlich tagt. Ohne eine solche Beteiligung würde der

---

Einstimmigkeitsregel beschließt und dass dies rechtlich bedenklich ist.

[802] Vgl. oben A.VI.4 zur Rechtspraxis, in welcher der Europäische Rat grundsätzlich im Konsensverfahren und ausnahmsweise im Mehrheitsverfahren entscheidet.

[803] Vgl. oben B.II.5.a).

[804] So der Vorschlag in CONV 709/03, S. 10 (Teufel), vgl. oben B.II.5.a): Wenn der Ausschluss für alle Abstimmungen im Europäischen Rat gelten soll, sei die Vorschrift in die Regelungen für den Europäischen Rat einzuordnen.

[805] Zur gegenwärtigen Rechtspraxis vgl. oben A.VI.2.

[806] Diese wird in Art. III-341 Abs. 3 VVE vorgeschlagen; vgl. oben B.II.3.b).

[807] Die Zustimmung des EP wäre danach erforderlich entweder für bestimmte Beschlüsse, bspw. Art. I-59 Abs. 2 S. 2 VVE (Aussetzung von Mitgliedschaftsrechten), CONV 709/03, S. 11 (Borrell) (Wahl des Präsidenten des Europäischen Rates), oder für alle Beschlüsse des Europäischen Rates, so der Vorschlag in CONV 709/03, S. 19 (Voggenhuber), vgl. oben B.II.7.a)(1).

geheim[808] tagende Europäische Rat die betreffenden Beschlüsse allein fassen. Das jeweilige Entscheidungsverfahren für die einzelnen Beschlüsse bliebe somit weitgehend intransparent. Mit einer Beteiligung des Parlaments hingegen würde ein Teil des jeweiligen Entscheidungsverfahrens – nämlich der parlamentarische Teil – öffentlich, so dass eine gewisse Verfahrenstransparenz für die betreffenden Handlungen der EU durch den Europäischen Rat hergestellt würde.

Das Gegenteil bewirken diejenigen Vorschläge, die den Europäischen Rat als „Berufungsinstanz" an Beschlüssen des Ministerrates beteiligen wollen[809]. Soweit diese Vorschläge Beschlüsse betreffen, die der Rat in öffentlicher Sitzung fasst, weil sie zu seiner Gesetzgebungstätigkeit gehören, bestünde nämlich die Möglichkeit, das Entscheidungsverfahren in den nichtöffentlichen Bereich zu verlagern, indem der Europäische Rat als „Berufungsinstanz" angerufen wird. Dieser würde dann über die streitigen Punkte befinden, ohne dass die Art und Weise der Entscheidungsfindung durchschaubar wäre. Die Folge wäre eine Verminderung der Verfahrenstransparenz der EU durch Beteiligung des Europäischen Rates. Deshalb sollten die Vorschläge zur „Berufungsinstanz" aus Gründen der Transparenz nicht umgesetzt werden.

c) Verantwortungstransparenz

Die Verantwortungstransparenz wird gewährleistet, wenn für Dritte durchschaubar ist, welcher Amtsträger oder welches Organ für bestimmte Entscheidungen und Entwicklungen die politische Verantwortung trägt. Voraussetzung dafür ist zum einen eine Sichtbarkeit und Präsenz der betreffenden Amtsträger und Organe. Ein ausreichendes Maß an Personalisierung und Institutionalisierung der Machtausübung ist erforderlich, damit diese für den Bürger durchschaubar ist und er seiner Funktion, die demokratische Legitimation und Kontrolle zu gewährleisten, nachkommen kann. Zum anderen bedarf es einer gewissen Kontinuität in der Amtsführung, damit politische Entwicklungen den Entscheidungen der betreffenden Amtsträger und Organe zugerechnet werden können.

Hier kommen vier Merkmale des Europäischen Rates als Reformgegenstand in Betracht, um diese Sichtbarkeit und Kontinuität und damit die Verantwortungs-

---

[808] Der Europäische Rat wird auch in Zukunft geheim tagen. Dass er öffentlich tagen soll, wird nicht vorgeschlagen.

[809] Z.B. der Vorschlag in Art. III-300 Abs. 2 UAbs. 2 VVE; hierzu und zu weiteren Vorschlägen vgl. oben B.II.4.b)(5).

transparenz zu erhöhen: die Rechtsnatur des Europäischen Rates, seine Kompetenzen, die Ausgestaltung des Amtes des Vorsitzenden sowie die Mitwirkungsbefugnisse einzelner Mitglieder.

(1) Rechtsnatur

Um die Verantwortungstransparenz zu verbessern, wird vorgeschlagen, den Europäischen Rat von der Leitkonferenz in ein Organ der EU umzuwandeln und somit vollständig zu institutionalisieren[810]. Dadurch würde sich der Europäische Rat in das Organgefüge eingliedern und würde zu einem gleichberechtigten Organ. Ebenso wie der Rat würde er der gerichtlichen Kontrolle des EuGH und der parlamentarischen Kontrolle des Europäischen Parlaments unterliegen. Außerdem bestünde kein Zweifel darüber, dass er keine besondere Form des Rates ist, sondern ein eigenständiges Organ. Voraussetzung für diesen Rechtsstatus ist allerdings, dass der EU eine Rechtspersönlichkeit[811] verliehen wird.

Die Kombination beider Reformschritte wäre mit Blick auf die Rechtslage von Nizza konsequent. Nach der hier vertretenen Auffassung[812] mangelt es an der Rechtspersönlichkeit der EU und am Organstatus des Europäischen Rates. Da zwischen beidem ein rechtlicher Zusammenhang besteht, ist für die Institutionalisierung des Europäischen Rates als Organ der EU die Verleihung der Rechtspersönlichkeit an die EU erforderlich. Der (neue) Europäische Rat könnte als Organ der EU in allen Bereichen agieren, ohne dass Zweifel bestünden, für welches Rechtssubjekt er handelt. Für den Bürger, aber auch für Organe, Staaten und andere Dritte wäre erkennbar, dass der Europäische Rat für das (neue) Rechtssubjekt EU handelt. Es würde dadurch durchschaubar, dass die Handlungen des Europäischen Rates der EU zuzurechnen sind und dass sie deshalb Trägerin der aus diesen Handlungen folgenden Rechte und Pflichten ist. Dies würde die Verantwortungstransparenz maßgeblich verbessern.

Um die Eigenständigkeit des Europäischen Rates als Organ erkennbarer zu machen, sollte auch auf organisatorischer Ebene eine Trennung von anderen Organen vollzogen werden. Deshalb sollten diejenigen Vorschläge verwirklicht werden, die dem

---

810 Vorschlag in Art. I-19 Abs. 1 UAbs. 2 VVE.

811 Vorschlag in Art. I-7 VVE.

812 Vgl. oben A.III.4.b); A.III.6.

Europäischen Rat einen eigenen Verwaltungsapparat zuordnen[813], welcher dem Europäischen Rat angehört und diesem nicht lediglich zuarbeitet. Hingegen würden diejenigen Vorschläge, welche eine Unterstützung des Europäischen Rates durch die Verwaltungsapparate anderer Organe[814] vorsehen, die Verantwortungstransparenz vermindern.

(2) Kompetenzen

Die Verantwortungstransparenz eines neuen Organs Europäischer Rat würde sich erhöhen, wenn von vornherein klar wäre, welche Rechte und Pflichten es hat. Dazu gehört eine möglichst genaue Normierung der Kompetenzen, einschließlich einer Festlegung der Kompetenzgrenzen[815]. Dadurch würde für den Bürger und für andere Organe deutlich, wofür der Europäische Rat die Verantwortung trägt und welche Handlungen außerhalb seines Kompetenzbereichs liegen. Diese Festlegung könnte vor allem dann von Bedeutung sein, wenn außerdem diejenigen Vorschläge verwirklicht würden, nach denen der EuGH Rechtskontrolle über die Handlungen des Europäischen Rates ausüben soll[816]. Durch eine entsprechende Zuständigkeit des EuGH würden die Kompetenzen des Europäischen Rates überprüft und im Wege einer entsprechenden Rechtsprechung durchschaubarer.

(3) Vorsitz des Europäischen Rates

Das Rotationsprinzip, welches bewirkt, dass alle sechs Monate ein neuer Staats- oder Regierungschef den Vorsitz des Europäischen Rates ausübt, sollte aus Transparenzsicht abgeschafft werden. Stattdessen sollte ein Präsident des Europäischen Rates für längere Zeit, wenigstens – wie vorgeschlagen[817] – für zweieinhalb Jahre, das Amt innehaben, was die Sichtbarkeit und Präsenz dieser Führungsperson erhöhen würde. Auch die längeren Amtszeiten[818], die vorgeschlagen

---

813 Unter den Beiträgen findet sich lediglich ein Modell, das einen eigenständigen, nicht einem anderen Organ angehörigen Verwaltungsapparat für den Europäischen Rat vorschlägt. Dieses Modell sieht eine Verwaltung des Präsidenten des Europäischen Rates vor, vgl. oben Fn. 592.

814 Genannt werden in den Vorschlägen das Generalsekretariat des Rates (vgl. oben Fn. 593) und die Kommission (vgl. oben Fn. 594).

815 Vgl. zu diesen Vorschlägen oben B.II.4.c).

816 Vgl. oben B.II.7.b).

817 Art. I-22 Abs. 1 S. 1, 2. HS VVE; vgl. oben B.II.1.a)(3)(b)(i).

818 Drei Jahre: CONV 709/03, S. 12 (Stockton); vier Jahre: CONV 591/03, S. 3 (Palacio); fünf Jahre: CONV 709/03, S. 12 (Abitbol).

werden, sollten erwogen werden, weil sie dazu führen können, dass der Präsident für den Bürger präsenter ist, was die Verantwortungstransparenz erhöhen würde.

Diese Lösung, die einen einzelnen Präsidenten auf Zeit vorsieht, ist auch einer Gruppenpräsidentschaft vorzuziehen, welche zu keiner maßgeblichen Personalisierung im Vergleich zum Rotationsprinzip und zur praktizierten Troika führen würde.

Der Verantwortungstransparenz förderlich wäre es zudem, wenn der Präsident des Europäischen Rates dieses Amt hauptamtlich ausübt, also daneben kein weiteres Amt innehat oder ausübt. Nur dann kann der Präsident des Europäischen Rates ausnahmslos als solcher handeln, und aus Sicht des Bürgers bestünden keine Zweifel darüber, in welcher Funktion er jeweils agiert. Um diese Klarheit zu gewährleisten, genügt nicht der Ausschluss der parallelen Ausübung des nationalen Amtes[819]. Vielmehr ist aus Gründen der Verantwortungstransparenz auch die Ermöglichung der Personalunion des Amtes des Präsidenten des Europäischen Rates und eines anderen europäischen Amtes abzulehnen[820]. Andernfalls würde der Präsident des Europäischen Rates zwei europäische Ämter ausüben bzw. zwei Organen vorsitzen. Seine Amtshandlungen wären dem jeweiligen Amt bzw. dem jeweiligen Organ nicht eindeutig zurechenbar. Der Ausschluss einer Personalunion bedeutet nicht, dass europäische Amtsträger nicht gewählt werden können. Sollte die Wahl etwa auf den Kommissionspräsidenten, den Präsidenten des Europäischen Parlaments oder den EU-Außenminister treffen, so müsste der Gewählte allerdings sein Amt niederlegen, bevor er zum Präsidenten des Europäischen Rates ernannt werden könnte.

Damit eindeutig ist, welches die Kompetenzen des Präsidenten des Europäischen Rates – und damit seine Verantwortungsbereiche – sind, sollten diese normiert werden (so zum Beispiel die Führung des Vorsitzes bei den Arbeiten des Europäischen Rates oder die Außenvertretung der Union[821]). Seine Sichtbarkeit könnte dadurch erhöht

---

[819] So aber der Vorschlag in Art. I-22 Abs. 3 VVE: „Der Präsident des Europäischen Rates darf kein einzelstaatliches Amt ausüben", bzw. Art. I-21 Abs. 3 KE: „[…] innehaben"; vgl. oben B.II.1.a)(3)(c).

[820] Deshalb sollte der Vorschlag des Präsidiums verwirklicht werden, welcher lautet: „Der Präsident des Europäischen Rates darf nicht einem anderen europäischen Organ angehören oder ein einzelstaatliches Amt innehaben", vgl. CONV 691/03 Cor 1, S. 1 (Präsidium); vgl. oben B.II.1.a)(3)(c).

[821] Vgl. die in Art. I-22 Abs. 2 VVE vorgeschlagene Auflistung der Kompetenzen des Präsidenten.

werden, dass er öffentlich gewählt wird, so dass der Vorschlag, dass das Europäische Parlament zustimmen müsse[822], zu begrüßen ist.

(4) Mitbestimmungsrechte

Damit die Handlungen des Europäischen Rates durchschaubar sind, muss von vornherein feststehen und erkennbar sein, wer Mitglied ist und welche Mitbestimmungsrechte die einzelnen Mitglieder haben. Um die Zusammensetzung möglichst wenig komplex zu gestalten, sollte – wie bisher – jeder Staat seinen Staats- oder Regierungschef in den Europäischen Rat entsenden. Als gleichberechtigte Mitglieder kämen der Kommissionspräsident und der hauptamtliche Präsident des Europäischen Rates hinzu. Vergleichsweise überschaubar bleibt das Organ, wenn es sich auf diese Mitglieder beschränkt und – im Gegensatz zur Rechtslage des Vertrags von Nizza – weder die nationalen Außenminister noch Kommissionsmitglieder als Teilnehmer aufnimmt. Eine Gewaltenverschränkung sollte weitgehend[823] vermieden werden, weshalb Vertreter der Legislative nicht aufgenommen werden sollten. Die vorgeschlagene Mitgliedschaft des Präsidenten des Europäischen Parlaments müsste aus Gründen der Verantwortungstransparenz abgelehnt werden.

Während es für die Verfahrenstransparenz ausreicht, festzulegen, ob und in welchen Fällen abgestimmt bzw. im Konsensverfahren entscheiden wird, genügt eine solche Festlegung für die Verantwortungstransparenz nicht. Der Grund besteht darin, dass die Verantwortungstransparenz nicht nur verlangt, dass das Verfahren durchschaubar ist, sondern auch, dass erkennbar ist, wer welchen Einfluss auf die Entscheidung hat. Diese Erkennbarkeit ist im Konsensverfahren nur unzureichend gegeben, weil dort die Entscheidungsfindung weniger von genau festgelegten Mitbestimmungsrechten als von politischen Machtverhältnissen abhängt[824]. Deshalb sollte der Europäische Rat seine Beschlüsse nicht im Konsensverfahren, sondern per Abstimmung fassen.

Soweit der Präsident des Europäischen Rates und der Kommissionspräsident von der Mitwirkung bei allen Abstimmungen ausgeschlossen werden sollen, ist dieser Ausschluss a priori in der Verfassung festzuhalten. Damit bestünde kein Zweifel

---

[822] CONV 709/03, S. 11 (Borrell); vgl. oben B.II.1.a)(3)(b)(i).

[823] Eine gewisse Gewaltenverschränkung (im Sinne einer Verschränkung der Verbände) besteht darin, dass nicht nur Vertreter der nationalen Exekutiven, sondern mit dem Kommissionspräsidenten auch ein Vertreter der europäischen Exekutive Mitglied des Europäischen Rates ist.

[824] Vgl. oben A.VI.4.c)(1).

darüber, dass jede Entscheidung des Europäischen Rates nur von den Staats- und Regierungschefs – also nur von Staatenvertretern – getroffen wird. Es muss in diesem Fall aus der Normierung eindeutig hervorgehen, dass der Ausschluss der beiden „europäischen" Amtsträger nicht lediglich für diejenigen Entscheidungen, bei denen eine qualifizierte Mehrheit erforderlich ist, gilt, sondern auch für solche Entscheidungen, bei denen eine einfache Mehrheit genügt oder Einstimmigkeit verlangt wird.

Soweit dieser Ausschluss hingegen lediglich für Beschlüsse, für die eine qualifizierte Mehrheit erforderlich ist, gelten soll, ist die Stimmberechtigung der beiden „europäischen" Amtsträger für die übrigen Beschlüsse entsprechend deutlich zu machen.

Bei Beschlüssen, für die eine qualifizierte Mehrheit erforderlich ist, muss für eine Zurechnung der Verantwortung festgelegt werden, welchen Einfluss jedes Mitglied auf die getroffene Entscheidung hat. Soweit mit qualifizierter Mehrheit abgestimmt wird, sind die beiden europäischen Amtsträger allen Regelungsvorschlägen zufolge von der Abstimmung ausgeschlossen. Hier geht es somit lediglich um die Zurechnung zu den einzelnen Staats- und Regierungschefs. Sie kann gemäß einem der beiden vorgeschlagenen Modelle (Stimmengewichtung oder doppelte Mehrheit) erfolgen, muss aber jedenfalls klar geregelt sein, um die Verantwortungstransparenz zu gewährleisten.

d) Zwischenergebnis

Ein „Mehr" an Transparenz kann in Bezug auf den Europäischen Rat insbesondere durch eine ausführliche Regelung des Europäischen Rates erreicht werden. Dazu sollte zunächst die rechtlich umstrittene (und damit undurchsichtige) Rechtsstellung geklärt werden, indem dem Europäischen Rat der Status eines Organs der EU verliehen wird. Weiter sollten die Rechte und Pflichten des Europäischen Rates und seiner Mitglieder rechtlich festgelegt werden, um die Verantwortungstransparenz zu gewährleisten. Die Sichtbarkeit der Führung des Europäischen Rates durch einen hauptamtlichen Präsidenten und die Festlegung seiner Kompetenzen würden ebenfalls zur Verantwortungstransparenz beitragen. Zudem sind die Entscheidungsmodi des Europäischen Rates von vornherein rechtlich festzulegen, um die Verfahrenstransparenz zu garantieren. Ein Transparenzgewinn wäre außerdem von einer Beteiligung des Europäischen Parlaments und damit von einer teilweisen Verlagerung des Entscheidungsverfahrens in eine öffentliche parlamentarische Sitzung zu erwarten. Schließlich sollten dem Präsidenten des Europäischen Rates Berichtspflichten gegenüber dem Europäischen Parlament und gegenüber den einzelstaatlichen Parlamenten auferlegt werden, um die Ergebnistransparenz zu erhöhen.

3. Effizienz

a) Effizienz des Europäischen Rates als Organ

Die Effizienz des Europäischen Rates betrifft dessen eigene Handlungsfähigkeit. Diese hängt von seiner Zusammensetzung, den Funktionen seines Präsidenten, seinen Handlungskompetenzen sowie seiner Fähigkeit zur Beschlussfassung ab.

(1) Zusammensetzung

Generell ist anzunehmen, dass die Debatte und die Beschlussfassung im Europäischen Rat umso schwieriger werden, je mehr Amtsträger daran beteiligt sind und je heterogener das Organ besetzt ist. Deshalb sind zunächst diejenigen Reformvorschläge zu begrüßen, die den Europäischen Rat auf dessen Mitglieder beschränken und somit die unterstützenden Teilnehmer nicht zulassen. Dies bedeutet, dass der Europäische Rat lediglich aus dem betreffenden Staats- oder Regierungschef jedes Mitgliedstaates, dem Kommissionspräsidenten und dem Präsidenten des Europäischen Rates bestehen würde. Weder nationale Außenminister noch sonstige Fachminister oder Gäste würden an den Tagungen teilnehmen[825].

In Anbetracht der Tatsache, dass durch diese Neuregelung die Anzahl der Amtsträger fast halbiert würde, fiele die häufig vorgeschlagene Aufnahme eines hauptamtlichen Präsidenten des Europäischen Rates als Mitglied und eines unterstützenden EU-Außenministers als Teilnehmer nicht wesentlich ins Gewicht, so dass dagegen in diesem Zusammenhang nichts einzuwenden ist. Aus Effizienzgründen ist anstelle der sechs Monate eine längere Amtszeit des Präsidenten zu fordern, weil damit eine kontinuierliche Amtsführung ermöglicht würde. Eine Einarbeitung des jeweiligen Vorsitzes wäre nicht jedes halbe Jahr erforderlich.

---

[825] Deshalb sollten die Vorschläge, die nationale Minister entweder grundsätzlich oder in Ausnahmefällen beteiligen wollen, nicht verwirklicht werden. Vgl. zu diesen Vorschlägen oben B.II.1.a)(2).

Bei 27 Mitgliedstaaten kämen dann 29 Amtsträger als Mitglieder im Europäischen Rat zusammen; mit dem EU-Außenminister als Teilnehmer wären es insgesamt 30 Personen[826].

Eine Aufnahme des Präsidenten des Europäischen Parlaments als Mitglied des Europäischen Rates ist mit Blick auf dessen Mitgliederzahl zwar durchaus denkbar, weil diese sich nur unwesentlich erhöhen würde. Allerdings könnte sie die Effizienz der Beschlussfassung vermindern, weil sie eine Gewaltenverschränkung mit sich brächte. Durch den Präsidenten des Europäischen Parlaments als einzigen Vertreter eines Legislativorgans würde die Zusammensetzung des Europäischen Rates heterogener, was die Beschlussfassung erschweren könnte.

(2) Funktionen des Präsidenten des Europäischen Rates

Gemäß mehreren Vorschlägen wäre es möglich, dass der Präsident des Europäischen Rates zugleich das Amt des Kommissionspräsidenten ausübt. Von dieser Personalunion werden teilweise Effizienzgewinne für den Europäischen Rat erwartet[827].

Hiergegen ist einzuwenden, dass die Aufgaben, die der Präsident des Europäischen Rates diesen Vorschlägen gemäß ausüben soll, zu umfangreich sind[828], um sie neben denjenigen eines Kommissionspräsidenten bewältigen zu können. Eine effiziente Amtsführung in Personalunion wäre allenfalls möglich, wenn sich das Amt des Präsidenten des Europäischen Rates auf repräsentative Funktionen etwa anlässlich der Tagungen des Europäischen Rates beschränken würde. Um aber den Europäischen Rat als solchen effizienter zu gestalten, sollte dessen Präsident mit umfassenden Vor- und Nachbereitungsfunktionen und einer Führungsfunktion betraut werden. Diese lassen sich effizient nur hauptamtlich bewältigen. Deshalb ist aus Gründen der Effizienz eine Personalunion der Präsidentenämter abzulehnen.

Verschiedene Vorschläge regeln die Vor- und Nachbereitung der Tagungen, mit welcher der Präsident des Europäischen Rates betraut würde, derart, dass eine höhere Handlungsfähigkeit des Europäischen Rates zu erwarten ist. Dazu gehört zunächst die

---

826 Nach Art. 4 Abs. 2 EUV-N sind es seit dem Beitritt Bulgariens und Rumäniens 56 Amtsträger (Mitglieder und Teilnehmer), vgl. oben A.II.1.a).

827 Vgl. *Wichard*, in: Calliess/Ruffert (Hrsg.), VerfEU, 2006, Art. I-22 Rn. 3.

828 Vgl. die zu normierenden Aufgaben des Präsidenten des Europäischen Rates oben B.II.1.a)(3)(e).

eigene Verwaltungsorganisation, die den Europäischen Rat und seinen Präsidenten unterstützen soll[829]. Anders als eine nationale Verwaltung, die nach Nizzaer Recht diese Funktionen für das Halbjahr der jeweiligen Ratspräsidentschaft erfüllt, kann eine eigene Verwaltungsorganisation des Europäischen Rates langfristig und kontinuierlich arbeiten. Insbesondere fällt die notwendige Einarbeitung im Vorfeld bzw. zu Beginn des jeweiligen Halbjahres weg.

Zudem sind Effizienzgewinne von einer stärkeren Leitung und Lenkung der Debatte im Europäischen Rat zu erwarten. Dafür ist ein hauptamtlicher Präsident des Europäischen Rates, der die Interessen der Union vertritt, erforderlich. Er wäre eher als ein amtierender Staats- oder Regierungschef, der seine nationalen Interessen berücksichtigen muss, in der Lage, die Arbeits- und Kompromissfähigkeit des Europäischen Rates zu sichern[830]. Hier ist der Vorschlag, der jegliches nationales Amt als unvereinbar einstuft („innehaben"), dem Vorschlag, der lediglich die Ausübung des Amtes untersagt („ausüben") vorzuziehen. Der Grund besteht darin, dass nur im ersten Fall eine völlige Loslösung von nationalen Interessen zu erwarten ist, die mit der Unabhängigkeit etwa des Amtes des Kommissionspräsidenten vergleichbar wäre. Der Präsident des Europäischen Rates müsste – wie teilweise vorgeschlagen wird[831] – mit umfassenden Leitungskompetenzen für die Debatte ausgestattet werden[832]. Insofern ist zumindest erforderlich, dass er befugt ist, den Vorsitz zu führen, den Debatten Impulse

---

[829] Zu diesen Vorschlägen vgl. oben B.II.3.a).

[830] Vgl. *Einem*, EuR 2004, 202 (209) zum KE.

[831] Zu diesen Vorschlägen vgl. oben B.II.1.a)(3)(e)(i).

[832] Die Handlungskompetenzen der „europäischen" Mitglieder bzw. Teilnehmer des (neuen) Europäischen Rates, d.h. des Präsidenten des Europäischen Rates, des Kommissionspräsidenten und des EU-Außenministers, werden in dieser Arbeit – ihrer Fragestellung entsprechend – nur insoweit angesprochen, als es um deren Funktionen im Europäischen Rat geht. Zur Diskussion um die Kompetenzen dieser Amtsträger nach außen, d.h. außerhalb des Organs, sowie um mögliche Konkurrenzsituationen zwischen ihnen vgl. *Emmanouilidis*, Die institutionellen Reformen in der Verfassung – die neue Machtarchitektur der Europäischen Union, in: Weidenfeld (Hrsg.), Die Europäische Verfassung in der Analyse, 2. Aufl., 2005, S. 70 (88, 91); *Calliess/Ruffert*, EuGRZ 2004, 542 (549); *Fischer, K.*, Der Europäische Verfassungsvertrag, 2005, S. 157; Hinweis auf eine notwendige genaue Aufgabenteilung bei *Hilf/Pache,* in: Grabitz/Hilf (Hrsg.), Das Recht der Europäischen Union, Bd. 1, 27. EL, Juni 2005, Art. 4 EUV Rn. 50; *Streinz/Ohler/Herrmann*, Die neue Verfassung für Europa. Einführung mit Synopse, 2005, S. 47 f.; *Dehousse/Maurer/Quermonne/Schild*, The institutional architecture of the European Union: a third franco-german way?, in: Research and European Issues, Nr. 23, April 2003, S. 7; *Ludlow*, integration 2005, 3 (14); *Ponzano*, RDUE 2004, 25 (29). Von der Personalisierung werden Effizienzgewinne in der EU-Außenpolitik erwartet, vgl. *v. Kyaw*, EFAR 2004, 455 (457).

zu geben und dass er die Aufgabe erhält, auf den Konsens im Europäischen Rat hinzuwirken[833].

(3) Handlungskompetenzen

Auf den ersten Blick ließe sich annehmen, dass umfangreiche Handlungskompetenzen, die dem Europäischen Rat übertragen würden, dazu führen, dass dieser frei agieren könnte und deshalb besonders handlungsfähig wäre. Insofern wäre aus Gründen der Effizienz denjenigen Vorschlägen entgegenzutreten, die den Handlungsrahmen des Europäischen Rates begrenzen wollen[834]. Insbesondere eine Beschränkung der Kompetenzen auf Grundsatzentscheidungen, der ausdrückliche Ausschluss jeglicher Gesetzgebungs-, Vollziehungs- und Außenvertretungstätigkeit sowie die Zuordnung nur ganz bestimmter Politikfelder zum Europäischen Rat würden dieser Überlegung zufolge die Handlungsfähigkeit und damit die Effizienz des Europäischen Rates verringern.

Die derzeitige Rechtspraxis[835] stützt diese Erwägungen allerdings nicht. Vielmehr hat sich gezeigt, dass die Handlungsfähigkeit des Europäischen Rates gerade deshalb vermindert ist, weil er sich nahezu aller Politikfelder annimmt und eine wirksame Beschränkung seiner Zuständigkeiten auf Grundsatzentscheidungen nicht besteht. Dass die hohe Entscheidungsdichte und die Vielfalt an Entscheidungsgegenständen nicht wirksam beschränkt werden können, liegt an dem Selbstbefassungsrecht, über das der Europäische Rat als Leitkonferenz der EU verfügt. Gliedert er sich jedoch als Organ in das institutionelle Gefüge ein, dann könnten seine Kompetenzen festgelegt und seine Zuständigkeiten hinsichtlich der Entscheidungsdichte und -gegenstände rechtswirksam eingegrenzt werden. Der Europäische Rat hätte als Organ kein Selbstbefassungsrecht, sondern nur die ihm zugewiesenen Kompetenzen. Er wäre primärrechtlich verpflichtet, sich auf diese Kompetenzen in bestimmten Politikbereichen zu beschränken. Die Tagesordnungen der Sitzungen wären entsprechend kürzer, was eine größere Handlungsfähigkeit und damit eine höhere Effizienz des Europäischen Rates erwarten lässt.

---

[833] Art. I-22 Abs. 2 lit. a, c VVE; vgl. oben B.II.1.a)(3)(e)(i). „Richtungsgebungskompetenz", so *Fischer, K.*, Der Europäische Verfassungsvertrag, 2005, S. 155. Vgl. hierzu *Wichard*, in: Calliess/Ruffert (Hrsg.), VerfEU, 2006, Art. I-22 Rn. 10 f., der in der im VVE vorgesehenen schwachen Stellung des Präsidenten eher eine Gefährdung des Ziels „Effizienz" sieht.

[834] Vgl. oben B.II.4.c).

[835] Vgl. oben A.VII.6.

(4) Beschlussfassung

Um die Beschlussfassung des Europäischen Rates zu erleichtern, sollten diejenigen Vorschläge verwirklicht werden, die Mehrheitsentscheidungen vorsehen. Gegenüber dem Einstimmigkeitsprinzip und auch gegenüber dem häufig vorgeschlagenen Konsensverfahren würden sie die Handlungsfähigkeit erhöhen, weil das Blockaderisiko geringer wäre. Als Grundsatz sollte die vorgeschlagene Regel gelten, dass der Europäische Rat mit qualifizierter Mehrheit entscheidet[836]. Je nach dem, welche Formel dieser qualifizierten Mehrheit zugrunde liegt, ist es schwieriger oder leichter, eine Gestaltungsmehrheit zu erreichen. Schwieriger wäre es, wenn das Modell der Stimmengewichtung, welches der Vertrag von Nizza für den Rat vorsieht, auf den Europäischen Rat übertragen würde. Leichter wäre es hingegen, wenn das Modell der doppelten Mehrheit verwirklicht würde[837].

Von den beiden oben[838] dargestellten Vorschlägen der doppelten Mehrheit ist der zweite vorzuziehen: Danach wäre für einen Beschluss im Europäischen Rat lediglich eine Mehrheit der Mitgliedstaaten im Europäischen Rat (das heißt 14 Staaten), die 60 Prozent der Bevölkerung der Union repräsentieren, erforderlich[839]. Diese Hürden sind geringer als diejenigen des ersten Vorschlags, nach dem 55 Prozent der Mitgliedstaaten und 65 Prozent der Bevölkerung notwendig wären[840]. Beim zweiten Vorschlag ist eine Gestaltungsmehrheit somit leichter zu erreichen. Der zweite Vorschlag sieht zudem keine ausdrückliche Vorschrift für eine Sperrminorität vor. Hier ist das Blockaderisiko geringer, weil für eine Blockade zumindest 40 Prozent der Bevölkerung von den Mitgliedern, die dem Beschluss nicht zustimmen, repräsentiert sein müssen. Dies müssen entweder wenige große Staaten, mit Unterstützung eines weiteren Staates (Deutschland, Frankreich und Großbritannien ergeben zusammen ca.

---

[836] Vgl. CONV 709/03, S. 10 (Lopes); CONV 113/02, S. 26 (Ioakimidis). CONV 455/02, S. 30 (Borrell); vgl. oben B.II.5.b)(1). Dass der Europäische Rat grundsätzlich mit (einfacher) Mehrheit entscheidet, wird nicht vorgeschlagen.

[837] Vgl. *Emmanouilidis*, Die institutionellen Reformen in der Verfassung – die neue Machtarchitektur der Europäischen Union, in: Weidenfeld (Hrsg.), Die Europäische Verfassung in der Analyse, 2. Aufl., 2005, S. 70 (85): Die doppelte Mehrheit sei mit Blick auf die Entscheidungsfähigkeit im Vergleich zum Modell von Nizza ein Meilenstein in der Entwicklung der EU, weil sie die Bildung konstruktiver Mehrheiten fördere und die Zahl potenzieller Sperrminoritäten verringere.

[838] Vgl. oben B.II.5.b)(1).

[839] Art. I-24 Abs. 1 KE.

[840] Art. I-25 Abs. 1 UAbs. 1 VVE.

39 Prozent), oder viele kleine und mittlere Staaten sein. Im ersten Vorschlag ist ein Beschluss demgegenüber schon dann blockiert, wenn sich vier Mitgliedstaaten gleich welcher Größe nicht zur Zustimmung bewegen lassen. Hier sind die möglichen Stimmkoalitionen zur Blockade zahlreicher als im zweiten Vorschlag[841].

b) Effizienz des Gesamtsystems bei Handlungen des Europäischen Rates

Die Effizienz des Gesamtsystems der EU kann bei Beschlüssen des Europäischen Rates erhöht werden, wenn die Beteiligung anderer Organe oder Amtsträger in einer bestimmten Weise geregelt wird[842] und die Kompetenzen des Europäischen Rates festgelegt werden.

(1) Beteiligung anderer Organe/Amtsträger

Je weniger Hindernisse zwischen dem Beschluss des Europäischen Rates und dem Eintritt der Folgen bestehen, desto effizienter handelt die EU mittels des Europäischen Rates. Solche Hindernisse können sich in der Beteiligung des Europäischen Parlaments oder der nationalen Parlamente manifestieren. Folglich würden bestimmte Handlungskompetenzen, die den Europäischen Rat zur Alleinentscheidung ermächtigen, die Effizienz erhöhen, wenn die EU durch den Europäischen Rat handelt. Dies gilt insbesondere für die vorgeschlagenen Rechte des Europäischen Rates, die Verfassung in einem vereinfachten Änderungsverfahren bzw. aufgrund einer Passerelleklausel zu ändern[843]. In beiden Fällen bedarf es keiner Regierungskonferenz, im zweiten Fall ist zudem kein Ratifikationsverfahren in den Mitgliedstaaten erforderlich. Im Vergleich zur Rechtslage des Vertrags von Nizza würden diese

---

[841] Vgl. auch die Gegenüberstellung des Nizzaer Modells, des KE-Modells und des VVE-Modells bei *Emmanouilidis*, Die institutionellen Reformen in der Verfassung – die neue Machtarchitektur der Europäischen Union, in: Weidenfeld (Hrsg.), Die Europäische Verfassung in der Analyse, 2. Aufl., 2005, S. 70 (101 f.) mit zahlreichen Varianten an Stimmkoalitionen im Rat bzw. im Europäischen Rat.

[842] Bei der Betrachtung des Gesamtsystems der an einer Handlung der EU beteiligten Organe müsste eigentlich auch der Frage nachgegangen werden, ob diese anderen Organe für sich genommen effizient arbeiten. Allerdings konzentriert sich diese Arbeit auf den Europäischen Rat und untersucht folglich nicht die Effizienz etwa des Europäischen Parlaments oder des Rates, wenn diese Organe im Vorfeld oder im Nachhinein beteiligt sind, sobald die EU durch den Europäischen Rat handelt. Es wird deshalb nicht danach gefragt, ob beispielsweise das Parlament, wenn es einer Entscheidung des Europäischen Rates zustimmen muss, lediglich mit einfacher statt mit absoluter Mehrheit beschließen sollte, um möglichst effizient zu handeln.

[843] Vgl. zu den vorgeschlagenen Verfahren oben B.II.4.b)(1).

Kompetenzen insbesondere die Effizienz bei Integrationsschritten, die nur durch eine Verfassungsänderung möglich wären, erhöhen.

Hingegen würde durch die Umsetzung derjenigen Vorschläge, nach denen das Europäische Parlament angehört werden muss, bevor der Europäische Rat beschließt[844], die Effizienz dieser Handlungen der EU vermindert. Das gilt in verstärktem Maße für die Beiträge, nach denen Beschlüsse des Europäischen Rates der Zustimmung des Europäischen Parlaments bedürfen[845]. Als Beispiel seien die Vorschläge, nach denen der Europäische Rat Personalentscheidungen nicht allein treffen kann[846], genannt. Auch die anvisierte Möglichkeit, dass nationale Parlamente gegen bestimmte Beschlüsse des Europäischen Rates ein Veto einzulegen befugt sind[847], kann die Effizienz des Gesamtsystems der EU vermindern. Entsprechendes gilt für das vorgeschlagene Recht des Europäischen Parlaments, gegen Handlungen des Europäischen Rates Klage vor dem EuGH zu erheben, was zur Nichtigkeitserklärung der betreffenden Handlung führen könnte[848].

Vergleicht man diese denkbaren Effizienzverluste des Gesamtsystems, die durch eine obligatorische Beteiligung des Europäischen Parlaments eintreten könnten, mit den Effizienzverlusten, die durch eine Beteiligung eines Vertreters des Europäischen Parlaments[849] unmittelbar an der Beschlussfassung des Europäischen Rates drohten, dann lässt sich erwarten, dass Letztere geringer ausfallen würden: Wenn das Parlament durch eine Entsendung seines Präsidenten in den Europäischen Rat beteiligt würde, dann könnte und müsste der Parlamentspräsident den Standpunkt des von ihm vertretenen Organs unmittelbar in die jeweilige Tagung des Europäischen Rates einbringen. Dabei wäre er insbesondere in der Lage, auf bestimmte Entwicklungen der Debatte zu reagieren und die von ihm erwartete Kompromissbereitschaft des Parlaments zu dem sich abzeichnenden Beschluss des Europäischen Rates deutlich zu

---

844 CONV 709/03, S. 9 (Brok), allerdings lediglich bei der Festlegung mittelfristiger strategischer Programme.

845 CONV 709/03 S. 19 (Voggenhuber); vgl. oben B.II.7.a)(1).

846 Z.B. die Wahl des Präsidenten des Europäischen Rates nur mit Zustimmung des Europäischen Parlaments, s. CONV 709/03, S. 11 (Borrell); vgl. oben B.II.1.a)(3)(b)(i).

847 Art. IV-444 Abs. 3 UAbs. 1 S. 2 VVE; vgl. oben B.II.7.a)(2).

848 Art. III-365, 366 VVE; vgl. oben B.II.7.b).

849 Des Parlamentspräsidenten, s. CONV 709/03, S. 10 (Kaufmann); vgl. oben B.II.1.a)(1).

machen. Es bedürfte folglich keiner weiteren Tagungen des Europäischen Rates, um die Standpunkte des Parlaments zu berücksichtigen.

Demgegenüber wären zusätzliche Tagungen nötig, wenn das gesamte Parlament nachträglich auf Vorhaben des Europäischen Rates reagieren sowie seinen Standpunkt finden und kommunizieren müsste. Der Europäische Rat könnte diesen Standpunkt erst auf seiner nächsten Tagung aufgreifen und würde dort versuchen, auf die Vorschläge des Parlaments einzugehen. Gelänge dies nicht, dann bedürfte es einer weiteren Parlamentssitzung, damit das Parlament einen Kompromiss anstreben könnte. Zwar mag eine Vertretung des Parlaments durch seinen Präsidenten unmittelbar im Europäischen Rat dessen Entscheidungsfindung auf der Tagung selbst verzögern oder beeinflussen, weil die Zusammensetzung heterogener wäre[850], jedoch ist dieses Beteiligungsverfahren effizienter als eine nachträgliche Beteiligung des gesamten Parlaments, welche die Effizienz des Gesamtsystems maßgeblich vermindern würde.

Außerdem lassen sich von einer Beteiligung der Vertreter anderer Organe unmittelbar an der Beschlussfassung des Europäischen Rates Effizienzgewinne bei der Umsetzung der Beschlüsse des Europäischen Rates erwarten, die möglicherweise durch diese Organe zu erfolgen hat. Ein Großteil der Beschlüsse des Europäischen Rates bedarf der Umsetzung durch das Europäische Parlament und den Rat. Wenn das Europäische Parlament durch seinen Präsidenten als Mitglied des Europäischen Rates seinen Standpunkt effektiv in die Debatte des Europäischen Rates einbringen kann, dann ist eine spätere Umsetzung durch das Parlament wahrscheinlicher. Entsprechendes gilt für eine Beteiligung der nationalen Minister, wenn der Rat den Beschluss umsetzen muss. Diese Vorschläge würden folglich die Effizienz der Handlungen der EU durch den Europäischen Rat erhöhen.

Schließlich kann die Effizienz der Umsetzung der Beschlüsse des Europäischen Rates, die durch andere Organe erfolgen muss, dadurch sichergestellt werden, dass diese Stellen rechtlich an die entsprechenden inhaltlichen und zeitlichen Vorgaben des Europäischen Rates gebunden sind. Nach Nizzaer Recht besteht nach der hier vertretenen Auffassung[851] für den Europäischen Rat lediglich die Möglichkeit, im Rahmen der intergouvernementalen Säulen gegenüber dem Rat und den Mitgliedstaaten rechtsverbindliche Beschlüsse zu fassen. Die im Konvent

---

850 Vgl. oben B.III.3.a)(1).

851 Vgl. oben A.VIII.3.a)(1).

vorgeschlagene Rechtsverbindlichkeit des „Europäischen Beschlusses“[852] könnte die Effizienz der Handlungen der EU durch den Europäischen Rat erhöhen, weil grundsätzlich in allen Politikbereichen eine Rechtsverbindlichkeit denkbar wäre. Zudem enthält der Vorschlag keine Beschränkung hinsichtlich der Adressaten eines solchen verbindlichen Beschlusses, so dass nicht nur der Rat und die Mitgliedstaaten, sondern insbesondere die Kommission rechtlich an die Weisungen des Europäischen Rates gebunden werden könnte.

(2) Festlegung der Kompetenzen des Europäischen Rates

Auch aus der Festlegung der Kompetenzen des Europäischen Rates können sich Effizienzgewinne für das Gesamtsystem ergeben. Die derzeitige Rechtspraxis hat gezeigt, dass das Gemeinschaftsorgan Rat deshalb ineffizient arbeitet, weil die Entscheidungsdichte des Europäischen Rates hoch ist und die Entscheidungsgegenstände nicht wirksam begrenzt sind[853]. Der Grund besteht in dem Selbstbefassungsrecht, das dem Europäischen Rat als Leitkonferenz zusteht.

Um dem entgegen zu wirken, sollten die Kompetenzen des neuen Organs Europäischer Rat wirksam begrenzt werden, und zwar sowohl hinsichtlich der Entscheidungsdichte als auch hinsichtlich der Entscheidungsgegenstände[854]. Als Folge wäre zu erwarten, dass der Rat sein Entscheidungsverfahren nicht in Erwartung detaillierter Vorgaben des Europäischen Rates wird aussetzen können, sondern eher gewillt sein wird, es selbstständig zu Ende zu bringen. Deshalb ist durch eine Begrenzung der Handlungskompetenzen des Europäischen Rates nicht nur ein Effizienzgewinn dieses neuen Organs[855], sondern auch des Gesamtsystems zu erwarten.

c) Zwischenergebnis

Um die Effizienz des Europäischen Rates selbst zu erhöhen, muss seine Handlungsfähigkeit verbessert werden. Dazu muss die Zahl der Mitglieder möglichst klein und die Zusammensetzung möglichst homogen sein. Dies wäre weitgehend der Fall, wenn man die Zusammensetzung gemäß Art. 4 Abs. 2 S. 1 EUV-N beibehielte

---

[852] Art. I-33 Abs. 1 UAbs. 5, Art. I-35 Abs. 1 VVE; vgl. oben B.II.6.

[853] Vgl. oben A.VII.5; A.VII.4.f)

[854] Vgl. oben B.II.4.c).

[855] Vgl. oben B.III.3.a)(3).

und auf zusätzliche Teilnehmer, insbesondere auf die nationalen Minister, verzichten würde. Zudem muss die Entscheidungsfindung möglichst effizient gestaltet werden. Dies kann im Wege einer rechtswirksamen Festlegung und Begrenzung der Kompetenzen des Europäischen Rates hinsichtlich der Gegenstände und Dichte seiner Entscheidungen, einer Leitung seiner Debatten durch einen hauptamtlichen Präsidenten sowie im Wege einer Unterstützung durch eine eigene Verwaltung gewährleistet werden. Schließlich ist der Schritt vom Einstimmigkeits- bzw. Konsensverfahren zur Beschlussfassung mit qualifizierter Mehrheit entscheidend für die Verbesserung der Effizienz des Europäischen Rates.

Um die Effizienz des Gesamtsystems der EU bei Beschlüssen des Europäischen Rates zu erhöhen, ist die Zusammenarbeit mit anderen Organen in einer Weise zu regeln, dass der Europäische Rat seine ihm zugewiesenen Kompetenzen weitgehend ohne die Beteiligung anderer Organe ausüben kann. Soweit für die Umsetzung allerdings Handlungen anderer Organe erforderlich sind, kann deren Beteiligung die Effizienz des Gesamtsystems auch erhöhen. Aus Effizienzgründen von Vorteil wäre eine unmittelbare Beteiligung eines Vertreters dieser Organe an der Entscheidungsfindung des Europäischen Rates (insbesondere des Präsidenten des Europäischen Parlaments und des Kommissionspräsidenten). Dies kann durch eine Mitgliedschaft im Europäischen Rat, die eine Beteiligung an den Debatten mit sich bringt, aber vor allem durch eine Mitgliedschaft mit Stimmrecht sichergestellt werden. Schließlich lassen sich durch eine wirksame Begrenzung der Handlungskompetenzen des Europäischen Rates Effizienzgewinne für das Gesamtsystem erwarten.

IV. Auflösung der Zielkonflikte

Die Analyse hat gezeigt, dass zahlreiche Reformvorschläge geeignet sind, eines oder mehrere der drei genannten Ziele (Stärkung von Demokratie, Transparenz und Effizienz) zu erreichen. Einige Vorschläge würden allerdings bei einer Umsetzung zu Konflikten zwischen mindestens zwei Zielen führen. Diese Zielkonflikte, welche die Regelung der Zusammensetzung (1) sowie der Legitimation und Kontrolle (2) des Europäischen Rates betreffen, sind im Folgenden zu lösen. Da das Mandat von Laeken keines der drei Ziele besonders hervorgehoben hat, lässt sich die Lösung der Zielkonflikte nicht pauschal durch die Bevorzugung eines bestimmten Ziels erreichen. Vielmehr ist für jeden Konfliktfall eine Lösung zu suchen, die möglichst weitgehend die Zielvorgaben von Laeken erfüllt.

1. Zusammensetzung

Bei einigen der zahlreichen Vorschläge zur Zusammensetzung des Europäischen Rates treten Zielkonflikte auf.

Dies gilt *zum einen* für den Vorschlag, den Präsidenten des Europäischen Parlaments als Mitglied aufzunehmen. Davon wäre zwar eine Demokratisierung zu erwarten, weil das Parlament durch seinen Präsidenten im Europäischen Rat vertreten wäre[856], jedoch könnte die Verantwortungstransparenz und die Effizienz der Beschlussfassung im Europäischen Rat vermindert werden[857]. Die Schwierigkeiten bei der Beschlussfassung könnten dadurch behoben werden, dass dem Präsidenten des Parlaments – wie auch dem Kommissionspräsidenten und dem Präsidenten des Europäischen Rates – lediglich ein Anwesenheits- und Rederecht, nicht jedoch ein Stimmrecht zugesprochen wird. Es wären folglich lediglich die Staats- oder Regierungschefs der Mitgliedstaaten stimmberechtigt. Mögliche Effizienzdefizite wegen der Heterogenität der Zusammensetzung des Europäischen Rates würden damit lediglich die Beratungen im Vorfeld seiner Beschlussfassung betreffen. Die Aufnahme des Parlamentspräsidenten hätte zur Folge, dass beide unitarischen Organe, das heißt die Kommission und das Parlament, im Europäischen Rat mit ihrem Präsidenten vertreten wären. Diese beiden Organe sind zumeist an der Umsetzung der Beschlüsse des Europäischen Rates beteiligt. Jene Umsetzung könnte durch die frühe Einbindung der Kommission und des Parlaments in die Beratungen des Europäischen Rates effizienter werden[858], so dass ein möglicher Effizienzmangel im Europäischen Rat durch einen Effizienzgewinn im Gesamtsystem ausgeglichen würde. Mit einem klar geregelten Ausschluss des Stimmrechts würde sich auch das Problem der Verantwortungstransparenz lösen: Dem Parlamentspräsidenten wären die Beschlüsse nicht zuzurechnen, weil er nicht stimmberechtigt wäre.

Zum zweiten könnten Zielkonflikte auftreten, wenn bestimmte Vorschläge zu der Frage, ob nationale Minister als Teilnehmer zugelassen werden sollten, verwirklicht werden. Soweit vorgeschlagen wird, die nationalen Außenminister vom Europäischen Rat auszuschließen, könnte dies zwar die Transparenz[859] und Effizienz[860] des Organs

---

[856] Vgl. oben B.III.1.c)(1)(a).

[857] Vgl. oben B.III.3.a)(1).

[858] Vgl. oben B.III.3.b)(1).

[859] Vgl. oben B.III.2.c)(4).

erhöhen, möglicherweise jedoch die Effizienz des Gesamtsystems vermindern[861]. Umgekehrt würde der Vorschlag, neben den Außenministern auch Minister anderer Ressorts zuzulassen, möglicherweise die Effizienz des Gesamtsystems erhöhen, aber Effizienz und Transparenz des Europäischen Rates selbst vermindern. Hier sprechen die besseren Argumente für die Lösung, keine nationalen Minister zuzulassen, das heißt dafür, den ersten Vorschlag zu verwirklichen und den zweiten Vorschlag abzulehnen. Der befürchteten Ineffizienz des Gesamtsystems, die sich daraus ergeben könnte, dass der Rat mangels einer Beteiligung seiner Mitglieder am Beschluss des Europäischen Rates diesen nicht effizient umsetzt, könnte durch die Verwirklichung eines anderen Vorschlags begegnet werden: Der Europäische Rat müsste eine ausdrückliche Weisungsbefugnis gegenüber dem Rat erhalten. Damit würde die schon nach Nizzaer Recht – nach der hier vertretenen Auffassung auf den intergouvernementalen Bereich begrenzt – bestehende Möglichkeit, rechtsverbindliche Vorgaben zu machen, in der Verfassung normiert. Der Rat wäre zur inhaltlich vollständigen und fristgemäßen Umsetzung gezwungen, so dass eine Ineffizienz des Gesamtsystems nicht zu erwarten wäre.

Drittens könnten Zielkonflikte auftreten, wenn die Wahl des hauptamtlichen Präsidenten des Europäischen Rates der Zustimmung des Europäischen Parlaments bedürfte. Eine solche parlamentarische Beteiligung würde diese Personalentscheidung zwar demokratischer[862] und transparenter[863] gestalten, jedoch – im Vergleich zu einer selbstständigen Entscheidung des Europäischen Rates – möglicherweise auch ineffizienter. Hier ist zu bedenken, dass die Wahl des Präsidenten einer besonderen demokratischen Legitimation bedarf, wenn das Amt nicht lediglich zur Moderation der Debatten im Europäischen Rat dient, sondern – wie häufig vorgeschlagen wird – mit weitreichenden Kompetenzen zur effektiven Leitung des Organs und zu dessen Vertretung nach außen ausgestattet wird. Entsprechendes gilt für die Beteiligung des Europäischen Parlaments an der Entscheidung über das Amt des Kommissionspräsidenten. Auch hier kommt dem demokratischen Element besonderes Gewicht zu. Deshalb ist dem Erfordernis einer parlamentarischen Zustimmung der

---

860 Vgl. oben B.III.3.a)(1).

861 Vgl. oben B.III.3.b).

862 Vgl. oben B.III.1.b)(1)(a).

863 Vgl. oben B.III.2.b).

Vorzug gegenüber einer selbstständigen Entscheidung des Europäischen Rates zu geben.

2. Legitimation und Kontrolle

Bei den vorgeschlagenen Rechtspositionen des Europäischen Parlaments und der nationalen Parlamente gegenüber dem Europäischen Rat können Konflikte insbesondere zwischen den Zielen „mehr Demokratie" und „mehr Effizienz" auftreten.

Das gilt *erstens* für das vorgeschlagene Recht des Europäischen Parlaments, angehört zu werden, bevor der Europäische Rat beschließt. Dieses Recht könnte den Europäischen Rat zwar demokratisieren, jedoch könnte es auch zu einer gewissen Ineffizienz des Gesamtsystems der EU bei einer Handlung des Europäischen Rates führen[864]. Wie der oben aufgeführte Vergleich der Effizienzverluste zwischen der Beteiligung des Parlaments durch eine Anhörung und der Beteiligung seines Präsidenten durch eine Aufnahme als Mitglied deutlich macht, würde Letztere nur einen geringen Effizienzverlust bedeuten. Als Mitglied des Europäischen Rates hätte der Parlamentspräsident ein Anwesenheits- und Rederecht in der Debatte[865], was zu einer Demokratisierung des Europäischen Rates beitragen würde. Ein Anhörungsrecht des Parlaments ist deshalb nicht erforderlich, wenn der Parlamentspräsident Mitglied des Europäischen Rates wird.

Zweitens ist der Vorschlag, nach dem das Europäische Parlament den Beschlüssen des Europäischen Rates zustimmen muss, von diesem Zielkonflikt betroffen. Wie oben festgestellt wurde, wäre ein solches Zustimmungsbedürfnis zur Erreichung des Ziels, den Europäischen Rat demokratischer zu gestalten, besonders geeignet[866]. Allerdings sind Effizienzverluste im Gesamtsystem zu erwarten. Beteiligt man den Präsidenten des Europäischen Parlaments durch ein Rederecht an der Beschlussfassung des Europäischen Rates, dann könnte der Konflikt zwischen Demokratie und Effizienz abgemildert werden. Der Grund besteht darin, dass der Parlamentspräsident die Position des Europäischen Parlaments unmittelbar in die Debatte einbringen kann, so dass der Europäische Rat, will er eine spätere Zustimmung des Parlaments erreichen, dessen Position bei seinem Beschluss berücksichtigen wird. Eine spätere parlamentarische Zustimmung zu dem Beschluss wäre dann eher zu erwarten.

---

864 Vgl. oben B.III.3.b)(1).

865 Vgl. oben B.III.1.c)(1)(a).

866 Vgl. oben B.III.1.b)(2)(a).

Allerdings bestünde mit der grundsätzlichen Beteiligung des Parlaments an Entscheidungen des Europäischen Rates weiterhin ein bedeutendes Hindernis im Gesamtsystem. Deshalb sollte sich – wie teilweise vorgeschlagen wird – die Zustimmungsbedürftigkeit des Europäischen Parlaments auf bestimmte grundlegende Beschlüsse beschränken. Hier sind insbesondere bedeutende Personal- und Sachentscheidungen wie die Wahl des Präsidenten des Europäischen Rates und die Änderungen der Verfassung im Rahmen eines vereinfachten Änderungsverfahrens zu nennen[867]. Im Ergebnis sollten diese Vorschläge kombiniert verwirklicht werden: die Aufnahme des Präsidenten des Europäischen Parlaments als Mitglied des Europäischen Rat und das für bestimmte Entscheidungen des Europäischen Rates vorgesehene Erfordernis der Zustimmung des Europäischen Parlaments.

Drittens besteht der genannte Zielkonflikt bei dem Vorschlag, dem zufolge die nationalen Parlamente bei bestimmten Beschlüssen des Europäischen Rates ein Widerspruchsrecht erhalten sollen[868]. Aus zwei Gründen ist der Konflikt zugunsten des Ziels der Demokratisierung zu lösen. Zum einen käme diesem Widerspruchsrecht der nationalen Parlamente eine besondere Bedeutung zu, weil der genannte Vorschlag es nicht als ein „Mehr" an Mitwirkungsmöglichkeiten vorsieht, sondern als Ersatz für die Rechte, welche die nationalen Parlamente in einem Ratifikationsverfahren hätten. Um bei einem vereinfachten Vertragsänderungsverfahren die nationale demokratische Legitimationskette zu gewährleisten, wäre die Möglichkeit, dass die nationalen Parlamente aufgrund dieses Widerspruchsrechts ein Veto einlegen können, erforderlich. Zum anderen würde dieses Widerspruchsrecht eine Vertragsänderung im Vergleich zu einem – sonst notwendigen – Ratifizierungsverfahren maßgeblich effizienter gestalten. Die nationalen Parlamente der Mitgliedstaaten müssten nämlich nicht einzeln der modifizierten Verfassung oder dem modifizierten Vertrag zustimmen. Vielmehr könnte er in einer bestimmten Frist in Kraft treten, wenn nicht einzelne Parlamente widersprechen. Deshalb sollte dieser Vorschlag zur Einführung eines Widerspruchsrechts der nationalen Parlamente gegen Beschlüsse des

---

[867] Vgl. CONV 709/03, S. 11 (Borrell) (Zustimmung zur Wahl des Präsidenten des Europäischen Rates); Art. I-444 Abs. 3 UAbs. 2 VVE (vereinfachtes Änderungsverfahren); Art. I-59 Abs. 2 S. 2 VVE (Aussetzung bestimmter mit der Zugehörigkeit zur Union verbundener Rechte).

[868] So der Vorschlag in Art. IV-444 Abs. 3 UAbs. 1 S. 1 VVE i.V.m. Art. 6 des Protokolls (Nr. 1) über die Rolle der nationalen Parlamente in der Europäischen Union; Art. IV-444 Abs. 3 UAbs. 1 S. 2 VVE; vgl. oben B.II.7.a)(2) und B.III.1.a)(2).

Europäischen Rates, die er im Rahmen eines vereinfachten Änderungsverfahrens trifft, verwirklicht werden.

Schließlich lässt sich der genannte Zielkonflikt auch bei der vorgeschlagenen Rechtskontrolle des EuGH gegenüber dem Europäischen Rat erkennen. Wenn das Europäische Parlament gegen Beschlüsse des Europäischen Rates Nichtigkeitsklage erheben könnte, dann würde dies zwar das demokratische Element stärken, jedoch auch dazu führen, dass die Effizienz des Gesamtsystems der EU bei Handlungen des Europäischen Rates geringer wäre, als wenn der Europäische Rat keiner gerichtlichen Kontrolle unterläge[869]. Generell gilt in einem rechtsstaatlichen System der Grundsatz, dass eine stärkere Rechtskontrolle gegenüber einem bestimmten Organ notwendig ist, wenn dessen Kompetenzen erweitert werden. Wenn der Europäische Rat in den institutionellen Rahmen aufgenommen und mit Kompetenzen zur rechtsverbindlichen Beschlussfassung ausgestattet wird – und deshalb auch effizienter handeln kann –, dann ist als Ausgleich eine Rechtskontrolle durch den EuGH innerhalb des neuen institutionellen Vierecks unverzichtbar.

---

[869] Vgl. oben B.III.3.b)(1).

C. Vorschläge für eine Komplettregelung des Europäischen Rates

Im Folgenden werden diejenigen Vorschläge zusammengefasst und damit zur Umsetzung vorgeschlagen, welche die angestrebten Reformziele möglichst optimal erreichen. Soweit die oben[870] durchgeführte Untersuchung ergeben hat, dass zu einem Regelungsgegenstand mehrere Vorschläge in Betracht kommen, weil sie geeignet sind, ein bestimmtes Ziel oder mehrere der Ziele zu erreichen, wird im Folgenden nur derjenige Vorschlag übernommen, der das Ziel bzw. die Ziele am besten erreicht. Die übrigen Vorschläge bleiben außer Betracht. Soweit zwischen den Vorschlägen Zielkonflikte bestehen, werden im Folgenden diejenigen Vorschläge übernommen, die nach der oben[871] erfolgten Abwägung als vorrangig eingestuft worden sind.

I. Zusammensetzung und Abgrenzung

Der Europäische Rat sollte sich aus den Staats- oder Regierungschefs der Mitgliedstaaten, dem Präsidenten des Europäischen Rates, dem Präsidenten der Kommission und dem Präsidenten des Europäischen Parlaments zusammensetzen. Bei 27 Mitgliedstaaten hat der Europäische Rat dann 30 Mitglieder. Den Vorsitz würde der Präsident des Europäischen Rates, der für eine bestimmte Amtszeit gewählt wird, führen. Als Amtszeit sollte ein Zeitraum von mindestens zweieinhalb Jahren – wenn möglich, ein längerer Zeitraum – und höchstens fünf Jahren festgelegt werden. Das Rotationsverfahren müsste folglich abgeschafft werden.

Die Außenminister und sonstige Minister der einzelnen Mitgliedstaaten sollten nicht mehr an den Sitzungen des Europäischen Rates teilnehmen. Gleiches gilt für den Kommissar, der bisher den Präsidenten der Kommission begleitet hat. An ihrer Stelle würde – sofern dieses Amt geschaffen wird – der neue Außenminister der EU, der zugleich Kommissionsmitglied ist, als Teilnehmer die Mitglieder des Europäischen Rates unterstützen. Insgesamt besteht der Europäische Rat dann aus 31 Amtsträgern.

Der Präsident des Europäischen Rates sollte vom Europäischen Rat mit qualifizierter Mehrheit gewählt werden. Die Wahl bedürfte der Zustimmung des Europäischen Parlaments. Der Präsident des Europäischen Rates sollte kein einzelstaatliches oder europäisches Amt innehaben dürfen. Es könnte somit keiner der

---

870 Vgl. oben B.III.

871 Vgl. oben B.IV.

im Europäischen Rat vertretenen Staats- und Regierungschefs zum Präsidenten gewählt werden, ohne dass er auf das nationale Amt verzichtet. Auch eine Personalunion des Amtes des Präsidenten des Europäischen Rates mit dem Amt des Präsidenten der Kommission oder des Präsidenten des Europäischen Parlaments wäre nicht möglich.

Eine Wiederwahl sollte zulässig sein. Die Rechte und Pflichten des Präsidenten des Europäischen Rates sollten ausdrücklich geregelt werden. Der Präsident führt den Vorsitz, leitet die Beratungen, gibt Impulse und wacht über die Umsetzung der Beschlüsse des Europäischen Rates. Außerdem sollte ein Verfahren geschaffen werden, durch das der Europäische Rat seinen Präsidenten bei Verfehlungen des Amtes entheben kann.

Der Europäische Rat wäre gemäß der Neuregelung das einzige Gremium der EU, in dem die Staats- und Regierungschefs der Mitgliedstaaten zusammenkommen[872]. Deshalb wäre eine Abgrenzung wie nach dem Primärrecht in der Fassung des Vertrags von Nizza[873] nicht erforderlich.

II. Rechtsnatur

Der Europäische Rat wäre ein Organ der EU. Er müsste in der Liste der Organe der EU aufgeführt werden. Die EU würde Rechtspersönlichkeit im Sinne des Völkerrechts erhalten, so dass der Europäische Rat als deren Organ rechtswirksam für sie handeln könnte, seine Handlungen somit der EU zuzurechnen wären. Er würde damit von der Leitkonferenz zum Organ der EU. Aus dem institutionellen Dreieck würde das institutionelle Viereck.

III. Organisation

Die Organisation des Europäischen Rates einschließlich seiner Arbeitsweise und Entscheidungsverfahren sollten in einer Geschäftsordnung des Europäischen Rates geregelt werden. Diese Geschäftsordnung sollte der Europäische Rat eigenständig beschließen. Zudem würde der Präsident des Europäischen Rates einen eigenen Verwaltungsapparat erhalten.

---

[872] Vgl. oben B.II.1.b).

[873] Vgl. oben A.II.2.

IV. Kompetenzen

Die Kompetenzen des Europäischen Rates sollten detailliert festgelegt werden, damit die Entscheidungsgegenstände und die Entscheidungsdichte rechtswirksam begrenzt sind.

Zusätzlich zu den Leit- und Grundsatzkompetenzen, die seit dem Vertrag von Maastricht primärrechtlich verankert sind, sollte der Europäische Rat bestimmte Änderungen der Verträge bzw. der Verfassung vornehmen können, ohne dass es einer Regierungskonferenz bzw. eines Ratifikationsverfahrens bedürfte. Als notwendige Rechtsgrundlagen wären für den ersten Fall Vorschriften über ein vereinfachtes Änderungsverfahren, für den zweiten Fall Passerelleklauseln aufzunehmen. Der Europäische Rat müsste Kompetenzen zur Änderung der Zusammensetzung anderer Organe bzw. der Mehrheitserfordernisse im Rat erhalten, um auf Entwicklungen der europäischen Integration, insbesondere Erweiterungen der EU, reagieren zu können. Auch Personalentscheidungen zur Besetzung bestimmter Ämter der EU würden vom Europäischen Rat getroffen. Schließlich würden auch die Kompetenzgrenzen festgeschrieben, um deutlich zu machen, wofür nicht der Europäische Rat, sondern die anderen Organe der EU zuständig wären. Dies gilt insbesondere für die Abgrenzung von den Kompetenzen des Rates und des Europäischen Parlaments im EU-Rechtssetzungsverfahren. Hier hätte der Europäische Rat weder originär noch als Berufungsinstanz eigene Kompetenzen.

V. Sitzungsablauf und Entscheidungsfindung

Der Sitzungsablauf und die Entscheidungsfindung des Europäischen Rates sind im Vergleich zur Rechtslage des Vertrags von Nizza genauer zu regeln. In diesen Regelungen ist festzulegen, dass der Europäische Rat seine Beschlüsse grundsätzlich mit qualifizierter Mehrheit fasst. Dabei sind lediglich die Staats- und Regierungschefs des Europäischen Rates stimmberechtigt. Diese qualifizierte Mehrheit kommt zustande, wenn eine bestimmte Anzahl von Staaten dem betreffenden Beschluss zustimmt und diese Staaten einen gewissen Anteil der Bevölkerung der EU repräsentieren (doppelte Mehrheit). Die Schwellenwerte sollten nicht zu hoch angesetzt werden. Umgesetzt werden sollte das Modell, nach dem die Mehrheit der Mitgliedstaaten einem Beschluss zustimmen muss und diese zustimmenden Staaten 60 Prozent der Unionsbevölkerung repräsentieren.

Beschließt der Europäische Rat in Einzelfällen einstimmig oder mit einfacher Mehrheit, dann sind die „europäischen" Amtsträger ebenfalls nicht stimmberechtigt.

Es ist ausdrücklich zu normieren, dass der Präsident des Europäischen Rates, der Präsident der Kommission und der Präsident des Europäischen Parlaments bei allen Beschlüssen des Europäischen Rates von der Abstimmung ausgeschlossen sind. Der Außenminister der EU ist als Teilnehmer nie stimmberechtigt.

VI. Rechtsfolgen der Entscheidungen

Auch die Rechtsfolgen der Beschlüsse des Europäischen Rates sind festzulegen. Danach können Beschlüsse des Europäischen Rates, die aufgrund entsprechender Kompetenzvorschriften getroffen werden, rechtsverbindlich sein. Wenn die Beschlüsse sich an bestimmte Adressaten richten, sind diese rechtlich an die Vorgaben des Europäischen Rates gebunden. Als Adressaten kommen insbesondere die Mitgliedstaaten, der Rat, die Kommission und der EU-Außenminister in Betracht.

VII. Legitimation und Kontrolle

Die Rechtsbeziehungen des Europäischen Rates zum Europäischen Parlament, zu den einzelstaatlichen Parlamenten und zum EuGH sind zu normieren.

Dazu gehört zunächst die Pflicht des Präsidenten des Europäischen Rates, dem Europäischen Parlament und den einzelstaatlichen Parlamenten nach den Tagungen des Europäischen Rates Bericht zu erstatten.

Die Beschlüsse des Europäischen Rates bedürfen in Ausnahmefällen der Zustimmung des Europäischen Parlaments. Dies gilt insbesondere für Personalentscheidungen, wie etwa die Wahl des Präsidenten des Europäischen Rates, und für verfassungsändernde Entscheidungen.

Für die Besetzung des Amtes des Präsidenten der Kommission schlägt der Europäische Rat dem Europäischen Parlament eine Liste mit mehreren Kandidaten zur Wahl vor. Das Parlament trifft aufgrund dieser Liste die Entscheidung über die Besetzung des Amtes des Kommissionspräsidenten.

Bei Entscheidungen des Europäischen Rates aufgrund einer Passerelleklausel erhalten die einzelstaatlichen Parlamente ein Widerspruchsrecht.

Die Beschlüsse des Europäischen Rates unterliegen der Rechtskontrolle des EuGH. Daher können das Europäische Parlament, der Rat und die Kommission wegen einer Handlung oder eines Unterlassens des Europäischen Rates Klage vor dem EuGH erheben.

D. Der Europäische Rat gemäß dem Vertrag von Lissabon

Abschließend wird im Folgenden die Neuregelung, die der Vertrag von Lissabon[874] für den Europäischen Rat vorsieht, dargestellt und bewertet.

Dieses Kapitel beginnt mit einer kurzen Übersicht über die Systematik der betreffenden Regelung im Vertrag von Lissabon (I).

Anschließend werden die einzelnen Regelungsgegenstände näher betrachtet (II-VIII). Das Vorgehen für jeden Regelungsgegenstand ist dabei wie folgt: *Erstens* wird die jeweilige Neuregelung des Vertrags von Lissabon vorgestellt. *Zweitens* werden Unterschiede zur Rechtslage von Nizza in Bezug auf die einzelnen Regelungsgegenstände herausgearbeitet und bewertet, soweit diese bestehen. Zweck dieser Bewertung ist es, deutlich zu machen, ob die Regelung von Lissabon in Bezug auf den Europäischen Rat eher eine Festschreibung der Rechtspraxis oder einen Bruch in der rechtlichen und praktischen Entwicklung mit dem Ziel einer völligen Neuausrichtung des Europäischen Rates darstellt. Schließlich wird – *drittens* – jeweils auf Unterschiede zu den in dieser Arbeit vorgeschlagenen Regelungen eingegangen, soweit diese bestehen. Zwar entspricht die Regelung des Europäischen Rates im Vertrag von Lissabon zum Teil den oben unter C. vorgeschlagenen Lösungen. Insoweit wird den Reformzielen Demokratie, Transparenz und Effizienz Rechnung getragen. Allerdings bleiben auch Unterschiede zwischen der Regelung im Vertrag von Lissabon und derjenigen, die hier vorgeschlagen worden ist, bestehen. Dies hat Folgen für die Verwirklichung der genannten Ziele.

I. Systematik der Regelung des Europäischen Rates im Vertrag von Lissabon

Der Vertrag von Lissabon enthält eine Neuregelung des Europäischen Rates. Er ändert sowohl Vorschriften über den Europäischen Rat, die im EUV enthalten sind, als auch Vorschriften des EGV, welcher neu als Vertrag über die Arbeitsweise der Europäischen Union (AEUV) bezeichnet wird. Die Aufteilung des Rechts des

---

[874] Die im Folgenden zitierten Vorschriften, die mit den Abkürzungen EUV-L und AEUV gekennzeichnet sind, entstammen den Verträgen in ihren konsolidierten Fassungen (Konsolidierte Fassungen des Vertrags über die Europäische Union und des Vertrags über die Arbeitsweise der Europäischen Union (AblEU Nr. C 115/1, v. 9.5.2008)). Vorschriften aus dem Änderungsvertrag in der am 13. Dezember 2007 unterzeichneten Fassung sind mit der Abkürzung „RV“ gekennzeichnet (vgl. zum RV oben Fn. 299).

Europäischen Rates auf zwei Verträge bleibt somit erhalten, wenn der Vertrag von Lissabon in Kraft tritt.

Die Hauptvorschrift des Europäischen Rates (im Vertrag von Nizza der Art. 4 EUV), welche seit dem Vertrag von Maastricht inhaltlich unverändert geblieben war, wird als Art. 15 EUV-L geführt. Sie ist Teil des neu in den Unionsvertrag aufgenommenen Abschnitts über die Organe der Union und enthält einige Neuerungen in Bezug auf die Zusammensetzung und den Vorsitz des Europäischen Rates. Die übrigen Vorschriften des EUV-L, die den Europäischen Rat betreffen, finden sich vor allem im Bereich der GASP (Titel V, Kapitel 2 des EUV-L).

Ebenso wie der EGV enthält der AEUV einen Abschnitt, welcher der genaueren organisatorischen Ausgestaltung der Organe gewidmet ist. Neu in diesen Abschnitt eingeführt werden Vorschriften zum Europäischen Rat. Die betreffenden Art. 235 und 236 AEUV stehen systematisch im Anschluss an die Regelungen über das Europäische Parlament und vor den Regelungen über den Rat. An anderen Stellen des AEUV – insbesondere in einigen Politikbereichen – finden sich vereinzelt Kompetenznormen des Europäischen Rates.

II. Zusammensetzung und Abgrenzung

1. Vertrag von Lissabon

Gemäß Art. 15 Abs. 2 S. 1 EUV-L setzt sich der Europäische Rat „aus den Staats- und Regierungschefs der Mitgliedstaaten sowie dem Präsidenten des Europäischen Rates und dem Präsidenten der Kommission“ zusammen. Bei 27 Mitgliedstaaten hat der Europäische Rat damit 29 *Mitglieder*.

Die nationalen Außenminister und der weitere Kommissar, die gemäß dem Vertrag von Nizza *Teilnehmer* des Europäischen Rates sind, gehören diesem nach dem Vertrag von Lissabon nicht mehr an. Neu aufgenommen wird der Hohe Vertreter der Union für Außen- und Sicherheitspolitik als dann einziger Teilnehmer des Europäischen Rates. Seine Rolle innerhalb und außerhalb des Europäischen Rates entspricht derjenigen, die im VVE für den Außenminister der Union vorgesehen war. Lediglich die Bezeichnung konnte sich nicht durchsetzen.

Der Europäische Rat wählt gemäß Art. 15 Abs. 5 EUV-L seinen *Präsidenten* mit qualifizierter Mehrheit für eine Amtszeit von zweieinhalb Jahren, wobei eine einmalige Wiederwahl möglich ist. Das Rotationsverfahren wird abgeschafft. Der Präsident des Europäischen Rates darf gemäß Art. 15 Abs. 6 UAbs. 3 EUV-L kein einzelstaatliches Amt ausüben. Weil sich die Unvereinbarkeit auf einzelstaatliche Ämter beschränkt, wäre eine Personalunion mit dem Amt des Kommissionspräsidenten möglich. Die Aufgaben des Präsidenten des Europäischen Rates werden in Art. 15 Abs. 6 EUV-L aufgeführt. Der Europäische Rat kann seinen Präsidenten im Falle einer Verhinderung oder schweren Verfehlung mit qualifizierter Mehrheit von seinem Amt entbinden (Art. 15 Abs. 5 S. 2 EUV-L).

Im EGV wird gemäß Art. 2 Nr. 3 lit. RV der „Rat in Zusammensetzung der Staats- und Regierungschefs" durch den Europäischen Rat ersetzt. Außerdem soll gemäß Art. 2 Nr. 228 RV der Europäische Rat an die Stelle der „Regierungen der Mitgliedstaaten auf der Ebene der Staats- und Regierungschefs", die Art. 112 Abs. 2 EGV vorsieht, treten.

2. Unterschiede zur Rechtslage von Nizza

Bis auf die Nennung des Präsidenten des Europäischen Rates, der als zusätzliches Mitglied aufgeführt wird, entsprechen die Mitglieder des Europäischen Rates denjenigen, die Art. 4 Abs. 2 S. 1 EUV in der Fassung des Vertrags von Nizza vorsieht[875]. Anders als nach Nizzaer Recht sind im Lissabonner Vertrag neben dem Europäischen Rat keine weiteren Gremien vorgesehen, bei denen die Teilnahme der Staats- und Regierungschefs ausdrücklich festgelegt ist.

Durch den Ausschluss der Außenminister wird die Anzahl der Amtsträger, die in den Sitzungen des Europäischen Rates anwesend sind, gegenüber dem Recht des Vertrags von Nizza fast halbiert. Der Europäische Rat des Lissabonner Vertrags unterscheidet sich noch deutlicher vom Ministerrat als dies nach der Nizzaer Vertragslage der Fall ist, weil nationale Minister dem Europäischen Rat nicht angehören und folglich auch keinen direkten Einfluss auf die Sitzungen nehmen können. Zwar haben die nationalen Vertreter (die Staats- und Regierungschefs) nach wie vor zahlenmäßig ein starkes Übergewicht gegenüber den „europäischen" Amtsträgern. Allerdings wird die Union dadurch gestärkt, dass sie drei Vertreter (den Kommissionspräsidenten, den Präsidenten des Europäischen Rates und den Hohen Vertreter für Außen- und Sicherheitspolitik) entsendet, während jeder Mitgliedstaat nur durch einen Amtsträger beteiligt ist.

---

[875] Vgl. oben A.II.1.a).

Damit hat sich der oben angesprochene Streit um die Frage, ob ein Mitgliedstaat sowohl den Staats- als auch den Regierungschef entsenden darf[876], nach Lissabonner Recht erledigt. Allerdings kann es in Mitgliedstaaten, in denen grundsätzlich die Entsendung beider Amtsträger in Frage kommt, zu Schwierigkeiten kommen, wenn der Staatschef und der Regierungschef unterschiedlichen politischen Lagern angehören (Bsp. Kohabitation in Frankreich). In den betreffenden Mitgliedstaaten könnte eine politische Vereinbarung eine abwechselnde Entsendung vorsehen.

Die Lissabonner Regelung der Zusammensetzung des Europäischen Rates entspricht im Übrigen der Diversifizierung seiner politischen Tätigkeit in der Rechtspraxis der vergangenen Jahre. Der Europäische Rat hat sich nicht nur mit der Außenpolitik, sondern zunehmend auch mit anderen Politikbereichen befasst. Entsprechend schien eine Beibehaltung der Teilnahme ausgerechnet der Minister des Auswärtigen nicht mehr sachgerecht. Statt die Möglichkeit, andere Fachminister zu entsenden, im Primärrecht festzulegen, haben sich die Vertragsparteien im Vertrag von Lissabon – wie schon im VVE – dafür entschieden, die Teilnahme an den Sitzungen des Europäischen Rates auf die fachübergreifend agierenden Staats- und Regierungschefs als nationale Vertreter zu beschränken. Damit werden die Staats- und Regierungschefs gegenüber ihren Ministern weiter gestärkt, was ebenfalls der Entwicklung der Rechtspraxis des Europäischen Rates entspricht.

Im Vertrag von Lissabon ist der Europäische Rat das einzige Gremium, das sich gemäß dem Primärrecht aus den Staats- und Regierungschefs zusammensetzt. Eine Abgrenzung vom Rat der Staats- und Regierungschefs und von den „Regierungen der Mitgliedstaaten auf der Ebene der Staats- und Regierungschefs" im EGV ist nach dem Vertrag von Lissabon nicht erforderlich. Von anderen Gremien, welche die Staats- und Regierungschefs vereinigen können, ohne dass dies explizit im EUV-L oder AEUV geregelt wäre, ist der Europäische Rat aber dennoch abzugrenzen. Dies gilt zum einen für die in Art. 48 EUV-L vorgesehene Regierungskonferenz, zum anderen für nicht geregelte Gipfeltreffen. In beiden Fällen können die Staats- und Regierungschefs der Mitgliedstaaten – auch unter Teilnahme des Präsidenten des Europäischen Rates, des Kommissionspräsidenten und anderer Vertreter der Union – zusammentreffen, ohne dass damit der Europäische Rat tagt.

---

[876] Vgl. oben A.II.1.a)(1).

3. Unterschiede zu den Vorschlägen dieser Arbeit

Die im Vertrag von Lissabon festgelegte Zusammensetzung des Europäischen Rates unterscheidet sich von der in dieser Arbeit[877] vorgeschlagenen Zusammensetzung dadurch, dass im Vertrag von Lissabon der *Präsident des Europäischen Parlaments* nicht als Mitglied aufgenommen wird. Es kommt somit nicht zu einer Gewaltenverschränkung[878] in dem Sinne, dass ein Vertreter des Europäischen Parlaments zugleich Mitglied des Europäischen Rates würde. Damit ist die Stellung des Parlaments gegenüber dem Europäischen Rat schwächer und das demokratische Element kommt weniger stark zur Geltung, als dies in der oben vorgeschlagenen Zusammensetzung des Europäischen Rates der Fall ist.

Bei der Wahl des Präsidenten des Europäischen Rates durch den Europäischen Rat ist im Vertrag von Lissabon keine Beteiligung des Europäischen Parlaments vorgesehen, während hier vorgeschlagen wird, dass die Wahl der Zustimmung des Parlaments bedarf[879]. Der Präsident des Europäischen Rates wird somit gemäß Lissabonner Recht lediglich über die Staats- und Regierungschefs, das heißt über die nationalen Legitimationsketten demokratisch legitimiert. Die hier vorgeschlagene Verstärkung der demokratischen Legitimation durch die europäische Kette im Wege einer Beteiligung des Europäischen Parlaments ist im Vertrag von Lissabon nicht vorgesehen. Allerdings ist die Wahl des Präsidenten des Europäischen Rates im Vertrag von Lissabon effizienter ausgestaltet, weil der Europäische Rat diese Personalentscheidung allein trifft.

Die Klausel über die Unvereinbarkeit des Amtes des Präsidenten des Europäischen Rates mit anderen Ämtern ist im Vertrag von Lissabon weniger streng gefasst als in den Ergebnissen dieser Arbeit: Gemäß dem Vertrag von Lissabon sind lediglich einzelstaatliche Ämter ausgeschlossen, nicht jedoch europäische Ämter. Damit wäre eine Personalunion mit dem Amt des Kommissionspräsidenten möglich. Diese Regelung bewirkt allerdings, dass die Verantwortungstransparenz im Vergleich zu der hier verlangten, strengeren Inkompatibilitätsregelung geringer ist, weil im Falle einer Personalunion nicht von vornherein klar wäre, in welcher Funktion und für welches Organ der Präsident agiert.

---

877 Vgl. oben C.I.

878 Vgl. dazu oben B.III.1.c)(1)(a).

879 Vgl. oben C.I.

III. Rechtsnatur

1. Vertrag von Lissabon

Die Auflistung der Organe, die im Nizzaer Vertrag in Art. 7 EGV enthalten ist und die sich auf die Gemeinschaftsorgane bezieht, findet sich gemäß dem Vertrag von Lissabon im EUV. In Art. 13 EUV-L wird als eines der „Organe der Union" der Europäische Rat genannt, und zwar an zweiter Stelle, im Anschluss an das Europäische Parlament. Er erhält somit den Status eines *Organs der Union*. Konsequenterweise wird der Union gemäß Art. 47 EUV-L (Art. 1 Nr. 54 RV) ausdrücklich Rechtspersönlichkeit verliehen.

2. Unterschiede zur Rechtslage von Nizza

Anders als im Primärrecht bis einschließlich des Vertrags von Nizza wird durch den Vertrag von Lissabon der Europäische Rat in das Organgefüge eingegliedert. Die ausdrückliche Verleihung des Organstatus an den Europäischen Rat und der Rechtspersönlichkeit an die Union bestätigt einerseits die bisherige rechtliche und praktische Entwicklung des Europäischen Rates und der Union. Sie stellt andererseits auch eine folgenreiche Neuregelung dar.

Die Annahme eines Organstatus scheitert im Vertrag von Nizza – wie schon in den Verträgen von Amsterdam und Maastricht – an der fehlenden ausdrücklichen Bezeichnung als Organ und an der mangelnden Rechtspersönlichkeit der Union[880]. Sie scheitert hingegen nicht daran, dass der Union nach Nizzaer Recht keine ausreichenden Kompetenzen verliehen werden oder dass die Union entsprechende Kompetenzen nicht wahrgenommen hätte. Im Gegenteil: Sie ist in der Praxis wie ein Rechtssubjekt aufgetreten – was z.B. zur Umbenennung des Rates in „Rat der Europäischen Union" geführt hat. Auch dem Europäischen Rat wurden insbesondere durch die Verträge von Maastricht und Amsterdam Kompetenzen verliehen, die er in der Praxis wahrgenommen hat, so dass in der Literatur die Auffassung entstanden ist, er sei ein Organ. Notwendig für eine Anerkennung der Rechtspersönlichkeit der Union und damit auch des Organstatus des Europäischen Rates ist allerdings eine entsprechende primärrechtliche Festlegung, weil eine implizite Verleihung der Rechtspersönlichkeit bei erkennbar entgegenstehendem Willen der Vertragsparteien nicht angenommen werden kann. Diese Festlegung sieht der Vertrag von Lissabon vor, der damit die rechtliche und praktische Entwicklung bestätigt und fortführt.

---

[880] Vgl. oben A.III.4.b).

Andererseits hat die Verleihung des Organstatus an den Europäischen Rat und die Einsetzung der Union als Rechtssubjekt weitreichende Folgen für die rechtliche Struktur der bisherigen Union. Die Union des Vertrags von Lissabon vereinigt als einheitliches Rechtssubjekt die Europäische Gemeinschaft, deren Rechtsnachfolgerin sie wird, und die in der zweiten und dritten Säule zusammengefassten, nach Nizzaer Recht von den Mitgliedstaaten getragenen Politikbereiche. Formell wird damit die Struktur von Union und Europäischer Gemeinschaft, die in der Nizzaer Vertragslage mit dem Säulenmodell beschrieben wird, aufgehoben. Der Europäische Rat kann gemäß dem Vertrag von Lissabon in allen Politikbereichen der Union wirksam für die Union als Rechtssubjekt im Sinne des Völkerrechts handeln. Seine Entscheidungen begründen in diesem Fall Rechte und Pflichten für die Union.

Im Falle eines Inkrafttretens des Vertrags von Lissabon müsste die in dieser Arbeit vorgeschlagene Bezeichnung „Leitkonferenz“[881] ersetzt werden durch einen Begriff, der den Organstatus deutlich macht. Da der Europäische Rat in Art. 15 Abs. 1 EUV-L den Auftrag der Leitung behält, bietet sich der teilweise in der Literatur zum Nizzaer Recht verwandte Begriff des *„Leitorgans“* an.

IV. Organisation

1. Vertrag von Lissabon

Der Europäische Rat erhält durch den Vertrag von Lissabon keinen eigenen Verwaltungsunterbau, sondern wird gemäß Art. 235 Abs. 4 AEUV vom Generalsekretariat des Rates unterstützt.

Die Tagungen des Europäischen Rates finden gemäß Art. 15 Abs. 3 S. 1 EUV-L zweimal pro Halbjahr statt. Gemäß Art. 15 Abs. 3 S. 3 EUV-L kann der Präsident des Europäischen Rates eine außerordentliche Tagung einberufen, wenn es die Lage erfordert.

Für die Vorbereitung der Tagungen ist gemäß Art. 16 Abs. 6 UAbs. 2 S. 2 EUV-L der Rat „Allgemeine Angelegenheiten“ in Verbindung mit dem Präsidenten des Europäischen Rates und mit der Kommission zuständig.

Der Europäische Rat erhält erstmals eine Geschäftsordnung, die er gemäß Art. 235 Abs. 3 AEUV mit einfacher Mehrheit beschließt.

---

[881] Vgl. oben A.III.6.

2. Unterschiede zur Rechtslage von Nizza

Die Festlegung auf zwei Tagungen pro Halbjahr im Vertrag von Lissabon stellt gegenüber der Regelung des Art. 4 Abs. 2 S. 3 EUV-N zwar rechtlich eine Verdoppelung der primärrechtlich pro Jahr verlangten Tagungen dar. Sie schreibtallerdings die bisherige Rechtspraxis, nach der in der Regel zwei Tagungen unter jeder Ratspräsidentschaft stattfinden, fest. Auch die Möglichkeit, außerordentliche Tagungen einzuberufen, ist eine Normierung der Rechtspraxis[882].

Hingegen stellen das Amt eines auf Zeit gewählten Präsidenten des Europäischen Rates und die damit verbundene Organisation und Verwaltung des Europäischen Rates eine Neuregelung dar, die nicht lediglich die bisherige Rechtspraxis übernimmt. Die Unterstützung des Europäischen Rates durch das Generalsekretariat führt zwar dazu, dass die enge organisatorische Verbindung des Europäischen Rates zum Rat bestehen bleibt. Allerdings wird die in der Praxis des Rotationsverfahrens bestehende Anbindung an die jeweilige mitgliedstaatliche Verwaltung aufgelöst, weil der gewählte Präsident des Europäischen Rates kein nationalstaatliches Amt ausüben darf. Es wird somit gemäß dem Vertrag von Lissabon nicht ein bestimmter Mitgliedstaat sein, der als Vorsitz die jeweilige Tagung des Europäischen Rates mitgestaltet und damit Einfluss auf die zu behandelnden Themen nehmen kann. Stattdessen werden ausschließlich Unionsstellen, das heißt die Kommission, der Rat und der Präsident des Europäischen Rates, die Tagungen des Europäischen Rates vorbereiten. Hervorzuheben ist auch, dass im Lissabonner Vertrag die Teilnahme der Kommission an der Tagungsvorbereitung über ihren Präsidenten primärrechtlich vorgesehen wird. Im Vertrag von Nizza fehlen solche Mitwirkungsrechte, so dass der Einfluss der Kommission bisher von der politischen Wirkung des jeweiligen Kommissionspräsidenten abhängig ist[883].

3. Unterschiede zu den Vorschlägen dieser Arbeit

Die Organisation des Europäischen Rates im Vertrag von Lissabon unterscheidet sich insbesondere dadurch von der hier vorgeschlagenen Neuregelung[884], dass der Europäische Rat dort vom Generalsekretariat des Rates unterstützt wird. Folge ist, dass die Verantwortungstransparenz nicht in dem Maße verwirklicht wird, wie es der Fall

---

882 Vgl. oben A.IV.2.

883 Vgl. oben A.IV.6.

884 Vgl. oben C.III.

wäre, wenn ein eigener, anderen Organen nicht zugehöriger Verwaltungsapparat geschaffen würde.

V. Kompetenzen und Funktionen

1. Vertrag von Lissabon

a) Allgemeine Rechtsgrundlage

Art. 15 Abs. 1 S. 1 EUV-L bestimmt die Hauptfunktion des Europäischen Rates und enthält die allgemeine Rechtsgrundlage für dessen Handlungen: „Der Europäische Rat gibt der Union die für ihre Entwicklung erforderlichen Impulse und legt die allgemeinen politischen Zielvorstellungen und Prioritäten hierfür fest“[885]. Neu gegenüber dem korrespondierenden Art. 4 Abs. 1 EUV-N ist der Begriff „Prioritäten“.

b) Besondere Rechtsgrundlagen

(1) Änderung der Verträge

Der Europäische Rat erhält durch den Lissabonner Vertrag eine zentrale Rolle bei Änderungen der Verträge. Im *ordentlichen Änderungsverfahren* gemäß Art. 48 Abs. 2 und 3 EUV-L, das auf den EUV-L und den AEUV anwendbar ist, kann der Europäische Rat entweder einen Konvent einberufen, welcher eine Empfehlung zur Vertragsänderung annimmt (Abs. 3 UAbs. 1), oder selbst das Mandat für die Regierungskonferenz festlegen (Abs. 3 UAbs. 2). Bei Schwierigkeiten im anschließenden Ratifikationsverfahren befasst sich gemäß Art. 48 Abs. 5 EUV-L der Europäische Rat mit dieser Frage, wenn nach Ablauf von zwei Jahren nach Unterzeichnung eines Änderungsvertrags zumindest vier Fünftel der Mitgliedstaaten den Vertrag ratifiziert haben. Im *vereinfachten Änderungsverfahren* nach Art. 48 Abs. 6 EUV-L kann der Europäische Rat selbst über Änderungen beschließen, die den Dritten Teil des AEUV[886] betreffen. In beiden Verfahren ist eine Zustimmung der Mitgliedstaaten im Einklang mit deren verfassungsrechtlichen Vorschriften erforderlich.

Als besonderes, für eine bestimmte Sachfrage vorgesehenes vereinfachtes Änderungsverfahren einzustufen ist die auch im Nizzaer Primärrecht in Art. 17 Abs. 1

---

[885] Dieser Wortlaut entspricht exakt demjenigen des Art. I-21 VVE.

[886] Gemäß Art. 2 Nr. 39 RV erhält der Dritte Teil des EGV („Die Politiken der Gemeinschaft“) im AEUV die Überschrift: „Die internen Politiken und Maßnahmen der Union“.

UAbs. 1 S. 1 EUV-N[887] enthaltene Möglichkeit, eine gemeinsame Verteidigung durch Beschluss des Europäischen Rates einzuführen. Art. 42 Abs. 2 UAbs. 1 S. 2 EUV-L ist, was das Vorhaben einer gemeinsamen Verteidigung angeht, im Wortlaut („führt zu einer gemeinsamen Verteidigung, sobald der Europäische Rat dies einstimmig beschlossen hat") entschiedener als der korrespondierende Art. 17 Abs. 1 S. 1 EUV-N („[...] führen könnte, falls der Europäische Rat dies beschließt"). Dies deutet darauf hin, dass die Vertragsparteien des Vertrags von Lissabon diese gemeinsame Verteidigung nicht mehr als allzu fern liegenden Integrationsschritt betrachten.

Zudem ist der Europäische Rat aufgrund der neu aufgenommenen *Passerelleklausel* des Art. 48 Abs. 7 EUV-L befugt, in bestimmten Fällen die im Rat für einen Beschluss erforderlichen Mehrheiten zu ändern sowie den Erlass von Gesetzgebungsakten vom besonderen Gesetzgebungsverfahren ins ordentliche Gesetzgebungsverfahren zu überführen. Als weitere Passerelleklauseln zur Änderung der im Rat erforderlichen Mehrheiten sind Art. 31 Abs. 3 EUV-L (GASP) und Art. 312 Abs. 2 UAbs. 2 AEUV (mehrjähriger Finanzrahmen) zu nennen.

Erstmals wird im Unionsvertrag die Möglichkeit geregelt, freiwillig aus der EU auszutreten. Dabei ist es Aufgabe des Europäischen Rates, die Leitlinien festzulegen, aufgrund derer die Union mit dem betreffenden Staat über die Einzelheiten des Austritts verhandelt (Art. 50 Abs. 2 S. 2 EUV-L).

Schließlich kann der Europäische Rat gemäß Art. 355 Abs. 6 AEUV den Status bestimmter dänischer, französischer oder niederländischer Gebiete gegenüber der Union neu regeln.

(2) Zusammensetzung der Organe

Der Europäische Rat ist gemäß dem Vertrag von Lissabon dafür zuständig, bestimmte Entscheidungen über die Zusammensetzung des Rates, der Kommission und des Europäischen Parlaments zu treffen.

So erlässt der Europäische Rat gemäß Art. 236 lit. a AEUV einen Beschluss zur Festlegung derjenigen Zusammensetzungen des Rates, die nicht in Art. 16 Abs. 6 UAbs. 2 u. 3 EUV-L genannt sind. Dies sind alle Zusammensetzungen des Rates bis auf den Rat „Allgemeine Angelegenheiten" und den Rat „Auswärtige Angelegenheiten". Außerdem ist der Europäische Rat gemäß Art. 236 lit. b AEUV

---

[887] Vgl. oben A.V.2.b).

befugt, durch einen Beschluss nach Art. 16 Abs. 9 EUV-L ein Rotationssystem festzulegen, um den Vorsitz im Rat in allen seinen Zusammensetzungen zu regeln; ausgenommen ist der Rat „Auswärtige Angelegenheiten", weil in ihm gemäß Art. 18 Abs. 3 EUV-L der Hohe Vertreter für Außen- und Sicherheitspolitik den Vorsitz führt.

Eine Art Vetorecht erhält der Europäische Rat in Bezug auf die im EUV-L vorgesehene Zusammensetzung der Kommission. Gemäß Art. 17 Abs. 5 UAbs. 1 EUV-L besteht die Kommission ab dem 1. November 2014 aus einer Anzahl von Mitgliedern, die zwei Drittel der Zahl der Mitgliedstaaten entspricht[888]. Der Europäische Rat kann gemäß Art. 17 Abs. 5 UAbs. 1 letzter HS EUV-L durch einen einstimmigen Beschluss diese Anzahl ändern. Das Rotationssystem für die Zusammensetzung ab dem 1. November 2014 wird durch den Europäischen Rat gemäß Art. 17 Abs. 5 UAbs. 2 S. 2 EUV-L in Verbindung mit Art. 244 AEUV einstimmig festgelegt.

Gemäß Art. 14 Abs. 2 UAbs. 2 EUV-L beschließt der Europäische Rat – auf Initiative und mit Zustimmung des Europäischen Parlaments – über die Zusammensetzung des Europäischen Parlaments. Dabei muss der Europäische Rat bestimmte, in UAbs. 1 festgelegte Grundsätze beachten, so etwa die degressiv-proportionale Vertretung der Bürger der Mitgliedstaaten und die Obergrenze der Abgeordnetenzahl von 750.

(3) Personalentscheidungen

Zentrale Personalentscheidungen, die im Vertrag von Nizza von anderen Gremien, welche die Staats- und Regierungschefs vereinigen, getroffen werden, obliegen nach Lissabonner Recht dem Europäischen Rat, der dabei mit qualifizierter Mehrheit beschließt.

Dies betrifft zum einen die Auswahl des Kandidaten für das Amt des Kommissionspräsidenten. Diesen schlägt der Europäische Rat gemäß Art. 17 Abs. 7 UAbs. 1 EUV-L dem Europäischen Parlament zur Wahl vor. Nach der Wahl wird der Kommissionspräsident zusammen mit den übrigen Kommissionsmitgliedern vom Europäischen Rat ernannt. Des Weiteren ernennt dieser – mit Zustimmung des Kommissionspräsidenten – den Hohen Vertreter der Union für Außen- und Sicher-

---

888 In der Übergangszeit vom Inkrafttreten des Vertrags von Lissabon bis zum 31. Oktober 2014 einschließlich besteht die Kommission aus einem Staatsangehörigen jedes Mitgliedstaats (Art. 17 Abs. 4 EUV-L).

heitspolitik gemäß Art. 18 Abs. 1 EUV-L. Auch die Mitglieder des Direktoriums der EZB werden vom Europäischen Rat ausgewählt und ernannt (Art. 283 Abs. 2 AEUV). Schließlich bestimmt der Europäische Rat über die Besetzung des Amtes des Präsidenten des Europäischen Rates (Art. 15 Abs. 5 EUV-L).

(4) Berufungsinstanz

Der Vertrag von Lissabon sieht für den Europäischen Rat an verschiedenen Stellen die Funktion einer politischen Berufungsinstanz gegenüber dem Ministerrat vor, welcher grundsätzlich mit qualifizierter Mehrheit beschließt.

Teilweise kann dabei ein einzelner Mitgliedstaat den Europäischen Rat anrufen, teilweise sind die Stimmen mehrerer Mitgliedstaaten im Rat erforderlich. Unter die erste Kategorie fallen die neuen Art. 48 letzter Abs., Art. 82 Abs. 3 und Art. 83 Abs. 3 AEUV, nach denen ein Mitglied des Rates den Europäischen Rat anrufen kann, wenn durch geplante Beschlüsse des Rates bestimmte Aspekte des nationalen Sozialsystems bzw. der Strafrechtsordnung betroffen sind. In die zweite Kategorie gehören zum einen Art. 86 und Art. 87 AEUV (Bekämpfung von Straftaten zum Nachteil der finanziellen Interessen der Union und Polizeiliche Zusammenarbeit), die eine Gruppe von mindestens neun Mitgliedstaaten verlangen, die den Antrag auf Befassung des Europäischen Rates stellt. Besondere Gründe werden für einen solchen Antrag nicht verlangt. Zum anderen ist der neue Art. 31 Abs. 2 UAbs. 2 EUV-L zu nennen, der an die Stelle von Art. 23 Abs. 2 UAbs. 2 EUV-N tritt. Danach kann der Rat mit qualifizierter Mehrheit veranlassen, dass eine Frage im Rahmen der GASP zur einstimmigen Beschlussfassung an den Europäischen Rat verwiesen wird.

(5) Leitfunktionen in bestimmten Politikbereichen

Der Europäische Rat behält auch im Vertrag von Lissabon die Kompetenzen zur Ausübung der Leitfunktion im Rahmen der GASP. So sieht Art. 26 Abs. 1 S. 1 EUV-L vor, dass der Europäische Rat die strategischen Interessen der Union bestimmt und die Ziele und die allgemeinen Leitlinien der Gemeinsamen Außen- und Sicherheitspolitik festlegt, und zwar auch bei Fragen mit verteidigungspolitischen Bezügen. Die vom Europäischen Rat festgelegten allgemeinen Leitlinien und strategischen Vorgaben bilden die Grundlage für die Festlegung und Durchführung der GASP durch den Rat (Art. 26 Abs. 2 UAbs. 1 EUV-L). Der Hohe Vertreter der Union für Außen- und Sicherheitspolitik wird verpflichtet, sicherzustellen, dass die vom Europäischen Rat erlassenen Beschlüsse durchgeführt werden (Art. 27 Abs. 1 EUV-L).

Während der Vertrag von Nizza im Rahmen der PJZS keine besonderen Leitkompetenzen für den Europäischen Rat vorsieht, führt der Vertrag von Lissabon solche Leitkompetenzen ein. Gemäß Art. 68 AEUV legt der Europäische Rat „die strategischen Leitlinien für die gesetzgeberische und operative Programmplanung im Raum der Freiheit, der Sicherheit und des Rechts fest".

Gemäß Art. 222 Abs. 4 AEUV obliegt es dem Europäischen Rat, regelmäßig eine Einschätzung der Bedrohungen vorzunehmen, denen die Union ausgesetzt ist.

(6) Kompetenzgrenzen

Ausdrücklich ausgenommen aus dem Kompetenzbereich des Europäischen Rates ist gemäß Art. 15 Abs. 1 S. 2 EUV-L die Gesetzgebung. Sie obliegt dem Rat und dem Europäischen Parlament.

2. Unterschiede zur Rechtslage von Nizza

a) Allgemeine Rechtsgrundlage

Die allgemeine Rechtsgrundlage des Europäischen Rates in Art. 15 Abs. 1 S. 1 EUV-L entspricht im Wortlaut weitgehend der Formulierung des Art. 4 Abs. 1 EUV-N. Dies zeigt, dass die Handlungen des Europäischen Rates aufgrund der allgemeinen Rechtsgrundlage gemäß dem Vertrag von Lissabon sich nicht grundlegend von denen gemäß dem Vertrag von Nizza[889] unterscheiden sollen. Entscheidungsgegenstand ist weiterhin die Entwicklung der Union, das heißt der Prozess der europäischen Integration.

Der Vertrag von Lissabon verlangt hinsichtlich der Entscheidungsdichte weiterhin Impulse und die allgemeinen politischen Zielvorstellungen. Dass zusätzlich der Begriff „Prioritäten" aufgenommen wird, deutet darauf hin, dass es sich hierbei nicht lediglich um solche politischen Schwerpunkte handelt, die unter die Begriffe Impulse und Zielvorstellungen subsumiert werden können. Vielmehr wird es um Schwerpunkte gehen, die zwischen den Impulsen und dem letztlich zu erreichenden Ziel liegen, also etwa Zwischenziele oder die zur Erreichung des Ziels anzuwendenden Maßnahmen betreffen. Insofern ist primärrechtlich eine Erhöhung der Entscheidungsdichte vorgeschrieben. Betrachtet man allerdings die oben dargestellte Rechtspraxis der vergangenen Jahre, so wird deutlich, dass die Entscheidungsdichte des Europäischen

---

[889] Vgl. zu den allgemeinen und besonderen Rechtsgrundlagen im Vertrag von Nizza oben A.V.

Rates höher ist als diejenige, die der Wortlaut des Art. 4 Abs. 1 EUV-N erwarten lässt. Deshalb lässt sich die Aufnahme des Begriffs „Prioritäten“ eher als Anpassung an die Rechtspraxis verstehen denn als grundlegende Neuausrichtung des Handlungsrahmens des Europäischen Rates.

b) Besondere Rechtsgrundlagen

(1) Vertragsänderungen

Im Rahmen der besonderen Rechtsgrundlagen des Vertrags von Lissabon wird zunächst die starke Rolle, die der Europäische Rat bisher bei Vertragsänderungen und insbesondere im Verfassungsprozess der Union gespielt hat, festgeschrieben. So stellt die Möglichkeit, im Rahmen des „ordentlichen Änderungsverfahrens“ (Art. 48 Abs. 2 und 3 EUV-L) einen Konvent einzuberufen oder aber darauf zu verzichten und direkt eine Regierungskonferenz einzuberufen, eine Normierung der Rechtspraxis des Europäischen Rates dar.

Die Aufnahme des Europäischen Rates in die Vorschriften zur Änderung der Verträge stellt in zweierlei Hinsicht eine Erweiterung seiner starken tatsächlichen Rolle in diesem Bereich dar. Zum einen tritt er an die Stelle des Rates, dem gemäß dem Vertrag von Nizza Änderungswünsche vorgelegt werden und der eine Stellungnahme zur Einberufung einer Regierungskonferenz abgibt (Art. 48 Abs. 2 S. 1 EUV-N). Dies ist eher als formelle Stärkung zu interpretieren. Zum anderen erhält der Europäische Rat Kompetenzen, im Rahmen eines vereinfachten Änderungsverfahrens Änderungen der Verträge vorzunehmen und im Rahmen von Passerelleklauseln bestimmte Politikbereiche in das ordentliche Gesetzgebungsverfahren zu überführen sowie bestimmte Mehrheitserfordernisse zu ändern. Diese Befugnisse ermöglichen es dem Europäischen Rat, Rechtsänderungen vorzunehmen, die gemäß dem Vertrag von Nizza nur im Wege eines formellen Änderungsverfahrens, das eine Regierungskonferenz erfordert, möglich sind. Diese Kompetenzen stellen eine wirkungsvolle Stärkung der Position des Europäischen Rates, aber auch eine weitreichende Änderung der völkerrechtlichen Struktur der Union dar, weil damit der Europäische Rat formell zu einem Vertragsänderungsorgan wird. Im Rahmen des vereinfachten Änderungsverfahrens wirken die Mitgliedstaaten zwar an den vom Europäischen Rat beschlossenen Vertragsänderungen dadurch mit, dass sie formell den Änderungen zustimmen müssen, jedoch wird auf die Regierungskonferenz verzichtet.

Dieses vereinfachte Änderungsverfahren kann auf alle Politikbereiche des Dritten Teils des AEUV angewandt werden. Darunter fallen zum einen die Politikbereiche, die im Vertrag von Nizza als „Politiken der Gemeinschaft" geführt werden und dort zur supranationalen ersten Säule gehören. Diese Vorschriften können nach Nizzaer Recht nur im Wege einer formellen Änderung des EGV angepasst werden. Zum anderen werden im Vertrag von Lissabon die Politikbereiche der bisherigen intergouvernementalen dritten Säule der Union formell in den Dritten Teil des AEUV eingegliedert (Titel V: Der Raum der Freiheit, der Sicherheit und des Rechts). Folglich können die primärrechtlichen Vorschriften auch dieses Bereiches im Wege des vereinfachten Änderungsverfahrens vom Europäischen Rat – unter Mitwirkung der Mitgliedstaaten – geändert werden.

Im Rahmen der Passerelleklauseln wird sogar auf die formelle Mitwirkung der Mitgliedstaaten verzichtet. Dabei kann der Europäische Rat weitgehende Integrationsschritte autonom vornehmen. Er kann für bestimmte Bereiche das Einstimmigkeitserfordernis im Rat, das nach wie vor gerade in sensiblen Politikbereichen für erforderlich gehalten wird und für solche deshalb auch in den Vertrag von Lissabon aufgenommen wurde, aufheben. Ebenso entfällt eine formelle Mitwirkung der Mitgliedstaaten bei der Überführung des Erlasses von Gesetzgebungsakten in das ordentliche Gesetzgebungsverfahren. In beiden Fällen erhalten lediglich die nationalen Parlamente die Möglichkeit, Einspruch gegen diese Maßnahmen des Europäischen Rates einzulegen, weil sie bisher diesen Vertragsänderungen im Wege eines Ratifikationsgesetzes hätten zustimmen müssen. Wenn ein nationales Parlament Einspruch einlegt, darf der Europäische Rat den Beschluss zur Änderung der erforderlichen Mehrheit oder zur Überführung in das ordentliche Gesetzgebungsverfahren nicht erlassen (Art. 48 Abs. 7 UAbs. 3 EUV-L).

(2) Zusammensetzung der Organe

Als Neuerung sind die Kompetenzen des Europäischen Rates, die Zusammensetzung anderer Organe festzulegen, einzustufen. Hierfür ist nach der Vertragslage von Nizza eine formelle Vertragsänderung erforderlich. Nach Inkrafttreten des Vertrags von Lissabon kann der Europäische Rat bestimmte Entscheidungen über die Zusammensetzung des Rates, der Kommission und des Europäischen Parlaments treffen. Diese Kompetenzen verstärken seine Stellung als Vertragsänderungsorgan.

(3) Personalentscheidungen

Die Kompetenzen des Europäischen Rates für Personalentscheidungen stellen zum einen eine Festschreibung der Rechtspraxis dar, weil der Europäische Rat faktisch schon bisher wesentlichen Einfluss auf die Besetzung zentraler Unionsämter hatte. Zum anderen sind sie eine Folge der Ersetzung anderer Organe und Gremien, welche die Staats- und Regierungschefs gemäß dem Vertrag von Nizza vereinigen, durch den Europäischen Rat. Diese Ersetzung wurde dadurch ermöglicht, dass nach dem Vertrag von Lissabon auch der Europäische Rat in bestimmten Fällen mit qualifizierter Mehrheit entscheidet, was bisher lediglich im Gemeinschaftsorgan Rat („Rat in Zusammensetzung der Staats- und Regierungschefs", Art. 214 Abs. 2 EGV) möglich war. Damit wird die Rolle des Europäischen Rates formell gestärkt.

(4) Leitfunktion in bestimmten Politikbereichen

Erstmals aufgenommen wird eine formelle Handlungskompetenz des Europäischen Rates im Bereich der bisherigen dritten Säule. Dies erscheint weniger als Folge der Eingliederung dieses Politikbereichs in den AEUV, weil der Europäische Rat gemäß dem Vertrag von Nizza auch Kompetenzen im Bereich des EGV hat. Vielmehr handelt es sich um eine Festschreibung der Rechtspraxis, weil der Europäische Rat auch bisher in diesem Bereich Leitentscheidungen getroffen hat. Hinsichtlich der Entscheidungsdichte orientieren sich die Vorschriften an der GASP, was an der Wortwahl des Art. 68 AEUV („die strategischen Leitlinien") deutlich wird.

3. Unterschiede zu den Vorschlägen dieser Arbeit

Bezüglich der Kompetenzen, die dem Europäischen Rat zugewiesen werden, besteht der entscheidende Unterschied darin, dass im Vertrag von Lissabon mehrere Klauseln enthalten sind, aufgrund derer der Rat den Europäischen Rat als Berufungsinstanz anrufen kann, während dem Europäischen Rat gemäß der hier vorgeschlagenen Neuregelung[890] eine solche Rolle gerade nicht zukommt. Da der Rat teilweise verpflichtet ist, öffentlich zu tagen, würde durch die Regelung im Vertrag von Lissabon eine Verlagerung in den geheim tagenden Europäischen Rat ermöglicht. Dadurch würde die Verfahrenstransparenz der EU vermindert[891].

---

[890] Vgl. oben C.IV.

[891] Vgl. hierzu oben B.III.2.b).

VI. Sitzungsablauf und Entscheidungsfindung

1. Vertrag von Lissabon

Der Vertrag von Lissabon legt für den Sitzungsablauf des Europäischen Rates fest, dass der Präsident des Europäischen Rates den Vorsitz bei den Arbeiten des Europäischen Rates führt und ihnen Impulse gibt (Art. 15 Abs. 6 lit. a EUV-L). Näheres ist in einer – erstmals vorgesehenen – Geschäftsordnung des Europäischen Rates zu bestimmen, die der Europäische Rat gemäß Art. 235 Abs. 3 AEUV mit einfacher Mehrheit beschließt. Es ist zu erwarten, dass die organisatorische Gestaltung und der Ablauf der Sitzungen in der GO des Europäischen Rates festgelegt werden. Soweit sich eine jahrelange kontinuierliche Rechtspraxis entwickelt hat, ist anzunehmen, dass die Inhalte der GO dieser Praxis weitgehend entsprechen werden. Anhaltspunkte dafür bieten etwa die in die Sevilla-Beschlüsse aufgenommenen Vorgehensweisen[892].

Die Entscheidungsfindung wird in Art. 15 Abs. 4 EUV-L grundsätzlich festgelegt. Danach entscheidet der Europäische Rat im Konsens, soweit in den Verträgen nichts anderes bestimmt ist.

Für die GASP sehen Art. 24 Abs. 1 UAbs. 2 S. 1 EUV-L und Art. 31 Abs. 1 UAbs. 1 EUV-L vor, dass der Europäische Rat in diesem Politikbereich grundsätzlich einstimmig beschließt. Die Feststellung einer Verletzung der in Art. 2 EUV genannten Werte durch einen Mitgliedstaat trifft der Europäische Rat gemäß Art. 7 Abs. 2 EUV-L einstimmig unter Ausschluss des betroffenen Mitgliedstaats (Art. 354 AEUV).

Entscheidungen mit qualifizierter Mehrheit finden sich vereinzelt im Vertrag von Lissabon, insbesondere bei den erwähnten Personalentscheidungen. Entscheidungen mit einfacher Mehrheit sieht lediglich Art. 235 Abs. 3 AEUV für Verfahrensfragen und für den Erlass der GO vor.

Für alle Abstimmungen gilt, dass sich gemäß Art. 235 Abs. 1 UAbs. 1 AEUV jedes Mitglied das Stimmrecht eines anderen Mitglieds übertragen lassen kann[893]. Bei Beschlüssen, für die Einstimmigkeit erforderlich ist, stehen Stimmenthaltungen von

---

[892] Vgl. hierzu oben A.III.5.c)(1); A.IV; A.VI.2.

[893] Weil beim Konsensverfahren streng genommen nicht abgestimmt wird, gilt Art. 235 Abs. 1 UAbs. 1 AEUV insoweit nicht.

anwesenden oder vertretenen Mitgliedern dem Zustandekommen von Beschlüssen nicht entgegen (Art. 235 Abs. 1 UAbs. 3 AEUV).

Wenn der Europäische Rat mit qualifizierter Mehrheit beschließt, sind gemäß Art. 235 Abs. 1 UAbs. 2 S. 1 AEUV die Art. 16 Abs. 4 EUV-L und Art. 238 Abs. 2 AEUV anzuwenden.

Gemäß Art. 16 Abs. 4 EUV-L sind für eine qualifizierte Mehrheit mindestens 55 Prozent der Mitglieder des Europäischen Rates, gebildet aus mindestens 15 Mitgliedern, erforderlich, welche mindestens 65 Prozent der Bevölkerung der Union ausmachen. Für eine Sperrminorität sind mindestens vier Mitglieder des Rates erforderlich. Allerdings gilt dieses Modell der doppelten Mehrheit gemäß Art. 16 Abs. 4 UAbs. 1 EUV-L erst ab dem 1. November 2014. Für die Übergangszeit definiert das Protokoll über die Übergangsbestimmungen[894] die qualifizierte Mehrheit.

Beschließt der Europäische Rat nicht auf Vorschlag der Kommission oder des Hohen Vertreters für Außen- und Sicherheitspolitik, definiert Art. 238 Abs. 2 AEUV die qualifizierte Mehrheit. Danach ist eine Mehrheit von mindestens 72 Prozent der Mitglieder des Europäischen Rates, deren Mitgliedstaaten zusammen mindestens 65 Prozent der Bevölkerung der Union ausmachen, erforderlich. Auch dieses Modell gilt erst ab dem 1. November 2014 und vorbehaltlich der Vorschriften des Protokolls über die Übergangsbestimmungen.

Art. 235 Abs. 1 UAbs. 2 S. 2 AEUV bestimmt, dass der Präsident des Europäischen Rates und der Kommissionspräsident „an Abstimmungen im Europäischen Rat" nicht teilnehmen. Hier stellt sich das gleiche Auslegungsproblem, das oben[895] bei der Zusammenstellung der Konventsvorschläge angesprochen wurde. Der Wortlaut deutet darauf hin, dass dieser Ausschluss des Stimmrechts für alle Abstimmungen im Europäischen Rat gilt. Demgegenüber ließe sich aus der systematischen Stellung schließen, dass der Ausschluss lediglich für Abstimmungen mit qualifizierter Mehrheit gilt, weil diese Bestimmung als zweiter Satz desjenigen Unterabsatzes, der im ersten Satz die qualifizierte Mehrheit betrifft, und nicht als neuer Unterabsatz geführt wird.

---

[894] Protokoll über die Übergangsbestimmungen (AblEU Nr. C 306/159, v. 17.12.2007).

[895] Vgl. oben B.II.5.a)

Auch der Sinn und Zweck streitet für einen begrenzten Ausschluss, weil es nur bei der qualifizierten Mehrheit auf die Staatenrepräsentation ankommt[896].

2. Unterschiede zur Rechtslage von Nizza

Im Unterschied zum Nizzaer Recht, in dem Sitzungsablauf und Entscheidungsfindung des Europäischen Rates weitgehend ungeregelt sind, widmet sich der Vertrag von Lissabon diesen Fragen in mehreren Bestimmungen. Dies ist eine Konsequenz aus der Verleihung des Organstatus an den Europäischen Rat und aus der Umwandlung von einer Leitkonferenz in ein Leitorgan. Die Eingliederung in das Organgefüge erfordert ein Mindestmaß an Regelungen des Verfahrens, was insbesondere ein Vergleich mit den anderen Unionsorganen, für die jeweils Verfahrensbestimmungen in den Verträgen enthalten sind, deutlich macht. Konsequent ist insofern auch die Befugnis und Pflicht, sich eine Geschäftsordnung zu geben, in der Details des Sitzungsablaufs und der Entscheidungsfindung geregelt werden. Es ist zu erwarten, dass der Europäische Rat sich dabei an der GO Rat und an den Sevilla-Beschlüssen orientieren wird.

Die formelle Festschreibung des heute schon in der Praxis angewandten Konsensverfahrens im EUV-L führt dazu, dass die oben[897] beschriebenen Folgen dieses Beschlussverfahrens, das heißt die Abhängigkeit von politischen Machtverhältnissen, der praktisch mögliche Ausschluss des Kommissionspräsidenten (und zusätzlich des Präsidenten des Europäischen Rates) von der Mitentscheidung und die unzureichende Verwirklichung des Prinzips der Staatengleichheit, als Probleme bestehen bleiben. Formell stellt die Normierung des Konsensverfahrens eine Rechtsänderung dar, weil rechtlich für den Europäischen Rat gemäß der Vertragslage von Nizza das Erfordernis der Einstimmigkeit gilt[898].

3. Unterschiede zu den Vorschlägen dieser Arbeit

Für die Entscheidungsfindung des Europäischen Rates wird in dieser Arbeit vorgeschlagen, dass der Europäische Rat grundsätzlich mit qualifizierter Mehrheit beschließt[899], während der Lissabonner Vertrag grundsätzlich das Konsensverfahren[900]

---

[896] Vgl. oben B.II.5.a).

[897] Vgl. oben A.VI.4.c).

[898] Vgl. oben A.III.5.c)(2).

[899] Vgl. oben C.V.

und lediglich in Einzelfällen Entscheidungen mit qualifizierter Mehrheit vorsieht. Die Hürden für eine Entscheidungsfindung liegen im Konsensverfahren höher, weil dort schon der ausdrückliche Widerspruch lediglich eines Mitglieds genügt, um den Beschluss zu verhindern, während sich bei der qualifizierten Mehrheit mehrere Staaten für eine Blockade finden müssen. Die Handlungsfähigkeit und damit die Effizienz des Europäischen Rates sind somit gemäß der Regelung des Vertrags von Lissabon grundsätzlich geringer.

Soweit der Europäische Rat mit qualifizierter Mehrheit beschließen soll, sind die Anforderungen an diese Mehrheit im Vertrag von Lissabon höher als in der hier vorgeschlagenen Lösung. Im Vertrag von Lissabon ist die Zustimmung von 55 Prozent der Mitglieder des Europäischen Rates, gebildet aus mindestens 15 Mitgliedern, welche zumindest 65 Prozent der Unionsbevölkerung repräsentieren, notwendig[901]. Demgegenüber genügt nach der hier vorgeschlagenen Regelung die Mehrheit der Mitglieder des Europäischen Rates, die 60 Prozent der Unionsbevölkerung repräsentieren. Die erforderliche Gestaltungsmehrheit ist somit im Vertrag von Lissabon größer, so dass die Handlungsfähigkeit und damit die Effizienz dort geringer sind.

Im Vertrag von Lissabon bleibt unklar, ob der Kommissionspräsident und der Präsident des Europäischen Rates lediglich von der Abstimmung mit qualifizierter Mehrheit oder von allen Abstimmungen ausgeschlossen sind, während hier vorgeschlagen wird, dass klar geregelt werden sollte, dass die „europäischen Mitglieder" in keinem Fall ein Stimmrecht erhalten[902]. Der Vertrag von Lissabon verfehlt insofern das Ziel der Verantwortungstransparenz.

VII. Rechtsfolgen der Entscheidungen

1. Vertrag von Lissabon

Die Rechtsfolgen der Entscheidungen des Europäischen Rates allgemein werden im Vertrag von Lissabon nicht gesondert geregelt. Als Handlungsformen, die der Union durch den Vertrag von Lissabon zugewiesen werden, nennt Art. 288 Abs. 1 AEUV die

---

[900] Vgl. näher zum Konsensverfahren und zu den Folgen seiner Anwendung in der Rechtspraxis oben A.VI.4.

[901] Gemäß dem RV tritt diese Regelung erst nach einer Übergangszeit am 1. November 2014 in Kraft, vgl. oben D.VI.

[902] Vgl. oben C.V.

aus Art. 249 EGV bekannten „Verordnungen", „Richtlinien", „Empfehlungen" und „Stellungnahmen". An die Stelle der „Entscheidungen" des EGV treten in Art. 288 Abs. 1 AEUV die „Beschlüsse", welche, ebenso wie die übrigen genannten Handlungsformen, als „Rechtsakte der Union" bezeichnet werden. Diese Rechtsakte werden gemäß Art. 288 Abs. 1 AEUV von den Organen angenommen, zu denen gemäß Art. 13 Abs. 1 UAbs. 2 EUV-L auch der Europäische Rat gehört. Die „Beschlüsse" finden sich in zahlreichen Kompetenzvorschriften des Europäischen Rates im EUV-L und AEUV wieder, so dass diesem damit erstmals ausdrücklich ein Rechtsakt zugewiesen wird. Gemäß Art. 288 Abs. 4 AEUV sind „Beschlüsse in allen ihren Teilen verbindlich. Sind sie an bestimmte Adressaten gerichtet, so sind sie nur für diese verbindlich". Folglich kann der Europäische Rat rechtsverbindliche Entscheidungen treffen, wenn er „Beschlüsse" fasst.

2. Unterschiede zur Rechtslage von Nizza

a) Begründungsansatz für Rechtswirkungen im intergouvernementalen Bereich

Im Vertrag von Nizza folgt die auf die beiden intergouvernementalen Säulen beschränkte Befugnis des Europäischen Rates, rechtsverbindlich zu handeln, aus dem Integrationsgrad dieser Säulen[903]: In diesen Politikbereichen gilt nach Nizzaer Recht grundsätzlich das Einstimmigkeitsprinzip, und die Mitgliedstaaten – nicht die Union – sind Träger der entsprechenden Handlungen.

Diese Begründung ist nach Inkrafttreten des Vertrags von Lissabon nicht mehr haltbar. Dies gilt jedenfalls für die bisherige dritte Säule, die in den AEUV überführt wird, was insbesondere die grundsätzliche Anwendung des ordentlichen Gesetzgebungsverfahrens zur Folge hat. Damit wird für diesen Politikbereich die Notwendigkeit der Einstimmigkeit im Rat (Art. 34 Abs. 2 EUV-N) zugunsten der grundsätzlichen Abstimmung mit qualifizierter Mehrheit – und damit der Möglichkeit, überstimmt zu werden – aufgegeben. Folglich hat dieser Politikbereich im Vertrag von Lissabon einen höheren Integrationsgrad erreicht. Hinzu kommt, dass die Union als Rechtssubjekt Trägerin der entsprechenden Handlungen ist.

Fraglich ist, ob dies auch uneingeschränkt für die Außen-, Sicherheits- und Verteidigungspolitik gilt, die bisher der zweiten Säule zugeordnet war. Es stellt sich das Problem, dass der Vertrag von Lissabon in der Außen-, Sicherheits- und

---

[903] Vgl. oben A.VIII.3.

Verteidigungspolitik an dem grundsätzlichen Erfordernis der Einstimmigkeit unter den Mitgliedstaaten für Entscheidungen im Rat festhält. Dies hat zur Folge, dass nicht derjenige Integrationsgrad erreicht wird, der für die Politikbereiche des AEUV vorgesehen ist. Insofern erscheint es auf den ersten Blick vertretbar, daraus wie bisher die Möglichkeit herzuleiten, der Europäische Rat könne rechtlich verbindliche Entscheidungen im Bereich der Außen-, Sicherheits- und Verteidigungspolitik treffen.

Dem steht jedoch entgegen, dass gemäß der Nizzaer Rechtslage letztlich entscheidend ist, dass im Bereich der intergouvernementalen Säulen die Mitgliedstaaten Träger der Handlungen sind. Sie haben diese Politikbereiche im Vertrag von Nizza nicht der Union als Rechtssubjekt übertragen. Deshalb besteht hier ein struktureller Unterschied zu den supranationalen Politikbereichen.

Dieser Unterschied existiert im Vertrag von Lissabon nicht mehr. Trägerin der Handlungen in der Außen-, Sicherheits- und Verteidigungspolitik ist gemäß dem Vertrag von Lissabon die Union als Rechtssubjekt (Art. 47 EUV-L). Träger sind nicht die Mitgliedstaaten. Da eine einheitliche Union an die Stelle der bisherigen Gemeinschafts- und Unionsstruktur tritt und die Säulen somit aufgehoben werden, sind diese Politikbereiche nicht einer intergouvernementalen „Säule" zuzuordnen. Deshalb entfällt die Begründung des unterschiedlichen Integrationsgrades für die Rechtsverbindlichkeit der Handlungen des Europäischen Rates: Die Mitgliedstaaten haben im Vertrag von Lissabon diese Politikbereiche der Union als Rechtssubjekt überantwortet. Dass in diesem Bereich grundsätzlich einstimmig entschieden wird und insofern ein intergouvernementaler Charakter bestehen bleibt, reicht als Begründung für die Befugnis des Europäischen Rates, rechtsverbindlich zu handeln, allein nicht aus.

b) Konsequenzen der ausdrücklichen Festlegung der Rechtswirkungen im Vertrag von Lissabon

Die Rechtsverbindlichkeit von Entscheidungen des Europäischen Rates, die durch die Einführung der Handlungsform des Beschlusses im Vertrag von Lissabon ausdrücklich festgelegt wird, ist ein entscheidender Unterschied zum Vertrag von Nizza, in dem eine solche Festlegung nicht enthalten ist. Aus dieser Festschreibung der Rechtsverbindlichkeit folgt zweierlei:

Zum einen ist darin eine *Stärkung* der Stellung des Europäischen Rates gegenüber den anderen Organen zu sehen. Nach der Nizzaer Vertragslage lässt sich eine Rechtsverbindlichkeit der Handlungen des Europäischen Rates nur gegenüber dem Rat begründen. Art. 288 Abs. 4 AEUV schränkt demgegenüber den Adressatenkreis der verbindlichen Beschlüsse nicht ein. Dadurch wird es dem Europäischen Rat ermöglicht, nicht nur gegenüber dem Rat, sondern auch gegenüber anderen Organen, gegenüber einzelnen Amtsträgern oder gegenüber den Mitgliedstaaten verbindliche Beschlüsse zu erlassen. Auch die Politikbereiche, in denen der Europäische Rat mit Rechtswirkung handeln kann, werden durch die ausdrückliche primärrechtliche Festlegung der Rechtswirkungen nicht eingeschränkt, im Gegenteil: Der Beschluss als Rechtsakt ist sowohl in den Bereichen des AEUV – das heißt für die bisherigen Gemeinschaftspolitiken und den Bereich der bisherigen dritten Säule – als auch in der Außen-, Sicherheits- und Verteidigungspolitik des EUV-L vorgesehen. Folglich kann der Europäische Rat in den Politikbereichen beider Verträge rechtsverbindlich handeln.

Zum anderen bewirkt die Einführung des Rechtsaktes und die Normierung der Wirkungen in Art. 288 Abs. 4 AEUV eine *Beschränkung* der Befugnisse des Europäischen Rates. Dies ergibt sich daraus, dass der Beschluss als Rechtsakt im Vertrag von Lissabon in bestimmten besonderen Rechtsgrundlagen ausdrücklich genannt wird. Deshalb hat der Europäische Rat nicht nur die Befugnis, sondern auch die Pflicht, sich genau dieses Handlungsinstruments in genau denjenigen Fällen zu bedienen, in denen besondere Rechtsgrundlagen einen Beschluss verlangen. Der EUV-L und der AEUV legen somit genau fest, in welchen Fällen eine Entscheidung des Europäischen Rates Rechtswirkungen entfalten soll. In anderen Fällen, insbesondere aufgrund der allgemeinen Rechtsgrundlage, kann der Europäische Rat keinen Beschluss im Sinne des Art. 288 Abs. 4 AEUV fassen. Dort kann er somit durch seine Entscheidung keine Rechtswirkungen erzeugen. Andernfalls würde die in besonderen Rechtsgrundlagen erfolgte Normierung des Beschlusses als einzigem rechtsverbindlichem Handlungsinstrument des Europäischen Rates umgangen. Dies ist ein entscheidender Unterschied zum Vertrag von Nizza. Dort kann der Europäische Rat im intergouvernementalen Bereich verbindliche Beschlüsse sowohl aufgrund der besonderen Rechtsgrundlagen als auch aufgrund der allgemeinen Rechtsgrundlage erlassen.

VIII. Legitimation und Kontrolle

1. Vertrag von Lissabon

a) Demokratische Legitimation und Kontrolle

(1) Europäisches Parlament

Ähnlich wie der Vertrag von Nizza (Art. 4 Abs. 3 EUV-N) sieht Art. 15 Abs. 6 lit. d EUV-L einen Anspruch des Europäischen Parlaments vor, nach den Tagungen des Europäischen Rates durch einen Bericht *informiert* zu werden. Neu ist allerdings, dass diese Berichtspflicht den Präsidenten des Europäischen Rates betrifft und dass der alljährliche schriftliche Bericht über die Fortschritte der Union entfällt. Der Präsident des Europäischen Parlaments kann gemäß Art. 235 Abs. 2 AEUV vom Europäischen Rat gehört werden, was der langjährigen Rechtspraxis entspricht, bisher aber nicht normiert war.

Vereinzelt finden sich *Beteiligungsrechte* des Europäischen Parlaments an Entscheidungen des Europäischen Rates. Dies gilt zunächst für die Wahl des Präsidenten der Kommission, die – nach Vorschlag des Europäischen Rates – durch das Europäische Parlament erfolgt (Art. 15 Abs. 7 UAbs. 1 EUV-L). Auch die Ernennung der gesamten Kommission durch den Europäischen Rat erfolgt nach dem Zustimmungsvotum des Parlaments (Art. 15 Abs. 7 UAbs. 3 EUV-L). Im ordentlichen und im vereinfachten Änderungsverfahren gemäß Art. 48 EUV-L trifft der Europäische Rat Beschlüsse nach Anhörung (Art. 48 Abs. 3 UAbs. 1 S. 1 und Abs. 6 UAbs. 2 S. 2 EUV-L) bzw. teilweise nach Zustimmung (Art. 48 Abs. 3 UAbs. 2 S. 1 und Abs. 7 UAbs. 4 EUV-L) des Europäischen Parlaments.

(2) Einzelstaatliche Parlamente

Der Vertrag von Lissabon führt die oben[904] in den Vorschlägen aufgeführten Bestimmungen über die repräsentative Demokratie und über die Verantwortlichkeit der nationalen Mitglieder des Europäischen Rates gegenüber den einzelstaatlichen Parlamenten und den Bürgern ein (Art. 10 Abs. 1 u. Abs. 2 UAbs. 2 EUV-L).

Konkrete Beteiligungsrechte der einzelstaatlichen Parlamente bei Entscheidungen des Europäischen Rates werden lediglich bei den Vorschriften zur Änderung der Verträge erwähnt. So müssen im Rahmen des ordentlichen Änderungsverfahrens die

---

[904] Vgl. oben B.II.7.a)(2).

Entwürfe zur Vertragsänderung, die vom Rat dem Europäischen Rat übermittelt werden, den nationalen Parlamenten zur Kenntnis gebracht werden (Art. 48 Abs. 2 S. 3 EUV-L). Wenn der Europäische Rat entscheidet, einen Konvent einzuberufen, dann entsenden die Parlamente Vertreter in den Konvent. Initiativen des Europäischen Rates auf der Grundlage der Passerelleklausel des Art. 48 Abs. 7 EUV-L müssen den nationalen Parlamenten übermittelt werden, denen dabei jeweils ein Vetorecht zusteht (Abs. 7 UAbs. 3).

b) Gerichtliche Kontrolle

Der Vertrag von Lissabon unterstellt den Europäischen Rat erstmals einer gerichtlichen Kontrolle. Zu diesem Zweck ergänzt er die Vorschriften über die Zuständigkeiten des EuGH für die Nichtigkeitsklage und die Untätigkeitsklage um die passive Klagebefugnis des Europäischen Rates. Gemäß Art. 263 Abs. 1 letzter HS AEUV überwacht der EuGH die Rechtmäßigkeit der Handlungen des Europäischen Rates mit Rechtswirkungen gegenüber Dritten. Art. 265 Abs. 1 AEUV betrifft das Unterlassen einer vertraglich vorgesehenen Beschlussfassung durch den Europäischen Rat.

Schließlich besteht die Möglichkeit, einen Rechtsakt, den der Europäische Rat im Rahmen des Verfahrens nach Art. 7 EUV-L (Verletzung von Werten der EU durch einen Mitgliedstaat) erlassen hat, durch den EuGH überprüfen zu lassen. Gemäß Art. 269 AEUV ist die Klage allerdings beschränkt auf die Frage der Einhaltung der in Art. 7 EUV-L vorgesehenen Verfahrensbestimmungen.

2. Unterschiede zur Rechtslage von Nizza

a) Demokratische Legitimation und Kontrolle

Ein wichtiger Unterschied zur Rechtslage von Nizza besteht darin, dass der Vertrag von Lissabon Informations- und Beteiligungsrechte des Europäischen Parlaments und der nationalen Parlamente einführt.

Das Europäische Parlament, das bisher lediglich politisch wirksam die Rolle des europäischen Gegenspielers zum Europäischen Rat eingenommen hat[905], wird durch den Vertrag von Lissabon primärrechtlich als Legitimations- und Kontrollorgan gegenüber dem Europäischen Rat eingesetzt. Dies ergibt sich insbesondere aus der

---

905 Vgl. oben A.IX.1.c).

Normierung von Beteiligungsrechten des Europäischen Parlaments, selbst wenn diese nicht generell für alle Entscheidungen, sondern lediglich für bestimmte Beschlüsse des Europäischen Rates rechtlich vorgesehen sind. Aber auch die Anhörungs- und Informationsrechte führen dazu, dass die Beziehungen zwischen Europäischem Rat und Europäischem Parlament verrechtlicht werden. Dies stellt nicht lediglich eine Normierung der Rechtspraxis, sondern eine wirksame Stärkung der Stellung des Europäischen Parlaments dar. Dadurch wird im Hinblick auf die Anforderungen an die demokratische Legitimation der Union ein Ausgleich dafür geschaffen, dass der Europäische Rat in das Organgefüge eingegliedert und somit zum vierten Hauptorgan der Rechtsetzung und Exekutive der Union wird.

Die Informations- und Beteiligungsrechte der einzelstaatlichen Parlamente in Bezug auf den Europäischen Rat, die durch den Vertrag von Lissabon eingeführt werden, betreffen durchweg die Vertragsänderungen. Eine Beteiligung der nationalen Parlamente in diesem Bereich ist auf den ersten Blick keine Neuerung, weil der EUV-N und der EGV als völkerrechtliche Verträge nur geändert werden können, wenn die Mitgliedstaaten zustimmen. Für diese Zustimmung ist nach den meisten nationalen Verfassungsordnungen ein Ratifikationsgesetz erforderlich, das die einzelstaatlichen Parlamente verabschieden. Allerdings werden die einzelstaatlichen Parlamente durch die Aufnahme in den Vertrag von Lissabon dennoch gestärkt, weil sie einen primärrechtlichen Anspruch haben, schon zu Beginn des gesamten Änderungsverfahrens informiert zu werden und bei Einsetzung eines Konvents durch die Entsendung von Vertretern eigene Vorstellungen über die Änderungen einzubringen.

Ein Vetorecht steht den einzelstaatlichen Parlamenten zu, wenn der Europäische Rat aufgrund einer Passerelleklausel eine Änderung des Gesetzgebungsverfahrens oder der Mehrheitserfordernisse des Rates beschließt. Diese verfahrensrechtliche Einbindung stellt einen Ausgleich dafür dar, dass die Passerelleklausel es ermöglicht, eine Vertragsänderung ohne nationale Ratifikationsverfahren, das heißt ohne Beteiligung der Parlamente durchzuführen.

Durch den Vertrag von Lissabon wird die demokratische Legitimation und Kontrolle des Europäischen Rates verbessert. Dies geschieht durch die Stärkung sowohl der europäischen Legitimationskette als auch der nationalen Legitimationsketten – und somit in konsequenter Anwendung des unionsspezifischen Demokratiekonzeptes auf den Europäischen Rat.

b) Gerichtliche Kontrolle

Die gerichtliche Kontrolle, die der EuGH gegenüber dem Europäischen Rat gemäß dem Vertrag von Lissabon ausübt, ist – zumindest formell – eine weitreichende Neuregelung, weil nach Nizzaer Recht Handlungen des Europäischen Rates nicht gerichtlich überprüft werden können. Diese Neuregelung ist notwendig, weil der Europäische Rat in das Organgefüge eingegliedert wird. Auf diese Weise wird auch die oben[906] angesprochene Rechtsschutzlücke geschlossen. Die Gerichtspraxis wird zeigen, inwiefern diese Kontrollmöglichkeit genutzt wird. Denkbar ist etwa, dass das Europäische Parlament eigene Beteiligungsrechte, die ihm nach dem Vertrag von Lissabon bei bestimmten Beschlüssen des Europäischen Rates zustehen, gerichtlich geltend macht.

Letztlich bedeutet insbesondere die Möglichkeit einer gerichtlichen Kontrolle, dass der Europäische Rat – obwohl Leitorgan – den anderen Organen nicht übergeordnet ist. Er fügt sich auf „Augenhöhe" der anderen Organe in das Organgefüge ein. Weisungsbefugnisse und Beteiligungsrechte ergeben sich nicht aus einer hervorgehobenen Stellung, sondern aus den jeweils anzuwendenden Verfahrensnormen.

3. Unterschiede zu den Vorschlägen dieser Arbeit

Hinsichtlich der Legitimation und der Kontrolle des Europäischen Rates bestehen Unterschiede vor allem bei der Frage, welche Stellung dem Europäischen Parlament und den einzelstaatlichen Parlamenten gegenüber dem Europäischen Rat zukommt.

Dies betrifft erstens die Berichtspflicht des Präsidenten des Europäischen Rates, die gemäß dem Vertrag von Lissabon lediglich gegenüber dem Europäischen Parlament, nach den hier vorgeschlagenen Neuregelungen jedoch auch gegenüber den einzelstaatlichen Parlamenten besteht. Zweitens enthält der Vertrag von Lissabon bei der Wahl des Präsidenten des Europäischen Rates keine Zustimmungspflicht des Europäischen Parlaments. Drittens wird dem Europäischen Parlament für die Wahl des Kommissionspräsidenten vom Europäischen Rat lediglich ein Kandidat – und nicht eine Liste mit mehreren Kandidaten[907] – vorgeschlagen. Viertens genügt für

---

[906] Vgl. oben A.IX.2.a)(3)(c).

[907] Vgl. oben C.VII.

Vertragsänderungen teilweise eine Anhörung des Europäischen Parlaments, während nach der hier vorgeschlagenen Regelung dessen Zustimmung erforderlich ist[908].

Diese vier Abweichungen haben zur Folge, dass das demokratische Element im Vertrag von Lissabon nicht in dem Maße verwirklicht wird, wie das in der hier vorgeschlagenen Lösung der Fall ist.

---

[908] Vgl. oben C.VII.

E. Vorschläge für den Fall einer Neufassung des Vertrags von Lissabon

Die Neuregelung des Europäischen Rates im Vertrag von Lissabon weist zahlreiche Gemeinsamkeiten mit der in dieser Arbeit vorgeschlagenen Regelung auf. Dazu gehören insbesondere der Ausschluss der Minister, ein auf Zeit gewählter Präsident des Europäischen Rates, die Verleihung des Status eines Organs der Union sowie die (Verwaltungs-)Organisation des Europäischen Rates. Zudem können Beschlüsse des Europäischen Rates, die aufgrund entsprechender Kompetenzvorschriften erlassen werden, rechtsverbindlich sein. Schließlich unterliegt der Europäische Rat sowohl nach der Lissabonner Neuregelung als auch nach der hier vorgeschlagenen Lösung der Rechtskontrolle des EuGH. Diese Regelungen sollten auch im Falle einer Revision des Vertrags von Lissabon beibehalten werden.

Die Lissabonner Regelung unterscheidet sich allerdings teilweise von dem in dieser Arbeit vorgeschlagenen Konzept. Folgende Teile der oben unter C. aufgeführten Regelung werden deshalb für den Fall einer Revision des Vertrags von Lissabon *für eine Aufnahme in das Vertragswerk vorgeschlagen*:

1. Der Präsident des Europäischen Parlaments wird als zusätzliches Mitglied in den Europäischen Rat aufgenommen.
2. An der Wahl des Präsidenten des Europäischen Rates wird das Europäische Parlament durch ein Zustimmungserfordernis beteiligt.
3. Die Inkompatibilitätsregelung des Amtes des Präsidenten des Europäischen Rates umfasst sowohl sonstige europäische Ämter als auch einzelstaatliche Ämter.
4. Der Europäische Rat erhält einen eigenen Verwaltungsunterbau, anstatt dass er vom Generalsekretariat des Rates unterstützt wird.
5. Für den Europäischen Rat wird nicht die Rolle einer politischen Berufungsinstanz vorgesehen.
6. Das Konsensverfahren wird zugunsten einer grundsätzlichen Abstimmung mit qualifizierter Mehrheit abgeschafft. Es wird zudem ausdrücklich klargestellt, dass die „europäischen" Mitglieder des Europäischen Rates in keinem Fall ein Stimmrecht erhalten.

7. Die Stellung des Europäischen Parlaments gegenüber dem Europäischen Rat wird gestärkt. Insbesondere bedürfen Personalentscheidungen und verfassungsändernde Entscheidungen des Europäischen Rates der Zustimmung des Europäischen Parlaments.

Literaturverzeichnis

Arndt, Hans-Wolfgang, Europarecht, 7. Aufl., Heidelberg, 2006.

Bacia, Horst, Besseres zu tun. Ein schlecht besuchter Gipfel zur Feier des Barcelona-Prozesses, in: F.A.Z., v. 28.11.2005, S. 6.

Bert, Thierry, Le Conseil européen et le rôle du Président de la République, in: ENA mensuel, Nr. 282, Mai 1998, S. 13-15.

Bieber Roland, Kompetenzen und Institutionen im Rahmen einer EU-Verfassung, in: Häberle, Peter/Morlok, Martin/Skouris, Vassilios (Hrsg.), Festschrift für Dimitris Th. Tsatsos, Baden-Baden, 2003, S. 30-54.

Ders./Epiney, Astrid/Haag, Marcel, Die Europäische Union. Europarecht und Politik, 6. Aufl., Baden-Baden, 2005.

Dies., Die Europäische Union. Europarecht und Politik, 7. Aufl., Baden-Baden, 2006.

Bleckmann, Albert, Vertrag über die Europäische Union, in: DVBl. 1992, S. 335-343.

Ders., Europarecht. Das Recht der Europäischen Union und der Europäischen Gemeinschaften, 6. Aufl., Köln/Berlin/Bonn/München, 1997.

Ders., Das europäische Demokratieprinzip, in: JZ 2001, S. 53-58.

Böckenförde, Ernst-Wolfgang, Demokratie als Verfassungsprinzip, in: Isensee, Josef/Kirchhof, Paul, Handbuch des Staatsrechts der Bundesrepublik Deutschland, Band III, Demokratie – Bundesorgane, 3. Aufl., Heidelberg, 2005, S. 429-496.

Bogdandy, Armin von/Nettesheim, Martin, Die Verschmelzung der Europäischen Gemeinschaften in der Europäischen Union, in: NJW 1995, S. 2324-2328.

Dies., Die Europäische Union: Ein einheitlicher Verband mit eigener Rechtsordnung, in: EuR 1996, S. 3-26.

Borchardt, Klaus-Dieter, Die rechtlichen Grundlagen der Europäischen Union, 3. Aufl., Heidelberg, 2006.

Bramsen, Christopher Bo, Le Conseil Européen: son fonctionnement et ses résultats de 1975 à 1981, in: RMC 1982, S. 624-642.

Breitenmoser, Stephan/Husheer, André, Europarecht, Band I, Institutionelle Grundlagen von EU und EG, 2. Aufl., Zürich/Basel/Genf, 2002.

Bröhmer, Jürgen, Transparenz als Verfassungsprinzip. Grundgesetz und Europäische Union, Tübingen, 2004.

Busse, Christian, Die völkerrechtliche Einordnung der Europäischen Union, Köln/ Berlin/Bonn/München, 1999.

Buttlar, Christian von, Das Initiativrecht der Kommission, Berlin, 2003.

Calliess, Christian/Ruffert, Matthias (Hrsg.), Kommentar zu EU-Vertrag und EG-Vertrag, 2. Aufl., Neuwied/Kriftel, 2002.

Dies., Vom Vertrag zur EU-Verfassung? Eine perspektivische Einführung in das Thema der Tagung, in: EuGRZ 2004, S. 542-550.

Dies. (Hrsg.), Verfassung der Europäischen Union. Kommentar der Grundlagenbestimmungen (Teil I), München/Wien, 2006.

Dies. (Hrsg.), EUV/EGV. Das Verfassungsrecht der Europäischen Union mit Europäischer Grundrechtecharta. Kommentar, 3. Aufl., Neuwied/Kriftel, 2007.

Capotorti, Francesco, Le statut juridique du Conseil européen à la lumière de l'Acte unique, in: Capotorti, Francesco/Ehlermann, Claus-Dieter/Frowein, Jochen Abr./ Jacobs, Francis/Joliet, René/Koopmans, Thijmen/Kovar, Robert (Hrsg.), Du droit international au droit de l'intégration, Liber Amicorum Pierre Pescatore, Baden-Baden, 1987, S. 79-96.

Classen, Claus Dieter, Europäische Integration und demokratische Legitimation, in: AöR 1994, S. 238-260.

Curtin, Deirdre, The constitutional structure of the Union: a Europe of bits and pieces, in: CMLR 1993, S. 17-69.

Dehousse, Renaud, Rediscovering Functionalism, Harvard Jean Monnet Working Paper, Nr. 7/00, 2000.

Ders./Maurer, Andreas/Nestor, Jean/Quermonne, Jean-Louis/Schild, Joachim, The institutional architecture of the European Union: a third franco-german way?, in: Research and European Issues, Nr. 23, April 2003.

Des Nerviens, Pierre, Les relations extérieures, in: Revue trimestrielle de droit européen 1997, S. 801-812.

Dörr, Oliver, Zur Rechtsnatur der Europäischen Union, in: EuR 1995, S. 334-348.

Einem, Caspar, Eine Verfassung für Europa, Anmerkungen zu ausgewählten Aspekten des Verfassungsentwurfs, in: EuR 2004, S. 202-215.

Emmanouilidis, Janis A., Die institutionellen Reformen in der Verfassung – die neue Machtarchitektur der Europäischen Union, in: Weidenfeld, Werner (Hrsg.), Die Europäische Verfassung in der Analyse, 2. Aufl., Gütersloh, 2005, S. 70-104.

Epiney, Astrid/Rieder, Andreas/Danckelmann, Ira von, Europarecht I. Das institutionelle Recht der Europäischen Union, Bern, 2004.

Everling, Ulrich, Europäische Gemeinschaften, in: Herzog, Roman/Kunst, Hermann/Schlaich, Klaus/Schneemelcher, Wilhelm, Evangelisches Staatslexikon, Bd. I, 3. Aufl., Stuttgart, 1987, S. 763-803.

Ders., Überlegungen zur Struktur der Europäischen Union und zum neuen Europa-Artikel des Grundgesetzes, in: DVBl. 1993, S. 936-947.

Ders., Die Rolle des Europäischen Rates gegenüber den Gemeinschaften, in: EuR 1995, Beiheft 2, S. 41-48.

Ders., Zur Mehrheit und Einstimmigkeit in der verfaßten Europäischen Union, in: Hendler, Reinhard/Ibler, Martin/Martínez Soria, José (Hrsg.), „Für Sicherheit, für Europa", Festschrift für Volkmar Götz zum 70. Geburtstag, Göttingen, 2005, S. 125-142.

Fastenrath, Ulrich/Müller-Gerbes, Maike, Europarecht, 2. Aufl., Stuttgart/München/Hannover/Berlin/Weimar/Dresden, 2004.

Fischer, Hans Georg, Europarecht, München, 2005.

Fischer, Klemens, Konvent zur Zukunft Europas. Texte und Kommentar, Baden-Baden/Wien/Graz/Zürich, 2003.

Ders., Der Europäische Verfassungsvertrag. Texte und Kommentar, Baden-Baden/Wien/Bern, 2005.

Frankfurter Allgemeine Zeitung, EU-Beitrittsverhandlungen. Streit in der Regierung über Türkei-Politik, in: F.A.Z., v. 11.12.2006, S. 1.

Friedrichs, Jörg, Die Frage der Völkerrechtssubjektivität der Europäischen Union, Diss. Trier, 1998.

Gawrich, Andrea, Finnland – Musterknabe in der EU?, in: Aus Politik und Zeitgeschichte, B 47/2004, S. 16-21.

Geiger, Rudolf, EUV/EGV. Vertrag über die Europäische Union und Vertrag zur Gründung der Europäischen Gemeinschaft, 4. Aufl., 2004.

Glaesner, Hans-Joachim, Der Europäische Rat, in: EuR 1994, S. 22-34.

Ders., Willensbildung und Beschlußfassung in der Europäischen Union, in: EuR, 1994, Beiheft 1, S. 25-40.

Grabitz, Eberhard/Hilf, Meinhard (Hrsg.), Das Recht der Europäischen Union, München

- Band I, Stand: 31. Ergänzungslieferung, Oktober 2006.
- Band III, Stand: 31. Ergänzungslieferung, Oktober 2006.

Grinsven, Peter van, The European Council under Construction. EU top level decision making at the beginning of a new century, Discussion Papers in Diplomacy, Nr. 88, September 2003, Netherlands Institute of International Relations 'Clingendael'.

Groeben, Hans von der/Thiesing, Jochen/Ehlermann, Claus-Dieter (Hrsg.), Kommentar zum EWG-Vertrag, Band 4, Art. 189-248 EWGV, 4. Aufl., Baden-Baden, 1991.

Groeben, Hans von der/Schwarze, Jürgen (Hrsg.), Kommentar zum Vertrag über die Europäische Union und zur Gründung der Europäischen Gemeinschaft, Baden-Baden

- Band 1, Art. 1-53 EUV, Art. 1-80 EGV, 6. Aufl., 2003.
- Band 4, Art. 189-314 EGV, 6. Aufl., 2004.

Haag, Tobias, Europarecht. Die europäischen Institutionen aus schweizerischer Sicht, Zürich/Basel/Genf, 2003.

Hailbronner, Kay/Klein, Eckart/Magiera, Siegfried/Müller-Graff, Peter-Christian, Handkommentar zum Vertrag über die Europäische Union (EUV/EGV), Ordn. 2, Köln/Berlin/Bonn/München, Stand: 7. Ergänzungslieferung, November 1998.

Hailbronner, Kay/Wilms, Heinrich (Hrsg.), Recht der Europäischen Union. Kommentar, Band 1, Stuttgart, Stand: 12. Ergänzungslieferung, August 2006.

Haratsch, Andreas/Koenig, Christian/Pechstein, Matthias, Europarecht, 5. Aufl., Tübingen, 2006.

Härtel, Ines, Handbuch Europäische Rechtsetzung, Berlin/Heidelberg, 2006.

Hartley, Trevor C., The Foundations of European Community Law, 5. Aufl., Oxford, 2003.

Hatje, Armin, Die institutionelle Reform der Europäischen Union - der Vertrag von Nizza auf dem Prüfstand -, in: EuR 2001, S. 143-184.

Herdegen, Matthias, Völkerrecht, 3. Aufl., München, 2004.

Ders., Europarecht, 8. Aufl., München, 2006.

Hilf, Meinhard, Die Europäische Union und die Eigenstaatlichkeit ihrer Mitgliedstaaten, in: Hommelhoff, Peter/Kirchhof, Paul (Hrsg.), Der Staatenverbund der Europäischen Union. Beiträge und Diskussionen des Symposiums am 21./22. Januar 1994 in Heidelberg, Heidelberg, 1994, S. 75-85.

Ders., Amsterdam – Ein Vertrag für die Bürger?, in: EuR 1997, S. 347-361.

Ders./Pache, Eckhard, Der Vertrag von Amsterdam, in: NJW 1998, S. 705-713.

Hobe, Stephan, Europarecht, 2. Aufl., Köln/Berlin/München, 2004.

Huber, Peter M., Europäisches und nationales Verfassungsrecht, in: Veröffentlichungen der Vereinigung der Deutschen Staatsrechtslehrer, Heft 60 (2001), S. 194-245.

Hummer, Waldemar, Die Weiterentwicklung der Europäischen Union im Rahmen der Regierungskonferenz '96, in: ders. (Hrsg.), Die Europäische Union nach dem Vertrag von Amsterdam, Wien 1998, S. 3-43.

Ipsen, Knut, Völkerrecht, 5. Aufl., München, 2004.

Johnston, Mary Troy, The European Council. Gatekeeper of the European Community, Boulder/San Francisco/Oxford, 1994.

Kimmel, Adolf/Kimmel, Christiane, Verfassungen der EU-Mitgliedstaaten, 6. Aufl., München, 2005.

Kleger, Heinz (Hrsg.), Der Konvent als Labor. Texte und Dokumente zum europäischen Verfassungsprozess, Münster, 2004.

Krajewski, Markus, (Original-)Referendarexamensklausur – Völkerrecht: Die EU-Polizeimission in Sahelia, in: JuS 2007, S. 464-469.

Kyaw, Dietrich von, The EU after the Agreement on a Constitutional Treaty, in: European Foreign Affairs Review 2004, S. 455-458.

Lang, Joachim/Bergfeld, Katarina, Zur „offenen Methode der Koordinierung“ als Mittel der Politikgestaltung in der Europäischen Union, in: EuR 2005, S. 381-396.

Léger, Philippe (Hrsg.), Commentaire article par article des traités UE et CE, Basel/Genf/München/Paris/Brüssel, 2000.

Lenaerts, Koen/Nuffel, Piet Van/Bray, Robert (Hrsg.), Constitutional law of the European Union, 2. Aufl., London, 2005.

Lenz, Carl Otto/Borchardt, Klaus-Dieter (Hrsg.), EU- und EG-Vertrag. Kommentar, 4. Aufl., Köln/Basel/Genf/München/Wien, 2006.

Lequesne, Christian, Institutions et jeux institutionnels, in: Dubois, Louis (Hrsg.), Les Notices. L'Union européenne, Paris, 2004, S. 15-30.

Lerch, Wolfgang Günter, Diametrale Auffassungen. Berlin und die Türkei, in: F.A.Z., v. 26.11.2007, S. 7.

Ludlow, Peter, Die Führung der Europäischen Union durch den Europäischen Rat: Übergang oder Krise?, in: integration, 2005, S. 3-15.

Magiera, Siegfried, Die Grundgesetzänderung von 1992 und die Europäische Union, in: Jura 1994, S. 1-11.

Mangoldt, Hermann von/Klein, Friedrich/Starck, Christian (Hrsg.), Kommentar zum Grundgesetz, 5. Aufl., München, 2005, Band 2, Art. 20 bis 82.

Martenczuk, Bernd, Der Europäische Rat und die Wirtschafts- und Währungsunion, in: EuR 1998, S. 151-177.

Mathijsen, Petrus Servatius Renoldus Franciscus, A Guide to European Union Law, 9. Aufl., London, 2007.

Maunz, Theodor/Dürig, Günter/Herzog, Roman/Herdegen, Matthias/Scholz, Rupert/Klein, Hans H. (Hrsg.), Grundgesetz. Kommentar, Band III, Art. 17-27, München, Stand: 50. Ergänzungslieferung, Juni 2007.

Maurer, Andreas, Auf dem Weg zur Staatenkammer. Die Reform des Ministerrats der EU, in: SWP-Studie, Berlin, 2003.

Ders., Schließt sich der Kreis? Der Konvent, nationale Interessen und die Regierungskonferenz, in: Busek, Erhard/Hummer, Waldemar (Hrsg.), Der Europäische Konvent und sein Ergebnis. Eine Europäische Verfassung. Ausgewählte Rechtsfragen samt Dokumentation, Wien/Köln/Weimar, 2004, S. 147-197.

Mayer, Franz C., Nationale Regierungsstrukturen und europäische Integration. Verfassungsrechtliche Vorgaben für den institutionellen Rahmen der Europapolitik auf nationaler und europäischer Ebene, in: EuGRZ 2002, S. 111-124.

Ders., Macht und Gegenmacht in der Europäischen Verfassung. Zur Arbeit des europäischen Verfassungskonventes, in: ZaöRV 2003, S. 59-75.

Ders., Wer soll Hüter der europäischen Verfassung sein?, in: AöR 2004, S. 411-435.

Müller-Graff, Peter-Christian, Strukturmerkmale des neuen Verfassungsvertrages für Europa im Entwicklungsgang des Primärrechts, in: integration 2004, S. 186-201.

Nettesheim, Martin, Demokratisierung der Europäischen Union und Europäisierung der Demokratietheorie – Wechselwirkungen bei der Herausbildung eines europäischen Demokratieprinzips, in: Bauer, Hartmut/Huber, Peter M./Sommermann, Karl-Peter, Demokratie in Europa, Tübingen, 2005, S. 143-189.

Nicolaysen, Gert, Europarecht I. Die Europäische Integrationsverfassung, 2. Aufl., Baden-Baden, 2002.

Noël, Emile, Conseil – Commission. Intervention de M. Emile Noël, Secrétaire général de la Commission des Communautés européennes, in: Droit et Economie 1985 (Nr. 35), C 37 - C 40.

Oppermann, Thomas, Europäischer Rat und Europäische Politische Zusammenarbeit nach der Einheitlichen Europäischen Akte, in: Capotorti, Francesco/Ehlermann, Claus-Dieter/Frowein, Jochen Abr./Jacobs, Francis/Joliet, René/Koopmans, Thijmen/Kovar, Robert (Hrsg.), Du droit international au droit de l'intégration, Liber Amicorum Pierre Pescatore, Baden-Baden, 1987, S. 537-544.

Ders., Zur Eigenart der Europäischen Union, in: Hommelhoff, Peter/Kirchhof, Paul (Hrsg.), Der Staatenverbund der Europäischen Union. Beiträge und Diskussionen des Symposiums am 21./22. Januar 1994 in Heidelberg, Heidelberg, 1994, S. 87-98.

Ders., Europarecht, 3. Aufl., München, 2005.

Papier, Hans-Jürgen, Die Neuordnung der Europäischen Union. Zum Vertrag über eine Verfassung für Europa, in: EuGRZ 2004, S. 753-758.

Partsch, Christoph J., Die neue Transparenzverordnung (EG) Nr. 1049/2001, in: NJW 2001, S. 3154-3158.

Pechstein, Matthias, Das Kohärenzgebot als entscheidende Integrationsdimension der Europäischen Union, in: EuR 1995, S. 247-258.

Ders., Rechtssubjektivität für die Europäische Union?, in: EuR 1996, S. 137-144.

Ders./Koenig, Christian, Rechtspersönlichkeit für die Europäische Union?, in: EuZW 1997, S. 225.

Dies., Die Europäische Union, 3. Aufl., Tübingen, 2000.

Pernice, Ingolf, Democratic Leadership in Europe: The European Council and the President of the Union, in: Beneyto Pérez, José María/Pernice, Ingolf (Hrsg.), The Government of Europe: Which Institutional Design for the European Union?, Baden-Baden, 2004, S. 31-54.

Ponzano, Paolo, La réforme des Institutions de l'Union européenne dans le cadre de la Constitution, in: RDUE 2004, S. 25-38.

Ress, Georg, Die Europäische Union und die neue juristische Qualität der Beziehungen zu den Europäischen Gemeinschaften, in: JuS 1992, S. 985-991.

Ders., Ist die Europäische Union eine juristische Person?, in: EuR 1995, Beiheft 2, S. 27-40.

Ruffert, Matthias, Schlüsselfragen der Europäischen Verfassung der Zukunft. Grundrechte - Institutionen - Kompetenzen - Ratifizierung, in: EuR 2004, S. 165-201.

Rupp, Hans Heinrich, Maastricht - eine neue Verfassung?, in: ZRP 1993, S. 211-213.

Sachs, Michael, Grundgesetz, 3. Aufl., München, 2003.

Scheffler, Jan, One man - one vote - one value? Der schwierige Weg zu einem einheitlichen Wahlrecht für das Europäische Parlament, Osnabrück, 2005.

Schieder, Siegfried, In guter Verfasstheit? Nutzen und Nachteil eines europäischen Verfassungsvertrages, in: Aus Politik und Zeitgeschichte, B 17/2004, S. 13-20.

de Schoutheete, Philippe/Wallace, Helen, The European Council, Research and European Issues, Nr. 19, September 2002

www.notre-europe.eu/uploads/tx_publication/Etud19-en.pdf (zuletzt besucht am 17.6.2008).

de Schoutheete, Philippe, Die Debatte des Konvents über den Europäischen Rat, in: integration 2003, S. 468-482.

Ders., The European Council, in: Peterson, John/Shackleton, Michael (Hrsg.), The Institutions of the European Union, 2. Aufl., Oxford/New York, 2006, S. 37-59.

Schroeder, Werner, Verfassungsrechtliche Beziehungen zwischen Europäischer Union und Europäischen Gemeinschaften, in: Bogdandy, Armin von (Hrsg.), Europäisches Verfassungsrecht. Theoretische und dogmatische Grundzüge, Berlin/Heidelberg, 2003, S. 373-414.

Schwarze, Jürgen (Hrsg.), EU-Kommentar, Baden-Baden, 2000.

Schweitzer, Michael/Hummer, Waldemar, Europarecht. Das Recht der Europäischen Union – Das Recht der Europäischen Gemeinschaften (EGKS, EG, EAG) – mit Schwerpunkt EG, 5. Aufl., Neuwied/Kriftel/Berlin, 1996.

Schweitzer, Michael, Staatsrecht III. Staatsrecht, Völkerrecht, Europarecht, 8. Aufl., Heidelberg, 2004.

Seidel, Martin, Die Einstimmigkeit im EU-Rat – eine leidige, aber nicht dispensable Regel, in: EuZW 2000, S. 65.

Seidl-Hohenveldern, Ignaz/Loibl, Gerhard, Das Recht der Internationalen Organisationen einschließlich der Supranationalen Gemeinschaften, 7. Aufl., Köln/Berlin/Bonn/München, 2000.

Sieberson, Stephen C., The Proposed European Union Constitution – Will it Eliminate the EU's Democratic Deficit?, in: The Columbia Journal of European Law 2004, 173-264.

Soldatos, Panayotis, Le système institutionnel et politique des Communautés européennes dans un monde en mutation. Théorie et pratique, Brüssel, 1989.

Streinz, Rudolf, Die Europäische Union nach dem Vertrag von Maastricht, ZfRV 1995, S. 1-13.

Ders., Der Vertrag von Amsterdam. Einführung in die Reform des Unionsvertrages von Maastricht und erste Bewertung der Ergebnisse, in: EuZW 1998, S. 137-147.

Ders. (Hrsg.), EUV/EGV. Vertrag über die Europäische Union und Vertrag zur Gründung der Europäischen Gemeinschaft, München, 2003.

Ders., Europarecht, 7. Aufl., Heidelberg, 2005.

Ders./Ohler, Christoph/Herrmann, Christoph, Die neue Verfassung für Europa. Einführung mit Synopse, München, 2005.

Taulègne, Béatrice, Le Conseil européen, Paris, 1993.

Thun-Hohenstein, Christoph, Der Vertrag von Amsterdam. Die neue Verfassung der EU. Der neue EG-Vertrag. Der neue EU-Vertrag. Erläuterungen der neuen Bestimmungen, Wien/München/Bern, 1997.

Thym, Daniel, Die Begründung einer europäischen Verteidigungspolitik: Anforderungen des europäischen und des deutschen Verfassungsrecht, DVBl., 2000, S. 676-682.

Ders., Weiche Konstitutionalisierung – Optionen der Umsetzung einzelner Reformschritte des Verfassungsvertrags ohne Vertragsänderung, in: integration 2005, S. 307-315.

Ders., Die völkerrechtlichen Verträge der Europäischen Union, in: ZaöRV 66 (2006), S. 863-925.

Tiedtke, Andreas, Demokratie in der Europäischen Union. Eine Untersuchung der demokratischen Legitimation des europäischen Integrationsprozesses vom Vertrag von Amsterdam bis zum Entwurf einer Europäischen Verfassung, Berlin, 2005.

Vignes, Daniel, L'absence de personnalité juridique de l'Union Européenne: Amsterdam persiste et signe, in: Hafner, Gerhard/Loibl, Gerhard/Rest, Alfred/ Sucharipa-Behrmann, Lilly/Zemanek, Karl (Hrsg.), Liber Amicorum Professor Ignaz Seidl-Hohenveldern in honor of his 80th birthday, Den Haag/London/Boston, 1998.

Vitzthum, Wolfgang Graf (Hrsg.), Völkerrecht, 3. Aufl., Berlin, 2004.

Werts, Jan, The European Council, Amsterdam/London/New York/Tokyo, 1992.

Wessels, Wolfgang, Der Europäische Rat, Bonn, 1980.

Ders., Das politische System der EU, in: Weidenfeld, Werner (Hrsg.), Europa-Handbuch. Band I. Die Europäische Union – Politisches System und Politikbereiche, 3. Aufl., Gütersloh, 2004, S. 83-108.

Westlake, Martin/Galloway, David, The Council of the European Union, 3. Aufl., London, 2004.

Wichard, Johannes Christian, Wer ist Herr im europäischen Haus, in: EuR 1999, S. 170-184.

Zuleeg, Manfred, Die Organisationsstruktur der Europäischen Union – Eine Analyse der Klammerbestimmung des Vertrags von Amsterdam –, in: Bogdandy, Armin von/Ehlermann, Claus-Dieter, Konsolidierung und Kohärenz des Primärrechts nach Amsterdam, EuR, Beiheft 2/1998, Baden-Baden, S. 151-163.

Dokumentenverzeichnis

I. Dokumente des Europäischen Konvents

CONV 27/02
CONV 63/02
CONV 80/02
CONV 84/02
CONV 113/02
CONV 234/02
CONV 277/02
CONV 317/02
CONV 320/02
CONV 325/02
CONV 325/02, Rev 2
CONV 345/1/02, Rev 1
CONV 353/02
CONV 411/02
CONV 424/02
CONV 448/02
CONV 452/02
CONV 455/02
CONV 457/02
CONV 477/03
CONV 485/03
CONV 509/03
CONV 514/03
CONV 524/03
CONV 549/03
CONV 550/03
CONV 589/03
CONV 590/03
CONV 591/03
CONV 616/03
CONV 643/03
CONV 646/03
CONV 680/03
CONV 685/03
CONV 690/1/03, Rev 1
CONV 691/03
CONV 691/03, Cor 1
CONV 707/03
CONV 709/03
CONV 719/03
CONV 732/03
CONV 740/03

CONV 486/03

CONV 487/1/03, Rev 1

CONV 488/03

CONV 489/03

CONV 492/03

CONV 495/03

CONV 746/03

CONV 763/03

CONV 775/03

CONV 790/03

CONV 807/03

Vertrag über eine Verfassung für Europa. Entwurf. Vom Europäischen Konvent im Konsensverfahren angenommen am 13. Juni und 10. Juli 2003, dem Präsidenten des Europäischen Rates in Rom überreicht. 18. Juli 2003 (AblEU Nr. C 169/1, v. 18.7.2003).

II. Verträge und Protokolle

Protokoll über die Festlegung der Sitze der Organe und bestimmter Einrichtungen und Dienststellen der Europäischen Gemeinschaften sowie des Sitzes von Europol vom 2. Oktober 1997 (AblEG Nr. C 340/112, v. 10.11.1997).

Abkommen zur Gründung einer Assoziation zwischen der Europäischen Gemeinschaft und ihren Mitgliedstaaten einerseits und der Republik Chile andererseits - Schlussakte vom 18. November 2002 (AblEG Nr. L 352/3, v. 30.12.2002).

Vertrag über eine Verfassung für Europa vom 29. Oktober 2004 (AblEU Nr. C 310/1, v. 16.12.2004).

Protokoll (Nr. 1) über die Rolle der nationalen Parlamente in der Europäischen Union vom 29. Oktober 2004 (AblEU Nr. C 310/204, v. 16.12.2004).

Protokoll (Nr. 2) über die Anwendung der Grundsätze der Subsidiarität und der Verhältnismäßigkeit vom 29. Oktober 2004 (AblEU Nr. C 310/207, v. 16.12.2004).

Vertrag zwischen den Mitgliedstaaten der Europäischen Union und der Republik Bulgarien und Rumänien über den Beitritt der Republik Bulgarien und Rumäniens zur Europäischen Union vom 25. April 2005 (AblEU Nr. L 157/11, v. 21.6.2005).

Vertrag von Lissabon zur Änderung des Vertrags über die Europäische Union und des Vertrags zur Gründung der Europäischen Gemeinschaft, unterzeichnet in Lissabon am 13. Dezember 2007 (AblEU Nr. C 306/1, v. 17.12 2007); Konsolidierte Fassungen des Vertrags über die Europäische Union und des Vertrags über die Arbeitsweise der Europäischen Union (AblEU Nr. C 115/1, v. 9.5.2008).

Protokoll über die Übergangsbestimmungen (AblEU Nr. C 306/159, v. 17.12.2007).

III. Erklärungen

Erklärung (Nr. 4) zum Dritten Teil Titel VI des Vertrags zur Gründung der Europäischen Gemeinschaft vom 7. Februar 1992 (AblEG Nr. C 191/98, v. 29.7.1992).

Erklärung (Nr. 17) zum Recht auf Zugang zu Informationen vom 7. Februar 1992 (AblEG Nr. C 191/101, v. 29.7.1992).

Erklärung (Nr. 4) zu den Artikeln J.14 und K.10 des Vertrags über die Europäische Union vom 2. Oktober 1997 (AblEG Nr. C 340/131, v. 10.11.1997).

Erklärung (Nr. 22) zum Tagungsort des Europäischen Rates vom 26. Februar 2001 (AblEG Nr. C 80/85, v. 10.3.2001).

Erklärung (Nr. 30) zur Ratifikation des Vertrags über eine Verfassung für Europa vom 29. Oktober 2004 (AblEU Nr. C 310/464, v. 16.12.2004).

IV. Sekundärrecht

Verordnung (EG) Nr. 1049/2001 des Europäischen Parlaments und des Rates vom 30. Mai 2001 über den Zugang der Öffentlichkeit zu Dokumenten des Europäischen Parlaments, des Rates und der Kommission (AblEG Nr. L 145/43, v. 31.5.2001).

V. Beschlüsse des Rates der EU

Beschluß des Rates vom 20. Dezember 1993 über den Zugang der Öffentlichkeit zu Ratsdokumenten (93/731/EG) (AblEG Nr. L 340/43, v. 31.12.1993).

Beschluss des Rates vom 22. Juli 2002 zur Festlegung seiner Geschäftsordnung (2002/682/EG, Euratom) (AblEG Nr. L 230/7, v. 28.8.2002).

Beschluss des Rates vom 22. März 2004 zur Festlegung seiner Geschäftsordnung (2004/338/EG, Euratom) (AblEU Nr. L 106/22, v. 15.4.2004).

Beschluss des Rates in der Zusammensetzung der Staats- und Regierungschefs vom 29. Juni 2004 zur Benennung der Persönlichkeit, die er zum Präsidenten der Kommission zu ernennen beabsichtigt (2004/536/EG) (AblEU Nr. L 236/15, v. 7.7.2004).

Beschluss des Rates vom 1. Januar 2007 zur Festlegung der Reihenfolge für die Wahrnehmung des Vorsitzes im Rat (2007/5/EG, Euratom) (AblEU Nr. L 1/11, v. 4.1.2007).

VI. Beschlüsse des Europäischen Rates

1. Gemeinsame Strategien

Gemeinsame Strategie der Europäischen Union vom 4. Juni 1999 für Rußland (1999/414/GASP) (AblEG Nr. L 157/1, v. 24.6.1999).

Gemeinsame Strategie des Europäischen Rates vom 11. Dezember 1999 für die Ukraine (1999/877/GASP) (AblEG Nr. L 331/1, v. 23.12.1999).

Gemeinsame Strategie des Europäischen Rates vom 19. Juni 2000 für den Mittelmeerraum (2000/458/GASP) (AblEG Nr. L 183/5, v. 22.7.2000).

2. Schlussfolgerungen des Vorsitzes

Schlussfolgerungen des Vorsitzes. ER (Kopenhagen), 21./22.6.1993 (SN 180/1/93).

Schlussfolgerungen des Vorsitzes. ER (Turin), 29.3.1996 (SN 321/95).

Schlussfolgerungen des Vorsitzes. ER (Berlin), 24./25.3.1999 (D/99/1).

Schlussfolgerungen des Vorsitzes. ER (Helsinki), 10./11.12.1999 (SN 300/99).

Schlussfolgerungen des Vorsitzes. ER (Lissabon), 23./24.3.2000 (SN 100/00).

Schlussfolgerungen des Vorsitzes. ER (Nizza), 7.-9.12.2000 (SN 400/00).

Schlussfolgerungen des Vorsitzes. ER (Stockholm), 24./25.3.2001 (SN 100/1/01 Rev. 1).

Schlussfolgerungen des Vorsitzes. ER (Göteborg), 15./16.6.2001 (SN 200/1/01 Rev. 1).

Schlussfolgerungen des Vorsitzes. ER (Brüssel), 21.9.2001 (PE 310/210).

Schlussfolgerungen des Vorsitzes. ER (Laeken), 14./15.12.2001 (SN 300/1/01 Rev 1).

Schlussfolgerungen des Vorsitzes. ER (Barcelona), 15./16.3.2002 (SN 100/1/02 Rev 1).

Schlussfolgerungen des Vorsitzes. ER (Sevilla), 21./22.6.2002 (13463/02).

Schlussfolgerungen des Vorsitzes. ER (Brüssel), 24./25.10.2002 (14702/02).

Schlussfolgerungen des Vorsitzes. ER (Kopenhagen), 12./13.12.2002 (15917/02).

Schlussfolgerungen des Vorsitzes. ER (Brüssel), 17.2.2003 (6466/03).

Schlussfolgerungen des Vorsitzes. ER (Brüssel), 20./21.3.2003 (0410/03).

Schlussfolgerungen des Vorsitzes. ER (Thessaloniki), 19./20.6.2003 (11638/03).

Schlussfolgerungen des Vorsitzes. ER (Brüssel), 16./17.10.2003 (15188/03).

Schlussfolgerungen des Vorsitzes. ER (Brüssel), 12./13.12.2003 (5381/04).

Schlussfolgerungen des Vorsitzes. ER (Brüssel), 24./26.3.2004 (9048/04).

Schlussfolgerungen des Vorsitzes. ER (Brüssel), 17./18.6.2004 (10679/04).

Schlussfolgerungen des Vorsitzes. ER (Brüssel), 16./17.12.2004 (16238/1/04 Rev 1).

Schlussfolgerungen des Vorsitzes. ER (Brüssel), 22./23.3.2005 (7619/05).

Schlussfolgerungen des Vorsitzes. ER (Brüssel), 16./17.6.2005 (10255/1/05 Rev 1).

Schlussfolgerungen des Vorsitzes. ER (Brüssel), 15./16.12.2005 (15914/1/05 Rev 1).

Schlussfolgerungen des Vorsitzes. ER (Brüssel), 23./24.3.2006 (7775/1/06 Rev 1).

Schlussfolgerungen des Vorsitzes. ER (Brüssel), 15./16.6.2006 (10633/1/06 Rev 1).

Schlussfolgerungen des Vorsitzes. ER (Brüssel), 14./15.12.2006 (16879/06).

Schlussfolgerungen des Vorsitzes. ER (Brüssel), 21./22.6.2007 (11177/1/07 Rev 1).

VII. Sonstige offizielle Dokumente

Vereinbarungen der sechs Mitgliedstaaten der EWG vom 29. Januar 1966 („Luxemburger Kompromiss"), abgedr. in: EA 1966, D 85 f.

Kommuniqué über die Konferenz der Staats- bzw. Regierungschefs der Mitgliedstaaten der Europäischen Gemeinschaften in Paris am 9. und 10. Dezember 1974, abgedr. in: EA 1975, D 41.

L'Union européenne. Rapport de M. Leo Tindemans au Conseil européen, v. 29.12.1975, abgedr. im Bulletin der EG, 1/76.

Feierliche Deklaration zur Europäischen Union, von den Staats- und Regierungschefs der Mitgliedstaaten der Europäischen Gemeinschaft auf der Tagung des Europäischen Rates in Stuttgart am 19. Juni 1983 unterzeichnet, abgedr. in: EA 1983, D 420.

Vertragsentwurf des Europäischen Parlaments für eine Europäische Union vom 14. Februar 1984, abgedr. in: EA 1984, D 209.

Report from the ad hoc Committee on Institutional Affairs to the European Council („Dooge-Report"), am 29./30.3.1985 dem Europäischen Rat vorgelegt, abgedr. im Bulletin der EG, 3/85, S. 102 ff..

CONF 2500/96, v. 5.12.1996 (Conference of the Representatives of the Governments of the Member States, „European Union Today And Tomorrow - Adapting the European Union for the Benefit of its Peoples and Preparing it for the Future - A general outline for a draft revision of the treaties").

CONF 2500/96 ADD 1 CAB, v. 20.3.1997 (Conference of the Representatives of the Governments of the Member States, Addendum to: A general outline for a draft revision of the treaties).

Geschäftsordnung der Bundesregierung, vom 11. Mai 1951 (GMBl. S. 137) i.d.F. der Bekanntmachungen vom 29. März 1967 (GMBl. S. 130), 12. September 1967 (GMBl. S. 430), 6. Januar 1970 (GMBl. S. 14), 23. Januar 1970 (GMBl. S. 50), 25. März 1976 (GMBl. S. 174, 345), 1. Juli 1987 (GMBl. S. 382) und 21. November 2002 (GMBl. S. 848).

Beschluss Nr. 1/2003 des Assoziationsrates EU-Chile vom 27. März 2003 zur Annahme der Geschäftsordnungen des Assoziationsrates, des Assoziationsausschusses und der Sonderausschüsse (2003/255/EG) (AblEU Nr. L 95/46, v. 11.4.2003).

Anhang

Schlussfolgerungen des Vorsitzes. ER (Sevilla), 21./22. Juni 2002 (13463/02)

(Auszug)

ANLAGE I

REGELN FÜR DIE ORGANISATION DER BERATUNGEN DES EUROPÄISCHEN RATES

Damit er seinen in Artikel 4 des Vertrags über die Europäische Union genannten Aufgaben, der Union die erforderlichen Impulse zu geben und die allgemeinen politischen Zielvorstellungen festzulegen, uneingeschränkt gerecht werden kann, hat der Europäische Rat folgende Regeln für die Vorbereitung und den Ablauf seiner Beratungen und für seine Schlussfolgerungen vereinbart:

Vorbereitung

1. Der Europäische Rat tritt grundsätzlich vier Mal pro Jahr zusammen, d. h. zwei Mal pro Halbjahr. Bei Vorliegen außergewöhnlicher Umstände kann der Europäische Rat zu einer außerordentlichen Tagung zusammentreten.

2. Die Tagungen des Europäischen Rates werden vom Rat "Allgemeine Angelegenheiten und Außenbeziehungen" vorbereitet, der die gesamten Vorbereitungsarbeiten koordiniert und die Tagesordnung für die jeweilige Tagung des Europäischen Rates aufstellt. Die Beiträge der anderen Ratsformationen zu den Beratungen des Europäischen Rates werden dem Rat "Allgemeine Angelegenheiten und Außenbeziehungen" spätestens zwei Wochen vor der Tagung des Europäischen Rates übermittelt.

3. Der Rat "Allgemeine Angelegenheiten und Außenbeziehungen" stellt auf einer Tagung, die mindestens vier Wochen vor der Tagung des Europäischen Rates stattfindet, auf Vorschlag des Vorsitzes einen Entwurf für eine erläuterte Tagesordnung auf, in dem folgende Tagesordnungspunkte unterschieden werden:

- Tagesordnungspunkte, die ohne Aussprache angenommen oder gebilligt werden sollen;

- Tagesordnungspunkte, zu denen eine Aussprache im Hinblick auf die Festlegung allgemeiner politischer Zielvorstellungen stattfinden soll;

- Tagesordnungspunkte, zu denen eine Aussprache im Hinblick auf eine Beschlussfassung nach Maßgabe der Nummer 9 stattfinden soll;

- Tagesordnungspunkte, zu denen eine Aussprache stattfinden soll, ohne dass sie in die Schlussfolgerungen eingehen.

4. Der Vorsitz verfasst für jeden der in Nummer 3 zweiter und dritter Gedankenstrich beschriebenen Tagesordnungspunkte einen Kurzvermerk, in dem die Problemstellung, die zu erörternden Fragen und die wichtigsten zur Auswahl stehenden Optionen zusammenfassend dargelegt sind.

5. Einen Tag vor der Tagung des Europäischen Rates tritt der Rat "Allgemeine Angelegenheiten und Außenbeziehungen" zu einer letzten Vorbereitungstagung zusammen und beschließt die endgültige Tagesordnung. Danach kann nur noch mit Zustimmung aller Delegationen ein Tagesordnungspunkt hinzugefügt werden.

Außer aus zwingendem und unvorhergesehenem Anlass z.B. im Zusammenhang mit dem internationalen Tagesgeschehen kann zwischen der letzten Vorbereitungstagung des Rates "Allgemeine Angelegenheiten und Außenbeziehungen" und der Tagung des Europäischen Rates keine Rats- oder Ausschusstagung mehr abgehalten werden.

Ablauf

6. Die Beratungen des Europäischen Rates finden grundsätzlich an einem Tag statt, dem am Vortag eine entsprechend der derzeitigen Praxis auf die Staats- und Regierungschefs und den Präsidenten der Kommission beschränkte Zusammenkunft vorausgeht. Die Tagung des Europ äischen Rates wird am darauf folgenden Tag bis zum späten Nachmittag fortgesetzt; vor dieser Sitzung findet ein Gedankenaustausch mit dem Präsidenten des Europäischen Parlaments statt. Falls dies aufgrund der Tagesordnung erforderlich ist, können besondere Vorkehrungen getroffen werden.

7. Treffen mit Vertretern von Drittstaaten oder Rorganisationen am Rande der Tagung des Europ äischen Rates dürfen nur in Ausnahmefällen erfolgen. Sie dürfen den normalen Ablauf der Tagung des Europäischen Rates nicht beeinträchtigen und

müssen zusammen mit dem vom Rat "Allgemeine Angelegenheiten und Außenbeziehungen" erstellten Entwurf der Tagesordnung gebilligt werden.

8. Der Vorsitz sorgt für einen ordnungsgemäßen Ablauf der Beratungen. Zu diesem Zweck kann er alle geeigneten Maßnahmen treffen, die der optimalen Nutzung der verfügbaren Zeit förderlich sein können; dies umfasst die Festlegung der Reihenfolge, in der die Tagesordnungspunkte behandelt werden, die Begrenzung der Redezeit oder die Festlegung der Reihenfolge der Redebeiträge.

9. Wird im Hinblick auf die Erweiterung und in Ausnahmefällen ein Tagesordnungspunkt zur Beschlussfassung auf die Tagesordnung der Tagung des Europäischen Rates gesetzt, so berät er über diesen Punkt; die aus den Beratungen hervorgehende politische Bestandsaufnahme der Positionen wird dem Rat unterbreitet, der daraus die geeigneten Schlussfolgerungen für das weitere Vorgehen gemäß den einschlägigen Vertragsbestimmungen zieht.

10. Die Delegationen erhalten laufend entsprechend dem Fortgang der Beratungen Zusammenfassungen der Ergebnisse und der wichtigsten Aspekte der Beratungen über jeden Tagesordnungspunkt. Die diesbezügliche Unterrichtung erfolgt in einer Art und Weise, die die Vertraulichkeit der Beratungen wahrt.

11. Jede Delegation verfügt über zwei Plätze im Saal. Die Gesamtgröße der Delegationen wird auf 20 Personen für jeden Mitgliedstaat und für die Kommission begrenzt; in dieser Zahl ist das technische Personal, das mit spezifischen sicherheitsrelevanten Aufgaben oder mit der logistischen Unterstützung betraut ist, nicht eingerechnet.

Schlussfolgerungen

12. Die möglichst kurz gefassten Schlussfolgerungen geben die vom Europäischen Rat festgelegten politischen Zielvorstellungen und die von ihm angenommenen Beschlüsse wieder; dabei wird der jeweilige Kontext kurz dargestellt und die Verfahrensschritte für das weitere Vorgehen werden angegeben.

13. Am Tag der Tagung des Europäischen Rates wird rechtzeitig vor Beginn der Beratungen ein Schema für Schlussfolgerungen verteilt. In diesem Schema wird klar unterschieden zwischen zuvor abgestimmten Textteilen, die im Prinzip nicht zur Debatte gestellt werden, und den Textteilen, über die der Europäische Rat beraten müsste, um in der Sitzung zu endgültigen Schlussfolgerungen zu gelangen.

Kolibri 360 GmbH
Ferdinand-Jühlke-Straße 7
99095 Erfurt, Deutschland
produktsicherheit@kolibri360.de

Druck:
CPI Druckdienstleistungen GmbH
im Auftrag der
Kolibri 360 GmbH
Ferdinand-Jühlke-Str. 7
99095 Erfurt